联合国教科文组织文化遗产保护日本信托基金
UNESCO-Japan Funds-in-Trust Cultural Heritage Conservation Project

龙门石窟保护修复工程报告

Technical Report on the Conservation and Restoration of Longmen Grottoes

联合国教科文组织驻华代表处
UNESCO Beijing Office

· 洛阳市文物局
Cultural Relics Bureau of Luoyang City

United Nations
Educational, Scientific and
Cultural Organization
联合国教育、
科学及文化组织

JAPAN
Official Development Assistance

文物出版社

责任印制　张道奇
责任编辑·贾东营

图书在版编目（CIP）数据

龙门石窟保护修复工程报告／联合国教科文组织驻华代表处，洛阳市
文物局编. —北京：文物出版社，2011.11
ISBN 978 - 7 -5010 - 3341 -6

Ⅰ. ①龙……　　Ⅱ. ①联… ②洛…　　Ⅲ. ①龙门石窟 - 文物保护 - 文集
②龙门石窟 - 文物修整 - 文集　　Ⅳ. ①K879. 234 - 53

中国版本图书馆 CIP 数据核字（2011）第 235542 号

龙门石窟保护修复工程报告

联 合 国 教 科 文 组 织 驻 华 代 表 处
洛　阳　市　文　物　局　　编著
*
文　物　出　版　社　出　版　发　行
（北京东直门内北小街 2 号楼）
http：//www. wenwu. com
E-mail：web@ wenwu. com
北京盛天行健印刷有限公司印刷
新　华　书　店　经　销
889 × 1194　1/16　印张：26.25
2011 年 11 月第 1 版　2011 年 11 月第 1 次印刷
ISBN 978 - 7 -5010 -3341 -6　定价：210.00 元

目　录

CONTENT

序 [一]

　　龙门石窟是中国最重要的佛教石窟之一。中国政府高度重视龙门石窟的保护工作。中国国务院于 1961 年公布龙门石窟为第一批全国重点文物保护单位。龙门石窟于 2000 年被列入联合国教科文组织世界文化遗产名录。

　　作为全人类共同的珍贵文化遗产，龙门石窟的保护工作得到了国际社会的关注和支持。从 2001 年起，联合国教科文组织和中国、日本两国政府联合开展了龙门石窟保护修复工程，针对威胁石窟的突出病害开展研究和治理。

　　有关各方密切合作，项目取得显著成果。完成了对一些重要石窟的结构加固工作，并且收集了有关石窟的详尽技术资料。这些资料将成为仍在进行中的保护修复工作的基础。

　　该项目是在龙门开展的首个大型国际合作项目。在工程实施的 8 年间，联合国教科文组织和日本的专家与中国专家、技术人员一起，长期在龙门石窟现场开展调研和保护工作，以对文化遗产保护的真挚感情和执著精神，相互尊重，坦诚交流，在艰苦的环境中克服了重重困难，结下了深厚的情谊。

　　在此，我谨代表中国国家文物局向龙门石窟文物保护修复工程取得圆满成功表示衷心的祝贺！向联合国教科文组织、日本政府，以及参与此项工作的中外专家、相关单位致以诚挚的感谢！我相信，在国际组织、有关国家和国内外各界友好人士的关心和支持下，龙门石窟将得到更加妥善的保护，绽放出更加夺目的光彩！

中国国家文物局局长

Preface I

The Longmen Caves represent one of China's most important cultural heritage sites. In 1961 the Longmen caves became one of the first sites to be recognized by the State Council of China for its National Cultural Heritage and since that time the Chinese government has paid a high level of attention to the conservation of the site. The grottoes were inscribed on the UNESCO World Cultural Heritage List in 2000.

Due to the significant cultural heritage of this site to mankind, the conservation work at Longmen has received international attention and support. Since October 2001, UNESCO has been coordinating a joint project between the Chinese and Japanese governments entitled the "Conservation and Restoration of the Longmen Grottoes". This project focuses on developing solutions to the threats facing Longmen.

Through close cooperation, the project achieved outstanding results. The project has not only contributed to the stabilisation of some important cave structures and their stone carvings, it has also led to the accumulation of highly detailed, technical information about the site. This information will be essential to the successful ongoing conservation and restoration of the site.

This project is the first large-scale international cooperation project at Longmen. During the eight-year implementation period, UNESCO, Chinese and Japanese experts and technicians carried out in-depth research and conservation work at the site. Despite facing particularly challenging circumstances, these experts and technicians established a deep friendship, showed dedication towards heritage protection, maintained mutual respect and communication with each other, and worked together to overcome difficulties.

I would like to sincerely congratulate UNESCO, the Japanese government, and the Chinese and international experts and institutions for the accomplishments they have jointly achieved through this project. I believe that with the concern and support from international organizations, national and international friends, the Longmen site will now receive even better protection and be properly conserved for future generations to enjoy!

Shan Jixiang
Director, China State Administration of Cultural Heritage

序［二］

值此联合国教科文组织文化遗产保护日本信托基金项目龙门石窟保护修复工程结束之际，我谨向国家文物局、联合国教科文组织驻华代表处以及日中两国的专家等为本项目实施付出努力的相关人士表示由衷的敬意。

文化遗产凝聚了一个国家历史传统之精华，对该国的人民来说具有无法替代的特殊意义。同时，优秀的文化遗产具有普遍价值，可以超越国境，赋予人类感动，所以保护文化遗产是全世界共同的心愿。基于这种观点，我国设立了联合国教科文组织文化遗产保护日本信托基金，积极协助世界各国的文化遗产保护。此外，根据2006年日本政府制定的"文化遗产国际合作推进法"，我们积极促进从事海外文化遗产保护的政府机构、研究机构及民间组织间的国际合作。

截止2008年度，日本政府已向联合国教科文组织文化遗产保护日本信托基金投放了5340万美元。截至目前，该基金已在26个国家实施了33个项目。在中国，该基金用于实施了1993年至1998年交河故城、1995年至2003年大明宫含元殿的保存修护项目以及2001年至2009年库木图拉千佛洞和龙门石窟两个项目。

龙门石窟项目成功地为日本和中国间的合作与交流提供了平台。在保护和修复对两方而言具有极大文化价值的石窟的同时，促进建立了更加稳固的两国关系。

在龙门石窟项目成果之上，我坚信日中两国之间在文化遗产保护领域的合作将日益发展，进而对世界文化遗产保护活动作出贡献。在此，我衷心希望文化遗产保护方面的努力能够进一步得到加强，并传承至下一代。

日本国驻中华人民共和国特命全权大使　宫本雄二

Preface II

On the occasion of the completion of the "UNESCO–Japan Funds-in-Trust for Preservation of the World Cultural Heritage – Longmen Grottoes" project, I would like to show my sincere respect to the Chinese State Administration of Cultural Heritage, UNESCO Office Beijing, Japanese and Chinese experts, as well as the people who devoted their efforts towards the implementation of this project.

Cultural heritage encompasses the history and traditional essence of a country and has irreplaceable emotional significance for its people. Outstanding cultural heritage has universal value that transcends national borders and conserving cultural heritage is a common desire among the people of the world. Japan regards international cooperation on cultural heritage conservation as one of its main diplomatic policies. To this end, one of Japan's actions has been to establish and fund a UNESCO–Japan Funds-in-Trust Project that actively assists cultural heritage conservation internationally. Furthermore, in accordance with the 2006 Japanese government policy, "Act on the Promotion of International Cooperation for Protection of Cultural Heritage Abroad", we are actively supporting international cooperation among authorities, institutions and organizations that work on cultural heritage conservation.

Up until 2008, the Japanese Government contributed US$53,400,000 towards UNESCO–Japan Funds-in-Trust projects, supporting 33 projects in 26 countries. In China this funding has been used to support conservation projects in the Ancient City of Jiaohe (1993-1998), the Hanyuan Hall in the

Daming Palace (1995-2003), and Kumtura Thousand Buddha Caves and the Longmen Grottos (2001-2009).

The Longmen project has provided an important platform for successful cooperation and exchange between Japan and China, not only contributing to the conservation and restoration of a site that has significant cultural value to both societies, but also assisting to establish a more stable relationship between the two countries.

Based upon the results achieved in this Longmen project, I believe that cooperation between Japan and China in the field of cultural heritage conservation will continue to develop and make a valuable contribution to the conservation of world heritage. I sincerely wish that cultural heritage conservation will be enhanced through our efforts and be passed on to future generations.

H.E. Mr. Miyamoto Yuji
Ambassador Extraordinary and Plenipotentiary of Japan to China

序［三］

龙门石窟作为中国极其重要的文化遗产地，集聚着早期的一些中国石雕艺术杰作。然而，龙门石窟开凿千余年来，受自然侵蚀与人为因素破坏严重。为了确保石窟的长期保护，联合国教科文组织与中日两国政府合作，在2001年10月正式启动了联合国教科文组织文化遗产保护日本信托基金项目——龙门石窟保护修复工程。

该项目分为两期：一期工程于2001年启动2005年完成。第一阶段在地形测绘、数据收集及其他相关活动方面取得丰硕成果。二期工程于2005年启动2009年完成。第二阶段侧重于完成一系列定点保护指南以及潜溪寺洞窟的试点保护工作。

经过8年的努力，该项目终于成功地奠定了未来在龙门保护和修复工作上的坚实基础。这一成果的取得关键在于项目专家对项目的先见和奉献，中国当局特别是中国国家文物局和洛阳市文物局的大力支持，以及来自日本政府慷慨的财政和技术援助。

《世界遗产公约》规定了世界遗产保护的具体框架。我们期望联合国教科文项目的成功与经验会促使在中国文化遗产保护方面的更多努力。

联合国教科文组织驻华代表

（辛格）

Preface III

The Longmen Grottoes represent one of China's most important cultural heritage sites, providing some of the earliest examples of the Chinese art of stone carving. However, over the centuries the grottoes have suffered from a high degree of natural decay and man-made damage. In order to ensure the long-term conservation of the grottoes, in October 2001 UNESCO in cooperation with the Japanese and Chinese governments officially launched the "Conservation and Restoration of the Longmen Grottoes" UNESCO-Japan Funds-in-Trust Project.

The project was divided into two Phases. Phase I was carried out from 2001 to 2005, making significant achievements in mapping, data collection, and other related activities. Phase II, implemented between 2005 and 2009, focused on the completion of a set of site-specific conservation guidelines and conducting pilot conservation work at Qianxisi Cave.

After eight years of endeavour, the project succeeded in laying a solid foundation for future conservation and restoration work at Longmen. This success was made possible because of the commitment and efforts of project experts, the support of Chinese authorities, particularly the State Administration of Cultural Heritage and the Luoyang Cultural Relics Bureau, and the generous financial and technical assistance provided by the Japanese government.

The World Heritage Convention provides a specific framework for the protection of world heritage. In this regard, it is our desire that the success and experience achieved through this UNESCO project will lead to greater efforts to protect China's precious cultural heritage.

Mr. Abhimanyu Singh

Director and Representative, UNESCO Beijing Office

· 修复工程概述 ·

龙门石窟保护修复工程报告概述

1. 简 介

　　龙门石窟作为中国最大最重要的佛教石雕宝库之一，位于河南省洛阳市城南 12 千米，面积约 4 平方千米，龙门石窟开凿大小窟龛 2300 余个，佛塔 40 余座，碑刻题记 3600 余块，造像 10 万余尊。石窟开凿在伊河两岸香山和龙门山的碳酸盐岩崖壁上，石窟保护区南北长约 1 千米。

　　龙门石窟始凿于 493 年，北魏（386~534 年）孝文帝迁都洛阳。最初的石窟雕刻证明了当时佛教在中国东部地区的逐步扩大。石窟雕刻兴盛于 5 世纪末至 8 世纪中叶，历经东魏（534~550 年），西魏（535~556 年），北齐（550~577 年），隋（581~618 年），唐（618~907 年），五代（907~960 年），北宋（960~1127 年），前后达 400 多年。

　　龙门石窟是与甘肃敦煌莫高窟、山西云冈石窟齐名的我国三大石窟之一，为研究中国的佛教历史和古代雕刻艺术提供了重要的实物资料。1961 年龙门石窟被国务院公布为第一批全国重点文物保护单位，2000 年被列入联合国教科文组织世界文化遗产名录。

西山远眺

2. 项目背景

　　龙门石窟自北魏开凿至今已 1500 年，各种自然因素对岩体和雕刻造成包括风化、剥落、掉色、腐蚀等的破坏。石窟地处脆弱的喀斯特生态环境之中，使得修复工作更为艰难。现今，渗水成为对石窟的最大威胁。渗水不仅使洞窟的墙壁染色，也影响到了洞窟的结构完整性。

　　龙门石窟自开凿以来，历代都采用了各种各样的保护手段。例如，远在北魏开窟时，窟形设计多用穹隆顶，增加稳定性。唐代（618~907 年）奉先寺卢舍那像龛上修建人字形排水沟并且分布在山体壁面一些小型洞窟的防水石板雨罩。宋代为保护卢舍那像龛，建造了九间宫殿式保护房。

　　20 世纪 50 年代后，龙门石窟的保护可分两个阶段：1971 年前和 1971 年后。1971 年前，是以防止人为破坏的保护为主；1965 年开始通过建立气象观测站、筹建实验室、地质调查、培养技术保护人才等来保护石窟。从 1971 年开始，龙门石窟开始了以科学技术手段保护的新时期。这又可以分前后两个阶段：1971 年至 1985 年和 1986 年至 1992 年。1971 年至 1985 年是抢险加固性工程阶段。1986 年对龙门石窟做

伊水两岸

的调查、勘察、气象记录，为 1987 年至 1992 年期间的综合治理计划打下基础。

1999 年以来，龙门石窟实施了大规模的环境治理工程，拆除保护区内的不协调建筑，关闭石灰窑、采石场等。在保护区之外南北各修建两座伊河公路桥，解决了保护区汽车过境问题。

尽管国家政府和专家共同努力保护龙门石窟，但到 20 世纪 90 年代末，许多问题仍然没有得到解决。例如，没有建立持久性的保护方法来解决龙门的岩体位移、洞窟渗水以及雕刻品表面风化等问题。同时对于以往保护工程中的钢筋铆杆加固、防水层铺设的耐久性也存在担忧。

鉴于龙门石窟的重要价值，中日两国政府建立了合作伙伴关系支持教科文组织以确保龙门石窟的持久性保护与保存。中国前任主席江泽民于 1998 年 11 月访问日本。在这次访问期间，他和日本前首相小渊惠三，双方就进行中国丝绸之路地域现存的古代文化遗产保护事业达成了协议，并在联合国教科文组织的提议之下，选定库木吐喇千佛洞和龙门石窟作为该项目的保护对象。

在此背景之下，日本政府设立了联合国教科文组织文化遗产保护日本信托基金用于库木吐喇千佛洞和龙门石窟的保护修复工作。2000 年 4 月日本和中国政府的代表及专家，在联合国教科文组织的指导下，确定了该信托项目的内容和时间安排。联合国教科文组织文化遗产保护日本信托基金——龙门石窟保护修复工程于 2001 年 11 月正式启动，成为龙门石窟保护史上最重大的国际合作保护工程。

路洞岩石的风化

潜溪寺渗水

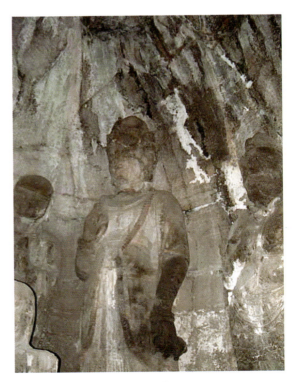

潜溪寺裂隙

3. 项目目标

龙门石窟保护修复工程有两项主要目标：

1) 在三个试验洞窟进行详细研究，以确定（1）威胁洞窟的主要因素，及（2）适当的长期保护措施。
2) 实施龙门石窟的可持续保护管理方案和规范日常管理及石窟保护。

奉先寺

联合国教科文组织驻华代表处代表参
观项目汇报展览

国家文物局领导考察项目

联合国教科文组织驻华代表处官员
考察项目

4. 项目组织

4.1　组织和结构

工程分两个阶段进行：第一阶段（2001 年 10 月 ~2005 年 3 月）；第二阶段（2005 年 9 月 ~2009 年 9 月）。

中日两方专家在整个项目过程中紧密合作。洛阳市文物局在中国国家文物局的指导和支持之下负责项目的具体实施。联合国教科文组织驻华代表处则负责项目的协调工作。

龙门石窟保护修复工程总经费 125 万美元，项目选定龙门石窟三个洞窟潜溪寺、路洞、皇甫公窟作为试验洞窟。三个试验洞窟分别位于龙门西山北段和南段，具有典型的代表性。

在一期工程中，开展了对三个试验洞窟的保护修复的研究工作。这些研究成果为二期工程在潜溪寺的工作重点提供了依据。

项目启动签字仪式

潜溪寺外景

路洞外壁

路洞外景

三方会议

三方会议

艰苦的考察环境

4.2　专家会议和三方会谈

为确保高标准的保护工作在整个项目中的实施，专家会议和三方会谈定期在项目点或北京举行。这些会议为项目相关者提供机会以交流信息，讨论难题，并总结相关项目活动的技术成果。中方专家、日方专家，来自国家文物局、河南省文物局、洛阳市文物局、日本外务省、联合国教科文组织的代表，以及负责执行调查、规划和保护工作的公司定期参会。这不仅是为了连续监测各项目活动和技术标准，也是为了交流必要的信息与文件，例如技术报告、进度报告。

5. 项目活动

项目分为两个阶段：

第一阶段包括在施工现场的测量，测绘和数据收集。

第二阶段侧重于《龙门石窟保护修复工程指南大纲》和《龙门石窟保护修复工程方案详细指南》的完成。

研究和保护工作在以下试验洞窟开展：

洞窟	具体问题	图片
潜溪寺	渗水、自然和人为的染色	
路洞	渗水、自然和人为的染色、风化	
皇甫公窟	渗水、自然和人为的染色、风化	

项目活动

5.1. 第一阶段：基本调查与监测

确定威胁洞窟的关键因素：
· 渗水、自然和人为的染色、风化

基本调查与监测	开展的活动	培训和能力建设：	取得的成果
	1. 地形测绘与航空摄影测量		地形图测绘： · 1：500 · 1：1000 · 1：2000 · 1：200西山立面图，分四个区段
	2. 近景勘测与测绘		详细地图测绘： · 73幅截面图 · 18幅试验洞窟高程图（每洞6幅）
	3. 石窟环境监测		· 安装摄像机和裂隙水压试验装置等仪器，以监测渗透和漏水变化
	4. 大气污染物观测		在洞窟： · 设立两个气候监测站测量一般气候条件 在三个试验洞窟： · 安置气候监测仪器 · 设立一个大气污染物连续监测系统，以监测大气污染物、二氧化硫和氮氧化物
	5. 地质分析及水文地质调查		· 勘查土壤、岩石和水的状况
	6. 洞窟防渗漏灌浆试验		· 开展防渗漏灌浆材料的筛选试验工作 · 完成有关实验报告
	7. 洞窟凝结水监测研究		· 开展龙门石窟冷凝水定量监测研 · 开发相关的监测仪器设备，掌握了龙门石窟凝结水发生的规律和对洞窟的危害 · 开展定量监测
	8. 编制石窟档案资料及建立数据库		建立了： · 洞窟状态的详细档案 · 洞窟状态的数据库

5.2. 第二阶段：保护修复工程的实施

潜溪寺洞窟的具体保护工作：
· 应用适当的灌浆和密封剂以减少水的渗漏，提高洞窟整体结构的完整性。
· 开展清除修复工作，以去除自然和人为染色。

	开展的活动		取得的成果
一、保护方案	1.《龙门石窟保护修复工程指南大纲》	Training and Capacity Building	· 2006年完成 · 概述施工技术和方法、规划程序和保护材料
二、保护试验及应用	2.《龙门石窟保护修复工程方案详细指南》		· 2007年完成 · 涉及保护和管理问题 · 涉及项目点的详细技术信息 · 包括技术说明的地图和图表
	保护修复实施		潜溪寺洞窟： · 渗水减少到最低限度 · 结构完整性得到改善 · 自然和人为的染色已被去除

5.1　第一阶段：基本调查与监测

第一阶段最初包括选择三个试验洞穴。这期工程主要是在研究基础上侧重于三个试验洞穴的测量、保护状况的数据及评估收集。这项工作包括：地形测绘，地质测量，大气观察；风化，劣化和渗水的实验研究；以及洞窟的详细评估。

第一阶段还为培训和能力建设提供的重要机会。

5.1.1　地形测绘与航空摄影测量

为更清楚地掌握洞窟空间分布和周边地形，通过地形测绘和航空摄影测量，绘制出比例尺为1∶500，1∶1000，1∶2000的地形图并且建立了基本地形数据。另外还有1∶200的西山地形图（分四个区段）。

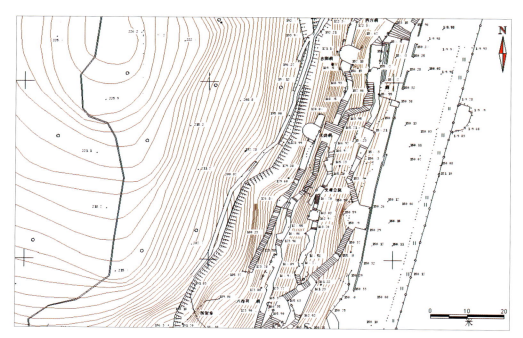

地形图局部

遥感影像图

5.1.2　近景勘测与测绘

制作出 73 幅试验洞窟截面图和 18 幅试验洞窟高程图（每洞 6 幅）。

潜溪寺一正面

5.1.3　石窟环境监测

　　为了建立洞窟漏水和渗透问题的数据库，安装了包括数字视频摄像机、温度探测器和裂隙水压检测设备等监测仪器。所收集的数据被用来制定适当的保护修复对策。

调查洞窟内外及洞壁表面温湿度

泉水观测仪器　　　　　　　　皇甫公窟渗漏水观测器　　　　　　　石窟区域环境监测设备

大气监测站工作照

5.1.4　大气污染物观测

安装了一些监测仪器以确定洞窟区域及三个试验洞窟中大气污染物的状况。这些仪器为在项目点的保护修复对策提供了关键性的数据：

洞窟所在地区：设立了两个气候监测站以测量一般气候条件。

三个试验洞穴：设立了气候监测仪器和大气污染物的监测系统以监测大气污染物、二氧化硫和氮氧化物。

5.1.5　地质分析及水文地质调查

通过地质调查与勘探工作，实施完成了1∶500和1∶2000的地质图以及有关裂缝位置、水的渗透性质和岩体内部温差的新数据以确定三个试验洞窟的地质和水文地质条件。

地质调查与勘探工作实施完成了：（1）钻孔波速测试及地表波速测试；（2）岩石、土、水样、石雕表面沉淀物样品测试；（3）地质病害调查；（4）水位和温度监测；（5）总进深320米的4个垂直钻孔和设置在钻孔内的水位、温度观测仪器；及（6）总进深120米的6个水平钻孔和和设置在钻孔内的多点位移计和温度监测仪器。

洛阳铲勘察

地质调查

测绘

工作人员在进行垂直钻孔仪器设置

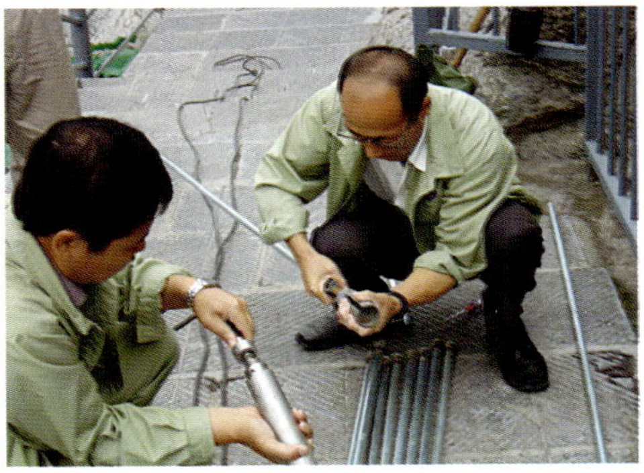

钻孔电视探测

钻孔电视探测

5.1.6 洞窟防渗漏灌浆试验

开展了防渗漏灌浆材料的筛选试验工作，选择适合龙门石窟洞窟防渗漏治理的灌浆材料，完成了有关实验报告。

灌浆试验现场照片

5.1.7　洞窟凝结水监测研究

开展了龙门石窟冷凝水定量监测研究，开发了相关的监测仪器设备，掌握了龙门石窟凝结水发生的规律和对洞窟的危害，并开展了定量监测。

凝结水现场试验

5.1.8　编制石窟档案资料及建立数据库

该数据库是由中国地质大学（武汉）和龙门石窟研究院共同努力合作建立而成，不仅包括在项目期间收集到的洞窟状况信息，而且收录了过去数十年来在项目点收集到的档案、图片、地图、图表和影像。该数据库为仍在进行的石窟保护修复工作提供了关键性的信息。

龙门石窟研究院工作人员进行洞窟病害调查

病害调查工作现场

5.2 第二阶段：保护修复工程的实施

第二阶段侧重于 2006 年《龙门石窟保护修复工程指南大纲》和 2007 年《龙门石窟保护修复工程方案详细指南》的编写。这两套指南概述了针对仍在进行的龙门石窟保护修复工作的相应施工技术。二期工程涉及在潜溪寺试验洞窟的渗水处理、结构稳定和清除修复。

此外，二期工程为当地工作人员以及项目专家提供了培训和能力建设的机会。

A. 保护方案

5.2.1 《龙门石窟第二期保护修复工程基本设计》(2006)

两套指南为龙门石窟保护工作提供了必要的技术标准。指南由中国文化遗产研究院编制，国家文物局批准。

指南遵循了《中华人民共和国文物保护法》、《纪念建筑、古建筑、石窟寺等修缮工程管理办法》、中国遗产地保护原则以及例如《威尼斯宪章》等的国际标准，全方面涉及威胁洞窟的现有因素。

5.2.2 《龙门石窟保护修复工程方案详细指南》(2007)

该指南由中国文化遗产研究院编制，国家文物局批准，记录了具体的施工技术、程序、材料和设施，是仍在进行的保护工作的综合指导。该指南还详尽记录了项目点的技术信息，包括地图、图表的技术规范。

B. 潜溪寺洞窟的保护试验及应用

项目专家的主要目标是减少洞窟渗水，改善洞体的结构完整性以及去除自然和人为的洞窟表面染色。《龙门石窟保护修复工程指南大纲》和《龙门石窟保护修复工程方案详细指南》为此项工作的开展提供坚实基础。

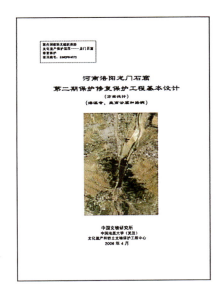

《龙门石窟第二期保护修复工程基本设计》

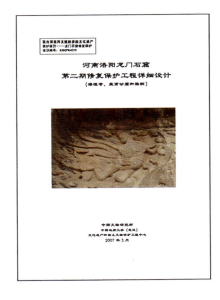

《龙门石窟第二期保护修复工程详细设计》

　　2007年12月至2008年5月防渗保护工作在潜溪寺洞窟开展，甘肃中铁西北勘察设计院被选中承担防渗保护的工作。渗水处理工作完成之后，北京大学考古文博学院文进行了去除自然和人为的洞窟表面染色工作。

　　在保护工作完成之后，渗水减少到最低限度，洞窟的结构完整性得到改善，自然和人为的洞窟表面染色被去除。

　　从三个试验洞窟的研究和保护工作中汲取的经验将被应用于今后在龙门石窟其他石窟的保护工作中。

使用震动刻模机去除沉积物

除水泥状的沉积以及灌浆时溅落的环氧树脂

潜溪寺施工现场

潜溪寺漏水治理施工

潜溪寺洞窟	
问题：	渗水，不稳定的洞窟结构以及自然和人为的洞窟表面染色。
目标：	减少渗水，提高结构的完整性，去除人为的和自然的洞窟表面染色。
过程：	应用洞窟墙壁裂缝灌浆和密封以减少渗水，并使用化学剂和洗涤剂清洗染色表面。
结果：	渗水减少到最低限度，洞窟的结构完整性得到改善，自然和人为的染色已被去除。

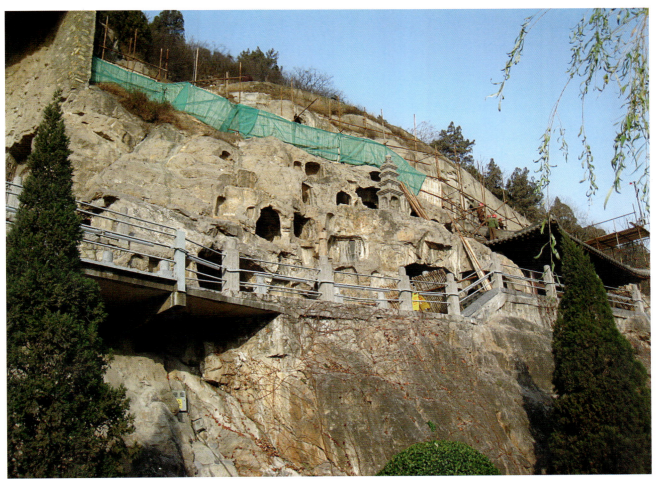

潜溪寺漏水治理施工

6. 项目的成果

　　此项联合国教科文组织保护项目为文化遗产保护领域提供了宝贵的学习经验。同时为来自中国和日本的专家及相关者提供了分享文化遗产保护专业知识的机会，并在此基础上制作了一套有助于未来保护工作的详细技术报告和定点保护指南。

　　与此同时，该项目为当地的能力建设提供了宝贵的机会。在中国和国际专家的指导之下，帮助当地培训了一批可以为今后的保护事业作贡献的人才队伍。作为能力建设过程中的一环，龙门石窟研究院的7名工作人员接受了在东京国立文化财研究所的技术培训。

　　项目专家和中国政府的努力和辛勤工作加之日本政府的资助为进一步的成功合作和石窟未来的可持续发展铺平了道路。

　　联合国教科文组织为促进了中日政府和专家携手保护龙门石窟这一重要遗产地而深感自豪。

2009 年成果报告会

7. 附录

附录 1：技术报告及结论一览表

时间	标题（英文）	标题（中文）	语言
2002	Report on Topographic Mapping and Close-range Surveying and Mapping at Longmen Grottoes	龙门石窟地形测绘及近景摄影测绘报告	中文
2002	Research Report on Geological Survey for Conservation and Restoration Program at Longmen Grottoes	龙门石窟修复保护工程地质调查研究报告	中文
2002	Expert Appraisal of Phase I of Conservation and Restoration Program at Longmen Grottoes	龙门石窟保护修复工程中国专家组对前期工作的意见	中文
2003	Report on Technical Guidance for Conservation and Restoration Program at Longmen Grottoes	龙门石窟保护修复工程观测仪器修理和技术指导报告	中文
2004	Report on Grottoes Disease for Conservation and Restoration Program at Longmen Grottoes	龙门石窟保护修复工程洞窟病害调查记录	中文
2004	Interim Report of Environmental Monitoring for Conservation and Restoration Program at Longmen Grottoes	龙门石窟保护修复工程环境监测中期报告	中文
2004	Report on Anti-Seepage Grouting Materials for Conservation and Restoration Program at Longmen Grottoes	龙门石窟保护修复工程防渗灌浆材料的室内和现场实验报告	中文

2004	Investigation Report on Horizontal Drilling for Conservation and Restoration Program at Longmen Grottoes	龙门石窟修复保护工程水平钻孔勘查报告	中文
2005	Report on Complementary Geological Survey for Conservation and Restoration Program at Longmen Grottoes	龙门石窟修复保护工程补充地质调查报告	中文
2006	Research Report on Grouting Tests for Seepage Prevention Work for Restoration and Protection Program at Longmen Grottoes	龙门石窟保护修复工程防渗灌浆材料的室内和现场实验报告	中文
2006	Basic Design of Conservation and Restoration Program at Longmen Grottoes	龙门石窟保护修复工程基本设计	中文
2007	Interim Report on Condensation Water Disease Survey for Conservation and Restoration Program at Longmen Grottoes	龙门石窟保护修复工程凝结水病害调查研究中期报告	中文
2007	Interim Report on Database Management System Research for Conservation and Restoration Program at Longmen Grottoes	龙门石窟保护修复工程数据库管理系统研究中期报告	中文
2007	Detailed Design of Conservation and Restoration Program at Longmen Grottoes	龙门石窟保护修复工程详细设计	中文
2007	2007 Periodic Report for Conservation and Restoration Program at Longmen Grottoes	龙门石窟保护修复工程2007年度阶段报告	中文
2008	Report on Environmental Monitoring for Conservation and Restoration Program at Longmen Grottoes	龙门石窟保护修复工程环境监测报告	中文
2008	Research Report on Condensation Water Disease Survey for Conservation and Restoration Program at Longmen Grottoes	龙门石窟保护修复工程凝结水病害调查研究报告	中文
2008	Research Report on the Database Management System Established for Conservation and Restoration Program at Longmen Grottoes	龙门石窟保护修复工程数据库管理系统研究报告	中文

附录 2：专家一览表

中方专家		
Mr. Huang Kezhong	黄克忠	Senior Engineer, China National Institute of Cultural Property 中国文物研究所 高级工程师
Mr. Qu Yongxin	曲永新	Professor, Institute of Geology and Geophysics, CAS 中国科学院地质与地球物理研究所 教授
Mr. Liu Jinglong	刘景龙	Vice Professor, Academy of Longmen Grottoes 龙门石窟研究院 副研究员
Mr. Fang Yun	方云	Professor, China University of Geosciences 中国地质大学 教授
Mr. Hu Dongpo	胡东坡	School of Archaeology and Museology, Beijing University 北京大学考古文博学院文物保护系 副教授
日方专家		
Mr. Okada Ken	冈田健	Head, Conservation Design, Japan Centre for International Cooperation in Conservation, Tokyo National Research Institute of Cultural Properties 东京文化财研究所国际文化财保存修复协力中心 保存计划研究室室长
Mr. Tsuda Yutaka	津田丰	Manager, Geolest Co., Ltd. （株）ジオレド　代表取締役
Mr. Nakada Hideshi	中田英史	Wood Circle Co., Ltd. 有限会社ウッドサークル 代表取締役

Brief Introduction to the Project on the Conservation and Restoration of Longmen Grottoes

1. INTRODUCTION

The Longmen Grottoes represent one of China's largest and most important collections of Buddhist stone carvings. The 2,300 grottoes, 40 pagodas, 3,600 steles and inscriptions, and 100,000 statues that comprise the Longmen Grottoes are located 12 kilometres south of Luoyang City, Henan Province, covering an area of 4 square kilometres. The grottoes are carved into the rock faces of Fragrance Mountain

View of the Longmen West Hill

and Longmen Mountain, and run for approximately 1 kilometre from south to north along either side of the Yihe River.

Carving at Longmen grottoes began in 493 A.D. when Emperor Xiaowen of the Northern Wei Dynasty (386-534) moved his capital to Luoyang. The carving of these first grottoes provides evidence of Buddhism's gradual expansion into eastern China during this time. Whereas carving at Longmen continued for more than 400 years through the Eastern Wei (534-550), Western Wei (535-556), Northern Qi (550-577), Sui (581-618), Tang (618–907), Five Dynasties (907–960), and Northern Song (960-1127), during which the most intense period of carving was from the end of the fifth century to the middle of the eighth century.

Along with the Dunhuang Mogao Caves of Gansu Province and the Yungang Grottoes of Shanxi Province, the Longmen Grottoes represent one of three outstanding grotto sites in China and are regarded as a particularly important site for research of Buddhism and Chinese stone carving. The grottoes are of unique historical, cultural and artistic value, becoming in 1961 one of the first cultural sites to be designated "National Heritage" by the State Council of China. The grottoes were inscribed on the UNESCO World Cultural Heritage List in 2000.

2.   PROJECT BACKGROUND

Over the centuries, a variety of natural factors have contributed to the deterioration of the statues and inscriptions of the Longmen Grottoes, which have suffered from weathering, peeling, cracking and erosion. The grottoes are also located in a fragile karst environment, making restoration work particularly challenging. Today, water seepage represents the greatest threat to the Longmen grottoes. Water seepage is not only creating staining on the cave walls, it is also affecting the structural integrity of the caves.

Conservation measures have been in place at the Longmen Grottoes site since the first statues and inscriptions were carved more than 1,500 years ago. For example, during the Northern Wei Dynasty, builders intentionally carved the roofs of the caves in a dome shape to ensure the stability of the cave structure. In the Tang Dynasty (618-907) a drainage system was built above the Losana Buddha niche in the Fengxian Temple while water-proofing systems were built above the small-scale niches in the mountain face. During the Song Dynasty, a protective building in the form of a nine-room palace was built to protect the Losana Buddha.

The modern conservation work that took place at the Longmen Grottoes after the 1950s can be divided into two distinct phases: pre-1971 and post-1971. Prior to 1971, conservation work mainly focused on preventing further man-made damage. From 1965, the following activities were carried out to protect the grottoes: construction of an atmospheric monitoring station, establishment of research laboratories, geological investigations, and capacity building. After 1971, conservation work at Longmen Grottoes began to have a more scientific and technological focus, which can be divided into two periods: 1971 to 1985 and 1986 to 1992. Rescue restoration and reinforcement was the main focus from 1971 to 1985. A series of investigations, surveys and atmospheric monitoring were carried out in 1986. The results were used as the basis for a comprehensive conservation program between 1987 and 1992.

In 1999 a broad-based environmental conservation program was initiated inside the Longmen Grottoes protected area. This included the closure of a lime kiln and quarry, as well as the removal of inappropriate buildings from the protected area. Two bridges were built across the Yihe River to resolve transportation problems.

Despite the concerted efforts of government authorities and experts to conserve the Longmen Grottoes, by the end of the 1990s many conservation problems remained unresolved. For example, no sustainable conservation methods had been established to address the rock displacement, water seepage and weathering problems experienced at Longmen. There were also concerns about the durability of the steel-bar reinforcements and water-proof layering that had been installed during previous conservation work.

In light of the cultural significance of the site, the Chinese and Japanese governments have worked in partnership to support UNESCO's efforts to ensure the sustainable conservation and preservation of the Longmen Grottoes. Former President of China, Jiang Zemin, visited Japan in November 1998. During this visit, he and former Prime Minister of Japan, Keizo Obuchi, agreed to cooperate in a joint project dedicated to the conservation and preservation of cultural heritage along the Silk Road. Under the guidance of UNESCO, the Kumtura Thousand Buddha Caves and Longmen Grottoes were designated as official sites for this project.

These high level exchanges culminated in the Japanese government establishing the "UNESCO-Japan Funds-in-Trust Cultural Heritage Conservation Project" for the conservation and restoration of the Kumtura Thousand Buddha Caves and Longmen Grottoes. In April 2000 Japanese and Chinese Government representatives and experts, under the guidance of UNESCO, determined the project content and the timeline for this Funds-in-Trust Project. The UNESCO/Japanese Funds-in-Trust project for the "Conservation and Restoration of the Longmen Grottoes" was officially launched in November 2001, becoming the most significant conservation project ever undertaken at Longmen.

Rock fractures in the Qianxisi Cave

Water seepage in the Qianxisi Cave

Ceiling fractures in the Qianxisi Cave

3.   PROJECT OBJECTIVES

The Conservation and Restoration of the Longmen Grottoes project had two key objectives:

(i) Conduct detailed research at three pilot caves to determine (a) the key factors threatening the caves and (b) appropriate long-term conservation measures.

(ii) Implement a sustainable management and conservation plan for Longmen Grottoes and standardise the day-to-day management and protection of the grottoes.

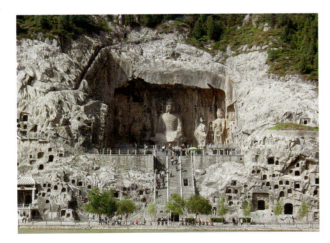

The Fengxian Temple

UNESCO Representatives visit the project information exhibition

The director of the Chinese State Administration of Cultural Heritage inspects the project site

UNESCO representatives examine the project progress

4.   PROJECT ORGANIZATION

4.1   Organization and Structure

This project was implemented in two phases: Phase I was carried out from October 2001 to March 2005; while Phase II was carried out from September 2005 to September 2009.

Chinese and Japanese specialists worked in close collaboration throughout the project. The Luoyang Cultural Relics Bureau assumed specific responsibility for project execution and progress, working under the direction and support of the China State Administration of Cultural Heritage. The UNESCO Beijing Office was responsible for project coordination.

The total budget for the Conservation and Restoration of the Longmen Grottoes project was US$1.25 million. Three pilot caves were selected for the project: Qianxisi, Lu and Huangpugong. The pilot caves are located to the north and south of Longmen Mountain and experience problems representative of the site in general.

During Phase I of the project conservation and restoration

Project Launching Ceremony

External view of the Qianxisi Cave

Outside wall of the Ludong Cave

External view of the Ludong Cave

research was carried out at the three pilot caves. These research results provided the basis for Phase II of the project, which focused on conservation work in Qianxisi Cave.

4.2   Expert Meetings and Tripartite Meetings

In order to ensure a high standard of conservation throughout the implementation of the project, expert and tripartite meetings were regularly organized either at the project site or in Beijing. These meetings provided an opportunity for project stakeholders to exchange information, discuss challenges, and confirm technical findings concerning the project activities. These meetings were regularly attended by Chinese and Japanese specialists, as well as representatives from the State Administration of Cultural Heritage, the Henan Cultural Relics Bureau, the Luoyang Cultural Relics Bureau, the Japanese Foreign Ministry, UNESCO, and the companies responsible for the execution of surveys, planning and conservation work. These meetings not only enabled continuous monitoring of the activities and technical standards, but also for the exchange of necessary information and documents, such as technical reports and progress reports.

Tripartite Meeting

Tripartite Meeting

Challenging conditions during project site inspection

5. PROJECT ACTIVITIES

The project was divided into two phases:

Phase I involved surveying, mapping and data collection in the project site.

Phase II focused on the completion of the Basic Longmen Caves Conservation and Restoration Guidelines and the Detailed Longmen Caves Conservation and Restoration Guidelines and pilot conservation work.

Research and conservation work was carried out in the following pilot caves:

CAVES	SPECIFIC PROBLEMS	PICTURES
Qianxisi	Water Seepage and Staining (natural and man-made).	
Lu	Water Seepage, Staining (natural and man-made) and Weathering.	
Huangpugong	Water Seepage, Staining (natural and man-made) and Weathering.	

PROJECT ACTIVITIES

5.1.   Phase I: Basic Survey and Monitoring

Determined the key factors threatening the caves:
· Water seepage, staining (natural and man−made) and weathering.

	Activities Undertaken		Results Accomplished
Basic Survey and Testing	1.Topographical Mapping and Aerial Survey	Training and Capacity Building	Designed topographical maps: · 1:500 · 1:1000 · 1:2000 · 1:200 of the elevation of the West Hill (divided into 4 sections)
	2.Close−range Surveying and Mapping		Designed detailed maps: · 73 section maps · 18 elevation maps of the pilot caves (6 for each cave)
	3.Monitoring of Cave Conditions		· Installation of instruments, including video cameras and crevice hydraulic pressure testing device, to monitor changes in infiltration and seepage
	4.Climatic and Air−contaminant Monitoring		Cave Site: · Established two climate monitoring stations to measure general climatic conditions. Three Pilot Caves: · Established climate monitoring instruments. · Established an air−contaminant monitoring system to continuously monitor air contaminants, SO_2 and NO_2.
	5.Geological Analysis and Hydro−geological Survey		Survey of soil, rock and water conditions
	6.Documenting Cave Conditions and Database		Established: · Detailed files about cave conditions · Database on cave conditions

5.2. Phase II: Conservation Planning and Conservation and Restoration Work

Addressed specific conservation work in Qianxisi Cave:
· Applied appropriate grouting and sealing agents to reduce water seepage, improving the overall structural integrity of the cave.
· Undertook cleaning work to remove natural and man-made staining.

	Activities Undertaken		Results Accomplished
A. Conservation Planning	1. *Basic Longmen Caves Conservation and Restoration Guidelines*	Training and Capacity Building	· Accomplished in 2006 · Outlines work techniques and methodologies, planning procedures and conservation materials
B. Conservation Testing and Application	2. *Detailed Longmen Caves Conservation and Restoration Guidelines*		· Accomplished in 2007 · Deals with overarching areas such as conservation measures and management issues · Deals with detailed and technical information about this site · Includes maps and diagrams for technical specifications
	Implementation of Conservation and Restoration Work		Qianxisi Cave: · Water seepage has been minimised · Structural integrity has been improved · Natural and man-made staining has been removed

5.1 Phase I: Basic Survey and Conservation Planning

Phase I initially involved selecting the three pilot caves. This phase of the project was largely research-based, concentrating on surveying, collection of data and assessment of conservation conditions at the three pilot caves. The work included: topographical mapping; geological surveying; atmospheric observation; experimental research on weathering, deterioration, and water seepage; and a detailed assessment of the caves.

Phase I also provided an important opportunity for training and capacity building.

5.1.1 Topographical Mapping of Longmen Grottoes

Topographical mapping and aerial surveying were used in order to provide a clearer understanding of the spatial distribution of the cave area and the surrounding terrain. The mapping and surveying resulted in the creation of 1:500, 1:1000 and 1:2000-scale topographical maps and established basic topographical data for the area. A 1:200-scale topographical map (divided into four sections) of the West Hill was also produced.

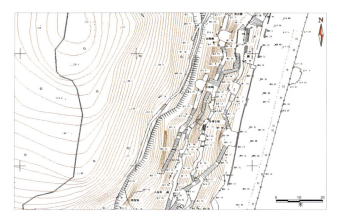

Topographical Map

Aerial Photograph of the Longmen Grottoes

5.1.2 Close-range Surveying and Mapping

73 section maps and 18 elevations of the experimental caves (6 for each cave) were produced.

Front view of Qianxisi

5.1.3 Monitoring of Cave Conditions

In order to establish data on water leaking and infiltration problems in the caves, monitoring instruments, including digital video cameras, temperature probes, and crevice hydraulic pressure testing devices, were installed. The collected data was used to develop appropriate conservation and restoration strategies.

Meteorological monitoring device

Device to test water seepage in the Huangpugong Cave

Device to test humidity inside and outside the caves as well as on the surface of mural paintings

Environmental Monitoring Station

Experts work at Atmosphere Monitoring Station

5.1.4 Climatic and Air-contaminant Monitoring

To determine climatic and contaminant conditions in the cave region and three pilot caves, a number of monitoring instruments were installed. These instruments provided crucial data for conservation and restoration strategies at the site:

Cave Region: two climate monitoring stations to measure general climatic conditions.

Three Pilot Caves: climate monitoring instruments and an air-contaminant monitoring system to continuously monitor air contaminants, SO_2 and NO_2.

5.1.5 Geological Analysis and Hydro-geological Survey

To determine the geological and hydro-geological conditions in the three pilot caves, the following information was produced: 1:500 and 1:2000-scale geological maps; and new data concerning the location of crevices, the nature of water infiltration, and temperature differences inside the rock mass.

This information was produced by conducting the following geological testing and surveys: (1) borehole wave velocity and surface wave velocity tests; (2) rock, earth, water, and stone surface sample tests; (3) geological disease survey; (4) water level and temperature monitoring; (5) the drilling of 4 vertical boreholes (to 320 metres) and installation of instruments within the boreholes to measure water levels and temperatures; and (6) the drilling of 6 horizontal boreholes (to 120 metres) and installation within the boreholes of multiple point displacement metres and temperature monitoring instruments.

Reconnoitering at the site

Geological inspection

Geographical mapping

Video monitoring

Installation of vertical drilling equipment

Video monitoring

5.1.6 Grouting Test to Prevent Water Seepage Inside the Caves

Initiating selection tests for grouting materials to prevent water seepage inside the caves and deciding on an appropriate grouting material for the treatment of water seepage inside the Longmen Grottoes. A report on the test results was completed.

Grouting test site

5.1.7　Monitoring Water from Condensation Inside the Caves

Initiating investigations and monitoring of the quantity of water from condensation inside the Longmen Grottoes, installing relevant monitoring instruments and equipment and gaining an understanding of the regular patterns in which condensation appears and what harm it does to the caves.

Monitoring condensation water at site

5.1.8 Documenting Cave Conditions and Establishing Database

A database was established under a joint effort between the China University of Geosciences (Wuhan) and the Longmen Grottoes Institute. The database not only includes detailed files about cave conditions that were collected during the project, it also provides an archive of the documents, pictures, maps, charts and images that have been collected at the site over the past decades. This database provides critical information for the ongoing conservation and restoration of the grottoes.

Documenting cave conditions

Documenting cave conditions

5.2   Phase II: Conservation Planning and Conservation and Restoration Work

Phase II focused on the formulation of the Basic Longmen Caves Conservation and Restoration Guidelines (2006) and Detailed Longmen Caves Conservation and Restoration Guidelines (2007). Both sets of guidelines outline appropriate techniques for ongoing conservation and restoration work at Longmen. Phase II involved carrying out water seepage treatment, structural stabilisation and cleaning restoration work in the Qianxisi pilot cave.

Additionally, Phase II provided opportunities for training and capacity building for local staff and project experts.

A. Conservation Planning

5.2.1   Basic Longmen Caves Conservation and Restoration Guidelines (2006)

These Guidelines provide the necessary technical standards for conservation work at Longmen. The Guidelines were prepared by the China National Institute of Cultural Properties and subsequently approved by the State Administration of Cultural Heritage.

The Guidelines comply with the Law of the People's Republic of China on the Protection of Cultural Heritage, the Statute on Management Strategies of Repairing Memorial Buildings, Ancient Architecture and Cave Temples, the Conservation Principles of Heritage Sites in China, and international standards, such as the Venice Charter. The Guidelines thoroughly address the existing factors that threaten the caves.

Basic Longmen Caves Conservation and Restoration Guidelines (2006)

Detailed Longmen Caves Conservation and Restoration Guidelines (2007)

5.2.2   Detailed Longmen Caves Conservation and Restoration Guidelines (2007)

Prepared by the China National Institute of Cultural Properties and subsequently approved by the State Administration of Cultural Heritage, the Guidelines represent a comprehensive guide for ongoing conservation work, outlining specific construction technology, procedures, materials and facilities. The Guidelines also detail technical information about the site, including maps and diagrams for technical specifications.

B. Conservation Testing and Application in Qianxisi Cave

The key objectives for project specialists were to reduce water seeping into the cave, improve the structural integrity of the cave body and remove natural and man-made staining from the cave walls. The Basic Longmen Caves Conservation and Restoration Guidelines and the Detailed Longmen Caves Conservation and Restoration Guidelines provided the basis for this conservation work.

Water seepage conservation work took place in Qianxisi Cave between December 2007 and May 2008. The Gansu Tieke Geographic Disaster Prevention Engineering Company was selected to undertake the water seepage conservation work. Once the water seepage treatment had been completed, the School of Archaeology and Museology of Beijing University undertook necessary cleaning work to remove the natural and man-made staining.

Using a die-sinking machine to remove the cement-like sedimentation and the epoxy resin splashed down during grouting

Restoration work and construction work to control water seepage at the Qianxisi Cave

Following the completion of the conservation work, water seepage was minimised, the structural integrity of the cave had improved and natural and man-made staining had been removed.

The experience gained from research and conservation work conducted at the three pilot caves will be applied to other caves at the Longmen Grottoes site during future conservation work.

Qianxisi Cave	
Problems:	Water seepage, unstable cave structure and natural and man-made staining.
Objectives:	Reduce water seepage, improve structural integrity and remove man-made and natural staining from cave surfaces.
Process:	Applied grouting and sealing agents to cracks on the cave walls to reduce water seepage, and applied chemical agents and scrubbing to stained surfaces.
Outcomes:	Water seepage has been minimised, structural integrity has improved and natural and man-made staining has been removed.

Construction to control water seepage at the Qianxisi Cave

6. ACHIEVEMENTS

This UNESCO conservation project served as a valuable learning experience in the field of cultural heritage conservation and preservation. The project provided a unique opportunity for specialists and stakeholders from China and Japan to collaborate and share their knowledge regarding the preservation of cultural heritage, resulting in the production of a set of detailed technical reports and site−specific conservation guidelines that will assist future conservation work.

The guidance provided by Chinese and international specialists has also helped train a talented group of local people who will contribute to the future conservation of the site. Indeed, the project provided a particularly valuable opportunity for capacity building; as part of the capacity building process, 7 staff members from the Longmen Grottoes Institute received technical training at the Tokyo National Research Institute for Cultural Properties.

The efforts and hard work of project experts and the Chinese authorities, as well as the commitment of the Japanese government, have paved the way for further successful cooperation and the sustainable future of this site.

UNESCO was proud to act as a catalyst in this project, bringing together governments and experts to cooperate in the conservation of this important heritage site.

Conference on the Achievements held in 2009

7. APPENDICES

Appendix 1 LIST OF TECHNICAL REPORTS AND FINDINGS

DATE	TITLE (ENGLISH)	TITLE (CHINESE)	AVAILABLE LANGUAGE
2002	Report on Topographic Mapping and Close-range Surveying and Mapping at Longmen Grottoes	龙门石窟地形测绘及近景摄影测绘报告	Chinese
2002	Research Report on Geological Survey for Conservation and Restoration Program at Longmen Grottoes	龙门石窟修复保护工程地质调查研究报告	Chinese
2002	Expert Appraisal of Phase I of Conservation and Restoration Program at Longmen Grottoes	龙门石窟保护修复工程中国专家组对前期工作的意见	Chinese
2003	Report on Technical Guidance for Conservation and Restoration Program at Longmen Grottoes	龙门石窟保护修复工程观测仪器修理和技术指导报告	Chinese
2004	Report on Grottoes Disease for Conservation and Restoration Program at Longmen Grottoes	龙门石窟保护修复工程洞窟病害调查记录	Chinese
2004	Interim Report of Environmental Monitoring for Conservation and Restoration Program at Longmen Grottoes	龙门石窟保护修复工程环境监测中期报告	Chinese
2004	Report on Anti-Seepage Grouting Materials for Conservation and Restoration Program at Longmen Grottoes	龙门石窟保护修复工程防渗灌浆材料的室内和现场实验报告	Chinese
2004	Investigation Report on Horizontal Drilling for Conservation and Restoration Program at Longmen Grottoes	龙门石窟修复保护工程水平钻孔勘查报告	Chinese
2005	Report on Complementary Geological Survey for Conservation and Restoration Program at Longmen Grottoes	龙门石窟修复保护工程补充地质调查报告	Chinese
2006	Research Report on Grouting Tests for Seepage Prevention Work for Restoration and Protection Program at Longmen Grottoes	龙门石窟保护修复工程防渗灌浆材料的室内和现场实验报告	Chinese
2006	Basic Design of Conservation and Restoration Program at Longmen Grottoes	龙门石窟保护修复工程基本设计	Chinese
2007	Interim Report on Condensation Water Disease Survey for Conservation and Restoration Program at Longmen Grottoes	龙门石窟保护修复工程凝结水病害调查研究中期报告	Chinese

2007	Interim Report on Database Management System Research for Conservation and Restoration Program at Longmen Grottoes	龙门石窟保护修复工程数据库管理系统研究中期报告	Chinese
2007	Detailed Design of Conservation and Restoration Program at Longmen Grottoes	龙门石窟保护修复工程详细设计	Chinese
2007	2007 Periodic Report for Conservation and Restoration Program at Longmen Grottoes	龙门石窟保护修复工程 2007 年度阶段报告	Chinese
2008	Report on Environmental Monitoring for Conservation and Restoration Program at Longmen Grottoes	龙门石窟保护修复工程环境监测报告	Chinese
2008	Research Report on Condensation Water Disease Survey for Conservation and Restoration Program at Longmen Grottoes	龙门石窟保护修复工程凝结水病害调查研究报告	Chinese
2008	Research Report on the Database Management System Established for Conservation and Restoration Program at Longmen Grottoes	龙门石窟保护修复工程数据库管理系统研究报告	Chinese

Appendix 2　LIST OF EXPERTS

Chinese Experts

Mr. Huang Kezhong	黄克忠	Senior Engineer, China National Institute of Cultural Property 中国文物研究所 高级工程师
Mr. Qu Yongxin	曲永新	Professor, Institute of Geology and Geophysics, CAS 中国科学院地质与地球物理研究所 教授
Mr. Liu Jinglong	刘景龙	Vice Professor, Academy of Longmen Grottoes 龙门石窟研究院 副研究员
Mr. Fang Yun	方云	Professor, China University of Geosciences 中国地质大学 教授
Mr. Hu Dongpo	胡东坡	School of Archaeology and Museology, Beijing niversity 北京大学考古文博学院文物保护系 副教授

Japanese Experts

Mr. Okada Ken	冈田健	Head, Conservation Design, Japan Centre for International Cooperation in Conservation, Tokyo National Research Institute of Cultural Properties 东京文化财研究所国际文化财保存修复协力中心 保存计划研究室室长
Mr. Tsuda Yutaka	津田丰	Manager, Geolest Co., Ltd. （株）ジオレド　代表取締役
Mr. Nakada Hideshi	中田英史	Wood Circle Co., Ltd. 有限会社ウッドサークル 代表取締役

龙门石窟保护修复项目概况

冈田健　（东京文化财研究所）

1. 简　介

联合国教科文组织／日本信托基金龙门石窟保护修复项目从 2001 年 11 月开始，到 2009 年 3 月结束，历时大约 7 年的时间。对整个项目工程，日本政府向联合国教科文组织委托了 125 万美元的信托基金作为此项目实施的经费。本报告从联合国教科文组织顾问的角度对此项目工程做一简要回顾和总结。

该项目工程选定龙门石窟周边以及其中三个洞窟作为试验洞窟，通过对其进行环境观测以及各种试验来研究建于石灰岩岩体之上的龙门石窟中所存在的各种劣化原因。此外，对于实验洞窟的保护修复工作也是此项目的主要内容之一。

龙门石窟的范围非常广泛，从其整体来看，由于漏水、结露等原因引起的劣化较为严重。另一方面，石窟是建于石灰岩这种硬质的石材之上的，通过这几十年的保护修复工作也取得了一定的成果，就目前而言，还不足以使石窟产生大规模崩塌现象的危险性。但是，随着龙门石窟于 2000 年 12 月被联合国教科文组织列入世界文化遗产名录，洛阳市政府把龙门石窟保护研究所改组成了龙门石窟保护研究院。尽管如此，当时有现代科学依据的保护修复工作由于受到人才、设备等不足的影响，无法很好的展开。因此，为了能长时间保护这具有 1500 年悠久历史、中国目前规模最大的石窟寺院，为了能使这象征着中国古代文化的石窟能长久存在下去，使用有效的保护技术、建立必要的保护体制已经成为了有待解决的两大课题。因此，通过上述作业来寻求这两大课题的解决方案已经成为此项目工程最为重要的目的。

此项目工程原本计划分两个阶段耗时 5 年的时间来完成，但是由于种种原因，最终于 2009 年 3 月，耗时 7 年才最终完成该项目。在这里，本报告从联合国教科文组织顾问的角度，通过展示这 7 年项目所取得的成果，来回顾这次联合国教科文组织文化遗产保护修复项目工程。同时，希望通过这次成果能为以后的中国石窟寺院的保护修复工作和施工方法的研究提供参考。

2. 项目实施的背景

1998 年 11 月，中华人民共和国主席江泽民在访日期间与当时的日本首相小渊惠三举行了会谈。在会议中，日中双方就日中两国合作对中国丝绸之路沿线现存古代文化遗产的保护工作达成了协议。另一方面，日本政府为了保护丝绸之路沿线的文化遗产，向联合国教科文组织提出了提供 500 万美元资金的申请。最后，决定用其中的一半250万美元来资助中国国内文化遗产的保护工作。经过讨论，决定选取河南省的龙门石窟和新疆维吾尔自治区的库木土拉石窟来分摊这250万美元。

因此，按照原来计划对龙门石窟和库木土拉石窟进行保护修复工作应该是一样的。但是，由于东京国立文化财研究所（现已更名为独立行政法人国立文化财机构东京文化财研究所。以下简称为东文研）作为保护文化遗产的专业研究机关，受到日本外务省的委托来担任这次龙门石窟项目工程的顾问，因此库木土拉石窟项目工程的顾问自然而然地就与日本方面项目工程之间的关系显得不一样了。

龙门石窟与东文研之间的关系原来已经显得较为密切。在项目实施前，就已经有一些美术史研究者在进行对龙门石窟的研究了，并且取得了一定的成果，由此还建立起了龙门石窟与东文研之间的交流关系。因为有了这层的交流关系，龙门石窟保护研究所所长刘景龙（当时）于1996年11月首次访问东文研，并直接向所长渡边明义（当时）提出了共同研究保护石窟的提案与联合培养龙门石窟年轻专家的要求。刘所长是从事龙门石窟的保护工作已经有大约40年的专家。刘所长一直积极地以研究所的体制改善为目标，考虑到龙门石窟的将来，为了能使得有人继承自己的工作，当时一口气正式录用了5名大学应届毕业生到保护部门工作，并且委托东文研对他们5人进行专业的教育。而渡边所长也答应在2000年东文研新厅舍完成之后就迎接刘所长选派的人员来东文研接受专业学习。在此之后，刘所长几乎每年都会赴日拜访渡边所长，而渡边所长也向财团法人文化遗产保护振兴财团（当时理事长平山郁夫，现为公益财团法人文化遗产保护·艺术研究助成财团）提出申请筹措资金，从2000年秋天开始迎接第一批进修生来东文研进行为期10个月的专业学习。与此同时，渡边所长于2000年10月亲自拜访龙门石窟，就今后建立合作关系的具体事宜与中方进行了协商。渡边所长以同样的热情回报了刘所长想把遗迹的未来托付给年轻人的期望。

联合国教科文组织／日本信托基金龙门石窟保护修复工程的顾问工作，在日中双方研究所开始进行保护石窟交流的时候，就适时委托给了东文研。当时，在东文研里已经设置了国际文化财保存修复协力中心（现为文化遗产国际协力中心），这是日本的一个合作保护外国文化遗产的专门机构。在当时这个机构的体制正在逐渐完善，其作用主要有三个：一是收集世界各国文化遗产保护的信息，二是为保护外国文化遗产进行保存科学、修复技术的基础研究，三是合作培养专业人才。虽然国际文化财保存修复协力中心有上述的这三个主要作用，但是还没有积极地参与过外国文化遗产的保护修复工作。因此，对于东文研来说，能通过日本信托基金参与这次的龙门石窟保护修复工程是具有划时代意义的。

东文研在这次项目工程中主要是以专家的身份参与项目工作，与中国方面的专家们一起从专业的角度来指导调查和研究。此外，东文研还与联合国教科文组织签订顾问合同，同时还要支援联合国教科文组织北京办事处。这次项目工程的资金是由日本提供的，东文研受日本外务省的委托担任联合国教科文组织顾问这一职务，因此中国方面就没有以此身份来参加此次项目的人员了。由日本外务省、东文研包括在内的日本专家，中国国家文物局，中国专家，联合国教科文组织北京事务这所四方面所结成的项目工程形成团队于2000年9月开始对龙门石窟进行视察，经过讨论商议决定首先由日方来制定计划方案，然后通过日方、联合国教科文组织共同提案的形式把制定好的计划方案提交给中方，经过联合国教科文组织北京办事处与中国国家文物局的商讨，最后双方达成一致意见。于是，联合国教科文组织与中国国家文物局于2001年11月正式签署龙门石窟保护修复工程项目合同书。

在制定此计划方案的过程中，为了尽可能地考虑到项目工程的方方面面，使得计划更为完善，光靠原本预计的 125 万美元的日本信托基金显然是不够的。因此，东文研实行其顾问的职责，为了突显其自主参与的态度，通过其他各种途径来筹措资金，并决心使用其筹措来的资金为项目做贡献。日本外务省以及联合国教科文组织北京办事处都对东文研的此举措表示欢迎和认可。当然，这件事也通过联合国教科文组织传达给了中国政府，经过讨论，表示东文研的这种举措在项目刚开始的时候应该被认可。

就这样，东文研通过筹措独立的研究预算和外部资金，从侧面来支持此次的项目。在东文研所筹措到的资金里面，研究所的独立研究资金在 5 年时间内里达到了大约 2000 万日元（短期进修、研究交流等）；由财团法人文化遗产保护财团（现为公益财团法人文化遗产保护·艺术研究助成财团）提供的赞助金约为 2800 万日元（长期进修 1 名、拍摄纪录图像资料、购买各种测量仪器）；由 JICA（日本国际协力事业团）提供的援助资金约为 1200 万日元（长期进修 4 名）。这些资金的总和其实已经达到了联合国教科文组织经费金额的一半了。

2001 年 11 月 10 日，联合国教科文组织北京办事处所长青岛泰之与中国国家文物局局长张文彬在龙门石窟的奉先寺签署项目工程合同书，这标志着龙门石窟保护修复工程由此正式启动。

3. 项目工程的目的

只要是具有一定形状的物体，随着岁月的流逝，必定会发生劣化。尤其是现在被称作为文化遗产的东西，由于从它们被制作出来到现在已经经历了很漫长的岁月，因此或多或少的都会发生一定的劣化现象。而何如去处理这种劣化现象已经成为现在必须解决的问题。对于文化遗产的保护修复而言，仅仅是修正其物理上的劣化是远远不够的。

龙门石窟位于被称为"九朝古都"的洛阳的南郊。历史上的北魏王朝以佛教作为国家的宗教，根据其教义企图统治全国。5 世纪末，北魏迁都洛阳前后的时候，选择犹如帝都的门阙一样耸立于伊水河畔伊阙龙门山的断崖开始兴建最初的石窟宫殿与寺院。在这之后，反映每个朝代佛教信仰特色的开凿洞窟、造像活动都会在这里进行。但是，随着封建王朝的频繁交替，佛教信仰的变化，以及建造寺庙佛像活动的变化等，龙门石窟开始逐渐衰落。另一方面，洛阳这个地方自古就以其风光明媚的景色被众人所知，即使在几乎没有寺院活动的时候，也会有很多人来这里拜访，他们能在这里追忆往昔繁华情景的同时得到片刻的休息。在清朝的时候，随着金石学的兴盛与发展，收录残留在中国各地古代碑文的活动变得盛行起来。对于整个区域都有庞大碑文残留的龙门石窟而言，自然吸引了全国金石学者的目光。当时流传着六朝书法字体的北魏古阳洞是在刻有碑文的洞窟中最具代表性的，从以它为首的初期洞窟的碑文中选取被称为"龙门五十品"、"龙门二十品"等这些较为优秀的碑文，然后再把这些碑文做成拓本，供世人珍藏，由此也形成了当时文化人鉴赏这些优秀拓本的独特文化风潮。从清朝末期起，中国开始了其现代化的道路，与世界各国的联系也逐渐加强。随着欧美各国以及日本对于龙门石窟等中国文化遗产兴趣的日渐浓厚（占有中国文化遗产欲望增强），屡次发生掠夺现象，出现前所未有的对于龙门石窟的人为性破坏。

龙门石窟既可以说是代表着文化的进步又可以说是代表着文化的衰退，既可以说是显示人类的善意又可以说是显示人类的恶意，无论是好是坏龙门石窟都把所有的这些毫无掩饰地展现在我们面前，而所有的这些也都应该作为后世人们前进的指针。龙门石窟是有这样的"价值"作为"文化遗产"而受到保护的。

如果是像上面讲到的那样来定义龙门石窟作为文化遗产的价值的话，那么应该保护什么，在保护的时候应该要注意什么等等这些问题已经变得十分明确了。也就是说，遗迹之所以存在在那里的理由，并不是要人们去损坏它的特色与历史，而是要人们去保护它。此外，就和过去的人们通过各种方式干涉遗迹一样，如果我们也在宣扬"现代文化遗产保护的概念与方法"的同时，以"保护修复"为由干涉遗迹的话就要把这些干涉行为的目的、理由、过程、结果做好明确的记录。所谓的"文化遗产"都有自身的价值，只有当从事文化遗产保护工作的所有人都能理解其真正价值，同时能把自己理解到的东西付诸于实践的时候，才可以说是"真正地保护了文化遗产"。

今天的"文化遗产"保护工作已经不能局限于自然科学、人文科学的领域了，就从其应用与公开的工作特点来看，已与经济学、政治哲学等等的所有领域都有了一定联系，只有这些所有领域的专家们互相理解，发挥各自的作用，才可以说是"从真正意义上地保护文化遗产"。龙门石窟今后是否能做到这种真正意义上的保护文化遗产么？此次项目工程在中国两国政府、联合国教科文组织三方的共同努力下，一直在寻求用有限的预算资金和时间来取得成果的方法。虽然要在项目工程中实现上述所有的要求有一定的困难，但是我们希望能通过这次龙门石窟的保护修复工作，在项目工程结束的时候龙门石窟他们自己能找到一个从真正意义上保护文化遗产的路线。

4. 项目工程计划方案的方针

本次项目工程的计划方案是以 2000 年 9 月组建的项目工程形成团队的实地调查与讨论为基础的，首先由以中田英史为中心的日方专家来起草项目的草案。随后，由联合国教科文组织北京办事处在 2001 年春天之前联系日中双方专家以及中国国家文物局，在日方起草的草案的基础上做进一步的修改与完善，于 2001 年 6 月顺利完成《龙门石窟保存修复工程——第一阶段项目计划书》，并同时完成了预算计划。在此基础上，联合国教科文组织与中国政府（中国国家文物局）的合同书也随之出炉，双方于 2001 年 11 月 10 日正式签署合同。

项目工程计划书规定本次的项目主要由以下的这几项工作构成。

第一、收集现存资料，实施调查实验。

第二、实施保存措施。

第三、与项目结束后的后续保存工作有关的工作，比如培养当地的技术人员等等。

整个项目工程分为前后两个阶段进行。根据计划书，预期第一阶段耗时 3 年，第二阶段耗时 2 年来完成整个项目工作。

第一阶段

第一阶段预期耗时三年完成，其主要工作是为了第二阶段中的保存修复工作，以及此次工程之后后续的长期保护工作所做好准备。首先是对整个龙门石窟以及试验洞窟进行全面的观测、调查和实验，并收集好这些检测数据。然后，对收集到的这些数据进行分析，在分析结果的基础上讨论具体的计划方案，这也是第一阶段工作的目的所在。对于第一阶段的工作来说，最主要的就是通过日中双方专家的合作来完成对洞窟的调查、检测以及研究工作。当然，这些工作本来应当是由龙门石窟研究院独立完成的，但是从当时龙门石窟研究院的状况来看，负责保存工作的部门无论是在人才方面还是设备方面都明显不足，因此希望能通过这次项目工作由日中双方专家共同培养一批专业人才。

第二阶段

第二阶段的工作是在第一阶段调查研究成果的基础上，以保存修复工作为中心来展开的。此外，各种观测工作也在第一阶段之后继续进行。同时通过进行上述调查、实验研究、保存修复工作，第二阶段还致力于当地专业人才的培养工作。在项目工程完结之际，记录调查、实验研究、保存修复工作实施情况的报告书也已经完成。报告书的完成对于此项目工程之后后续的龙门石窟长期保存修复工作的实施是很有帮助的，同时这也是当初所设定的此项目的目的所在。

5. 项目工程的经过

（1）体制

实施此次的项目工程所使用的资金是来自日本政府向联合国教科文组织提供的125万美元的信托基金，项目的主体部分主要是由联合国教科文组织和中国政府共同努力完成。这也就是说，此次项目工程实质上是在中国政府（中国国家文物局）的管理下进行的。

中国国家文物局把这项工程委托给了有关地区的文物管理部门。地方文物管理部门与联合国教科文组织保持着紧密联系，按照计划推进主体工作。在日中双方专家的指导下，地方文物管理部门在第一阶段主要致力于完成对石窟的调查、实验研究以及作业过程的相关报告与总结，同时还在作业施工人员中进行与工程订购、投标有关的工作等，此外还参与制定了保存修复工作的计划方案；在第二阶段施工的过程中，地方文物管理部门在工程订购方面起到了监督的作用，并完成了最后的成果报告书。

但是在选定担当此项目的地方文物管理部门的时候产生了问题。根据龙门石窟的情况，按照惯例，应当由河南省文物局来担任这个地方文物管理部门的职责。但是结果出现河南省文物局没有接受担任此职责而由洛阳市文物管理局来担任的状态。

洛阳市为了使龙门石窟能被列入世界遗产名录积极地进行着对石窟周边区域的调整。经过努力，龙门石窟终于在2000年12月被列入世界遗产名录，而原本从属于文物管理局的龙门石窟研究院被升格为独立的龙门管理局。因为，龙门石窟研究院也从原来洛阳市文物管理局的管理下脱离了出来。在2001年11月联合国教科文组织和中国政府签署合同书之后，洛阳市文物管理局正式担任此次龙门石窟项目工程的指挥工作，但是由于之前对于此次项目的详细事宜并不了解，相比熟知项目内容的龙门石窟研究院来说，在进行上述各种作业施工的时候较难发挥其指导作用，所以这就等于说加大了联合国教科文组织北京办事处以及日中双方专家的工作量了。从这个情况来看，为了要顺利完成此次项目就必须得解决这个问题。于是，2005年3月1日，日本、中国、联合国教科文组织三方会议在北京召开，会议在总结了第一阶段工作情况的同时还决定第二阶段的工作仍由洛阳市文物管理局来负责展开，但是会议还表明今后河南省文物局也要协助国家文物局与洛阳市文物管理局来共同实施此项目，这样终于使得工作量大的问题得到了一些改善。

从 2001 年末到 2002 年初为止，中方新增了 3 名专家。原本，日方的专家包括东文研的 4 名专家在内总共有 6 人，而中方专家却只有 2 人，因此为了保证项目能更好地实施中方才又增加了 3 名专家。在制定项目计划阶段，由于参与制定的人员是以日方专家为主，而日方专家不十分了解中国石窟寺院遗迹的现状和保护方法，因此通过这次中方新增专家，可以弥补日方专家在这方面的不足，给项目计划的制定提供更多的科学依据。

中方专家：黄克忠、付清远、曲永新、刘景龙、胡东波

日方专家（兼联合国教科文组织顾问）：齐藤英俊[1]、青木繁夫[2]、清水真一[3]、西浦忠辉、石崎武志、津田丰、中田英史、冈田健（1~3 为历代东文研国际文化财保存修复协力中心·文化遗产国际协力中心长）

（2）项目工程预算

由于这次项目分为两个阶段进行，因此项目预算也相对应地分成两部分。在当初制定计划的阶段，随着一次次地修正完善计划方案，预算金额也在不断地增加，因此资金不足的部分只能寻求地方政府来负担，这也是为此项目工程做贡献了。此外，在购买备置各种仪器、培养专业人才等方面，日方（东文研）作为计划制定者通过其他途径筹措到了资金，也为项目做出了贡献。

第一阶段预算（联合国教科文组织经费）

项目	金额（美元）	备注
事业人是费		
工程管理补助	3，000	翻译
联合国教科文组织职员	14，000	赴龙门的费用
中方专家	10，000	赴龙门的费用
小计	27，000	
承包合同		
顾问承包合同	174，514	与顾问（东文研）合同（包括日方专家派遣费等）
调查、试验	122，640	
小计	297，154	
培训、会议		
会议	3，000	1 年 1 次、共 3 次
研究会（workshop）	15，000	外国专家旅费、酬金
小计	18，000	
购买仪器		
环境测定仪器	132，200	包括设计仪器和指导操作方法的专家派遣费
裂隙调查仪器	1，700	热传导测定仪
消耗品	850	合成树脂

续表

项目	金额（美元）	备注
渗水调查仪器	51，110	
非消耗电器用品	8，000	电脑、软件、数码相机
小计	193，860	
杂费		
报告	5，000	
杂费	10，000	
小计	15，000	
联合国教科文组织管理费	71，632	占以上经费的 13%
合计	622，646	

第二阶段预算（联合国教科文组织经费）

项目	金额（美元）	备注
事业人是费		
工程管理	15，000	
国内旅费	10，000	
顾问团	35，000	专家，联合国教科文组织职员
小计	60，000	
承包合同		
顾问承包合同	75，000	与顾问（东文研）合同（包括日方专家派遣费等）
环境监测	7，000	包括渗水状态的监测
凝结水专题研究	33，000	
数据库研制	29，000	
基本设计	25，000	
施工方案设计	20，000	
防渗施工	240，000	包括三个洞窟防渗灌浆、施工监理
小计	429，000	
培训、会议		
技术人员培训	8，000	
会议	29，000	三方会议
小计	37，000	
杂费		
通信费	5，000	
报告	14，000	
杂费	5，000	
小计	24，000	
联合国教科文组织管理费	71，500	占以上经费的 13%
合计	621，500	

（3）专家会议

专家会议在洛阳市以及北京市召开，并在两个阶段各召开了6次会议，由日中两国专家、联合国教科文组织北京办事处、洛阳市文物管理局、联合国教科文组织顾问（东文研）出席会议。同时为了使项目工程能更顺利地得到实施，负责调查、设计、施工的人员也一起出席了会议。会议上，专门家们就目前龙门石窟中存在的漏水、结露等地质现象与含水量所引起的各种问题展开了激烈地讨论。中国地质大学（武汉）的方云教授作为专家组的一员为本次项目做出了很大贡献，因此在这里特别写出此事而对方云教授表示诚挚感谢。

此外，日方曾经八次独自前往洛阳，进行初期环境测量装置的指导工作、分析研究的指导工作、修理仪器故障以及新开车间的工作等等，这些工作都为东文研填补了经费。日方在联合国教科文组织和东文研顾问合同每一年一次签署交换的中断期间，就积极地着手项目的实施工作了。在经费方面，相对于中方专家使用的国内旅费而言，日方专家使用的国际旅费花销更大，因此中方专家受联合国教科文组织委托前往现场进行技术指导以及与施工人员洽谈等工作的情况相对比较多。由于经费的限制，特别是在项目的第二阶段，日方专家多次无法参与此项目的工作。

（4）三方会议

由日本政府（外务省）、中国政府（国家文物局）以及联合国教科文组织（北京办事处）三方代表参加的三方会议总共召开了三次。在三方会议召开之前已经召开过了日中专家会议，在听过洛阳市文物管理局的报告后，专家们对此做出了评价并决定以专家报告的形式召开三方会议。于是，2003年10月在洛阳市召开了第一次三方会议，会议上逐一回顾了从项目第一阶段以来2年内工程所取得的进展，并就从第一阶段过渡到第二阶段的过渡工作进行了商议。2005年3月与库木土拉石窟项目工程联合召开的第一阶段工作总结会议在北京市召开，会议决定把原本定为2年内完成的第二阶段工作更改为从2005年至2007年为止的31个月之内完成。但是事实上，中国政府与联合国教科文组织签署第二阶段项目工程合同需要半年的时间，此外制定修理工程的施工设计方案也需要时间，同时联合国教科文组织与中国政府为选定工程施工人员调整投标方法也需要一定的时间，因此，第二阶段工作不得不延长到在4年内完成。最后一次三方会议于2009年2月在北京召开，会议对此次项目的工作做了总结。

（5）第一阶段的概况

1）收集资料

在此次项目实施之前，中国有关机关就对石窟进行了实验、调查、研究等工作，我们也开始收集与此有关的资料，这些资料和第一阶段各种调查的结果一起成为了在制定第二阶段工作计划时的重要依据。此外，东文研还提供了日本研究者过去撰写的关于龙门石窟历史研究方面的论文资料的全部复印件。

2）实地调查

项目在实施以下将要提到的各种调查，以及确保工程实施的基础数据的同时，还构建了对于龙门石窟永久环境观测的基础框架。此外，项目还选定了劣化情况较为多样化的皇甫公窟（建于6世纪前半期的北魏时期）、路洞（建于6世纪前半期的东魏时期）、潜溪岁寺洞（建于7世纪中叶的唐朝时期）这三个洞窟作为实验洞窟，对其劣化状况以及环境进行观测，同时还进行着第二阶段保存修复工作的准备工作。此外，此次调查主要是在中国地质大学（武汉）、中国文物研究所（现在为中国文化遗产研究院）和洛阳市文物管理局签订合同的基础上进行的，其中中国文物研究所更是担当了修复材料的实验及评价工作，还有第二阶段保存修复工作计划的制定工作。日中专家对于所取得的各种成果，进行检查并给予评价，然后进入下一阶段的工作。

a）测绘调查

此次项目在最初就进行了对于石窟的各种调查、分析以及记录工作，此外还完成了石窟保存修复计划的制定及其后续的调整，并在此基础上完成了对于石窟地形图的测绘。

根据当初的计划，地形测绘工作主要包括以下几个部分：西山平面图（航空摄影测绘：输出图像 1：1000 以及 1：500）、西山立面图（摄影测绘：输出图像比例为 1：1000 和 1：500）、西山断面图（实际测绘：输出图像比例为 1：250～1：300）、东山平面图（航空摄影测绘：输出图像比例为 1：1000 和 1：500），此外还有三个实验洞窟的展开图（摄影测绘）。

根据当初的计划，航空摄影测绘原本是设定从 500 米的高空进行摄影，但是根据中国现行的法律，只允许 1000 米以上的高空摄影作业，同时由于找到了 2001 年 6 月对于此片区域的摄影数据，于是项目决定不再重复进行摄影测绘了。此外，对于输出图像的规格比例，则定在了 1：2000 和 1：500。

立面图测绘原本计划定在宽 250 米、高 80 米和宽 570 米、高 80 米的两个地方进行，等高线的间隔定为 5 厘米，对于测绘人员来说，地势平坦的地方自然没有问题，但是陡峭的悬崖面的等高线因为过于密集根本无法测绘，所以有人提出把悬崖面的等高线间隔改为 1 米。但是如此一来就失去了测绘图原本的意义了，于是经过讨论还是把等高线的间隔定为 5 厘米，碰到由于等高线太密集造成作图困难的情况就只使用计曲线来表示，此外提示的数据把计曲线与间曲线的层次分开使得所有的地形都能毫无遗漏地显示出来。另外，中方专家提出 35 米以上的地方由于树木茂密无法摄影，因此通过讨论决定摄影测绘的对象只针对 35 米以下的岩盘面，对于山脉这类的地形则用平面图和断面图进行测绘。

根据原本的计划，断面图测绘以西山为测绘对象，在由南至北约为 1000 米的范围内、对以 20 米为间隔的 70 个地方进行人力的实际测绘。但是要对 70 个地方进行实际测绘，没有足够的经费而且对于测绘人员安全也没有保障，因此有人提出通过摄影来完成测绘工作。此外，对于三个实验洞窟的三张断面图还是采用实际测绘的方法，虽然断面图的间隔理论上应定为 20 米，但是可以在三个实验洞窟的周边区域设定 10 米的辅助线来提高其密度。

在使用包括航空测绘在内的摄影测绘的时候，由于树木遮挡实际地表的部分很多，所以对于地形图测绘的准确性多少会带来一定的影响。因此经过讨论，决定通过摄影测绘得出的数据来进行作图，同时通过实际测量从树木顶端到地表的距离把被树木遮挡的地方表示在测绘图上。

经过各种讨论，测绘工作最终由郑州人民解放军信息工程大学于 2002 年 10 月前完成。

b）环境测定

环境测定的目的主要是掌握导致石窟物理性风化主要原因的小气象环境以及石窟内温度、湿度、水分的状况。为了方便观测，项目在石窟外两个地方设置了观测站，在选定的三个实验洞窟内部安装了观测仪器。

（外部观测站）

在三个实验洞窟所在地的龙门山（西山）南侧（石窟南口的外面）的牡丹园和龙门山中央的山崖上这两个地方分别设置了观测站，用于测量石窟外的温度、湿度、雨量、日照、风向、风速、雨水的 PH 值（导电度）等。

（石窟内部环境观测）

对选定的三个实验洞窟的内部环境因素，如岩石表面温度、窟内温度、湿度、持续浸水量、岩石含水率等进行测量，此外还用数码相机拍摄记录下壁面的状态（在 10 分钟内每隔一秒拍摄一次）。

通过以上观测得到的数据会被龙门石窟研究院保护修复中心的负责人回收，然后进行分析。

c）水质调查

水质调查的目的主要是掌握导致岩石化学性风化主要原因的石窟周围水分（泉水、浸水、地下水、河水）的成分以及状况，其主要工作有连续测定水中氢离子浓度（PH 值）、温度以及分析测定包含物等。

d）地质调查

为了掌握石窟所在地的地质环境，就要进行地形、地质调查、钻探调查、岩石试验以及覆盖土调查。中国地质大学（武汉）与洛阳市地质勘察设计院承担并完成了这项工作。

钻探调查具体来说有两项主要工作。第一项工作是根据由钻探所得到岩芯抽样样本来绘制柱状图和土层断面图，第二项工作就是对这些样本进行压缩强度试验、变形系数测定、透水试验、热膨胀试验、热传导度测定、超音波传播试验、吸水膨胀试验以及崩解试验等等，这些工作都属于钻探调查的内容。此外，这次的钻探调查还有第二个目的，就是在三个实验洞窟的山顶后面开展垂直钻孔施工，利用进深100 多米的垂直钻孔来观测窟内地下水位高度的变化和水温的变化，以便掌握实验洞窟周边地下水的活动状况。

经过日中双方专家数次激烈讨论，介于中国国内的经费上涨，还有实验洞窟之一的潜溪寺洞窟周围的岩体比较脆弱等理由，最终决定避开潜溪寺洞窟，在剩下的两大实验石窟（路洞和皇甫公窟）的后面架设四个垂直钻孔进行长期的观测。此外，洛阳市政府负担了这次钻探调查实施过程中经费不足的部分。

另外，根据中方专家的提议，在三个实验洞窟的洞口两侧设计施工完成了六个水平钻孔，根据岩芯抽样样本来观测其龟裂状况，还通过在钻孔内部设置位移计来观察洞窟龟裂状况的变化，同时还对岩体表面到岩体内部的温度变化做了详细调查。

e）龟裂调查

在石窟各处发生的龟裂有可能会受到温度以及含水量的影响发生位置的转移。为了掌握其龟裂状况，首先对实验洞窟周边的龟裂分布情况进行了调查，同时还通过位移测定、热传导测定以及红外线数码相机等手段对石窟表面温度的分布情况进行了调查。

f）生物病害调查

生物病害调查主要调查导致岩石的生物性风化的草本类、木本类植物以及苔藓、地衣类等微生物，通过对繁衍生物、微生物的认定来调查其危害状况和繁衍状况。最后把三个实验洞窟的生物病害状况绘制成分布图并拍摄了照片。

3）建立档案记录模式

本项目想建立一种档案记录模式，通过这种记录模式把对实验洞窟进行上述各种调查所得到的各方面的数据、修复设计的详情、修复过程的记录、修复后的情况观察以及美术历史价值、过去的修复经历等等，还有与石窟保存研究相关的一切信息都保存起来。为了实现将来永续的保存工作，这个数据库必须不断地累积与更新。但是由于龙门石窟研究院之前并没有每天记录更新数据的经验，因此并不是十分理解数据库所起到的作用，虽然在2004年之前大致地完成了对皇甫公窟的状态调查工作，但是第一阶段的时候还没有对其他两个实验洞窟展开调查。

2006年，龙门石窟研究院、中国地质大学（武汉）、文化遗产与岩土保护工程中心开始共同进行此次项目数据库的创建研究工作。经过共同努力，完成了数据库的基础软件开发工作，同时购买了一批大存储量的电脑并开始进行一部分数据资料的输入工作。此时，对于三个实验洞窟劣化情况的调查工作也终于完成了。

4）有关结露水的讨论与研究

在此项目中，专家们就针对该如何去解决龙门石窟发生劣化的问题，特别是由于洞窟内外产生的无数裂隙导致的漏水问题，展开了激烈的讨论。

2004年秋后，日方专家津田丰指出以皇甫公窟为首的实验洞窟有明显的结露水现象发生，这是导致洞窟内部岩体风化的主要原因。但是，在专家会议上这个说法并没有得到多数人的赞同。在2005年3月的专家会议上，经过专家们激烈讨论，最后结露水问题没有成为今后需要迫切解决的课题，相反洞窟的漏水处理问题作为首要有待解决的课题被提出来，同时以解决此问题为目的制定了第二阶段的工作计划。

但是在这之后，龙门石窟研究院与中国地质大学为了弄清楚结露与石窟劣化之间的关系，对潜溪寺洞窟展开了观测研究，经观测研究发现潜溪寺洞窟内部存在着大范围的结露水现象，具有很大的危险性，于是在2006年10月召开的专家会议上针对此研究发现做了报告并引起了多数人的重视。但是，对于结露水现象产生的机理，在日中双方专家之间产生了意见的分歧，因此最终没能找到解决的对策。这也导致了2005年制定的第二阶段工作计划中没有提及对此问题的解决方案。

（5）第二阶段的概况

在2005年3月召开的三方会议上，会议总结了第一阶段的工作情况，并决定按照之前制定的工作计划方案开始进行第二阶段的工作。

1）第二阶段工作计划

第二阶段工作计划是在2005年2月经过日中双方专家讨论后制定出来的。计划主要有以下几项工作内容：

a）阐明龙门石窟的病害机理、研究其保护处理方法

- 对作为调查对象的三个实验洞窟进行全年的病害记录
- 继续进行对实验洞窟的全年环境观测
- 分析研究观测记录的数据
- 根据短期目标与长期目标来选择保护处理的方法。
- 选定实施保护修复工作的具体的洞窟

b）开展保护修复试验

在分析研究上述病害记录和观测数据，同时选定保护处理方法的基础上，开展以下工作：

- 开展裂隙防渗材料及施工技术的试验
- 开展洞窟清洗材料及施工技术的试验
- 开展与修复微裂隙相关的材料的试验与施工技术的试验

c）对选定的洞窟进行保护修复施工

实际上，正式的施工工作必须等到 2005 年 9 月，联合国教科文组织与中国政府（国家文物局）签署合同之后才能进行。在这期间，龙门石窟研究院有条不紊地继续开展着日常的观测工作，这些观测得到的数据都保存在了第一阶段所建立的数据库中。

通过分析观测得到的各种数据，已经弄清楚了龙门石窟（尤其是选定的三个实验洞窟）的劣化情况以及劣化发生的机理。同时在此基础上随着对保护修复材料以及施工技术试验的展开，中国文物研究所（现为中国文化遗产研究院）开始着手进行保护修复工作具体计划方案的制定工作。

2）第二阶段保护修复方案基本设计与施行设计

中国文物研究所、中国地质大学（武汉）、文化遗产和岩土文物保护工程中心共同完成了第二阶段保护修复方案的基本设计，并在 2006 年 4 月召开的专家会议上发表了此基本设计的内容。会议上，专家们就①各种环境观测数据的分析结果与第二阶段项目工作之间的关联性与整合性、②土木施工方法上的问题点，进行了激烈的讨论并发表了各自的意见。对于后者施工方法，专家们提出了两种方案：第一种是把潜溪寺洞窟上方的山崖削成阶梯状然后作为排水设施；第二种是在洞窟内挖掘排水孔，因为根据皇甫公窟内部的裂隙分布情况，只是堵住这些裂隙无法阻止其向洞窟内部漏水。但是这两种施工方案都有弊端，它会改变文化遗产的景观风貌，还会影响洞窟内部的结构耐久性等等。

因此，经过在 2006 年 10 月召开的专家会议上专家们的再次讨论，基本设计方案终于完成，并在同年 11 月获得国家文物局审批认可。同时在此基本设计方案的基础上施行设计方案也制定完成。

虽然施工设计方案原本打算在 2007 年 3 月制定完成，但是由于土木施工方法尚未最终决定，再加上选定施工人员还需要一些时间，因此导致施工设计方案在 2007 年 8 月才最终完成，此方案包括了全部三个实验洞窟的修复方案。另外，第二阶段项目工作按照原本计划是从 2005 年开始实施，耗时 31 个月完成，但是自联合国教科文组织与中国政府签署合同以来已经过去了 2 年的时间，由于经费与时间的关系，专家们决定暂缓这次对于以修复洞窟内裂隙为施工主要内容的皇甫公窟和路洞这两个洞窟的施工工作，并只以潜溪寺洞窟为施工对象在其山顶施行大规模的土木工程。

3）关于施工延期的问题

预定在第二阶段完成的对实验洞窟的保护修复工作实际上是从 2007 年 12 月底才开始正式展开。那么，到底为什么施工会延期呢？最主要的原因就在于联合国教科文组织关于选定企业单位的制度。

根据计划，最终选定的关于潜溪寺洞窟窟保护修复工作的合同是通过作为被指定合同当事人的洛阳市文物管理局出资 15 万美元才签订成功的。但是因为合同的资金总额已经超过了 10 万美元，这触犯了以国际投标为原则的联合国教科文组织的有关规定，而另一方面中国政府也禁止国外的专家、企业参与本国的文化遗产保护修复工作，所以最终导致形成了双方无法达成一致的局面。最终，经联合国教科文组织许可，洛阳市文物管理局于 2007 年 8 月以中国国内的企业单位为对象进行公开招标。经过专家认真评审，甘肃铁科地质灾害防治技术工程公司成为中标单位。但是，在选定中标单位以后，洛阳市文物管理局与中标单位之间的合同却迟迟未能签订成功,所以潜溪寺洞窟的施工工作直到2007年12月25日才正式开始。

4)潜溪寺洞窟上方的水利施工

施工工作预计在2007年12月25日至2008年4月25日为止的120天之内完成,所以在这个跨越春节的严冬季节里,施工人员们开始展开辛苦的工作。

潜溪寺洞窟南面墙壁由于岩壁上的层理裂隙面所导致的渗水现象相对严重;而洞窟顶部以及北面墙壁则由于除荷裂隙面的导致的渗水比较严重。事实上,虽然经调查发现以南面墙壁为中心的岩壁上有大面积的结露现象发生,但这次施工不把对结露的处理考虑在内。

此次的施工工作主要包括以下两项具体工作:

第一,洞窟顶部的岩盘相对较薄,而下雨的时候雨水会直接流入洞窟顶部,根据以前的修理工作先除去覆盖在窟顶上面的混凝土层,然后再整体覆盖一层新的混凝土。

第二,为了防止由于层理裂隙面导致的渗水,在洞窟顶后方的山上挖掘三排并列的钻孔,然后在钻孔中注入混凝土形成列柱,这样一来就可以控制水从后方向洞窟方向流动,同时再在列柱的一端刻出一条凹槽,这样就可以把山顶的水强制性地排向洞窟外了。

在开展窟顶上部施工工作的时候,由于以前的强化施工所铺设在混凝土层上的保护膜意外地牢固,所以专家们就决定继续使用这层保护膜,只对其进行表面处理工作。

2007年7月,日中双方专家前往潜溪寺洞窟施工现场进行确认工作。专家们通过现场确认发现潜溪寺洞窟上方的防水构造存在很大的缺陷,尽管施工单位按照施工设计方案进行施工工作,但是仍然出现了不符合设计方案的状况,尽管如此,施工单位也并没有因此与施工方案设计人员或者作为施工订购者的洛阳市文物管理局联系,而是仍然继续开展自己的施工工作。

施工的监督工作应该是由谁来负责?正是因为这点不明确(中方的参与人员都认为监督工作是由联合国教科文组织来负责,其实这是一种误解),才导致了这次事件的发生。对此,专家们在专家会议上提出要重新进行施工,此外对于洛阳市文物管理局以及龙门石窟研究院要实行适当监督体制。

总之,虽然联合国教科文组织确定了设计单位、施工单位与建设单位,但却唯独没有确定监督单位,于是问题就在实际的施工工作中暴露了出来。

另一方面,防止往层理裂隙里渗水的排水设备经过夏天的降雨期出现了一定的渗水现象,有人提出必须要改善排水设备,对此,专家们在2007年11月召开的专家会议上专门讨论了此问题。此外,有人担心如果不及时解决此问题会对位于潜溪寺洞窟南侧的宾阳洞窟产生不良影响,因此专家们讨论是否该再次进行施工。

5)石窟内的清洗工作

专家们就清洗洞窟内部该采用怎样的材料和技术问题展开讨论,并努力寻求合适的施工方法。对此,龙门石窟研究院在2008年1月北京召开的专家会议上提出了石窟内部清洗工作的计划方案。但是,专家们指出此计划还尚未成熟,还需要进行进一步的改进。在2008年3月洛阳召开的临时会议上,龙门石窟研究院表明自己没有自信完成计划方案的制定工作,就这样让龙门石窟研究院负责完成制定计划的想法中途受挫。

之后，通过专家会议决定，委托中方专家北京大学胡东波教授与中国文化遗产研究院的高凤来完成这个作为今后工作指针的计划方案。胡教授对潜溪寺洞窟进行了各种实验，并在此基础上制定完成了此计划方案。在 2008 年 11 月召开的专家会议上就介绍了此次实验成果的一部分。具体的清洗工作在 2009 年 2 月工程结束之后继续展开。

6. 总　结

以上对此次项目工程的主要内容以及发展经过做了简要的叙述。

在这里所记述的内容包含了在 2009 年 2 月召开的专家会议以及三方会议上所没有提及的内容，如果把它作为结项总结来说的话，可能会有些不妥当。但是，在记述最终结果的时候，不可避免地得说明下其原因与经过。

虽然参与了此次联合国教科文组织的项目工程，但是对于联合国教科文组织工作还不是很熟悉，日方专家、中方专家、国家文物局、河南省文物局、洛阳市文物管理局以及作为当事方的龙门石窟研究院，无论是哪一方在此次项目进行过程中都遇到了很多困难，在大家不断反复试验摸索的过程中一起度过了这七年的时间。想在想来，如果在当初再下点工夫就能得到改善的地方很多，这对参与这次项目的所有人员而言，可以说是很好的经验。希望这种经验能对下次项目工程的开展提供参考。

最后，联合国教科文组织北京办事处的杜晓帆先生在此次项目工程中，担任日中双方专家、中国政府、洛阳市文物管理局、龙门石窟研究院之间意见修正一职，自始自终对工作尽心尽责，同时还尽力推动此次项目工程的开展，因此在这里想特地对杜晓帆先生表达诚挚地感谢之情。在此次项目最初筹备阶段的时候，并不是大多数参与人员都熟知此次项目的内容与目的。杜先生是在 2001 年春后参与进此次项目中来。参与进来以后杜先生很快地发现项目中存在着很多各种各样的问题，并努力地去解决修正这些问题。因为有了杜先生在项目初期的努力与之后依然维持着的热情，使得此次项目虽然之后还存在各种问题但最终还是能顺利完成。最后衷心希望能与杜先生成为永远的朋友，与我们一起为保护中国的，还有日本的甚至世界的文化遗产一起努力奋斗。

The Objective and Process of Longmen Grottoes Conservation Project

Okada Ken　（Tokyo National Research Institute for Cultural Properties）

1. Introduction

This is the English-language report on the commencement of work, process and aims of Longmen Grottoes conservation project funded by UNESCO/Japanese Funds-in-Trust, from the standpoint of the National Research Institute for Cultural Properties (NRICPT), Tokyo, who acted as UNESCO consultant to the project. For a detailed report on the actual work process and its results, please see the Chinese-language report.

2. Project Process

The following will first describe the process up until work began on the UNESCO-funded project.

In November 1998, Jiang Zemin, President of the People's Republic of China, visited the Longmen site, and met there Obuchi Keizô, the Japanese Prime Minister at the time. Their discussion led to a decision for the two nations to cooperate on the preservation of cultural heritage that exists along the Chinese section of the Silk Road. At the same time, the Japanese government was announcing the donation of USD 5 million to UNESCO for conservation of Cultural Heritage on the Silk Road. As a result, half of these Japanese funds, USD 2.5 million, was designated for usage on cultural heritage sites within China. A survey then led to the selection of two sites for such work, the Longmen Grottoes in Henan province, and the Kumtua Caves in the Uyghur Autonomous Region. The funds were divided, with each site alloted USD 1.25 million.

Up until that point the same preparations were made for work on the two sites, Longmen and Kumtura. However, on the Longmen project, the Tokyo National Research Institute for Cultural Properties (present-dayNational Research Institute for Cultural Properties, Tokyo, Independent Administrative Institution, hereafter referred to as NRICPT), Japan's representative research institute, became the consultant for the project, seconded by Japan's Ministry for Foreign Affairs. On the Kumtura project, a Japanese company specializing in planning and management of conservation of architecture and monuments was named as the consultant for the project. As a result, while the two different organizations both bore the same title of consultant, the manner in which each organization related to the consulting work differed considerably.

Further, another major difference between the Longmen project and the Kumtura project lay in the fact that the Longmen Institute (present-day Longmen Academy) and the NRICPT had already established a relationship of interchange based on the research on the Longmen Caves carried out by art historians. This constituted a major difference between the two projects.

Long before the planning of the UNESCO project, then director of the Longmen Institute Liu Jinglong first visited the NRICPT in November 1996, and directly asked for the cooperation of then Director Watanabe Akiyoshi regarding joint research on cave conservation and the training of the Longmen Institute's young specialists.

Director Liu Jinglong was a specialist with approximately 40 years experience in the conservation of the Longmen Grottoes. Given that there was no successor planned for his role at the caves, he had begun to consider the future of Longmen. Around the time of that first visit to the NRICPT, he brought five new university graduates into his conservation section, aiming to actively improve the Longmen Institute staff. On his visit to Japan, Director Liu was expecting to entrust the training of these young staff members to the NRICPT. Director Watanabe applied for funding from the Foundation for Cultural Heritage (present-day Foundation for Cultural Heritage and Art Research, Hirayama Ikuo, chairman) and in the autumn of 2000, the first of the Chinese students was welcomed to the NRICPT for a 10 month study session. Then in October 2000, director Watanabe himself visited Longmen, and held detailed discussions about the nature of the future cooperative structure. Watanabe enthusiastically responded to Director Liu's enthusiasm for entrusting the site to younger staff.

NRICPT was thus asked to do the consulting work for the UNESCO/Japanese Funds-in-Trust project entitled "The Conservation and Restoration of the Longmen Grottoes Project" when interactions began between the two institutions regarding cave temple conservation.

The NRICPT acted as specialist consultants during this project, working on the direction of conservation research and study in cooperation with their Chinese specialists. On the basis of such tasks, the NRICPT and UNESCO concluded a consulting contract, with the NRICPT also agreeing to assist the UNESCO Beijing Office. But, because the funding for that project came from the Japanese government, the NRICPT received the assignment of UNESCO consultant duties from the Japanese Ministry for Foreign Affairs. Of course, in terms of relationships, UNESCO ostensibly appointed the NRICPT and concluded a contract with the institutes, but in fact, the Japanese government decided these matters. Thus, there was no Chinese participation in these decisions.

Thanks to the observations and discussion of the project formation mission held at the Longmen Grottoes between the Japanese specialists, including NRICPT staff, the Chinese State Administration of Cultural Heritage, and Chinese specialists, and the UNESCO Beijing Office, it was decided that first the Japanese participants would create a project proposal, and then the Japanese/UNESCO staff would present that proposal to the Chinese participants. Through the discussions and agreement between the UNESCO Beijing Office and the Chinese State Administration of Cultural Heritage, contracts for the project were signed by UNESCO and the Chinese State Administration of Cultural Heritage in November 2001.

The process of creating the project proposal made it clear that the projected 1.25 USD funds from the Japanese-Funds-In-Trust allotment alone would be insufficient to fully realize the stated goals. As a result, the NRICPT acted upon its consultant role, and as clarification of its primary participatory role, sought out other types of funding and determined that it would contribute to the project through some additional funding. The Japanese Ministry of Foreign Affairs and the UNESCO Beijing Office welcomed this action and accepted it.

As a result, NRICPT organized both its own research funds and the external funds and thus provided support for the project from the sidelines. The funds organized by the NRICPT consisted of approximately 20 million yen over a 5-year period from its own research budget (for use on short stay study in Japan, research exchange, etc.), approximately 28 million yen from the Foundation for Cultural Heritage (present-day Foundation for Cultural Heritage and Art Research) (for use on one long-term student, production of visual materials, and purchase of various types of measuring equipment), and 12 million yen from the Japan International Cooperation Academy (for 4 long-term students), thus reaching a monetary level that was half of that of the original UNESCO budget.

3. The Aim of the Project

While originally this was intended to be a five-year project divided into two sections, various circumstances meant that, in the end, the project lasted approximately seven years, with completion in February 2009. Then, we might ask, what was the aim of this project?

Tangible objects always deteriorate as time passes. Thus, the question arises, how to arrest or handle the progression of deterioration that actually occurs in most objects or sites today termed cultural heritage or cultural monuments, given that so many years have passed since they were originally created.

This project actually carried out at the Longmen Grottoes basically consisted of research via environmental measurements plus various tests on the areas around the caves and on three target caves to determine the various causes of deterioration in these structures carved into the side of the limestone cliff face, followed by conservation work on the target caves based on the earlier tests. However, the conservation of cultural heritage is not simply a case of repairing physical damage.

The Longmen Grottoes are located in a cliff in the Longmen Mountains that stand on the banks of the Yi River in the southern outskirts of Luoyang, the site of the capital of nine of the dynasties that have ruled China through history. Indeed, this site is like a gate to the imperial city, reflecting the meaning of its name Yique Longmen. Work was first begun on the site at the end of the 5th century when the Northern Wei dynasty moved its capital to Luoyang, as they sought to use their Buddhist beliefs to rule the country in accordance with Buddhist teachings. Later generations continued to carve caves and create images at the site, reflecting the specific features of Buddhist worship during each succeeding period. However, with the continuing changes in rulers, there were also changes in Buddhist beliefs, and changes in the creation of temples and Buddhist sculptures. This led to the gradual deterioration of the Longmen Grottoes.

On the other hand, in this place longmen was known as a place of scenic beauty, even in the periods when temple activities were almost completely absent, many people visited the caves and many of them reflected on the flowering of civilizations in the past as they rested on the journey. Around the Qing dynasty, there was a movement to record the ancient stele inscriptions that remained throughout China, as part of the developments in stone monument inscriptions. The Longmen Caves, with their massive amounts of remaining inscriptions, also fell under the interest of these inscription scholars. The superb examples of the early period inscriptions, such as the Northern Wei period Guyangdong cave inscriptions said to convey Six Dynasties scripts, were included in groups such as the *Fifty Longmen Inscriptions* or *Twenty Longmen Inscriptions*. Scholars prized rubbings from these inscriptions, and there arose the practice of admiring such rubbings amongst the cultured people of the day. Acts of vandalism at the Longmen Grottoes, as well as other previously unseen human forms of destruction, occurred more and more frequently, brought on by the modernization of China and as interests in (desires to possess) Chinese cultural properties grew in the west and in Japan.

Thus, the Longmen Grottoes convey to us today both the heights and the depths of civilization, both the evil and good aspects of mankind. And it is this totality that should be the standard markers for future generations, that should be preserved as "cultural monument."

If we define the Longmen site's value as cultural heritage in this manner, then doesn't it become self-evident what should be preserved, what should be focused on in conservation work? In other words, the process of conservation must not damage the site's special features, or the history of those ruins. At the same time, just as the people of the past have interfered with these ruins over the centuries, our form of interference which we term as "conservation and restoration" is wielded in the name of "modern cultural properties conservation principles and methods." Thus, it behooves us to clearly record the goals, reasons, process and results of our acts.

Because of the value held by "cultural properties or heritage", it is only when all of us who are involved in cultural properties or heritage understand its content and can actually accomplish something that we can say, for the first time, "conservation has been realized."

4. Conclusion

Today "cultural heritage" is not only taken up by the natural sciences or by anthropology. In its mission to be utilized and made publicly available, it is also taken up by those who are interested in economics or political philosophy or other such areas. And while it is natural that each of those specialists use their own particular talents in conservation, it is from the mutual understanding between all those different disciplines that we can say this is "conserved as cultural heritage". Can the Longmen Grottoes proceed on this fundamental path of cultural heritage conservation?

This conservation and restoration project, jointly conducted by China/Japan/UNESCO, sought results within a specific budget and timeframe. Of course, it would be difficult to realize all of the things mentioned here within the context of this single project. What we can hope for after this project is whether that the project's path and accomplishments can be seen and learned by others. If we here at the NRICPT have contributed in the least amount to such results, we will be greatly pleased.

龍門石窟保護修復事業の概要

岡田健　（東京文化財研究所）

1. はじめに

　本報告は、2001年11月から2009年2月まで約7年間の歳月と日本政府からユネスコへの信託基金125万米ドルの経費を費やして実施されたユネスコ／日本信託基金龍門石窟保護修復事業について、ユネスコ・コンサルタントの立場からその概要をまとめたものである。

　本事業は、石灰岩の岩体に開かれた龍門石窟に存在する各種の劣化要因について龍門石窟周辺及び選定した三つの試験洞窟に関する環境観測と各種試験を通して研究を行い、試験洞窟に対する保存工事を行うことが主要な内容である。

　石窟の範囲は広大であり、その全域にわたって漏水や結露等による各種の劣化が進行している。いっぽう、石灰岩という硬質の石材に開かれた石窟は、この数十年の保護修復作業の成果もあって、最近の環境汚染等の影響を心配する声はあるものの、緊急に大規模な崩壊が心配される状況は存在しない。しかしながら、石窟を保護管理する龍門石窟研究院は2000年12月の世界遺産リストへの登録に伴い地元洛陽市の政策によって龍門石窟保護研究所から研究院へ改組されたものの、その時点においては現代の科学的根拠をもった保護活動を行うための体制が、人材においても設備においても、完全に欠如した状態にあった。そのため、1,500年という歴史を刻んだ中国最大規模の石窟寺院がこれからも長く保護され、中国古代文化の象徴として存在し続けるためには、どのような保護の技術が効果的か、どのような保護の体制を築くことが必要か、上記の作業を通してこの課題に答えられる道筋を示すことが、事業が最重要とする目的なのであった。

　事業は、当初2期5年間の予定であったが、諸般の事情によって、最終的には7年間となり、2009年3月をもって終了した。ここに、ユネスコ・コンサルタントとしてこの7年間の概要を示すことによって、今回のユネスコによる文化遺産保護修復事業を回顧、点検するとともに、中国の石窟寺院における保護修復のための研究と工事のあり方を考える上での参考になることを期待する。

2. 事業の経緯

　1998年11月、江沢民中華人民共和国国家主席の訪日に際し、当時の小渕恵三首相との会談において両国が中国のシルクロード沿線に現存する文化遺産の保護に協力して取り組むことの合意がなされた。いっぽう日本政府は、ユネスコに対してシルクロード沿線の文化遺産保護のために500万ドルの資金提供を申し出た。この結果、半分の250万ドルを中国国内の文化遺産において使用することになり、検討の結果、河南省龍門石窟と新疆ウイグル自治区クムトラ石窟の2カ所が選ばれ、それぞれ125万ドルずつが割り当てられた。

　ここまでの経緯は、当然ながら龍門石窟・クムトラ石窟はともに変わるところがない。しかし、東京国立文化財研究所（当時、現在は独立行政法人国立文化財機構東京文化財研究所。以下東文研）という文化財保護専門の研究機関が日本国外務省の委託を受けて本事業のコンサルタントを担当したことによって、日本側の事業への関わり方は、おのずからクムトラ石窟事業とはかなり様相の異なるものとなった。

　龍門石窟と東文研との間には、すでに美術史研究者による龍門石窟研究の実績と、それによって培われた交流の関係があった。この関係をもとに、1996年11月には龍門石窟保護研究所劉景龍所長（当時）が初めて東文研を訪れ、直接、渡邊明義所長（当時）に対して石窟保護のための共同研究の提案と若手専門家育成について協力要請を行っていた。劉所長は、約40年の長きにわたり龍門石窟保護に従事してきた専門家であるが、自らの後継者がいない龍門石窟の将来を考え、この頃一気に5人の大学新卒者を保護部門へ正規採用するなど、研究所の積極的な体質改善を目指していたが、彼らの教育を東文研に委ねようとしたのである。渡邊所長は、2000年に予定されていた東文研新庁舎の完成を待って、これを実現することを約束した。その後劉景龍所長は、ほぼ毎年欠かさず渡邊所長を訪ねたので、渡邊所長は財団法人文化財保護振興財団（平山郁夫理事長、現財団法人文化財保護・芸術研究助成財団）に願い出て資金を調達し、2000年秋から10カ月間の日程で最初の研修生を東文研に迎えた。またそれと時を同じくして、2000年10月に自ら龍門石窟を訪れ、今後の協力関係構築のための具体的な話し合いを行った。若者に遺跡の将来を託そうという劉所長の熱意に、渡邊所長もまた熱意をもって応えたのであった。

　ユネスコ/日本信託基金龍門石窟保護修復事業におけるコンサルタント業務は、このように両研究所が石窟保護のための交流を始めた時に、まさに時機を合わせるように東文研へ依頼されたのである。東文研には、すでに国際文化財保存修復協力センターが設置され、日本国が外国文化財の保存に協力していくための専門機関としての体制を整えつつあったが、センターは1）世界各国の文化財保護に関する情報収集、2）外国文化財保護のための保存科学・修復技術に関する基礎研究の実施、3）人材育成への協力、この三つが役割とされ、まだ積極的に外国文化財の保護修復活動に参加することがなかった。したがって、東文研にとっても、日本の信託基金を背景として主体的に参加する今回の保護修復事業は、画期的な意味を持っていた。

　東文研の本事業での役割は、専門家として事業に参加し、中国側専門家と協力して専門的立場から調査、研究を指導することであり、ユネスコとコンサルタント契約を結び、ユネスコ北京事務所を支援することである。この事業は資金が日本国から提供されたものであり、東文研はその日本国外務省からユネスコ・コンサルタント担当の依頼を受けた。当然中国側にはこのような立場での参加者はいない。2000年9月に実施された日本国外務省、東文研を含む日本側専門家、中国国家文物局、中国側専門家、ユネスコ北京事務所による事業形成ミッションでの視察と協議の結果を経て、まず日本側による計画案作成作業が行われ、日本側・ユネスコが提案する形でその計画案が中国側に提示され、ユネスコ北京事務所と国家文物局の協議と合意を経て、2001年11月ユネスコと中国国家文物局との事業契約書調印に至った。

　この計画案作成の過程で、事業を理想的な内容とするためには予定されている125万ドルの日本信託基金では資金が不足することが明らかになった。このため、東文研はコンサルタントの任務を果たしつつ、その主体的な参加の姿勢を鮮明にするため、別に各種の資金を調達し、それを使って事業に貢献することを決心した。日本国外務省、ユネスコ北京事務所もまたこれを歓迎し、容認した。それは当然、ユネスコを通じて中国政府にも伝達され、検討されていることで、事業開始時には容認されているべきものである。

　この結果、東文研は独自の研究予算、さらには外部資金を調達して、側面からこの事業を支えた。東文研が調達した資金は、研究所の独自研究予算が5年間で約2,000万円（短期研修、研究交流等）、財団法人文化財保護財団（現文化財保護・芸術研究助成財団）からの助成金が約2,800万円（長期研修1名、画像資料作成、各種計測機器類購入）、JICAからの援助が1,200万円（長期研修4名）と、実にユネスコ予算の半分に相当する金額に達している。

　プロジェクトは2001年11月10日の龍門石窟奉先寺洞におけるユネスコ北京事務所青島泰之所長と中国国家文物局張文彬局長の事業契約書調印によって開始された。

3. 事業の目的

　形のあるものは、経年とともに必ず劣化する。とりわけ今日文化財、文化遺産と呼ばれているものは、作られてからすでに長い年月を経たものばかりで、多くの場合は現実に発生している劣化の進行にどのように対処するか、ということが問題となる。しかし、文化遺産の保護修復は、単に物理的な劣化を修正すれば良い、というものではない。

　龍門石窟は、九朝の都と謳われる洛陽の南郊、伊水の畔にあたかも帝都の門闕のようにそびえ立つ伊闕龍門山の断崖に、5世紀の末、仏教を国の宗教としその教義によって国の統治を図ろうとした北魏王朝の洛陽遷都に合わせて最初の造営が行われ、以後歴代の仏教信仰を反映した特色ある造窟、造仏の活動が続いた場所である。しかし、繰り返される王朝の交替、仏教信仰の変化、造寺・造仏活動の変化によって、龍門石窟は次第に衰退した。いっぽう、古来風光明媚な土地として知られたこの場所には、寺院活動がほとんどなくなった時期においても、多くの人々が訪れ、往時の文教文化華やかな頃を偲びながらひとときの休息をとるようになった。清朝の頃には、金石学の発展とともに中国各地に残された古代の碑文を採録されることがしきり行われたが、全域に膨大な碑文が残る龍門石窟も、金石学者の注目を浴び、六朝の書体を伝える北魏・古陽洞をはじめとする初期洞窟の碑文からとくに優れたものを、「龍門五十品」「龍門二十品」などと称して選び、その拓本が珍重され、時の文化人がそれを鑑賞するような文化も発生した。その龍門石窟も、清朝末期からの中国の近代化、欧米各国及び日本における中国文化財に対する関心の高まり（それを所有したいという欲望の高まり）による略奪行為が頻発し、それまでの歴史にも見なかった人為的な破壊が進んだ。

　龍門石窟は、文化の高揚も衰退も、人類の善意も悪意も、それらすべてを現代の我々に示すものとして、それらすべてを後世の人々の指標とすべきものとして、「文化遺産」として保護されているのである。

　龍門石窟の文化遺産としての価値をこのように定義するならば、保護すべきものは何か、保護にあたって注意すべきことは何か、これらは自ら明らかになる。すなわち、遺跡がそこに存在する理由、遺跡の特色・歴史を損なうことなく保護の作業を行うことである。同時に、過去の人々が様々にこの遺跡に干渉してきたのと同様に、我々もまた「近代の文化遺産保護の概念と方法」を振りかざして「保護修復」という干渉をするからには、その行為の目的、理由、過程、結果を明確に記録することである。「文化遺産」とは、それが持っている価値のゆえに、それにかかわる全ての人々が、これらの内容を理解し、ともに実践することが実現したとき、はじめて「保護が図られた」と言えるのである。

　今日の「文化遺産」は、自然科学、人文科学の領域にとらわれず、活用と公開という使命においては経済学、政治哲学など、あらゆる領域が関与するものであり、それぞれの専門家がその能力を発揮して保護に当たるのは当然だが、全ての専門家は、そこに含まれる全ての領域を相互に理解してこそ、これを「文化遺産として保護した」と言えるのである。そのような基本的な文化遺産保護の道を、龍門石窟が歩むことができるのか。今回の中国/日本/ユネスコの共同による保護修復事業は、限られた予算と時間で成果を挙げることが求められ、ここに述べたことを事業の中で全て実現することは困難であるが、期待されたのは、この事業終了時に、その道筋が見えているか、ということである。

4. 事業計画案の方針

　本事業の計画案は、2000年9月に実施した事業形成ミッションでの調査と討論をもとに、まず日本側専門家の中田英史氏を中心に基本案が日本側で作成され、これをもとに、2001年の春までに、ユネスコ北京事務所が日本側専門家および中国側専門家、中国国家文物局と連絡をとりながら調整し、2001年6月に「龍門石窟保存修復事業　第1期事業計画書」を完成し、同時に予算計画を作った。これをもとにユネスコと中国政府（中国国家文物局）との契約書が作成され、2001年11月10日の契約書調印に至ったのである。

　事業計画書は、事業は主に以下の活動によって構成されると規定している。

　1）現存資料の収集。調査・試験の実施。

　2）保存処置の実施。

　3）事業終了後の継続的保存活動に関連する活動。地元技術者の養成など。

　そして、事業は前後2期に分かれて実施される。計画書では、第1期3年、第2期2年を予定していた。

第 1 期

　第 1 期 3 年の事業では、第 2 期に予定される保存修復作業と、本事業終了後に引き続いての長期的な保護活動継続のための基盤を龍門石窟に作るために、石窟全域および実験洞窟に関する各種の観測、調査、試験を実施してデータを収集し、分析結果をもとに具体的な計画を検討することを目的としている。そして、第 1 期においては、中国及び日本の専門家が協力し、調査、試験、研究を実施することにしている。もちろん、これは本来龍門石窟研究院が独自に行うべきものであるが、当時の龍門石窟研究院の状況からすれば、保存担当部門の人材、設備が明らかに欠乏しており、作業を通して中国及び日本側の専門家による、人材育成が期待された。

第 2 期

　第 2 期においては、第 1 期の作業結果に基づき、保存修復処置を実施することが目的の中心である。また、各種の観測も第 1 期に引き続き継続する。上記の調査、試験・研究、保存・修復実施の各過程を通して、現地での人材養成に努める。事業の完了に伴って、実施した調査、試験・研究、保存・修復作業実施等の内容を記録する報告書を作成する。これをもって当初の目的である「将来に亘る保存・修復の継続実施」に資する。

5. 事業の経過

（1）体制
　本事業は、日本国政府がユネスコへ提供する信託基金から125 万米ドルを使用して実施するものであるが、事業の本体はユネスコと中国政府との共同によって行われる。すなわち、事業の管理は実質的に中国政府（中国国家文物局）が行うのである。
　中国国家文物局はこれを当該地区の文物管理部門へ委託する。地方文物管理部門はユネスコ北京事務所と緊密な連絡を取りつつ、しかし計画に従い主体的な作業の推進が求められる。すなわち、中国、日本の専門家の指導を仰ぎつつ、第 1 期においては調査、試験・研究、作業経過の報告と総括を行い、作業事業者に対して工事の発注、入札に係る作業等を行い、保存・修復作業実施のための計画案作成に参加し、第 2 期における作業実施に当たっては工事の発注、監督機関としての役割を果たし、最終の成果報告書を作成することがその任務である。
　この地方文物管理部門の選定において、問題が生じた。すなわち、龍門石窟の場合、通常の例に従えば河南省文物局がそれに当たる。ところが、河南省文物局がこれを受けない、という事態が発生し、結局洛陽市文物管理局が担当となった。
　2000 年 12 月、龍門石窟は世界遺産リストに登録された。世界遺産登録に力を入れ、石窟周辺地域の整備を進めた洛陽市は、龍門石窟研究院をそれまでの文物管理局に所属する組織から、単独の龍門管理局へ昇格させた。これによって龍門石窟研究院は洛陽市文物管理局の指揮系統からはずれた。もともと、事業の詳細について承知していなかった洛陽市文物管理局は、2001 年 11 月のユネスコ・中国政府の契約書調印の後になって担当を引き受けることになったが、指揮権を持たなくなった龍門石窟に対して、上記各種作業の実施について指導力を発揮することが難しい立場となった。結果、ユネスコ北京事務所、中国・日本専門家への作業負担が非常に大きなものとなった。この状況は、長く本事業において解決されるべき問題として存在した。2005 年 3 月 1 日に北京で開催された第 1 期終了のための日本・中国・ユネスコ三者会議において、第 2 期も洛陽市文物管理局の責任のもとで実施されるものの、河南省文物局から今後は河南省文物局も国家文物局、洛陽市文物管理局と連絡を取り事業に協力することが表明され、ようやく改善に向かった。

2001 年の年末から2002 年のはじめにかけて、中国側専門家に新たに3 名の人員が加えられた。これは、日本側の専門家が東文研の4 名を含め合計 6 人の体制であったのに対して、中国側が2 人という状態であったため、事業の円滑な推進を目指すために改善が加えられたものである。事業計画作成段階においては、中国の石窟寺院遺跡の状況理解と保護の方法について具体的な経験のない日本側の専門家が主体となっていたが、今回の専門家加入によって、中国がこれまで積み重ねてきた多くの経験と現場の状況に即した科学的根拠が与えられることになった。

中国側専門家　黄克忠、付清遠、曲永新、劉景龍、胡東波

日本側専門家（兼ユネスコ・コンサルタント）　斎藤英俊[1]、青木繁夫[2]、清水真一[3]、西浦忠輝、石崎武志、津田豊、中田英史、岡田健（1～3は歴代の東文研国際文化財保存修復協力センター・文化遺産国際協力センター長）

（2）事業予算

本事業は事業を2 期に分けて実施したので、予算も2 期に分割して実施したが、当初計画の段階で、さらには初期の計画修正に伴い、予算額が増加したため、不足分を地元政府において負担しユネスコ事業に貢献することが求められた。また、各種機器の購入と設置、人材育成等においては提案者である日本側（東文研）が別途予算を調達し、事業に貢献した。

第 1 期　予算（ユネスコ経費分）

项目	金额（美元）	备注
事业人是费		
工程管理补助	3,000	翻译
联合国教科文组织职员	14,000	赴龙门的费用
中方专家	10,000	赴龙门的费用
小计	27,000	
承包合同		
顾问承包合同	174,514	与顾问（东文研）合同（包括日方专家派遣费等）
调查、试验	122,640	
小计	297,154	

续表

项目	金额（美元）	备注
培训、会议		
会议	3，000	1 年 1 次、共 3 次
研究会（workshop）	15，000	外国专家旅费、酬金
小计	18，000	
购买仪器		
环境测定仪器	132，200	包括设计仪器和指导操作方法的专家派遣费
裂隙调查仪器	1，700	热传导测定仪
消耗品	850	合成树脂
渗水调查仪器	51，110	
非消耗电器用品	8，000	电脑、软件、数码相机
小计	193，860	
杂费		
报告	5，000	
杂费	10，000	
小计	15，000	
联合国教科文组织管理费	71，632	占以上经费的 13%
合计	622，646	

第 2 期予算（ユネスコ経費）

项目	金额（美元）	备注
事业人是费		
工程管理	15，000	
国内旅费	10，000	
顾问团	35，000	专家，联合国教科文组织职员
小计	60，000	
承包合同		
顾问承包合同	75，000	与顾问（东文研）合同（包括日方专家派遣费等）
环境监测	7，000	包括渗水状态的监测
凝结水专题研究	33，000	
数据库研制	29，000	
基本设计	25，000	
施工方案设计	20，000	
防渗施工	240，000	包括三个洞窟防渗灌浆、施工监理

项目	金额（美元）	备注
小计	429,000	
培训、会议		
技术人员培训	8,000	
会议	29,000	三方会议
小计	37,000	
杂费		
通信费	5,000	
报告	14,000	
杂费	5,000	
小计	24,000	
联合国教科文组织管理费	71,500	占以上经费的 13%
合计	621,500	

（3）専門家会議

　専門家会議は、洛陽市または北京市において、日中両国の専門家、ユネスコ北京事務所、洛陽市文物管理局、ユネスココンサルタント（東文研）が出席し、第1期6回、第2期6回開催した。事業の進展と必要に応じて、調査や設計・施工の担当者に出席させた。中でも龍門石窟に存在する漏水、結露水など地質と水分の関係で発生する各種の問題に関して、中国地質大学（武漢）の方雲教授が実質的な専門家グループの一員として終始この事業に貢献したことを、この際特筆しておきたい。

　また、日本側は8回にわたって独自に洛陽へ赴き、初期の環境計測装置指導、分析研究指導、機器の故障修理、ワークショップの開催等を行った。これには東文研の経費を充当した。とくにユネスコと東文研とのコンサルタント契約が結ばれていない期間にも、積極的に作業実施に取り組んだ。しかしその経費にも限度があり、とくに第2期においては国内旅費だけを使えば良い中国側専門家がユネスコの依頼により現地へ赴き、技術指導、施工業者との打ち合わせなどを行うことが多かったのに対して、国際旅費のかかる日本側が参加できないということがしばしばあった。

（4）三者会議

　日本政府（外務省）・中国政府（国家文物局）・ユネスコ（北京事務所）による三者会議は、合計3回開催された。会議に先だって日中専門家会議が開催され、洛陽市文物管理局からの報告を受けた後、これに評価の意見書を作り、専門家が三者会議で報告するという形式をとった。2003年10月には洛陽市で第1回目を開催し、第1期開始から2年を経過した事業の進展を点検し、第1期終了と第2期準備のための打ち合わせを行った。2005年3月には北京市でクムトラ石窟事業と合同で第1期終了の会議を開催した。第2期は当初2年間の予定だったが、この会議において2005年から2007年までの計31カ月間とすることが決まった。しかし実際には第2期の中国政府・ユネスコ事業契約書調印に半年を要し、修理工事の施工設計案作成に手間取り、さらに工事施工業者選定のための入札の方法についてユネスコと中国政府との調整に時間を要したため、結果として第2期は4年間となり、最終的に2009年2月に北京で開催された第3回三者会議が、事業終了の総括をする会議となった。

（5）第1期の概要

1）資料収集

本事業が開始されるまでに中国の機関によって実施されてきた試験や調査、研究に関する資料を収集した。これは、第2期の作業計画を作るにあたって、第1期の各種調査の結果とともに重要な根拠とすべきものである。また、過去に日本の研究者によって行われた龍門石窟に関する歴史研究の論文資料について、東文研が全ての複写を一括して提供した。

2）現地調査

以下に挙げる調査を実施し、事業実施のための基礎データを確保するとともに、龍門石窟における永続的な環境観測についての基盤を構築した。また、多様な劣化状態を代表する皇甫公窟（北魏時代、6世紀前半）、路洞（東魏時代、6世紀前半）、潜渓寺洞（唐時代、7世紀中頃）の3カ所を選定して試験洞窟とし、劣化状態と環境の観察を行い、第2期の保存修復作業に向けての準備を進めた。なお、この調査は主に中国地質大学（武漢）と中国文物研究所（現中国文化遺産研究院）が、洛陽市文物管理局との契約のもとに実施し、中国文物研究所はさらに修復材料の試験と評価、そして第2期保存修復作業の計画案作成までを担当した。それぞれの成果に対して、日中の専門家が検査を行って評価を与え、次の作業に進むという過程をとった。

a）測量調査

本事業では、最初に各種の調査・解析や記録、また保存・修復の計画立案、あるいは整備に至るまで作業の基礎となる地形測量図を作成した。

当初計画での測量調査は、西山についての平面測量図（航空写真測量図：出力図1/1000及び1/500）、同立面図（写真測量：出力図1/1000及び1/500）、同横断面図（実測：出力図1/250～1/300）、東山についての平面測量図（航空写真測量図：出力図1/1000及び1/500）、さらに3試験窟についての展開図（写真測量）を予定していた。

航空写真測量図については、当初計画では高度500mからの撮影を想定していたが、現行の中国国内法規で1000m以上の高度での撮影しか認められていないことと、2001年6月にこの地域を撮影したデータが存在することによって、新規の写真測量は実施しないことになった。また出力図は1/2000及び1/500で作成することになった。

立面測量図は、幅250m×高80m、幅570m×高80mの2カ所において作成し、等位線の間隔を5cmとする計画に対して、業者から平坦分については可能だが切り立った崖面については線が密になりすぎて作図ができないので、その部分に限って間隔を1m程度に変更したいとの提案があった。しかしそれでは図面本来の意味を失うとの理由から、等位線の標準はあくまで5cmとし、線が密になりすぎて作図が困難な場合は、計曲線のみ表現するなどの工夫をすること、またデータ提出分は計曲線と主曲線のレイヤーを分けて、省略することなく表現することが確認された。この件について中国側専門家から35m

よりも高い位置では樹木が茂るため写真図化ができないとの指摘があり、図化は35mまでの岩盤面を対象とし、山の地形は平面測量図や横断面図で見ることにした。

　横断面図は、当初計画では西山の全山南北約1000mの範囲に対して20m間隔、70個所での人力による実測が予定されていた。これに対して、70個所に及ぶ実測作業についての経費が不足すること、作業者の安全に不安があることなどによって、写真撮影による図化が提案された。また3実験窟の地点での断面図3本については実測すること、断面図の間隔は20mを基本とするが3実験窟の周辺については10mの補助線を設定し密度を高めることが確認された。

　なお、航空測量を含む写真測量の場合、樹木によって実際の地表が隠れる部分が多く、測量図作成そのものの意義にも疑問が提示された。これらについては議論の結果、写真撮影測量によるデータから作図することを基本としつつ、樹木によって地表面が隠れる個所では樹木の上端から地表までの距離を実測して図化に反映することで合意された。

　様々な検討を経て、作業は鄭州人民解放軍信息工程大学によって2002年10月までに完了した。

　b）環境測定

　環境測定は、石窟に対する物理的風化主要因である微気象環境を把握すること、石窟自体の温湿度や水分の状況を把握することを目的とし、石窟の外部2カ所に設置した観測ステーションと、選定した3カ所の試験対象窟内部に設置した機器類によって行った。

　〔外部観測ステーション〕

　試験対象窟3カ所が所在する龍門山（西山）南側（石窟南口の外）の牡丹園と、龍門山中央の崖の上の2カ所に観測ステーションを設置し、外気温・外気湿度・雨量・日照・風向・風速、雨水のPH（電気伝導度）を計測した。

　〔石窟内環境観測〕

　選定した3カ所の試験対象窟の内部で、岩石表面温度・窟内温度・窟内湿度、連続浸水量・岩石含水率の計測を行い、またデジタルカメラによる壁面の状態記録（10分間に1秒の間隔で撮影）を実施した。

　以上の観測で得られたデータは、龍門石窟研究院保護修復センターの担当者によって回収、分析が行われるようになった。

　c）水質調査

　岩石に対する主な化学的風化要因となる石窟周辺の水分（湧水・浸水・地下水・河川水）について、その成分と状況を把握した。水素イオン濃度（PH）・温度の連続測定、含有物質分析を行った。

　d）地質調査

　石窟の立地する地質環境を把握するため、地形・地質調査、ボーリング調査、岩石試験及び覆土の調査を行った。中国地質大学（武漢）と洛陽市地質勘察設計院が担当した。

　ボーリング調査は、2つの意味を持っている。すなわち、ボーリングによって得られたコアサンプルによって、柱状図と土層断面図を作成すること。そしてそれらのサンプルによって圧縮強度試験・変形係数測定・透水試験・熱膨張試験・熱伝導度測定・超音波伝搬試験・吸水膨張試験・スレーキング試験等と行うこと。これらは通常のボーリング調査として実施するものである。今回は目的の二つめとして、とくに3試験洞窟の山上後方で垂直ボーリングを行い、そこに作った深さ100mを越えるボーリング孔を利用して、内部に形成される水位面の高さの変化、及び水温の変化を測って、山体内部の水の挙動を把握することにした。

　日中専門家による数回に及ぶ真剣な討論の結果、中国国内での経費高騰という理由、さらに試験洞窟の一つ（潜渓寺洞）周辺の岩体が脆弱なため、この場所を避け、結局残りの2カ所（路洞と皇甫公窟）の後方に計4つのボーリングを実施することになり、実施された。このボーリング調査の実施にあたっては、経費の不足分を洛陽市が負担した。

　また別に、新たに中国側専門家の提案によって、試験洞窟の洞口両側に水平方向のボーリングを行い、コアサンプルによる亀裂状態、及びボーリング孔内部に変移計を設置しての挙動の観察、岩体表面から内部方向への温度変化等の調査を行った。

　e）亀裂調査

　石窟の各所に発達している亀裂は、温度や含水の影響で変移している可能性がある。その状況を把握するため、調査対象窟周辺の亀裂の分布と、変移測定・熱伝導測定・赤外線デジタルビデオカメラによる表面温度分布測定等の調査を実施した。

　f）生物被害調査

　岩石の生物的風化要因である草本類・木本類や苔・黴・地衣類等の微生物について、繁殖生物・微生物の同定、被害状況と繁殖状況を調査する。3カ所の試験洞窟においてこれらに関わる分布図作成、写真撮影を行った。

　3）インベントリーモデル構築

　本項目は、試験対象窟を代表例として、上記各種調査で得られた多岐にわたるデータ、修理設計の詳細、修理過程の記録、修理後の経過観察、さらには美術史的・歴史的内容、過去の修理履歴等、保存と研究に関連するあらゆる情報を蓄積するための記録方法のモデルを構築することを目指したものであった。このデータベースは、将来にわたる継続的な作業を実現するため、累積と更新が可能な形態でなければならないが、そもそも龍門石窟研究院に日々の変化を累積的に記録していくという経験がなかったため、データベースに求められるそのような役割についての理解が得られず、皇甫公窟については2004年までに一通りに状態調査は完成したものの、他の2窟については第1期では着手されなかった。

　2006年になって、本事業におけるデータベース構築作業として龍門石窟研究院と中国地質大学（武漢）文化遺産と岩土文物保護工程センターが共同で研究作業を行い、データベースの基礎ソフトを作成し、大容量コンピュータを購入設置して、一部分の資料についてデータ入力作業を開始した。この時までにようやく3カ所の試験洞窟についての劣化状態調査がまとめられた。

　4）結露水に関する議論と研究

　本事業においては、龍門石窟に存在する各種劣化状態の原因について、主に洞窟内外の無数の亀裂からの漏水について注目し、その対策をどのように講じるかが議論の中心であった。

　これに対して、2004 年の秋以降、日本側専門家津田豊氏によって皇甫公窟をはじめとする試験洞窟には顕著に結露水の発生が認められ、それが洞窟内部岩体の風化に重要な作用をしているとの指摘がなされた。しかし、専門家会議としての大方の賛同を得られなかった。2005 年 3 月の専門家会議においては、議論の末に「結露水は今後の研究課題である」として緊急の課題にされず、「洞窟の漏水処理に主眼を置く」という原則が出され、それに従った第 2 期計画案が練られることになった。

　しかしその後「結露の発生と石窟の劣化の関係」というテーマについて、龍門石窟研究院と中国地質大学が潜渓寺洞で観測と研究を行ったところ、潜渓寺洞内部に広範囲に存在する結露水による重大な危険性が確認され、2006 年 10 月の専門家会議において報告があり、ようやく認知されるに至った。ただし、その発生のメカニズムについては、日中の専門家の間でも意見が分かれていて、対策についての結論は出ていない。このような経緯があるために、2005 年中に作成された第 2 期の計画案においては、当然この問題についての対策は講じられていない。

　（5）第 2 期の概要

　2005 年 3 月の三者会議において第 1 期が総括され、そこで承認された計画案に基づいて、第 2 期が始められた。

　1）第 2 期作業計画

　第 2 期作業計画は2005 年 2 月までに日中専門家の討議を経て決定された。計画は以下の内容をその骨子としている。

　a）龍門石窟の病害メカニズムの解明、保護処理方法の研究
- 調査対象窟とした3つの洞窟について、年間を通じた病害記録の作成を行う。
- 年間を通じた環境観測を継続完成させる。
- 観測記録のデータについて分析研究を行う。
- 短期目標と長期目標に基づき、保護処理の方法を選択する。
- 保護修復作業を実施する具体的な洞窟を選定する。

　b）保護修復試験の実施

　上述の病害記録および観測のデータ分析研究と選定した保護処理方法の基礎の上に、以下の作業を実施する。
- 亀裂防滲材料と施工技術の試験。
- 洞窟洗浄材料と施工技術の試験。
- 微亀裂の修復と関係する材料の試験と施工技術の試験

　c）選定した洞窟における保護修復の施工

　しかし、実際の作業開始は2005 年 9 月のユネスコと中国政府（国家文物局）の契約書調印を待たなければならなかった。この間にも上記内容のうち日常の観測活動は龍門石窟研究院によって着々と進められたので、そのデータはすべて第 1 期において構築したデータベースに蓄積されている。

　これまでの各種観測で得られたデータの分析から、龍門石窟（とくに選定された3つの試験洞窟）の劣化について、状態、その発生のメカニズムが明らかになったので、これをもとに、保護修復のため

の材料と技術を選択するための実験を行うとともに、具体的な保護修復作業のための計画案作成に着手した。計画案作成は中国文物研究所（現中国文化遺産研究院）が担当した。

　2）第2期保護修復基本設計と施行設計

　第2期保護修復基本設計は中国文物研究所、中国地質大学（武漢）、文化遺産和岩土文物保護工程中心によって作成された。2006年4月の専門家会議でその内容が報告されたが、

　a）各種環境観測データの分析結果と第2期作業との関連性、整合性

　b）土木的工法についての問題点

において、専門家から意見が出され、さらに検討が求められた。とくに後者については、ⅰ）潜渓寺洞上方の山崖を階段状に削り排水施設とする。ⅱ）皇甫公窟内部の亀裂の分布に鑑み、亀裂を封鎖しただけでは洞窟内部への漏水を止めることができないので洞窟内に排水孔を掘削する。という二つの考え方が出されたが、これについては文化遺産の景観の変更、洞窟内部の構造的耐久性への影響など、問題点が指摘された。

　再検討の結果、2006年10月の専門家会議を経て基本設計が完成し、11月に国家文物局からの認可が下りた。これをもとに施行のための施行設計が作成された。

　施工設計は2007年3月の完成を目指したが、上記土木工法についての結論が出なかったことと、施工業者選定に関して手続きに手間取り、結局2007年8月になってようやく完成した。この施工設計案では、3つの試験洞窟すべてについての修復案が提示されている。しかし、当初2005年から31カ月間の予定で開始された第2期はユネスコと中国政府との契約書調印から数えてもすでに2年間を経過していたので、実際には経費と期間との関係で、洞窟内の亀裂に関する修復を内容とする皇甫公窟と路洞については今回の施工を見送り、山上に大規模な土木工事を施す潜渓寺洞だけを対象として実施することになった。

　3）工期の遅れについて

　第2期で予定されていた試験洞窟への保護修復作業が実際に着手されたのは、2007年12月末になってからである。なぜこのように工期が遅れたのか。その原因の第一は、ユネスコ事業における業者選定の制度にある。

　すなわち、計画では、最終的に選定された潜渓寺洞に関する保護修復作業の契約は被指定契約当事者である洛陽市文物管理局が総計15万ドルの金額で結ぶことになっていた。しかし契約の総額が10万ドルを超えているため、国際入札を原則とするユネスコの規定に抵触するが、いっぽう中国政府は外国の専門家・業者による文化遺産保護修復活動の参入を原則禁止しているので、両者の条件が合わないという事態になった。ユネスコ北京事務所は中国の実状に鑑み、ユネスコの原則を変更することをパリ本部に求めたが、その調整と決定に時間を要した。最終的には、ユネスコの許可が下りたので、2007年8月に中国国内の業者を対象とした入札が実施され、甘粛 Tieke Geographic Disaster Prevention Engineering Company が選定された。ところが、そこから洛陽市文物管理局と業者との契約が進まなくなり、結局12月25日になってようやく、潜渓寺洞での工事が開始された。

　4）潜渓寺洞上部の治水工事

　工事は、12 月 25 日から翌年 4 月 25 日までの120 日間とされたが、春節をまたぐ厳冬の時期に、業者による懸命の作業が行われた。

　潜渓寺洞は、南壁においては岩壁の層理亀裂面からの滲水が多く、窟頂と北壁では除荷亀裂面からの滲水が多い。実際には南壁を中心に大きな面積での結露の発生が認められるが、今回は結露に関する処理は考慮されていない。

　工事は、

　a）岩盤が薄く雨水が降雨時に直接流れ込む窟頂について、以前の修理によって窟頂の上部を覆っていたコンクリート層を除去して、再度全体を覆う作業を行うこと。

　b）層理亀裂面からの滲水を防ぐため、洞窟上部後方の山体に3 列に並ぶボーリング孔を掘り巡らし、それへコンクリートを注入して列柱を形成し、後方から洞窟への水の移動を制御し、同時に列柱の端に溝を作り、それによって山上に流れる水を強制的に洞窟の外へ排水しようとする。

　以上の内容になる。このうち、窟頂上部の作業では以前に実施された強化作業によって敷設されたコンクリート層の保護膜が意外に堅牢で、それを活かしつつ表面の処理を行うことになった。

　2007 年 7 月、日中専門家によって潜渓寺洞工事現場の確認作業が行われた。この確認作業において、施工設計通りに工事を行った上記業者が、設計に想定されていない状況が発生したにもかかわらず、施行設計者にも工事の発注者となる洛陽市文物管理局にも相談することなく、工事を進め、結果的に潜渓寺洞上部の防水構造に大きな欠陥のある状態を作り出したことが分かった。これは、施工設計者も工事の発注者も、そして龍門石窟研究院の保護部門担当者も工事期間中に現場に対する注意を怠っていたこと、また業者との連絡を主体的に取ろうとしなかったことを示している。

　工事の監督責任は誰にあるのか。この点が明確でなかったことが（それはユネスコの仕事であるかのような誤解を中国側の各参加者が持っていたことが）今回のような事態を招いたことは否定できない。これに対して、専門家会議は工事のやり直しを求め、また洛陽市文物管理局及び龍門石窟研究院に対しても適切な監督体制を取るように求めた。

　いずれにせよ、設計単位、施工単位、建設単位と揃いながら、監督単位を設定しない今回のユネスコ事業の問題点が、実際の作業において露呈したかたちである。

　いっぽう、層理亀裂への滲水を防ぐための排水設備は、夏の降雨期を経てまだ若干の滲水があり、さらに改善する必要があるという意見が出された、これについては2007 年 11 月の専門家会議で議論された。潜渓寺洞南側に位置する賓陽洞への悪影響を懸念する声があったものの、これもまた再工事の方向で検討されている。

　5）石窟内のクリーニング

　洞窟内の洗浄について、その材料と技法を検討し、作業を実施することが求められていた。これに関しては、2008 年 1 月の北京における専門家会議でその計画案が龍門石窟研究院から提出された。しかし専門家から「未熟である」と指摘があり、計画作成からやり直すことになったものの、3 月の洛陽での臨時会議において、龍門石窟研究院が「適切な計画案を作成する自信がない」と表明し、龍門石窟研究院に担当させる構想が頓挫した。

　　その後、専門家会議は中国側専門家の一人である北京大学胡東波教授と中国文化遺産研究院の高鳳氏に委託して、今後の指針となる計画案の作成を進めることになった。胡教授は潜渓寺洞における実験を行い、それをもとに計画案を作ることにした。11月の専門家会議ではその実験成果の一部が紹介された。具体的なクリーニング作業は、2009年2月の事業終了以後に、継続して実施された。

6. 最後に

　　以上、本事業の概要を述べた。

　　ここに記述した内容は、2009年2月の専門家会議、三者会議において述べられることのなかったものを含んでいる。円満に終了したはずの事業の総括としては、不穏当と言えるかもしれない。しかし、最終の結果を記述するとき、その原因と経緯についての説明を避けて通ることは不可能である。

　　慣れないユネスコ事業に参加し、日本側専門家、中国側専門家、国家文物局、河南省文物局、洛陽市文物管理局、そして当事者である龍門石窟研究院、いずれもが多くの困難に直面し、試行錯誤を繰り返しながら7年間をともに過ごした。いまから考えれば、その当時もう少し工夫していたら改善できた、という点は多い。これもまた参加したすべてのメンバーにとっての良い経験であったと言える。この経験が次の作業においての良き参考になることを祈らずにいられない。

　　最後に、本事業において日中専門家、中国政府、洛陽市文物管理局、龍門石窟研究院との間に立って、調整役に徹し本事業の推進に尽力されたユネスコ北京事務所の杜曉帆先生に感謝の意を表したい。本事業は、最初の準備段階でこれらの多数の参加者の間で、事業の枠組み、その目的について必ずしも共通の認識が持たれていなかった状況がある。杜氏が本事業に参加するのは2001年の春以降であるが、ただちに様々な問題点を発見し、その修正に努められた。杜氏の初期におけるこの努力と、その後も切れることなく維持された情熱とによって、本事業はその後も様々な問題を持ちつつも終了を迎えることができたのである。彼が、いつまでも変わることのない友人として、これからも中国のみならず、日本、そして世界の文化遺産保護のために私たちとともに歩んでくれることを、心から希望する。

共同保护世界文化遗产：龙门石窟

——记联合国教科文组织文化遗产保护项目："龙门石窟保护修复试验工程"

黄克忠 （中国文化遗产研究院）

有幸能参加"联合国教科文组织龙门石窟保护修复工程"，历时六年的经历，获益匪浅，不仅体会到合作项目能给我国文化遗产保护带来实实在在的好处，更使我在业务水平与思想观念上得到提升，同时与中外专家进行真诚地交流的过程中，增长了友谊情感。此项目为我国石窟普遍存在的难题——治理水患及风化病害，提供了科学研究与实践相结合的机会，在联合国教科文组织提供资金和组织协调下，可以与中、外专家进行交流，购置必要的仪器设备，邀请信得过的单位进行勘测、设计、施工。将使龙门石窟整体保护的指导思想，技术路线和保护程序，有一个跨越式的提高。它体现了 21 世纪文物保护的科技水平，将为今后龙门石窟的科学保护提供一个良好的范例。

一、回顾龙门石窟的保护历程是完成该项目的坚实基础

自 20 世纪 60 年代初我开始参与龙门石窟的保护工作以来，亲身经历了开始的守护阶段，七、八十年代的抢险加固工程，90 年代的治理洞窟漏水工程。这四十多年的保护历程，用大量的事实，充分地说明我们的文物保护工作者，确实地在为保护龙门石窟的真实性、完整性方面做了不懈的努力，在保护理念与保护技术方面，得到了长足的进步。尤其在申报世界文化遗产名录的前后，龙门石窟的环境治理、病害调查、基础理论研究、培育形成自己的专业队伍等方面，都做出了突出成绩。需要着重指出的是中国地质大学的师生在龙门石窟进行了 20 多年持续不断的环境地质调查、石窟岩土工程地质条件及存在病害的试验研究，并提交出多个完整的论文集及图件，为此项目的开展，奠定了坚实的基础。个别不了解这些情况的专家认为："中国专家只有经验，科学性不足，不重视调查研究"的看法是站不住脚的。我们还可以通过此项目执行的过程，了解到中国的专家在石窟保护的理念及方法上，已具备相当的水平与优势。当然，丰富的实践经验，为项目的顺利完成，也是必不可少的。

二、参加"龙门石窟保护修复实验工程"项目的体验

正由于上述的原因，中国专家能十分自信地与日本专家进行坦诚与平等的讨论与交流。此过程中各自认真的表达观点，甚至激烈的辩论，最后达到统一。这是我参与多个合作项目中没有遇到过的。这里

面既涉及保护原则和理念，又有对基础资料的认知、以往的工作成果评价和保护措施是否合理等理论与技术问题。即便项目已结束的今天，读者在各位专家的文章中，也能看到其不同的观点。大家都本着为共同保护文化遗产的前提下，抱着互相尊重，"求大同，存小异"的协商精神，是在不断讨论、争论中逐步取得共识的过程。下面仅举几个事例予以说明。

——两阶段工作计划的制订：首先在讨论打勘探钻孔的数量上，有不同的看法，日方计划要打6个160米的深孔，认为只有在三个试验洞窟附近各打两个深孔，方能了解环境地质情况。中方认为测量与地质的调查应紧密围绕石窟病害及下一步的保护措施进行。钻孔仅需要2个深孔即可，因为窟区裸露的地质剖面十分清楚，还有前人在窟区内8个钻孔资料，柱状剖面已经做得较为详细，钻孔目的是为了做水文地质试验和取样室内试验。而治理洞窟漏水是本试验工程的主要工作内容之一，卸荷裂隙是洞窟漏水的主要通道，查明卸荷裂隙的分布状况和规律，观测裂隙位移，对保护工程设计能提供必需的依据。因此建议在三个试验洞窟周边各打两个水平钻孔。经过各抒己见，充分的讨论，最后双方同意打垂直的两个深孔、两个浅孔、六个水平钻孔。

在第二阶段工作计划制定时，日方专家提出了一系列试验研究的项目，如对岩石的热传导率试验，变形系数测定，透水试验，吸水膨胀试验，表面变坏调查，岩体内水分移动的模拟化可行性研究，裂隙内水压测定，区域性治水对策的调查等。中方专家认为，应紧紧围绕三处保护修复工程的实施进行，如果按照此研究计划执行，会存在经费与时间不足的困难，也难完成项目的总体目标，应将重点放在治理洞窟渗水的问题上，它将对龙门石窟存在的普遍病害，具有迫切的指导意义。经过长时间、激烈但又不失理性的讨论，最终将各自的计划合并成双方同意又切合实际而能实施的工作计划。

——施工计划中，窟内是否封堵全部裂缝，它涉及的理论依据：钻孔内是否存在间隙水压改变而使窟内的凝结水回流到裂隙内问题。日本的一位地质专家认为，降雨时，岩体内裂隙水降温，使裂缝内蒸汽压急剧减少，窟内大量水蒸气回流到裂缝内，使窟内湿度降低，结露急剧消失。洞窟内裂隙水会与地下水上升形成水路，因此要封堵窟内所有的裂隙到深处。中方的地质专家则认为，洞窟中裂隙内温度比岩壁表面温度低的可能只发生在夏天，其温差最多为1.5至2.5度，裂缝内蒸汽压不会有剧烈的变化。并且包围着洞窟的岩体内，是一个许多裂隙密集分布的网络体系，要使裂隙内的蒸汽压促使裂隙水与地下水上升形成水路，是十分困难或者说是不会发生的。而窟内大量的水蒸气都已成凝结水挂在壁面或下沉到窟底地面，因此，窟内大量水蒸气回流到裂缝内的可能性不大。与窟内渗水有关或影响洞窟稳定的裂隙应该封堵加固，其他裂隙就不必处理，这符合最小干预的保护原则。

——对凝结水的认识也是逐步加深的，以往仅是感性的认识到凝结水对石窟的危害近年有加重的趋势。这次在讨论潜溪寺窟内凝结水问题时，日方专家认为"温泉水源源不断地向石窟内裂缝中提供过饱和水蒸气"，"降雨时裂缝内的温泉水被雨水降温，致使裂缝内的水蒸气急剧减少。石窟内大量的水蒸气回流到裂缝内，致使石窟内的湿度降低，结露急剧消散"。我们则认为夏季丰水季节，窟外过饱和的水汽层进入窟内，温差低达10度以上，通风状况相对较差，而7~9月，洞窟内的湿度都在85%以上，有时甚至达到过饱和时，会形成大量凝结水。随着水汽不断地在岩壁的凝结，它聚集到一定程度后，会在重力作用下沿壁面下流，于地面汇聚积水。凝结水急剧消散也是受控于上述的内因与外因。而不是窟内裂缝的蒸汽压。

为进一步了解凝结水在窟内分布与危害，中方专家设计凝结水量测定实验及仪器设备，在潜溪寺内进行了一个完整的水文年监测，发现凝结水量相当可观。仅 2006 年 8 月 1 日 13 时至 18 时的 5 个小时内，凝结水量为 266.012 克/平方米，凝结速率 53.202 克/平方米·小时，按实测窟内凝结水面积为 50 平方米计算，则窟内的凝结水量可达 13.3 千克，足以使窟内积水。

如何处理好这些分歧意见，关系到合作项目能否持续，能否完成双方制订的试验工程目标。因此，双方专家在联合国教科文组织的协调下，抱着为保护人类共同的文化遗产的总体目标，能心平气和地，尊重并耐心听取对方的意见，保留学术上的不同看法，实施一致同意的工作计划。

此外，针对国内个别媒体在片面了解情况后，进行不符合事实，不正确的观点报导，更促使我们对实施此项目的意义、作用及产生的成果有必要进行认真的总结和宣传。中方邀请了国内有关石窟保护方面的专家，作为第三方，向他们介绍合作项目的情况，请他们来论证、评估。通过这次会议，专家们充分肯定了该合作项目的意义与计划，对项目的成果也给予较高的评价。并指出，对基础资料的收集、监测工作、试验研究、工程设计、施工到环境治理等，不能放松任何一个环节；特别要坚持将长期监测工作的资料进行科学分析，得到更多的科学结论。

三、任重道远的龙门石窟保护

1. 通过试验工程说明治水的复杂性、艰巨性

从龙门石窟近五十年的保护历程可以清楚地认识到，石灰岩地区的主要病害是由于水通过裂隙网络对石雕造成岩溶、风化。在治理过程中，发现其复杂性与艰巨性。它决定了治水工程需要不断的改进，逐步完善。不能有操之过急的急躁情绪，要依靠科学分析和不断的实践才能奏效。由于受经费与时间的限制，项目结束时，对潜溪寺的治水工程尚未完成。这是令人遗憾之事，但不妨碍我们进一步总结和思考。

治水的研究思路：封、堵、排、相结合是合理的，但究竟以哪种方法为主，要根据不同的洞窟而定。对潜溪寺，应以顶部铺设覆盖层，排走近处降水和积水为主，结合主裂隙的堵漏，尽量少在洞内开凿导水沟。而皇甫公窟与路洞因顶部陡坡，存不住水，则以裂隙灌浆为主。灌浆材料及防渗层材料的选择，在广泛调查研究和筛选的基础上，进行 1~2 种材料的试验，并进行现场试验。在施工方案设计之前后，充分利用这段时间进行踏实细致的试验研究。这些经验应予肯定。

洞窟内渗漏水的观测，对治理工程是十分重要的资料，它能分析出渗水的来源、途径与危害程度。以潜溪寺为例：降雨后很快出现渗漏奌，说明顶部雨水从此处裂隙直接进入窟内，并发现窟内顶部卸荷裂隙处的滴漏量最大，范围在 8 平方米左右。滴水量集中在两天内最多，说明大气降水在近处的渗漏为主。滴水时间长，说明顶部有储水区，还有延伸较远的顺层面裂隙渗水，因而防渗层的范围不宜过小。前期施工后，窟内仍出现渗漏水的原因，除与防渗层的范围不够大之外，还与施工质量有关，如钻孔灌浆深度与施工工艺等。

2. 环境保护与管理的重要性

本试验工程一定要与龙门石窟的总体保护规划结合起来，要与国家对世界文化遗产保护的资金投入结合起来。因此，要将试验阶段成果与龙门石窟每年的保护工程计划结合起来。在保护规划指导下，尽早向国家文物局申报每年的保护方案。将联合国教科文组织实施的项目与国家的保护工程紧密结合，不是两张皮，而是一个整体。

从大气环境监测资料的对比，可充分地证明在东山前道路的封闭改道后，空气环境质量有明显改善。建议今后的监测项目再增加 CO_2，酸雨（PH 值）等指标。因为石灰岩质文物对它们更为敏感。此外，对观测资料的分析，还应考虑综合因素产生相互增效作用（或称协同效应），如日照时间、强度，风向，气流等与温湿度，大气污染的协同作用。今后还应增加泉水流量的监测，泉水对龙门石窟区域环境景观的重要作用是不可忽视的。2008 年 11 月再次发生石窟区域内的泉水全部枯竭，据说是附近的煤矿透水造成的。充分说明石窟与周边环境的密切关系，城市管理部门的统筹、协调是必不可少的。

Notes on the UNESCO Conservation and Restoration Project of Longmen Grottoes

Huang Kezhong

I'm honored to have participated in the "UNESCO's Project of the Conservation and Restoration of the Longmen Grottoes", which had lasted for six years. I learned a great deal from such a project. It not only made me realize that collaborative project can bring benefit to the protection of the cultural heritage of our country, but also improved my professional skills. Furthermore, I also formed friendly relations with Chinese and foreign experts in the process of exchanges. This project has provided an opportunity of combining scientific research and practice together to solve the arduous problems we commonly meet in the protection of caves in China, which are flood control and efflorescence prevention. With the help of UNESCO in funding, organizing and coordinating, extensive exchanges between Chinese and foreign experts were carried out; essential equipments were purchased; and competent organizations was designated to on survey, implementation and It will be a great-leap-forward improvement of the guidelines of the overall protection of the Longmen Grottoes and procedure of protection. It is a reflection of historical relic's protection in terms of science and techniques. in the 21st century, and will offer a good example for the scientific protection of the Longmen Grottoes in the future.

I. Reviewing the protection history of Longmen Grottoes lays a solid foundation of this project

Since participating in the protection work of the Longmen Grottoes at the beginning of the 1960s, I have gone through the stages of defending and reinforcing the caves in the 1970s and 1980s and solving its water leaking problem in the 1990s. The protection history in last 40 years witnessed historical relic protection workers' untiring effort in protecting the Longmen Grottoes. We have made considerable progress in the ideas and technology of protection. Especially before and after being inscribed in the World Cultural Heritage List, the Longmen Grottoes have made outstanding achievements in environmental improvement, problem investigation, basic theoretical research and forming its own professional team, etc. etc. It should be pointed out emphatically that teachers and students from the University of Geosciences of China have carried on constant survey for more than 20 years in the Longmen Grottoes on environmental geology, rock and soil condition and diseases existed. They've also submitted collections of thesises and maps, which had laid a solid foundation of this project. Several experts who are not fully aware of the situation suggest that the Chinese experts only have experience without scientific theoretical support. They do not pay attention to investigations or researches. Such viewpoint is not tenable. We can see from the operation process of this project that experts of China have already possessed a high level and advantage in the theory and measures of cave protection. Certainly, abundant practical experience is also essential to the smooth implementation of the project.

II. Experience on the Experimental Project of Conservation and Restoration of the Longmen Grottoes

Because of the reasons mentioned above, Chinese experts can carry on candid and sincere discussions with Japanese experts with self-confidence. It's a process of expressing of different views, even fierce debates, before achieving a unified solution. This is what I had not met before in previous collaborative projects. The discussions and debates involved not only the principle and ideas of protection, but also the cognition of the basic materials and evaluation of the rationality of the past work, both theoretically and technologically. Even today, when the project has already been finished, readers can still find different views when reading experts' articles. Everybody respects each other and seeks common ground on major issues while putting aside minor differences under the prerequisite of protecting the cultural heritage together. Common understanding was achieved through constant discussions and negotiations. I would like to give several examples below to illustrate my point:

The formulation of the work plans consists of two stages: first, Chinese and Japanese experts held different views on the issue of the number of bore holes to be drilled. The Japanese side planned to drill 6 deep holes of 160 meters each. They believed that only by drilling two deep holes near each of the three test caves, could they find out about the geological condition of the spot. However, the Chinese side suggested that the measure and investigation of the geological condition should go hand in hand with the study of the factors threatening the Longmen Grottoes and with the next protective step. They held that only 2 deep holes were enough because the bare geological section in the cave area was quite clear, and there was information of the 8 drills left by predecessors, the column profile was made in detail, the purpose of drills was hydrogeology and indoor sampling test. Still, preventing water leakage is one of the major tasks of this experimental project. It was realized that fissures were major passages of water leakage, thus essential basis for the design of protection project shall come from the ascertainment of condition and distribution rules of fissures, as well as the observation on the displacement of fissures. Chinese experts suggested that two horizontal holes to be drilled near each of the 3 test caves. After heated discussions, both sides agreed to drill two deep vertical holes, two shallow vertical holes and six horizontal holes.

When drawing up the second phase of work plan, Japanese experts raised a series of experimental projects, such as thermal conductivity experiments of rock, measurement of deformation coefficient, water seepage test, imbibition test, and survey on superficial deterioration, simulated feasibility study on the water movement within rock mass, measurement of water pressure in fissure investigation of regional water control countermeasures. Chinese experts held that the projects should be firmly processed centering on the three spots of protection and restoration works; should the whole plan be executed according to the Japanese plan, difficulties such as financial and time deficiency would be main obstacles, and the overall objective would be hard to accomplish. For this reason, it should be focused on the treatment of water percolation in caves, which would serve as significant guidelines to address the existion damage issues in the Longmen Grottoes. After a long time of heated but reasonable discussion, the two sides merge their own plans into one feasible work plan.

In the conservation plan, whether sealing off all fissures in the cave involves such a theory: in the drill hole, the change on gap hydraulic pressure is going to cause the condensed water backflow to the fissure in the cave. One of Japanese geological experts held that, if there is a rainfall, the temperature of fissure water will decrease within the rock mass, causes the steam pressure to reduce suddenly in the crack while massive steam backflow to the crack, then humidity in the cave begins to decrease and condensation vanishes suddenly.

The fissure water in the cave will create waterways together with the ascending underground water; therefore all fissures in the cave must be sealed off to the deep place. Chinese geological expert believed that only in the summer, the temperature in fissures would be possibly lower than the superficial temperature of rock wall, the temperature difference would be 1.5 to 2.5 degrees at most so there would be no fierce change of the steam pressure in the fissure. And in the rock mass surrounding caves there is a network system of densely distributed fissures; it is exceedingly difficult or even impossible to assume steam pressure in the fissure be the reason for fissure water creating waterways together with the ascending underground water. Because massive steam water has become condensed water hanging on the wall surface or sinking into the ground, it seems not much change of massive water steam backflow to the fissure. The fissures relevant to water percolation in the cave or harmful to the stability of the cave should be sealed off or strengthened, while other fissures remain untreated. This processing mode conforms to the protection principle of smallest intervention.

The understanding of the condensed water is gradually deepening as well; in the past, there was only perceptual cognition on condensed water's aggravating harmfulness to the cave. When discussing condensed water problem in the cave of Qianxi temple, Japanese experts held that "the hot spring water kept providing oversaturated steam for the fissures in the cave", "when the hot spring water in the fissure was cooled down by the rainwater during rainfalls, the steam water in the fissure would be decreasing sharply. Massive steam backflow to the fissures thus made the humidity reduce while the condensation dissipates suddenly." Comparatively, our opinion was that during wet periods in the summer, oversaturated steam outside enters the cave, the temperature difference could amounts to above 10℃, while the ventilation is relatively bad; From July to September, the humidity in the cave will be above 85%, sometimes could even achieve saturation; if this scenario happens, massive condensed water would probably appears. With the steam gradually condensed on the rock wall, after a certain extent of aggregation it will flow downward along the wall surface, and gathering as ponding water on the ground. The sudden dissipation of condensed water was also offected by the internal factors and external factors above, but not steam pressure in fissures of the cave.

For further understanding of the distribution and the harm of condensed water, Chinese experts have designed the definitive experiment of water quantity with equipments for it; a hydrological year of monitoring was processed in Qianxi temple, which showed the quantity of condensed water was quite considerable. Only in 5 hours from 13 o'clock to 18 o'clock on August 1, the quantity of condensed water turned out to be $266.012 \text{g}/\text{m}^2$, the condensing rate was $53.202 \text{g}/\text{m}^2$. If calculate according to of the condensed water area actually measured, the quantity of condensed water in the cave could amount to 13.3kg which was enough to cause ponding in the cave.

How to deal with discrepancies within these opinions actually affected the continuation of this cooperative project and the accomplishment of the experimental project. Therefore, experts from both sides shall hold a general goal of protecting the common cultural heritage of humanity, listen to opinions of the other side with calm, respect and patience while remain respective academic views, bring unanimous consent to the practice of working plan under the coordination of UNESCO.

Furthermore, in accordance to misleading and incorrect reports done by several media with one-sided understanding of the situation, we were urged to conscientiously summarize and publicize the significance, affects and anticipated achievements of the implementation of this project. Chinese side invited experts relevant to cave protection as the third party, introduced the cooperative project to them to seek their demonstration and assessment. Through this conference, experts gave fully affirmation to the significance and the work plan of the cooperative project, while highly evaluated the achievements of the project. They pointed out that, each part in the project must be guaranteed conscientious implementation throughout the collection of basic data, monitoring, experiment and research, engineering design, construction as well as environmental treatment. Especially, we shall persist on the scientific analysis of information in the long-term monitoring and obtain more scientific conclusions.

III. The Longmen Grottoes Protection: still a long way to go

1. Illustrate the complexity and difficulty of water control through the experimental project

We may clearly realize that the main harm in the limestone area comes from karst and weathering on the stone carving, which caused by water in the fissure network. We have found the complexity and difficulty in the project, thus unceasing improvement and gradual perfection are determined to be carry out. We should rely on scientific analysis and continuous practice to bear fruit without undue haste. Because of the limitation of financial situation and duration, the water control engineering in Qianxi temple was not yet finished when the project was over, which is regrettable, but this does not hinder us to further summarize and ponder over.

The research approach of water control could be reasonably summarized as a combination of sealing, blocking and discharging, but which method should be mainly used depends on specific conditions of different caves. As for Qianxi temple, we should settle overburden layer on the top to discharge rainwater and pondings, integrate with the leaking stoppage of major fissure but not to dig gutters as possible. As for Huangpugong cave and Lu cave, fissure grouting should be the main method because their steep slope on the top made it difficult to retain water. The selection of grouting material and impervious layer material shall undertake experiments of one or two materials after extensive investigation and screening, and then bring them to field test. Before and after designing the construction scheme, practical and painstaking experimental research shall be fulfilled thanks to the efficient use of time. These experiences should be given full affirmation.

The observation on water leakage in the cave appears to be exceedingly important information for the water control engineering, which could analyze the source, approach and harm degree of water leakage. Take Qianxi temple as example, seepage points appeared after rainfalls have explained rainwater on the top entered the cave through the fissure; the leaking quantity in relaxed fissures on the top of the cave reached the maximum, scoped around 8 square meters. The quantity of water dripping reached maximum mostly in two days, which indicated atmosphere precipitation mainly cause leakage in near place. Long duration of leakage indicated that on the top there was an area of water storage along with long extension of fissure leakage on the bedding foliation; hence the range of impervious layer is inadvisable to be too short. After the earlier stage of construction, the cause of continued water leakage may also attribute to the construction quality such as the depth of drilling and grouting, as well as construction technology, besides short range of the impervious layer.

2. The significance of environmental protection and administration

This experimental project must be integrated in the general plan for protection of the Longmen Grottoes and national investment for the protection of World Cultural Heritage. Thus, we shall integrate phase achievement with the annual protection project of the Longmen Grottoes. Under the guidance of protection planning, we shall declare protection plan of each year to State Administration of Cultural Heritage as soon as possible. The project implemented by UNESCO shall be conbined with national protection project, which together form an inseparable entity.

The contrast of atmospheric environment monitoring data could be sufficient to prove the significant improvement of quality of air condition after blocking and rerouting of the roads in front of East Hill. It is suggested that monitoring items should include indicators as CO_2 and acid rain (the PH value), which limestone cultural relics are quite sensitive to. Besides, the analysis of observation data should not neglect reciprocal synergistic effect caused by comprehensive factors, such as the synergistic effect induced between the intensity of sunshine, wind direction, airflow and temperature, humidity as well as air pollution. The monitoring on the flow of spring water shall be added as well for the significant effect of spring water on the environmental scenery of the Longmen Grottoes region. It is said that in November 2008, a total exhaustion of spring water in Longmen Grottoes region was caused by water seepage in nearby coal mines. This event was a sufficient proof of the close relationship between the Grottoes and its surrounding environment; therefore, the overall planning and coordination of city administrative departments are absolutely necessary.

加强监督管理
全力推进 UNESCO 龙门石窟保护修复工程的实施

韩玉玲　　王献本　　刘润丽　　（洛阳市文物局）

联合国教科文组织龙门石窟保护修复工程自 2001 年开始至 2009 年结束，历时 8 年，是在教科文组织的统一协调下由中方专家、日本专家共同实施的，是以保护龙门石窟这一珍贵的世界文化遗产为目的的国际合作保护项工程。联合国教科文组织对整个保护修复工程进行监督和协调管理，组织专家审核施工设计、施工组织设计，监督施工程序的合理性，并在施工过程中组织专家赴施工现场检查施工质量，对保护修复工程的关键技术问题进行指导。国家文物局和河南省文物局负责监督和指导保护修复工程的施工管理和施工质量，并在合作项目的基础上进一步做好龙门石窟今后的保护工作。洛阳市文物管理局受国家、省文物局的委托，负责整个保护修复工程的具体实施。经过项目官员、专家组以及各方面的共同努力，项目各项工作进展顺利，按照项目计划书完成了各项工作内容。现就如何加强管理，全面推进 UNESCO 龙门石窟保护修复工程，做一回顾和总结。

龙门石窟位于洛阳市区南伊河两岸的龙门山上，这是一处规模宏大的石窟佛教遗迹，是中国古代佛教艺术的代表性石窟。龙门石窟于北魏孝文帝迁都洛阳（公元 493 年）前后开始开凿，至宋代持续营造400 余年，现存大小窟龛 2000 多个，佛像 10 万余尊，碑刻题记 2800 余品。石窟内历代造像、石刻、绘画、书法装饰图案等所表现的佛教、建筑、音乐、民俗、雕塑、绘画、医药、文化交流等内容，代表了不同历史时期的艺术风格、社会风貌和科技水平，具有重要的历史与艺术价值。1961 年被公布为全国重点文物保护单位，2000 年被联合国教科文组织列入《世界文化遗产名录》。

千百年来，龙门石窟遭受了自然与人为的破坏，围岩崩塌、洞窟漏水、雕刻品风化等病害不断加剧。龙门石窟的保护历来受到国家政府、社会各界的高度重视，20 世纪 70 年代至今，陆续有保护工程实施。然而，随着岁月的流逝，石窟受自然等因素的影响，存在着风化、渗水等多种病害，需要寻求多学科的保护手段和国际的技术合作，用以解决这些问题。2001 年实施的"联合国教科文组织龙门石窟保护修复工程"是龙门石窟保护历史上投资规模最大的国际合作保护工程，对龙门石窟的保护具有重要的意义。

一、项目实施的背景

1998 年 11 月，中华人民共和国主席江泽民访日期间与日本首相小渊惠三举行了会谈，在会议中双方一致同意中日合作进行中国丝绸之路地域内现存古代文化遗产的保护。基于该意向，日本政府为保护丝绸之路地区的文化遗产，向联合国教科文组织委托 500 万美元的"文化遗产保存日本信托基金"。

1999 年 7 月日本首相小渊惠三访华之际，初步达成了以库木吐喇千佛洞、龙门石窟作为丝绸之路地域文化遗产保护对象的协议。

在此背景下，龙门石窟保护项目作为联合国教科文组织"文化遗产保存日本信托基金"工程开始筹备。经过联合国教科文组织、中日两国政府的共同努力，龙门石窟保护修复工程项目于 2001 年 11 月正式签署并实施。

二、项目工程概况

龙门石窟保护修复工程总计划经费运用"文化遗产保存日本信托基金"总投资金额为 125 万美元，中国政府配套了部分资金。合理有效的利用基金，通过综合的调查研究，项目选定龙门石窟的潜溪寺、路洞、皇甫公窟三个洞窟作为实验洞窟，旨在取得对三个洞窟全面修复保护资料的基础上，将取得的成功经验和领先的保护措施，推广到龙门石窟的整体保护治理中，以达到龙门石窟得到全面永久保存为目的。

项目分两阶段进行。第一阶段（2002 年 1 月～2005 年 2 月）重点工作是进行地形、地质调查、测绘、石窟环境和石窟病害观测，风化劣化、浸水对策等试验研究，即以调查和实验研究为主，购买先进的仪器、采用先进的技术手段，对龙门石窟的石质、岩体状况、空气环境、水环境、病害发育等进行综合调查，收集详细全面的调查结果。在结合中国方面以前调查结果的基础上，进一步调查龙门石窟的小气象环境，如石窟的气温、湿度、雨量、日照、风向、风速、降雨 PH 值等。洞窟的内部环境因素，如岩石表面温度、窟内温度、湿度、浸水量、岩石含水率等。水质调查中对石窟周围的水分（泉水、浸水、地下水、河水）中氢离子浓度，温度、包含物进行测定分析。掌握石窟所在地的地质环境，进行地形、地质调查、钻探调查、岩石试验以及覆盖土调查。生物病害调查主要调查导致岩石的生物性风化的草本类、木本类植物以及苔藓类微生物，调查其危害状况和繁衍状况。通过各种调查结果，对危害龙门石窟的风化、劣化、渗水等病害情况进行分析，弄清病害产生的根本机理，以此为依据制定保护、修复计划方案，并对保护、修复方案进行模拟试验、解析和材料试验，最后确定可靠的实行方案。

调查的同时建立龙门石窟档案记录模式，储存其美术及历史价值、破损状况、修复履历等与石窟保存研究相关的信息，将文字信息、图像信息数据化保存起来，供以后长期研究使用。

第二阶段（2005 年 3 月开始）重点工作是在第一阶段调查研究成果的基础上，实施保护、修复工程。在专家的共同指导下，由中国方面作为施工主体，对选定的三个代表性洞窟的病害进行保护修复，从而将保护的成果具体展示出来。

三、项目实施取得的主要成果

（一）第一阶段成果

"联合国教科文组织龙门石窟保护修复工程"制定了详细的工程计划书。项目第一阶段在中日专家组的指导下，进行了大量的测绘调查、地质勘察、现场试验和各种观测，完成了预定工作并且取得了丰硕成果，主要有：

1. 完成龙门石窟区域地形测绘。地质测绘部分由解放军信息工程大学承担并完成了以下工作：（1）航空摄影；（2）地形图测绘，1∶500，1∶1000，1∶2000；（3）西山立面图，1∶200，分四个区段；（4）断面图 73 个；（5）实验洞窟立面图，每洞 6 幅，共 18 幅。所有成果建有一个小型的管理系统。

2. 完成龙门石窟地质调查与勘探。地质调查与勘探部分由中国地质大学承担并完成了：（1）1∶500，1∶2000 地质填图野外踏勘调查；（2）钻孔波速测试及地表波速测试；（3）岩石、土、水样、石雕表面沉淀物样品测试；（4）实验洞窟地质病害调查总体报告。

3. 开展了垂直钻孔施工和龙门石窟区域地下水位、水温观测。为了观察实验洞窟周边地下水的活动状况，在龙门西山顶部设计完成了四个总进深 320 米的垂直钻孔，并分别设置了地下水位、水温观测仪器，进行长期的观测，同时根据观察的数据情况增加了河水水位观测项目同钻孔水位进行对比，得出了地下水位变化的全面数据。

4. 开展了龙门石窟区域观测及洞窟环境观测工作。为了掌握石窟区及实验洞窟的环境数据资料，在龙门西山区域设置气象观测点 2 处、石窟内观测仪器 3 套、河水、泉水观测仪器 2 处，常年观测项目包括：大气温湿度、降水量、风向、风速、光强、山体岩石表面温度、土壤含水率、河水温度、泉水温度、洞窟温湿度、窟内岩石表面温度、洞窟渗漏水量等数据。目前已收集各项数据 150 万个，观测照片 12 万张，并完成初步分析报告，为后期工作提供了翔实的现场资料。

5. 开展了石窟病害观测工作。在三个实验洞窟内部安装了病害观测仪器，利用数码摄像机和温度探头监测洞窟渗水面积和漏水点周边壁面温度变化。

6. 实施了水平钻孔施工和观测项目。在三个实验洞窟周边岩体上设计施工完成了六个水平钻孔，总进深 120 米。利用钻孔观察了洞窟周边裂隙分布情况和洞窟周边渗水的流动规律，同时设置多点位移计和钻孔不同深度温度观测仪器，观察洞窟裂隙宽度的长期变化和不同深度岩体内部的温度变化状况。

7. 开展大气污染物观测。龙门石窟研究院为项目配套资金 30 多万元，设置了大气污染物连续观测系统，每天不间断进行大气污染物二氧化硫、氮氧化物的监测，并收集到详细观测数据。

8. 进行洞窟病害调查观测。在三个实验洞窟内部安装了病害观测仪器，利用数码摄像机和温度探头检测洞窟渗水面积和渗水点周围壁面温度变化。通过对实验洞窟进行详细的病害调查，完成了洞窟的病害调查报告，全面收集掌握了洞窟的各种病害资料和分布状况，初步建立了洞窟病害数据档案。

9. 各项室内外试验工作。在掌握洞窟详细的第一手资料基础上，由中国文化遗产研究院、中国地质大学、龙门石窟研究院等共同进行了包括洞窟的裂隙灌浆、微裂隙处理、雕刻表面清洗、表面加固等现场和室内试验和洞窟病害调查工作，积累了现场工作经验。

项目第一阶段中，中国文化遗产研究院、中国地质大学、解放军信息工程大学、洛阳地质勘察设计院、龙门石窟研究院等科研院所承担了前期的测绘、勘察、设计、施工等工作，众多科研院所的参与和国内外先进仪器的使用为项目实施提供了高科技含量的调查成果，为项目第二阶段的现场保护修复工作打下了良好基础。

（二）第二阶段成果

根据项目工作计划的要求，工程第二阶段的主要任务是对三个试验洞窟进行全面的保护修复。第二阶段取得的主要成果有：

1. 建立了龙门石窟环境病害数据资料库。由龙门石窟研究院同中国地质大学合作在第一阶段的基础上继续开展各项环境和病害监测工作，收集各项数据资料，利用同龙门石窟保护相关联的各种资料，建立了龙门石窟保护数据库。

2. 开展洞窟防渗漏灌浆试验。在第一阶段防渗漏灌浆材料的基础上继续开展防渗漏灌浆材料的筛选试验工作，组织专家组进行论证，选择适合龙门石窟洞窟防渗漏治理的灌浆材料，完成了有关实验报告。

3. 开展洞窟冷凝水监测和分析研究工作。由中国地质大学和龙门石窟研究院一起开展了洞窟冷凝水项目的研究，在潜溪寺等洞窟安装了改装设计的仪器设备，开展了长期的冷凝水观测和定量测量研究工作，开发了相关的仪器设备开展监测，已经得到了大量基础数据资料，基本掌握了龙门石窟的冷凝水的发生和分布规律，完成了研究报告的编写。

4. 完成了试验洞窟保护修复方案设计。在各项试验和研究工作的基础上，由中国文化遗产研究院和中国地质大学共同完成了三个实验洞窟的渗漏、风化等病害进行保护修复施工方案的基本设计，国家文物局组织专家对方案进行了论证，确定可行的洞窟修复方法，提出了具体修改意见。在此基础上，设计单位进一步修改完善了基本设计方案，编写出详细设计方案，并经国家文物局审批实施。

5. 完成对潜溪寺洞窟渗水修复施工。按照招标的程序，洛阳市文物管理局于 2007 年 8 月组织有关专家对潜溪寺洞窟渗水治理的施工单位进行了公开招标，经过专家认真评审，甘肃铁科地质灾害防治技术工程公司成为中标单位。经过紧张筹备和施工，潜溪寺渗漏水治理工程在 2007 年 12 月初开工，现已按设计方案的要求完成施工。

6. 在第一期阶段工作的基础上，龙门石窟研究院继续进行各种环境观测和病害监测仪器的观测工作，以及各种监测仪器的维护保养、定期数据采集整理、渗漏水病害和环境数据变化的监测工作，并补充进行了冷凝水的日常观察记录和观测河水水位变化，以加强基础资料收集。

7. 在潜溪寺洞窟渗水治理工程进行施工的同时，经过专家组的评议和招标，确定中国文化遗产研究院和北京大学文博院共同实施潜溪寺洞窟清洗工程的方案设计和施工工程。目前已经完成清洗初步实验工作，洞窟全面的清洗工作将于 2009 年 3 月完成。

四、项目实施的组织管理

联合国教科文龙门石窟保护工程实施 7 年来，洛阳市文物管理局作为整个保护工程的组织者、管理者和法人单位，在各方的支持和配合下，认真负责项目工程的组织管理和工程进程，为项目的顺利实施建立了完善的协调机制。

1. 建立项目管理机构。为确保项目管理规范，洛阳市文物管理局设立项目工作组，副局长韩玉玲任组长，成员有：局博物馆科科长王献本、财务科科长刘润丽，龙门石窟研究院院长李振刚、副院长李随森。为保证各方信息的及时沟通，项目工作组下设项目办公室，龙门石窟研究院副院长李随森任组长，成员有：石窟保护中心陈建平、马朝龙。

2. 组建中方专家组。为了保证工程质量、贯彻以我为主的指导思想，在教科文组织北京办事处的组织协调下，我们聘请了黄克忠等五位国内知名专家组建中方专家组，其职责是同日方专家组一起对项目计划进行研究讨论，达成共识，并在项目实施中给予具体的监督和指导。同时派出年轻业务人员参与此项工作，以期通过高水平的合作项目培养高水平人才的目的。对于日本专家，我们也给予同样的重视，建立相互平等、相互信任和相互学习的管理运作机制，充分发挥专家作用是该项目顺利实施的有力保障，只要是对文物保护有利的意见，无论中外，积极肯定并予以采用。这些专家在专业研究方面各有侧重，多年从事具体的石窟保护修复工作，有着丰富的实践经验，因而对一些问题的分析解决具有相对鲜明的专业特点，对问题的整体判断比较全面和准确，尽可能避免片面、单一的弱点，这样他们可以利用专业优势，发挥优势互补，寻求资源整合，从而使龙门石窟的保护在方法和工艺上更趋于先进和合理。

3. 精心组织，加强协调。洛阳市文物局是把实施好项目作为自己最重大的责任，给予高度重视，采取多种方法，全身心为项目的开展营造一个良好的外部环境，积极开展项目的各项活动，对于项目实施过程中出现的问题实行反馈机制，及时协调三方予以解决，互相通报保持联系畅通，确保项目的顺利实施。同时在后勤、生活方面尽量为教科文组织管理者、中日专家组成员在现场工作创造较好的便利条件，使他们能够集中精力投身到项目工作中。项目在实施过程中，根据专家组的意见和要求，需增加水平钻空、大气污染物监测等项目计划外的内容，为保证按照工作计划的顺利，积极加强同国家文物局、河南省文物局、洛阳市政府及龙门石窟研究院等各方面的协调联系，争取项目配套资金的落实，据统计，中国政府配套经费近 300 万，其中洛阳市支持项目的配套资金合计 220 多万元，弥补了项目工程资金的不足，保证了项目的正常开展。

4. 规范招标、施工管理程序。按照实施保护工程的管理要求和中国招标法的规定，2007 年 8 月、2008 年 10 月在潜溪寺洞窟防渗治理和清洗两个项目施工的招标过程中，严格招投标程序，邀请三家具备石窟保护工程施工和石窟清洗施工一级资质的单位进行招标，经过专家组的认真评议，从中选择技术雄厚，有良好业绩的甘肃铁科地质灾害防治技术工程公司和北京大学文博院、中国文化遗产研究院分别承担龙门石窟潜溪寺防渗治理保护工程和洞窟清洗工程项目的施工。在项目的实施过程中，洛阳市文物管理局进一步加强两个项目施工的组织管理，监督施工单位严格按照施工设计方案、工程进度计划和规范要求进行施工，对于施工工程中出现的技术问题及时同专家组进行沟通汇报，及时协调解决。

5. 严格资金管理。教科文组织援助龙门石窟保护修复工程是一项国际合作项目，项目资金的管理尤为重要。本着服务项目的原则，洛阳市文物管理局在项目启动之初成立的项目工作组中专设财务总监，全面负责项目资金的日常管理。在资金管理中，专门设置项目资金专户，严格按照工程计划书和项目预算、项目合同等程序管理资金，一方面严格控制每项资金使用，绝不浪费一分钱，保证资金能够全部、合理地用于项目工程建设。另一方面严格按照合同要求将每笔项目资金及时拨付到位，确保每个施工项目的顺利开展。

五、项目实施的意义及体会

经过教科文组织、中日政府、中日专家及洛阳市文物局、龙门石窟研究院、设计单位、施工单位的共同努力，项目取得了令人满意的效果，为洛阳市的文物保护工程树立了标尺和典范，具有重要的意义。

1. 各方面高度重视，为项目的顺利实施奠定了坚实的基础。

龙门石窟保护修复工程是联合国教科文组织、日本国政府、中国政府共同组织实施的保护世界文化遗产的国际性文物保护合作项目，也是龙门石窟保护史上迄今为止投资规模最大的保护工程。项目从筹备、签约、实施至今，凝聚着各方的辛勤和努力。

联合国教科文组织作为项目的组织者，科学管理、科学施工，在项目实施的各个方面付出了大量的艰苦的努力，为项目的顺利实施奠定了坚实的基础。教科文组织北京驻办事处代表和专员们，多次到龙门石窟现场考察，提出意见和建议，布置项目工作计划。项目专员充分发挥组织协调作用，指导了项目各项工作的展开。在教科文组织的协调下，成立了由中国和日本知名专家组成的项目专家组，多次带专家们到龙门石窟现场调查，了解实施进展情况，确定项目进度，讨论保护技术性问题。教科文组织北京办事处根据项目运行情况组织召开中国、日本、教科文三方会议代表、专家会议 2 次，在三方达成一致意见的基础上制订工作计划，保障了项目的顺利运行。对于项目运行过程中出现的问题，三方实现反馈机制，相互通报，保持畅通联系。组织召开 30 余次中日专家会议协调理顺关系，使中日专家求同存异，互相交流，在良好的学术氛围中结下了深厚的友谊，从而保证了工程顺利实施。

中国政府高度重视龙门石窟保护项目，国家文物局领导多次亲临龙门石窟现场调研指导，并派出高规格的专家组，确保项目实施的科学性。龙门石窟保护项目的实施，一是按中国文物保护法，遵循中国文物保护原则，履行文物保护报批程序：二是按国际上通用的保护办法做的。河南省文物局建立了有效的合作协调机制，河南省文物局领导多次亲临龙门石窟现场关心指导工作，从政策、技术、资金等多方面给予大力支持和帮助。

项目专家组在工程实施中，本着求真求实高度负责的科学态度，深入现场考察，反复研讨项目计划，制订实施方案，对承担施工单位严格审核，对其提出的实施计划及预算严格把关。专家组几十次到龙门石窟进行现场调查和监督，及时处理项目实施中遇到的各类技术问题，把握工程的进度和质量。专家组对龙门石窟保存现状、病害种类、监测场点、仪器设置、现场施工、材料实验、材料选择、工程设计、施工工艺等方面提出了大量宝贵意见和建议，为项目的顺利实施提供了有利的技术支持。

洛阳市政府也极为重视这项工程，从项目的争取、协商及实施均付出了积极的努力。项目实施以来，洛阳市领导多次到龙门石窟实地调研，了解工作进展，处理解决项目遇到的问题，并根据合作协议精神，协调项目配套资金，支持项目正常实施教科文组织驻北京办事处代表及官员，来洛阳参加三方会议及考察项目的时候，。

洛阳市文物局和龙门石窟研究院更是把实施好项目作为自己最重大的责任，给予高度重视，精心组织，加强监督管理，积极配合。为项目能够顺利实施，专门成立了项目办公室，组织做好方方面面的工作保障，有利推动了项目的顺利实施。

2. 项目实施提高了龙门石窟保护的国际影响。

通过外援项目，引进资金，无疑增加了保护文化遗产的渠道，同时也引进了保护力量，引进了先进的管理手段，而更重要的是通过合作建立起了中外专家相互学习交流的平台，开拓了国内文物保护工作者和视野，为培养文物保护科技人才提供了机会，同时对进一步提高龙门石窟国际合作保护和修复工程管理水平以及龙门石窟的国际影响将起到积极作用。

3. 项目取得的成果，为龙门石窟的科学保护提供了良好范例。

通过项目的实施，学得了国际上文物保护好的理念和好的做法，对龙门石窟保护研究起到积极的推动作用。龙门石窟以前的气象观测、渗漏观测等工作开始于 20 世纪 60 年代，但是，观测的数量、连续性及观测仪器的准确性、自动化水平等方面，一直处于较低的层面。通过联合国教科文龙门项目的实施，气象观测、大气污染物观测、区域环境检测、洞窟小环境和洞窟渗漏病害的监测等都达到自动化连续监测的水平，形成一个相对完善的石窟环境监测体系。同时建立了龙门石窟环境病害数据资料库，制定了《龙门石窟环境监测方案》及《龙门石窟病害调查方案》，为洞窟病害治理方案的制订提供直接的依据，并为龙门石窟的长久保护奠定基础。

4. 项目实施培养了龙门石窟的保护人才，提升了龙门石窟的科技保护水平。

项目注重对龙门石窟研究人员的培训和提高。项目实施是在中日双方专家组指导下开展的，因为是教科文项目，中方专家组成员可以说是中国最高的专家组成的，日方的专家在佛教研究、石窟研究也是具有很高水平的，这么强大的专家队伍多次来龙门石窟现场指导，对龙门石窟人才的培养起到了很好的帮带提升作用。龙门石窟的保护研究人员参与到项目的各个环节，听取专家的现场指导和技能培训，参与专家的讨论，与施工单位共同实施现场工作，大大丰富了实际工作经验，拓展了思路，逐步明晰了石窟保护研究的方向，提高了自身的科研水平和操作技能。项目实施期间，龙门石窟保护中心 7 名研究人员分批赴日本东京文化财研究所进行了与项目有关的技术研修，提高了对各种仪器的操作和维护水平。同时，与中外专家进行真诚地交流的过程中，增长了友谊情感，专家们的敬业精神和严谨的工作作风为研究人员树立了典范。

5. 龙门石窟保护修复工程的实施积累了宝贵经验，对洛阳市的文物保护工作乃至河南省的文物保护工作都起到了积极的推动作用。

文物保护工作是一项特殊的、重要的工作。龙门石窟教科文项目科学管理，科学施工，注重人才培养等多方面，积累的宝贵经验，为当地文物工作留下一笔难得的财富。项目实施过程，多监测，多实验，多讨论，根据实际需要确定工作目标。工程所进行的地质测绘、地质调查、地质勘测、区域环境监测、洞窟内外环境监测、洞窟病害监测、大气污染物监测等，不但为试验洞窟治理方案的确定提供翔实、可靠的依据，而且建立了石窟保护的基础资料，这给当地其他质地文物的保护树立了标尺，找到了方法，填补了空白，提升了文物保护基础工作，为今后保护修复工作的可持续开展起到了积极推动作用。

6. 项目的开展提升了洛阳乃至河南在世界的知名度和国际影响力。

在国家文物局、联合国教科文组织北京办事处和省、市文物部门的有效管理下，在中日专家及设计施工单位的共同努力下，龙门石窟保护项目得以成功实施，在国际上树立了洛阳乃至河南文物保护工作的良好形象。教科文龙门石窟保护项目的开展，越来越多受到国际社会、政府部门、各方专家、社会各界以及中外媒体记者的普遍关注与支持，项目所取得的成果和经验必将对今后龙门石窟的保护工作产生巨大的推动作用，对龙门石窟这一世界遗产的永续保护产生深远而积极的影响。这一国际合作项目的实施及其取得的经验和丰硕成果，必将进一步提高洛阳的文物保护的整体水平，进一步扩大洛阳乃至河南在世界的知名度和国际影响力，促进对外交流与合作的发展，产生积极的作用和深远影响。

洛阳市文物局作为项目管理单位，向为联合国教科文龙门石窟保护工程作出贡献的联合国教科文组织北京办事处、国家文物局、日本政府、河南省文物局、中日专家、设计施工单位以及所有关心洛阳文化遗产保护的人们表示衷心感谢！目前，洛阳正在进行丝绸之路申遗、大运河申遗、大遗址保护、壁画修复等重要的文物保护工作，希望能得到联合国教科文组织在更多方面的支持与帮助；希望与日本及国内高水平的文物保护科研单位在更广泛的领域开展文物交流与合作；希望得到中外专家对洛阳文物保护更大支持。

2009 年 3 月

Introduction of the Conservation and Restoration Project of Longmen Grottoes

Nakata   Hideshi

Introduction

As is well known, the creation of Buddhist images continued at theLongmen Grottoes from the 5th to the 8th century as the site developed into a major sacred place for Buddhist worshippers. Today, more than 2, 000 Buddhist niches and caves remain, both large and small, and there are more than 10, 000 Buddhist figures at the site. The Northern Wei dynasty Guyangdong cave and the Middle Binyangdong cave, the Tang dynasty Jingshansidong cave and Fengxiansidong are some of the largest caves at Longmen, and are all representative Buddhist cave temples of their respective periods. The art found at the site includes both Buddhist sculptures and dedicatory inscriptions, for example, the *Twenty Longmen Inscriptions* set, which are all highly regarded today as art works.

This massive Buddhist historical site was carved into relatively dense stone cliff-side and, as can be expected, has suffered a complex mix of natural weathering, deterioration and man-made damage over the centuries. It was listed on *The Historical Monuments and Cultural Relics under State Protection* in 1961, and the Grottoes listing on the UNESCO World Heritage in 2000 meant that a management system should be established to combat the causes of man-made deterioration.

However, there is nothing to stop the natural weathering and deterioration at the site. From a broad perspective, such weathering is the natural world in action, and the section of the cliff face (the Buddhist niches) is in an unstable situation thanks to some degree to the intervention of mankind in a natural setting. The weathering is the phenomenon or process by which the natural world transforms that unstable situation into a stable situation. Hence, the act of preserving the cave temples is, in a sense, a denial of the workings of nature. As a result, it is only through eternal and ongoing denial of that natural process, overlooking not the slightest changes, that it is possible to control such weathering. When such actions are stopped, then the site will fall back into the relentless cycle of the natural world.

Confirmation of Project Goals

After the establishment of the People's Republic ofChina in 1949, the Chinese government and the city of

Luoyang set out to preserve the Longmen Grottoes. In particular, the large-scale preservation and restoration measures taken since 1987 have been highly praised for both their research and conservation results. However, there remain many unresolved issues such as controlling the weathering of sculptures and water seepage. This led the Chinese to seek high-level technical assistance, and thus the UNESCO/Japanese Funds-In-Trust began their Longmen Gaves Conservation Project began in 2001.

This project ended inMarch 2009, and I would now like to reconsider, and reconfirm the project's initial objectives.

The following is an extract of the Project Prospectus (June 2001):

Long-term objective

Stable preservation to achieve a state where monument is protected from sources of deterioration

Short-term goals

a) Overall survey of aspects related to preservation of the caves, such as state of the cliff face and stone, air conditions, water conditions, etc.

b) explanation of the deterioration process

c) simulation of the conservation plan and testing of conservation materials

d) production of a cave inventory

e) restoration of target caves

f) training of on-site technicians

g) recording of entire process, from surveys to testing and conservation work

Principal aspects of the project

a) gatherdata on conservation (including articles, photos, data, etc.), carry out surveys and tests

b) carry out conservation work

c) activities related to ongoing conservation activities after the completion of the project, e. g. training for on-site technicians, etc.

Reports have been made by the various specialist advisors and theLongmen Academy regarding the survey studies and conservation measures taken in the three target caves during the course of the project. A symposium commemorating the completion of the UNESCO project was held in Beijing on February 21, 2009, and the project was praised as a model of international cooperation. Further, it is extremely meaningful that there was a detailed recognition of the issues that arose during the survey studies, as well as the remaining unresolved issues.

And yet, the completion of this one project was only a small thing in the face of the magnitude of this massive Longmen Grottoes site. The continuation of conservation work is important. The project was meant to be the catalyst for "maintaining the monument in a stable state protected from deterioration sources."

Within the scope of the project prospectus, a set period of survey studies and limited conservation work on target caves was carried out. Plans were also made for raising the technical skills of and training locally-based managers and technicians in methodology through actual experience. This was set up with the intention that after the project time period, the locally-based managers could continue the conservation work.

The various types of tests, analyses and conservation techniques are not complete works in themselves, because developments continue in both techniques and materials year after year. Further, there are a large number of Buddhist caves and niches that require different conservation approaches to those used in the target caves in this study.

It goes without saying that the conservation of the Longmen Grottoes must take in the entire site as its object. If parts of the site are neglected, then they will be come the source of advancing deterioration.

The conservation of the entire site would require high levels of expertise and massive amounts of labor, and it must continue over the foreseeable future. What would make this possible is not various specialized techniques, rather it would be a technical stance and methodology backed by a solid system.

Monitoring and Maintenance

It need not be reiterated that conservation work on the Longmen Grottoes faces numerous hurdles, and here I would like to touch on the fundamental monitoring and maintenance necessary.

The signs of damage at the Longmen Grottoes are most apparent in the extreme cracking and water leakage at openings, and the weathering surfaces of the sculpture. This project included survey studies and work only on a part of the site to counteract these problems, but the unresolved issues of condensation, atmospheric pollution, and water seepage prevention were clearly identified in this process.

The water seepage and weathering of sculptural surfaces studied in this instance are not examples of damage that have occurred suddenly. Rather, the process of aging and weathering that continued over the millennium that has passed since these works were originally carved has meant that the site is subject to chemical, biological and physical elements that have led to the accumulation of gentle, gradual changes. This accumulation has resulted in the extreme conditions seen today. And those changes are advancing all the faster now, fast approaching a state of collapse.

Naturally, the larger the degree of damage, the more complex the countermeasures required. Further, the sections that are lost in the course of that progressive damage cannot be regained.

Thus, we must carefully observe those sections that today appear to be in a stable or healthy state, and when the slightest change occurs in those areas, such changes must not be overlooked, but rather must be appropriately handled.

The process of monitoring is the simpleand steady process of visual observation, manual examination, photographic recording, measuring hardness, and environmental readings. These records provide an objective "snapshot" of the state of the object at any given time. And yet, it is meaningless to simply accumulate records. The speed of the deterioration process is quite slow when measured against the life of an individual observer, and at first glance those changes are not visible. Further, analysis that focuses on the overall relationships between various types of phenomena is also essential. Monitoring that continues into the future will reveal changes of the relationships between phenomena and will then lead to an actionable plan for maintenance and countermeasures.

The monitoring of theLongmen Grottoes is a massive undertaking and yet, for those technicians involved in this project, it will eventually become intuitive. And at times, it is likely that such intuition will surpass scientific analysis.

Conservation measures on the Grottoes must be based on this monitoring. At some point, large-scale countermeasures must address the cliff surface and underground water issues. However, the main conservation act that will assure the continuation of theLongmen Grottoes is simple maintenance.

Distancing the caves from biological matter and water that cause deterioration, protecting them from weather conditions. These things seem to be taken for granted, and yet, the simple removal of dust and accumulated water, the continued practice of such infinitesimal measures, will, in the end, have massive effects.

Further, lifted areas in the stone sculptural surface, or cracks must not be overlooked. They must be contained and repaired while they are still small in scale. This will lessen the acceleration of deterioration. The stance that deterioration phenomena must be addressed while still minor is indeed the greatest deterioration deterrent there is.

Conclusion

Today theLongmen Grottoes are widely recognized as a World Heritage site. However, the role to be played in their conservation rests largely with the regional government that is the Grottoes management body, and with the technicians directly involved in the Grottoes.

The decision to protect the man-made masterpieceLongmen Grottoes from deterioration means waging a constant battle with the natural world. I believe that this project can serve as a catalyst to the further energizing of those technicians and managers involved in this conservation work and I hope it will lead to the development of a system for such future work.

龍門石窟保護修復事業で目指したこと

中田英史　　（ウッドサークル）

はじめに

　　周知のことながら、龍門石窟は5世紀から8世紀に亘って造仏が続けられ、仏龕は大小2千余、仏像は十万体にのぼるといわれる仏教信仰の一大聖地として発展した。北魏の古陽洞、賓陽洞中洞、唐代の敬善寺洞、また最大規模の奉先寺洞など、各時代を代表する石窟を有し、それら彫刻や「龍門二十品」に代表される造像銘記などが芸術的に高く評価されている。

　　この壮大な仏教遺跡は、比較的緻密な岩に刻まれてはいるものの、長年月の中で複雑な自然風化作用や人為的な破損を受けてきた。今日、中国政府により1961年に全国重点文物保護単位に指定され、さらには2000年の世界遺産への登録を契機とした取り組みの中で、人為的な破損要因については一定の管理体制が確立しているといえるだろう。

　　しかしながら、自然風化作用が止むことは無い。大観すれば、その作用は自然界の営みそのものであり、人が手を加えることによってある意味で不安定な状態となった岩盤の一部（仏龕）が、より安定した状態（≒崩落・崩壊）に移行しようとする過程の現象なのである。

　　石窟の保存行為はこの自然の営みに対する抵抗である。それ故に、僅かな変化も見逃さず、永続的に抵抗することによってのみ風化を抑制することが可能となる。それを止めた途端に、容赦なく自然界のサイクルに取り込まれるのである。

事業目的の確認

　　1949年中華人民共和国成立後、中国政府や洛陽市は龍門石窟の保存に取り組んで来た。特に1987年から行われた大規模な保存修復対策は研究と保護の実績において高く評価される。しかしながら彫刻の風化抑制や漏水対策など未解決の問題も多く、高度な技術的支援が求められたことから、ユネスコ文化遺産日本信託基金事業による「龍門石窟保護修復事業」が2001年から開始された。

　　この事業は2009年6月に完了を迎えるが、事業当初に目指したことは何であったのか、敢えてここで再確認しておきたい。

　　以下は、当初の事業計画書（2001.6）からの抜粋である。

長期目的

劣化要因から遺跡を保護する状況の安定的確保

短期目標

a）石窟の保存に関る石質・岩盤の状況、空気環境、水環境等の総合的な調査を行う
b）劣化プロセスの解明
c）保存計画のシミュレーションと保存材料の試験
d）石窟インベントリー作成
e）対象窟の修復
f）地元技術者のトレーニング
g）調査、試験、保存処置等全工程の記録

主な事業内容

1）保存資料の収集。調査、試験の実施
2）保存処置の実施
3）事業終了後の継続的保存活動に関連する活動。地元技術者の養成など。
（以上、抜粋）

　　事業の中で行われた調査研究や対象三窟に対する保存対策については、専門家諸先生方や龍門石窟研究院から報告されている通りであり、2009 年 2 月 21 日に北京市で開催されたユネスコ事業完成記念シンポジウムにおいて、国際協力のモデルとして評価された。さらに、調査研究上の課題や未解決の事象について具体的に認識されたことは極めて有意義である。

　　しかしながら、ひとつの事業で達成できることは、壮大な龍門石窟に対しては僅かなことでしかない。この保存行為を続けることこそが重要なのであり、当初の長期目的として掲げた「劣化要因から遺跡を保護する状況の安定的確保」の契機となることが事業の目的であった。

　　この事業計画では、一定期間の調査研究や対象窟を限定した修復を行う。そしてそれを現地の管理主体者や技術者が実施し経験することで方法論の習得と技術的な向上をはかり、さらには体勢が充実することを期待し、事業以後は主体者として保存行為が継続されることを意図したのである。

　　各種の計測や解析、また保存技術は未だ完成したものではなく、年々新たな技術や材料が開発されている。さらには対象とした潛渓寺洞や皇甫公窟、路洞とは異なる保存対策が必要な仏龕も多い。

　　いうまでも無いことだが、龍門石窟の保存はその全範囲を対象として捉えなければならない。一部を疎かにすることはそこから風化が進行することにもなり得る。

　この全域にわたる保存行為には高度な専門性と膨大な労力が要求され、さらに将来にわたって続けられなければならない。そしてこれを可能にするものは、いくつかの専門的な技術ではなく、技術的な姿勢と方法論であり、それを支える体制である。

モニタリングとメンテナンス

　龍門石窟の保存行為は改めて述べるまでも無く多岐にわたるが、ここでは敢えて、その基本となるモニタリングとメンテナンスについて触れておきたい。

　龍門石窟の病害現象として、開口亀裂や漏水、彫刻面の風化などが顕著である。この解決に向けては事業の中でも調査研究と一部の対策工が行われ、結露や大気汚染、漏水対策など未解決の事象は課題として明確に位置付けられた。

　ここで研究された漏水や彫刻面の風化は突然生じた病害ではなく、造仏直後から千数百年を経た風化現象の過程なのであり、化学的、生物的、物理的要因を受けつつはじめは緩やかな変化が積み重ねられ、やがて顕著な現象として表れたものである。そしてこの変化は崩壊に近付くほど加速する。

　当然ながら、病害現象が大きいほど対策は困難さを増す。またその病害に至る過程で失われた部分は取り戻すことが出来ない。

　従って、現在健常とみられる部分も注意深く観察すること、そして僅かな変化も見逃さず適切に対処することが求められる。

　モニタリング作業は、表面の目視観察、触診、写真記録、硬度測定、あるいは環境計測という地道で単純な行為である。この記録によって、その時点での状態が客観的に記録される。しかし記録を集積するだけでは意味を為さない。風化現象の速度は個人の時間的尺度に対してはあまりに遅く、一見その変化は不可視的である。また、各種の現象の総合的な関連性に着目した分析が不可欠である。モニタリングを将来にわたって続けること、そこから変化を見出し、関連性を分析し、メンテナンスや対策工に生かすことが求められる。

　龍門石窟のモニタリングは膨大であるが、この作業に従事する技術者にはやがて直感が養われることだろう。そしてその直感は、時に科学的な分析を凌駕することさえあるだろう。

　石窟の保存対策はモニタリングを踏まえて行われる。ある時点では岩盤や地下水に関ることなど大規模な対策工が必要なこともある。しかし、龍門石窟がたどるこれからの時間の中で大半を占める保存行為は、日常的なメンテナンスである。

　劣化の要因となる生物や水を遠ざけ風雨から守る、という当然のことを念頭に、塵埃や溜まり水を取り除くことなど、きめ細かい対応を続けることがやがて大きい効果をもたらすのである。

　また彫刻面の僅かな浮石部分や亀裂を見逃さず、その範囲の小さいうちに接着充填することで、風化速度は格段に抑制される。劣化現象が小さいうちに対処するという姿勢が重要であり、最大の風化抑制対策となるのである。

結び

　現在、龍門石窟は世界遺産として広く注目されている。しかしその保護に対しては、やはり管理主体である現地政府と、直接携わる技術者が担う役割が極めて大きい。

　龍門石窟という人類が作り出した傑作を風化から守ろうとすることは、自然界に対する不断の挑戦でもある。この事業がひとつの契機となって、今後この保存に携わる技術者と管理者がさらにご活躍され、体制が発展することを期待し、確信するところである。

2009. 6. 23　ウッドサークル　中田英史

· 调查报告 ·

地形测绘与近景摄影测量工程报告

黄小波　（郑州测绘学院）

1. 概　况

地形测绘与近景摄影测量工程，是联合国教科文组织资助项目"龙门石窟保护工程"中的组成部分，也是整个保护项目的基础工作。地形测绘与近景摄影测量工程由郑州测绘学院遥感信息工程系承担。按照项目的需求，地形测绘与近景摄影测量工程，需要完成龙门石窟保护区 1∶1000、1∶2000 地形图测绘，龙门石窟重点保护区 1∶500 地形图测绘，龙门西山立面 1∶200 近景摄影测量，龙门西山 1∶200 断面近景摄影测量，以及潜溪寺、皇甫公洞、路洞三个试验洞窟的 1∶20 立面近景摄影测量等工作。

根据龙门石窟保护综合试验对测绘成果的需求，设计了地形测绘与近景摄影测量工程实施方案，其与常规的地形测绘方案有较大的区别，主要体现在细、精、特三个方面。"细"是指测绘的图件在内容表示上比较细，超出国家规范的要求，如细微的裂缝在图件中都需要表示；"精"是指精度要求高，西山立面要求基本等值线 5 厘米，试验洞窟三维数据采集精度要达到毫米级；"特"是指有很多的特殊要求，如西山立面图的投影面设计，西山断面图测量都有其特殊性。

地形测绘与近景摄影测量工程于 2001 年底开始准备，2002 年 2 月起实施，2002 年 10 月完成工程全部工作。

2. 保护区地形测绘

保护区地形测绘，包括龙门石窟保护区范围 1∶1000、1∶2000 地形图测绘和龙门石窟重点保护区范围的 1∶500 地形图测绘。1∶1000 地形图测绘采用航空摄影测量作业方法，1∶2000 地形图测绘在 1∶1000 地形图基础上，经过编绘生成，1∶500 地形图测绘采用以航空摄影测量为主，野外数据采集为辅的作业方案。地形测绘基本作业流程如图 1 所示。

地形图测绘依据中华人民共和国国家标准《1∶500、1∶1000、1∶2000 地形图航空摄影测量规范》、《1∶500、1∶1000、1∶2000 地形图测量规范》、《1∶500、1∶1000、1∶2000 地形图图式》，以及联合国教科文组织资助项目"龙门石窟保护工程"专家组确认的技术设计要求实施。

2.1　航空摄影

2001 年 10 月，利用航摄飞机，对龙门石窟区域进行彩色航空摄影。航空摄影所用的航摄像机型号是

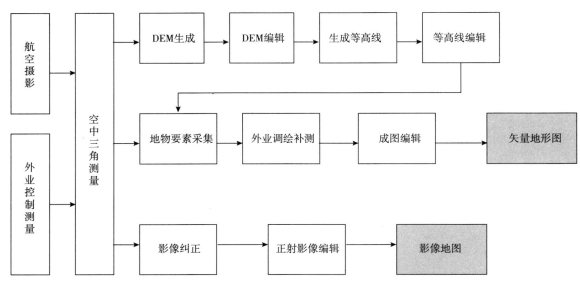

图 1　地形图测绘基本作业流程

RC－30，像幅 23 厘米×23 厘米，焦距 152 毫米，航摄高度 1400 米，航摄比例尺 1∶9000，沿南北飞行两条航线，共拍摄彩色照片 20 张，立体覆盖面积为 14 平方公里，每张照片之间航向方向重叠率 60%，旁向方向重叠率 40%，符合航空摄影测量规范要求。彩色胶片在 DSW500 航空照片扫描仪上进行扫描数字化，扫描分辨率 25 μm，形成通用图像格式（TIF）存储的数字图像，每幅图像 380MB，数字图像的地面分辨率为 23 厘米。

2.2　外业控制测量

外业控制测量，是指为地形图测绘提供基础控制的过程，其任务是利用野外测量设备（如 GPS、全站仪等），精密测量控制点的点位三维坐标。本工程采用测量型 GPS 定位仪（型号为 GPS/RTK），按照航摄区域的形状，布设满足周边控制条件的一级 GPS 控制网，共测量高精度的 GPS 控制点 9 个，测量精度达到厘米级，点位分布满足空中三角测量的控制点配置要求。

2.3　空中三角测量

空中三角测量，是航空摄影测量测绘地形图的一个作业过程，它是利用少量的野外控制点，通过空中三角测量应用软件系统，计算测区中所有相片的外方位元素（表示摄影姿态的参数），以及求得内业立体测图所需控制点的坐标，为测制地形图作业提供控制数据。

实际作业在数字摄影测量工作站（DPW）中进行，利用全数字空中三角测量软件系统（型号为 VirtuoZo AAT），由自动空中三角测量模块（AATM）进行数据准备作业，用国际上通用的光束法平差计算模块（PATB）进行区域平差计算，得到空中三角测量成果。所有计算过程的质量控制依据国家规范执行。

2.4　数字立体测图

内业数字立体测图分为地貌测绘和地物测绘两个部分。

地貌测绘是指等高线等要素测绘，等高线测绘采用自动测绘的方法，先通过数字立体图像同名影像自动相关匹配，生成数字高程模型数据（DEM），再利用 DEM 数据自动内插等高线图层，然后套合到立体图像中，通过人工立体交互编辑，形成等高线图层成果。

地物测绘采用人工立体交互采集方法，在数字摄影测量工作站上，按照地物的属性分层人工采集。

内业数字立体测图在 VirtuoZo IGS 系统中完成。地形图分层按国家 1∶2000、1∶1000、1∶500 地形图分层标准执行。

内业数字立体测图完成后，得到的成果是航测草图，由于内业数字测图仅局限于航空图像上所能判读到的信息的采集，但本工程所要求的地形图测绘表示的内容，有些要素在航空图像上是无法采集到的，需要到实地进行辅助测绘。

2.5　外业调绘补测

外业调绘补测，就是在实地，对照航测草图，对内业数字立体测图无法确定其性质的目标作进一步的确认，对表示错误的目标作修正，对内业数字立体测图无法采集到但本工程要求表示的要素（如石头的裂缝，图像上被其他物体遮挡的目标等），利用全站仪，进行数字采集，补充内业数字测图的不足。

2.6　成图编辑

成图编辑，是按照标准地形图的要求，对内业数字测图和外业调绘补测的目标作属性及图形编辑，配置编码和符号，建立图形拓扑关系等。成图编辑是在 Microstation 编辑平台上完成，编辑的工作严格按照国家 1∶2000、1∶1000、1∶500 地形图图式要求执行。

2.7　影像地图制作

利用航空彩色图像，经过对图像的正射微分纠正、匀色、接边和编辑处理，得到保护区的航空遥感影像地图。并分别按照 30 厘米、50 厘米和 1 米的地面分辨率存储。

3. 西山立面近景摄影测量

西山是龙门石窟洞窟分布密集的区域，其长约 900 米、最高处约 100 米，呈曲线形。西山立面测绘，采用了近景摄影测量技术。其基本作业流程如图 2 所示。

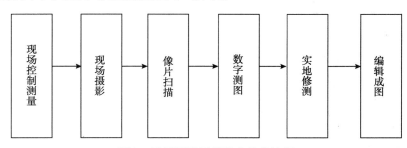

现场控制测量 → 现场摄影 → 像片扫描 → 数字测图 → 实地修测 → 编辑成图

图 2　近景摄影测量基本作业流程

3.1 现场近景摄影方案设计

根据西山的具体情况，以及测绘成果的要求，经过研究计算，确定了现场近景摄影的设计方案。如图 3 所示。在东山的河堤上，布设 5 组摄站，每组摄站拍摄两张照片，摄影基线长度为 30 米左右（保证立体重叠 80%），两张相片投影光线基本保持平行（不超过 2 度），各组摄站的参数如表 1。

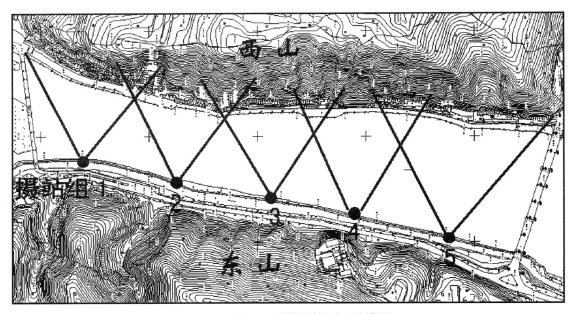

图 3 西山立面近景摄影摄站组设计图

表 1 各组摄站参数

摄站组	摄影距离	摄影基线	摄影比例尺
1	170 米	30 米	1/1700
2	150 米	30 米	1/1500
3	170 米	30 米	1/1700
4	190 米	30 米	1/1900
5	220 米	30 米	1/2200

3.2 现场实施

（1）现场控制测量

现场控制测量采用布设地面测量标志，全野外测量地面测量标志点坐标的作业方法。按照现场摄影设计方案，在每一立体像对区域，布设 6 个地面测量标志点，点位均匀布设（3 行 2 列），并保证有 1 列点是下一立体像对的公共接边点。标志点白布做底，用黑色绘制十字粗线，标志点大小为 30 厘米×30 厘米。按摄影要求，需要布设 18 个标志点，但考虑到有些区域地物遮挡，为了保证有冗余，全区域共布设测量标志点 23 个。

标志点的点位坐标测量采用前方交会的测量方法，在三个已知坐标的测站，用全站仪分别对测量标志点进行角度和距离测量，然后通过平差计算各标志点点位的三维坐标，点位测量精度达到 10 厘米。为便于西山立面图与保护区地形图建立关系，控制测量的坐标系统采用与地形图测绘同一坐标系统。

（2）现场摄影

利用 UMK100/1318 地面摄影经纬仪，按照预设的摄站位置，对西山进行地面摄影。UMK100/1318 相机焦距为 100 毫米，像幅大小为 18 厘米×13 厘米，可用胶片或感光玻璃干版作为感光材料。在摄影时，为了确保两张照片投影光线基本保持平行，利用 UMK100/1318 的经纬仪对摄站作准确的标定。

3.3　投影面设计

由于西山的走向不是一条直线，而是不规则的曲线，如果按照一条直线来拟合，即将西山立面投影到一个投影面中，测量的立面图变形将会很大，不便于应用。为了减少投影变形，测绘工程组会同项目组专家，经过研究，确定将西山立面按照五个投影面投影测绘。根据拟合计算，得到最优的投影面选择方案如表 2。投影面示意图如图 4。

表 2　投影面参数

投影面	坐标北夹角	轴点坐标	测绘范围
1	6°12′	34955，26557	从北桥头到潜溪洞北 20 米，长 190 米
2	2°	34946，26287	从潜溪洞北 20 米至龙泉，长 250 米
3	−6°	34962，26130	从龙泉至 581 号洞窟，长 198 米
4	13°30′	34901，25877	从 581 号洞窟至 1674 号洞窟，长 245 米
5	31°	34827，25753	从 1674 号洞窟至石窟南桥头，长 130 米

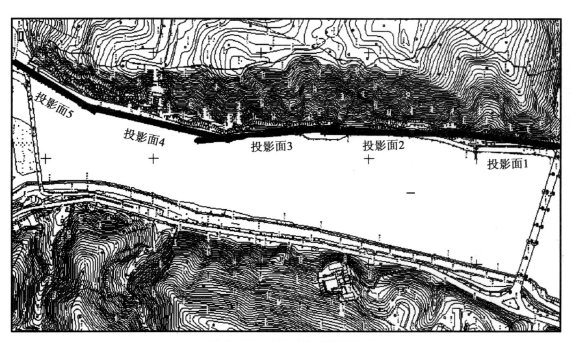

图 4　西山立面投影面设计图

3.4　内业实施

（1）相片扫描

地面摄影胶片在 DSW500 航空照片扫描仪上进行扫描数字化，扫描分辨率选择 12.5 μm，数字图像的地面分辨率为 2 厘米~3 厘米。

（2）西山立面坐标系建立

西山立面坐标系按投影面进行定义，每一投影面的轴点坐标为该投影面坐标系统的原点，投影面与水平面交线为坐标系统的 X 轴，铅垂于水平面的方向为坐标 Y 轴，垂直于投影面方向为 Z 轴。按照定义，分别为每一投影面建立了一个坐标系统，这五个投影面的坐标系统既相互独立，但互相间也有联系，同时，它们都与地形图的地面坐标系保持有严格的数学关系，可以进行互相转换。

（3）地面坐标系转换为西山立面坐标系

设地面坐标系中 P 点坐标为（X，Y，Z），对应的立面坐标为（X′，Y′，Z′），立面投影面与地面坐标系 Y 轴（坐标北）夹角为 κ，旋转轴点 o 为（X_0，Y_0）。如图 5 所示。

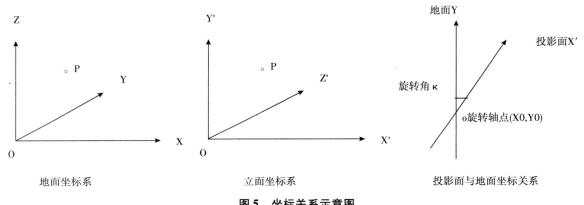

图 5　坐标关系示意图

通过如下步骤，可以将地面坐标系坐标转换为西山立面任意一指定的投影坐标系坐标。

步骤 1：将地面坐标平移到以旋转轴点坐标（X_0，Y_0）为原点的坐标（X″，Y″）：

X″ = X − X0

Y″ = Y − Y0

步骤 2：将平移坐标作旋转 κ 角变换：

X′ = X″cosκ − Y″sinκ + X_0

Y′ = X″sinκ + Y″cosκ + Y_0

步骤 3：考虑到习惯表示，将旋转变换后的（X′，Z′）作为平面坐标，Y′作为高程，得到立面投影坐标系坐标（X′，Z′，Y′）。同时，考虑到立面图中作为纵深方向的坐标值不宜过大且不宜出现负值，为每一投影面选择一常数 C，并将 Y′减去 C 作为纵深方向的坐标值。常数的选择如表 3 所示。

表 3 常数 C 值

立面	1	2	3	4	5
常数 C	26000	26000	26000	25800	25600

通过逆转换，可将西山立面投影坐标系坐标转换为地面坐标系坐标。

（4）控制点坐标换算

按照上述的转换步骤，将实地测量的控制点分别转换到 5 个投影坐标系统。得到各投影坐标系的控制点坐标。

（5）数字测图

数字测图工作在 JX－4 摄影测量工作站上进行，主要步骤包括：图像内定向、相对定向、绝对定向和立体测绘等步骤。

图像内定向是通过量测图像的四个测量框标，确定扫描图像的像坐标系统。经过精密量测，UMK100/1318 地面摄影像片的框标距是 Lx ＝155.750 毫米，Ly ＝109.530 毫米，这组数据是内定向的数学基础。

相对定向是通过测量（自动匹配相关）两幅图像的同名地物点，解算两幅图像间的相对方位元素，建立立体模型。立体模型准确建立的技术指标是相对定向点的上下视差残差值，严格控制在 1 个像素精度内。

绝对定向则是在立体模型中测量作为控制的标志点模型坐标，结合转换到投影坐标系的控制点坐标，建立立体模型与投影面的关系（即立体模型与实地的数学关系）。绝对定向的精度反映立体测图的精度，它由参加定向的控制点坐标误差所决定，本工程控制点坐标误差控制在 10 厘米以内，满足西山立面测图需要。

立体测绘，其作业方法基本上与利用航空图像测绘地形图相似。等值线测绘采用自动测绘的方法，先通过立体图像同名影像自动相关匹配，生成数字框架模型数据，再经过内插方法，生成等值线图。由于西山树木较多，自动生成的等值线图遇到有树木的区域可能会出现将树木当作地面的错误，所以，需要将自动生成的等值线图套合到立体模型中，通过人工立体交互编辑修改，最后形成西山立面的等值线图层成果。

除了绘制等值线图之外，在立面图上还需要表示山体断裂线、洞窟、山坡上的建筑物等。这些要素测绘，均采用人工立体交互采集方法，分要素采集。

由于部分区域遇到有树木或建筑物遮挡，无法在内业数字测图中测绘，在内业测绘完成后，采用实地测绘作补充。

西山立面数字图按照类别进行分层。设置有计曲线层、首曲线层、断裂线层 1（双线）、断裂线层 2（单线）、洞窟轮廓层、洞窟编号层、洞窟附属设施层、人工建筑物层、文字注记层等 9 个图层。

3.5 西山断面图测绘

按照项目的需要，根据西山立面的五个投影面，设计断面图位置，共设计测绘西山立面断面图 76 幅，具体描述如表 4：

表4　西山断面图一览表

组别	范围	位置	编号	数量
A组：	从北端按照20米一个断面	投影面1	10	10
		投影面2	11—23	13
		投影面3	24—33	10
		投影面4	34—45	12
		投影面5	46—53	8
B组：	三个试验洞窟断面	潜溪寺洞	54	1
		皇甫公洞	55	1
		路洞	56	1
C组：	三个试验洞窟周围要按照10米一个断面	潜溪寺洞周围	57—62	6
		皇甫公洞、路洞周围	63—76	14
合计	76			

其中A组，是按20米间距设计的53个断面。B组和C组是三个试验洞窟研究需要而设计的过洞窟中心线和10米间隔设计的23个断面。

断面图的测绘采用两种方法，A组和C组采用内业立体数字测绘方法，在全数字摄影测量工作站上，按照断面所在位置的Y坐标值，在保证Y不变的基础上，人工交互立体测绘断面线，形成断面图。B组采用全野外测绘方法，利用全站仪，按断面投影线采集点，形成断面图。

4. 试验洞窟近景摄影测量

项目计划进行保护研究的试验洞窟三个，它们是潜溪寺、皇甫公洞、路洞。测绘的目的是为石窟保护研究提供准确的洞窟三维数据。测量范围包括正立面、左立面、右立面、地面、顶部、门背等六个面的等值线全要素图，成图比例尺1：20，等值线间距3厘米。

根据技术指标，试验洞窟的测量在近景摄影测量中属于高精度测量领域。需要按高精度测量的方法设计测量方案。如图6所示，是试验洞窟近景摄影测量作业流程。

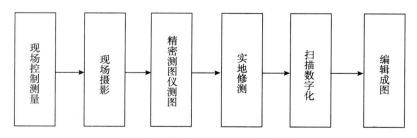

图6　洞窟近景摄影测量作业流程

相对于西山立面图测量基本作业流程，试验洞窟测量选择的是传统的精密测图仪测图的技术方案，同时，为了提高精度，在现场控制测量方案选择上也作了改进。

4.1 现场控制测量

现场控制测量，首先是坐标系的选择，在每个洞窟地面上选择两个特征点作为坐标系的一个轴，铅垂地面方向作为坐标系 Z 轴，建立洞窟测绘的统一局部坐标系。

在每个立面均匀布设 6 个精密型标志点，用全站仪对标志点进行四个测回的交会测量，取最接近的两个测回的值作为观测值，计算标志点的三维坐标。同时，在摄影时，在现场水平和垂直方向各布设两支标尺，作为附加的距离控制条件，为内业相片定向提供参考。

4.2 现场摄影

利用 UMK100/1318 地面摄影经纬仪，选用红外玻璃感光干版作为感光材料，干版作为片基的感光材料，能降低相片的伸缩变形，提高测量精度。摄影距离根据现场情况一般控制在 10 米以内，摄影基线选择 1 米~2 米，保证基线和摄影距离的比值较大，达到提高纵深测量精度的目的。摄影时摄影机严格调平，两摄站准确标定，保证两摄站摄影光线基本平行（角度控制在 1°内）。

4.3 精密立体测图

立体测图在精密测图仪（Topocart-D）上作业，在仪器上将现场摄影的立体像对（成像玻璃感光干版），直接安置到仪器的两个相片盘，并采用人工方法进行相片归心和定向。在绝对定向时，以标志点的外业测量坐标为基准，进行精密定向，确定模型比例尺和进行模型置平，以现场水平和垂直方向各布设两支标尺作为检核条件，通过改正调整，直至定向精度在 1 厘米以下为止。

精密测图仪属于光学机械类仪器，绘图工作全部由人工操作测图仪完成，此时，作业员是影响测绘成果的最主要因素，本工程的三个试验洞窟立面图立体测绘工作，由两位有 20 年以上测图经验的工程师完成，有效地确保了立面图的测绘质量。

在立体测绘时，测绘的内容包括：等值线、造像内外轮廓线、断裂线等。

从精密测图仪测绘的图件，绘制在薄膜载体上，由于近景摄影测量不可避免地存在着摄影死角，需要到实地进行补绘修测。

4.4 数字化与编辑

将绘制在薄膜载体上图件在扫描仪上扫描，然后利用自动矢量化软件进行自动矢量化，并在 Microstation 编辑平台，对矢量图进行编辑，分层，配置编码等作业，形成标准的数字图。

试验洞窟立面全要素图分为：计曲线层、首曲线层、外轮廓层、内轮廓层、断裂线层 1（双线）、断裂线层 2（单线）、注记层等七个图层。

5. 测绘成果

联合国教科文组织资助项目"龙门石窟保护项目"，地形测绘和近景摄影测量成果，列表汇总如表 5 所示。

表 5　地形测绘和近景摄影测量成果汇总表

序号	成果名称	数量	成果描述	数字格式	示例
1	保护区 1∶2000 地形图	1 幅	实地范围：东西 3 公里，南北 4.4 公里 基本等高距：1 米	DWG	
2	保护区 1∶1000 地形图	1 幅	实地范围：东西 2 公里，南北 2 公里 基本等高距：1 米	DWG	
3	重点保护区 1∶500 地形图	1 幅	实地范围：东西 0.6 公里，南北 1.1 公里 基本等高距：1 米	DWG	图 7
4	保护区航空遥感影像图	1 幅	实地范围：东西 3 公里，南北 4.4 公里 分辨率：1 米、0.5 米、0.3 米	TIF	图 8
5	西山 1∶200 立面全要素图	5 幅	第 1 投影面：绕坐标北旋转 6°12′ 实地范围：从北桥头到潜溪洞北 20 米，长 190 米 基本等高距：0.05 米 第 2 投影面：绕坐标北旋转 2° 实地范围：从潜溪洞北 20 米至龙泉，长 250 米 基本等高距：0.05 米 第 3 投影面：绕坐标北旋转 −6° 实地范围：从龙泉至 581 号洞窟，长 198 米 基本等高距：0.05 米 第 4 投影面：绕坐标北旋转 13°30′ 实地范围：从 581 号洞窟至 1674 号洞窟，长 245 米 基本等高距：0.05 米 第 5 投影面：绕坐标北旋转 31° 实地范围：从 1674 号洞窟至石窟南桥头，长 130 米 基本等高距：0.05 米	DWG	图 9
6	西山 1∶200 断面图	76 幅	A 组：从北端开始，每 20 米一个断面共 53 幅 B 组：三个试验洞窟断面，共 3 幅 C 组：三个试验洞窟周围按照 10 米一个断面，共 20 幅	DWG	图 10
7	皇甫公洞 1∶20 立面全要素图	18	正、左、右、背、顶、地 基本等高距：0.03 米	DWG	
8	潜溪寺 1∶20 立面全要素图		正、左、右、背、顶、地 基本等高距：0.03 米	DWG	图 11
9	路洞 1∶20 立面全要素图		正、左、右、背、顶、地 基本等高距：0.03 米	DWG	

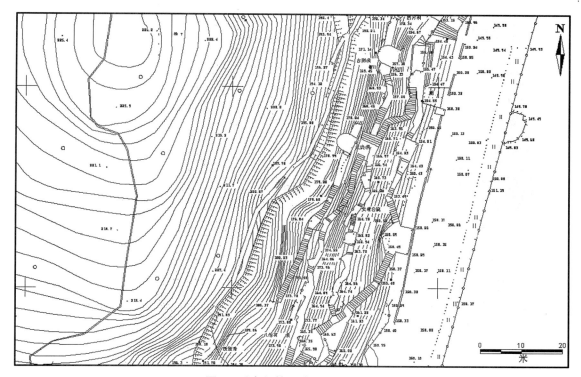

图 7　重点保护区地形图（局部）

图 8　保护区航空遥感影像图（局部）

图9　西山立面全要素图（第三投影面）局部

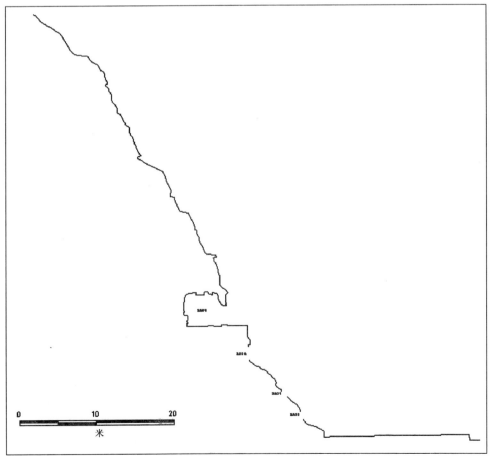

图10　西山立面断面图第 55 号（皇甫公洞）

图 11　试验洞窟立面全要素图（潜溪寺正面）

6. 结束语

作为联合国教科文组织资助项目"龙门石窟保护工程"子项目，地形测绘与近景摄影测量工程，是整个保护工程的基础工作。本工程的成果，全部应用于保护工程的各个研究领域，为"龙门石窟保护工程"的顺利进行奠定了基础。地形测绘与近景摄影测量工程特点主要表现在如下几点：

（1）采用内业测绘为主，实地测绘为辅的方法，解决文物保护测绘中文物专题要素的采集和表示问题。

（2）通过设计多种现场控制条件，改进摄影过程，优化近景摄影测量作业流程等技术手段，达到提高测量精度的目的。

（3）通过精密计算，精细设计，较好地解决多投影面问题，使测绘成果更能反映实际的情况。

龙门石窟赋存的地质环境研究

方 云　严绍军　贾洪彪　刘佑荣　（中国地质大学）

李随森　陈建平　（龙门石窟研究院）

韩玉玲　王献本　（洛阳市文物管理局）

前 言

龙门石窟位于河南省洛阳市城南 13 公里，石窟开凿在伊河两岸香山和龙门山的碳酸盐岩崖壁上。石窟保护区南北长约 1 公里，面积约 4 平方公里。龙门石窟始凿于北魏（公元 494 年），历经东魏、齐、北周、隋、唐和北宋，前后达 400 多年。龙门石窟开凿大小窟龛 2300 余个，佛塔 40 余座，碑刻题记 3600 余块，造像 10 万余尊。龙门石窟是世界闻名的中国三大石窟之一，丰富多彩的龙门石窟艺术，为研究中国的佛教历史和古代雕刻艺术提供了重要的实物资料。1961 年龙门石窟被国务院公布为第一批全国重点文物保护单位，1999 年被列入世界文化遗产目录。

1500 多年以来，龙门石窟除遭受人为破坏外，在自然营力作用下，产生了严重的环境地质病害。这些病害使石窟雕刻艺术品遭到了较严重的破坏。近 20 年由于环境质量的恶化，石窟的病害有所加剧。龙门石窟赋存于伊河两岸香山和龙门山的碳酸盐岩崖壁上，是地质体的一部分。龙门石窟产生的病害，与其赋存的地质环境密切相关。因此，对龙门石窟地质环境的研究，是保护工程设计的基础和前提。

为了加强对龙门石窟珍贵文化遗产的保护，经联合国教科文组织立项，选择龙门石窟西山区的潜溪寺洞、皇甫公窟和路洞，进行保护工程实验研究。本次地质环境调查研究的目的是为了使龙门石窟珍贵遗产长久保存和研究利用。具体任务是围绕潜溪寺洞、皇甫公窟和路洞三个实验窟进行详细调查，并对石窟保护区进行补充勘查。查明石窟区岩体结构特性和裂隙分布状况，地质病害的类型和机理，寻求防治病害的对策。为保护工程设计和文物考查研究提供科学依据及完整的档案资料。

本次地质环境调查研究主要是依据中日专家组提出的任务，以及中国的《岩土工程勘察规范》和有关的文物保护法规的要求进行的。项目组于 2002 年 5 月 28 日至 2004 年 8 月 24 日多次赴现场进行了地质测绘、现场测试和洞窟病害调查，采取岩、土、水样，分别送至中国地质大学和中国科学院地质与地球物理研究所进行了室内分析试验。4 个垂直钻孔由洛阳地质工程勘察设计院完成。

本文主要介绍龙门石窟西山 3 个实验洞窟赋存的地质环境。

第一章　石窟区地质环境

第一节　自然地理环境

洛阳地处中原，交通方便，民航、铁路、公路四通八达。洛阳是历史文化名城，旅游资源十分丰富。龙门石窟区属暖温带大陆性季风气候，冬季寒冷，少雨雪，春季干旱风大，夏季炎热多雨，秋季多晴。

据龙门石窟研究院对 2003~2004 年龙门石窟西山的气象资料的统计结果，龙门石窟区年总降雨量为 1060.5 毫米，多集中在 6~10 五个月，占全年降水量 90%，而 12、1、2 三个月降水量仅占全年降水量的 2.74%。除部分沿地表排泄外，大气降水通过第四系覆盖层或直接垂直入渗，进入岩体内形成包气带水，是造成洞窟渗水、岩溶病害的主要因素。

年平均气温 15.3℃，冬季 1 月最冷，平均气温 1.91℃，夏季 7 月最热，平均气温 25.89℃，平均温差 23.98℃。年最高气温 38.09℃（2003.7.27），最低气温 -7.36℃（2004.1.25），气温变幅达 45.45℃。

受降雨因素影响，空气湿度在雨水充足的月份相对较高，特别是 2003 年 8 月份，平均湿度达到 90.56%，全年平均相对湿度为 66.78%。

多年平均蒸发量 1829.7 毫米，年最大蒸发量 1988.6 毫米，最小蒸发量 1296.7 毫米。

最大冻土深度 0.21 米，年平均冻结历时 73 天。

全年春夏秋季盛行南风，冬季盛行北风，最大风速 19 米/秒。

伊河发源于栾川县西部伏牛山区，自南向北流经石窟区，龙门山以上流域面积 125318 平方公里。石窟区内伊水河床纵坡降约 1/200，河谷宽 150~300 米。据龙门水文站资料：伊河最大洪峰流量 7180 立方米/秒（1937 年），最小流量仅 0.02 立方米/秒，历年最大洪水位 154.50 米（1982 年）。

在龙门石窟北边伊河下游采用橡皮坝拦筑人工湖，1991 年修筑了第一级橡皮坝，2001 年修筑了第二级橡皮坝，使河水位抬升，常年库水位达到 149.0 米。改变了石窟区的小气候。

西山高程 150 米~200 米的陡崖区为基岩裸露区，仅在岩石缝中零星出露一些野生臭椿、苦楝和合欢树，或在岩石表面生长青苔、蕨类等低等植物。这些植被的生长对石雕立壁岩体有不利的影响。高程 200 米~220 米的斜坡区为基岩半裸露区，主要生长一些酸枣、荆条、连翘等野生灌木。高程 220 米以上直至山顶为植被覆盖区，大面积生长侧柏林，近年来又栽植了大片的油松及少量的五角枫等阔叶树。

植物分泌的腐殖酸，随同雨水下渗，进入石窟内，会加速石雕艺术品的溶蚀病害。对石窟保护不利。

第二节　地形地貌

石窟区地貌上处于伏牛山、嵩山山前地带，属构造剥蚀低山丘陵地貌，龙门山和伊河河谷是区内的主要地貌单元。龙门山走向近东西，该山体被伊水横切，形成了深切峡谷，形如"门阙"，龙门因此得名，又称伊阙，故石窟区又分东山和西山。

龙门石窟区总的地势是东西两侧山地高，中间伊水河谷低。山地高程一般 240~300 米左右，相对高差 100~150 米，区内至高点龙门山的高程为 303.6 米，位于龙门石窟区东山；西山至高点的高程为 263.8

米，位于西山公园的山顶。伊河是区内最低侵蚀基准面，总体流向北。现代河床呈"U"型，高程 145～150 米。石窟区范围内最底处位于铁路桥下的河床，高程 145.3 米（图1）。

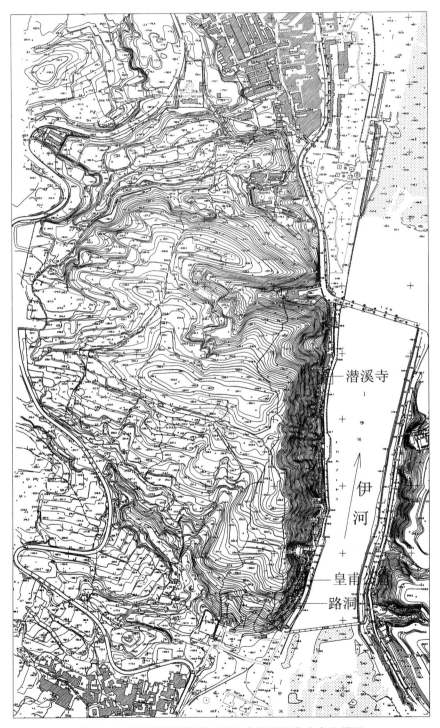

图1 龙门石窟保护修复工程 3 个试验洞窟分布位置图

Fig. 1 Distribution of the three test caves

龙门石窟西山以张沟西南山包、胡家嘴以西山包、后沟东山包、田山南山包一线为地表分水岭，分水岭距西山石窟立壁约3000米。地表水沿斜坡表面向四周排泄进入冲沟，通过冲沟汇入伊河（图2）。

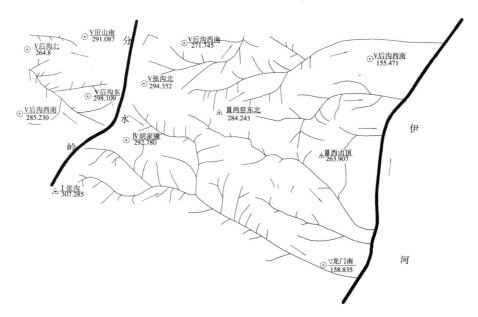

图2　西山水系分布图

Fig. 2　Hydrographic net of theWest Mountain

伊河河谷内发育有3级阶地，Ⅰ级阶地高程149～159米，为堆积阶地，成片分布，宽度200～1000米不等；Ⅱ级阶地高程170～180米，多为基座阶地，宽度约10～30米，表层多为砂砾卵石层；Ⅲ级阶地190～230米，表层以含泥砾卵石为主。

西山为龙门石窟主风景区所在地。西山石窟区地形陡峻，地形坡度一般约40～70°，局部在70°以上，为斜交坡，坡顶高程为230～260米，坡高约80～100米。在西山的南段形成高大的陡壁，崖壁的最大高差达50米，在该段的崖壁上集中雕凿了奉先寺、古阳洞、万佛洞等大量的石窟。西山的中段地势较缓，未形成大的陡壁，石窟分布较少。北段陡壁高差约20米，分布了摩崖三佛、宾阳三洞、潜溪寺等大型石窟。

西山区内较大的冲沟有煤窑沟、西沟、后沟等。煤窑沟位于西山石窟区北端，西沟和后沟位于西山石窟区南端。以上冲沟切割深度一般20～50米左右，常年无水。

西山以陡崖斜坡上的山顶为地表分水岭，地表水沿斜坡表面向四周排泄进入冲沟，通过冲沟汇入伊河。

本次研究的3个实验洞窟均位于西山石窟区内。其中，潜溪寺位于西山石窟区北段，窟底高程为156.73米，其上部为坡度约40°的大斜坡，直至山顶，第四纪覆盖层极薄，一般不超过0.5米。皇甫公窟和路洞位于西山石窟区南段的陡崖中部，两窟相距约65米。皇甫公窟位置较高，窟底高程为164.70米，其上部坡度较陡，由约55°向上变为近直立，直至高程195米以上才变缓为约40°，山顶第四纪覆盖层厚1.5～4米。路洞的窟底高程为154.11米，其上部为约50°的中陡坡，山顶覆盖层的厚度较大，一般大于1米，局部（钻孔ZK4）可达5米以上。

第三节　地层岩性

石窟区出露的地层从老到新为寒武系、奥陶系、石炭系、二叠系及第四系。

一、寒武系（∈）

出露全，厚度大，是组成石窟立壁岩体的主要地层。

寒武系下统（∈₁）西山仅在游览区南门附近局部出露毛庄组的地层。其岩性为浅黄色含白云母砂质页岩、泥灰岩互层，夹豆状灰岩，厚度125米。

寒武系中统（∈₂）分布于石窟中南部，分徐庄组和张夏组。徐庄组厚度54.6米，主要岩性组合为中厚层－厚层泥质条带灰岩，泥晶结构，薄层强白云石化含鲕粒微晶灰岩夹生物碎屑灰岩和泥质角砾状灰岩和薄层条带状粉晶～中晶白云岩与白云石化鲕状灰岩互层。张夏组厚度111.7米，主要岩性组合为中厚层、厚层白云石化灰岩夹薄层含鲕粒灰岩和厚层、巨厚层强白云石化细晶～粗晶粒屑灰岩夹薄层灰岩、生物碎屑灰岩。鲕粒结构，岩性坚硬、致密。

寒武系上统（∈₃）分布于石窟区中北部，分为崮山组、长山组和凤山组。崮山组厚度60.1米，主要岩性组合为厚层、中厚层残余鲕粒白云岩和中厚层白云岩夹薄层灰岩、含鲕粒。长山组厚度25.2米，主要岩性组合为厚层夹薄层微－细晶白云岩和薄层夹中厚层含残余鲕粒白云岩。凤山组厚度129.7米，主要岩性组合为厚层、巨厚层极细－中晶白云岩夹薄层灰岩，岩性坚硬、致密。在西山石窟区，固山组和长山组分布的范围内地形较缓，没有高大的陡崖，石窟甚少。凤山组分布于石窟区北部。

二、奥陶系下统（O₁）

厚约10米左右，岩性为厚层细晶白云岩，细晶等粒结构。在西山分布于石窟区北部龙门石窟研究院所在冲沟内。

三、石炭系中上统（C₂₊₃）

厚度46m，岩性为黑色灰岩、砂质页岩，底部为铝土页岩，含煤。在西山分布于龙门石窟研究院北部山坡。

四、二叠系（P）

岩性为浅黄色长石石英砂、页岩，含煤，未见顶。在西山分布于龙门矿医院至龙门矿区陵园一带。

路洞位于徐庄组薄层条带含鲕粒泥晶灰岩中，窟壁的薄层灰岩体中层面裂隙比较发育。皇甫公窟位于张夏组中厚层夹薄层灰岩中，窟壁的中厚层岩体中夹有2层层面裂隙密集带。潜溪寺位于凤山组巨厚层白云岩中，层面裂隙不发育，岩体完整性好，坚硬致密。

五、第四系（Q）

区内第四系分布广，成因复杂，见有冲积、坡积、残积、洪积等不同成因的堆积物。厚度不等，一般为1～10米，区域上最厚可大于20米。

中更新统（Q₂）分冲洪积和残坡积二种成因。洪积物岩性为砂卵石，含泥砂卵石，成分复杂，具风化蚀变现象，组成Ⅲ级台地，高程为190～230米。残坡积物，岩性为褐黄色含碎块石黄土状粉质黏土，广泛分布于200～210米高程以上，组成黄土丘、垛等地形。

上更新统（Q₃）残坡积物，分布于170～210米高程处的斜坡上，岩性为浅黄色含碎块石黄土状粉质黏土。

全新统（Q₄），分冲积和坡洪积 2 种成因。冲积物分布于伊河一级阶地及河漫滩，高程为 149～159 米。岩性上部为粉质黏土、粉质砂土，下部为砂砾卵石层。坡洪积分布于较大的冲沟及 170 米高程以下斜坡上。岩性为含泥碎块石粉质黏土。

为查明西山顶部第四纪覆盖层的厚度，沿西山石窟区院墙内外各布置一排洛阳铲钻孔，共 30 个。钻探结果表明，北部潜溪寺崖顶覆盖层极薄，一般不超过 0.5 米，往南逐渐加厚，至皇甫公窟崖顶第四纪覆盖层厚度一般为 1～2 米，局部达 4 米左右，至路洞崖顶覆盖层厚度一般为 2～3 米，局部达 6 米左右。

第四节　地质构造

区域构造上石窟区位于龙门山－香山断块内（图 3）。该断块四周被宜阳断裂、草店断裂、邰庄断裂和龙门桥断裂所切割。自新生代中更新世以来，该断块一直处于整体抬升，遭受剥蚀和侵蚀卸荷作用阶段，伊水纵贯其间，形成深切峡谷，龙门石窟就开凿于峡谷两岸寒武系灰岩、白云岩形成的崖壁上。

石窟区的地质构造整体为一倾向 NNW 的单斜构造，岩层倾向 340～10°，倾角 20～30°，岩层内无褶皱发育，主要构造形迹为断层和裂隙等。

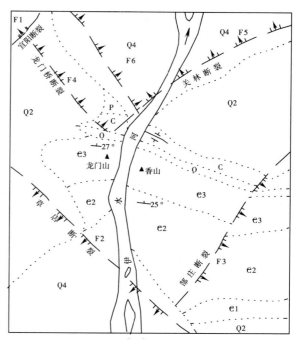

图 3　龙门石窟区域地质图
Fig. 3　Areal map of Longmen grottoes

除上述断块边缘断裂外，在断块内还发现有 8 条规模较小的断层，其主要特征见表 1。

表 1　石窟区断层一览表
Table 1　Characteristics of faults in the grottoes area

编号	产状	长度	主要特征
F₁	NW305∠70°	2 公里	为龙门桥断裂在区内出露部分，断层带宽约 4～6 米，带内岩层破碎，产状混乱
F₂	NE80∠74°	约 20 米	见于煤炭沟 C₂₊₃ 地层内，断层规模小
F₃	NE 55∠60°	约 10 米	见于潜溪寺北侧，破碎带宽约 0.1～0.3 米，断面不平，见角砾岩
F₄	NE 85∠65°	约 40 米	见于摩崖三窟南，断层面波状起伏，破碎带宽 0.1～0.2 米，断层泥、角砾岩发育
F₅	NW 300∠80°	200 米	为草店断裂的次级断层，破碎带宽 3～5 米，带内岩层破碎，产状混乱。
F₆	NW 340∠75°	约 30 米	见于白园 C₂₊₃ 地层，破碎带宽约 0.1～0.3 米，岩层产状混乱。
F₇	NE 10∠76°	约 15 米	见于东山伊水南桥头公路旁 ∈₁mz 地层中，地层错断
F₈	NE 25∠75°	约 20 米	见于洛阳轴承厂疗养院南 ∈₁m 地层中，地层错断

本次研究在三个实验洞窟左右 15 米，上下各 10 米的范围内进行了裂隙调查和结构面实测统计。结果表明，三个实验洞窟的立壁岩体中普遍发育有 3~5 组（按倾向分）裂隙面。其中一组为层面裂隙；一组为卸荷裂隙，产状与立壁面近平行；其他为构造裂隙。这些裂隙以层面裂隙和走向近 EW 与近 SN 的 2 组构造裂隙最为发育，控制着岩体的结构特征及渗透性。各组裂隙中以层面裂隙发育最好。立壁岩体结构以层状结构和层状块裂结构为主。

对西山石窟区南部 4 个钻孔内岩芯中的裂隙从上至下进行了编号统计分析。统计结果表明：龙门西山南部岩体中层面裂隙较为发育且分布不均。在厚层灰岩中，层面裂隙密度较小，一般不超过 1 条/米，最小密度为 0.2 条/米。而在薄层灰岩夹层中，层面裂隙密度可高达 2.6 条/米以上，常形成层面裂隙密集带。由于卸荷作用，靠近陡崖处，层面裂隙的发育密度增大。构造裂隙发育相对较弱，一般不超过 0.5 条/米。

一、三个实验洞窟的裂隙统计

潜溪寺位于龙门石窟的北端。洞窟位于凤山组第 1 段厚层、巨厚层极细、细晶白云岩中，岩性坚硬、致密。单层厚度一般为 80~180 厘米，岩体完整性好，洞窟中无层面裂隙密集带，岩层倾向 340°~10°，倾角 20°~30°。由调查结果可知：

1. 潜溪寺岩体中发育有 4 组裂隙，产状分别为：①层面裂隙，倾向 340°~10°，倾角 20°~30°；②2 组构造裂隙，1 组倾向 140°，另 1 组倾向 200°，倾角 50°~近直立。③卸荷裂隙，倾向 60°~80°左右，倾角 50°左右。

2. 层面裂隙延伸规模较大。受风化溶蚀作用的影响，沿层面裂隙形成风化凹槽，凹槽深约 1~2 厘米左右，张开 2~3 厘米。沿裂隙发育溶槽和溶孔。在潜溪寺北侧 4.9 米处发育有一溶洞，溶洞洞径 0.8 米，纵深 0.55 米。部分层面裂隙用水泥修补。

3. 构造裂隙大多为张剪性裂隙，裂隙面平直紧闭，构造裂隙间距较大。部分构造裂隙受溶蚀作用影响，隙宽达 2~30 厘米，在窟顶部沿裂隙形成漏斗状溶蚀洞穴，其中有碎石土充填。在层面裂隙和构造裂隙的交汇处常有渗水现象。部分构造裂隙曾用水泥修补。

4. 除了层面裂隙和构造裂隙外，潜溪寺岩体中还发育有平行于崖面的卸荷裂隙。卸荷裂隙连通性好，隙宽较大，是洞窟渗水的主要通道。潜溪寺的卸荷裂隙主要发育在窟顶正上方。潜溪寺崖顶覆盖层，雨季沿卸荷裂隙大量渗水，卸荷裂隙的中下部密布青苔。

皇甫公窟是三个实验洞窟中，保存较好的洞窟。洞窟位于张夏组第一段中厚层白云石化灰岩夹薄层含鲕粒灰岩中。在中厚层灰岩体中夹有两层薄层状层面裂隙密集带，裂隙密集带的宽度为 40~100 厘米，层面裂隙间距为 5~6 厘米。岩体完整性较好，岩层倾向 340°~10°，倾角 20°~30°。由调查结果可知：

1. 皇甫公窟岩体内发育有 3 组裂隙，产状分别为：①层面裂隙，倾向 340°~10°，倾角 20°~30°。②构造裂隙，倾向 150°~210°，倾角 50°~直立。③卸荷裂隙，倾向 100°~170°，倾角 50°~近直立。

2. 区内层面裂隙发育，延伸规模较大。泥质条带与薄层灰岩相间，由于岩性不一，产生差异性溶蚀，形成许多沿层面发育的小溶蚀凹槽，溶蚀凹槽深约 1.5~2 厘米。岩石表面溶孔众多，沿层面岩石表面十分破碎。部分层面裂隙曾用水泥修补。

3. 由裂隙统计表可知：构造裂隙大多为张剪性裂隙，裂隙面平直紧闭。构造裂隙延伸规模大，多直达山顶。构造裂隙间距较大。构造裂隙切穿层面裂隙，在层面裂隙和构造裂隙的交汇处常有渗水现象。大的构造裂隙是远程补给水的主要通道。渗水受降雨的影响较大，降雨时有水渗出，雨停后不久，渗水消失。一般渗水的流量较小。皇甫公窟南侧上部的一条构造裂隙，岩溶发育强烈，裂隙宽度达30厘米，形成岩溶渗水通道，其中可见松散岩溶堆积物。部分构造裂隙曾用水泥修补。

4. 区域内还发育有平行与崖面的卸荷裂隙，倾角一般小于坡角，随地形起伏。由于皇甫公窟立壁岩体顶部的地形为陡崖，无汇水区。降雨后，大部分雨水以地表径流的形式排泄，仅有少量的雨水沿卸荷裂隙渗入。皇甫公窟下部发育有一组卸荷裂隙，隙宽较大，雨季渗水，部分卸荷裂隙曾用水泥修补。

路洞的层面裂隙和构造裂隙均较发育。沿构造裂隙发育多处溶洞。洞窟位于徐庄组第三段的薄层条带状粉晶～中晶白云岩与白云石化鲕状灰岩互层的地层内。岩层倾向345°左右，倾角24°左右。岩体完整性较差，在中厚层灰岩体中夹有3层薄层状层面裂隙密集带，裂隙密集带的宽度一般为50～120厘米，层面裂隙间距为1.2～1.5厘米。由调查结果可知：

1. 区域内发育3组裂隙，分别为层面裂隙、构造裂隙、卸荷裂隙。产状分别为：①层面裂隙，倾向340°～10°，倾角20°～30°。②构造裂隙，倾向180°～220°，倾角近直立。③卸荷裂隙，倾向116°～162°，倾角49°～76°。

2. 层面裂隙延伸规模较大，层面裂隙与构造裂隙相交，沿构造裂隙发育多处溶洞。路洞南侧下部有一较大型的溶洞，洞径达1.5米以上，洞口岩体受左右两侧构造裂隙以及上下层面裂隙切割，形成脱离体，最终失稳坠落。

3. 由裂隙统计表可知：构造裂隙大多平直紧闭。区域内有4条延伸很长的构造裂隙，贯通整个崖面，直达山顶。路洞的主要渗水点大都分布于构造裂隙附近，且表现为渗水时间短，水量不大的特点。

4. 区域内平行与崖面的卸荷裂隙较为发育，倾角随地形起伏，一般小于坡角。路洞顶部立壁岩体为地形较陡的斜坡，降雨后，大部分雨水以地表径流的形式很快消散，仅少量雨水沿卸荷裂隙渗入。在渗水卸荷裂隙面附件岩石发黑，丛生青苔。部分卸荷裂隙已用水泥修补。

二、卸荷裂隙的分布规律

卸荷裂隙是洞窟渗水的主要通道，岩溶堆积物多沿卸荷裂隙分布，当卸荷裂隙贯通洞窟时可能会造成雕刻品的破坏和洞窟失稳。为查明3个实验洞窟卸荷裂隙的分布状况和规律，本次研究分别在潜溪寺、皇甫公窟和路洞的两侧各布置2个水平钻孔，钻孔勘探深度为20米。其中3个孔的直径为75毫米，下倾15°，用作电视探头摄像和多点位移观测；另3个孔直径为50毫米，上倾15°，用作排水孔。

根据水平钻孔的岩芯编录，卸荷裂隙的产状与立壁面近平行，张开度大，与水平钻孔相切的角度较陡。

采用孔内电视摄像和岩芯鉴定的方法可以确定岩体内裂隙的分布位置、张开度和渗水情况。由综合分析结果可知，路洞附近岩体中裂隙密度为1.56条/米，其中卸荷裂隙的线分布密度为0.52条/米，岩体完整性较好。皇甫公窟附近岩体中裂隙密度为1.17条/米，其中卸荷裂隙的线分布密度为0.43条/米，岩体完整性好。潜溪寺ZK6钻孔受禹王池泉附近断层F3的影响，岩体比较破碎，裂隙密度偏高。

卸荷裂隙是控制洞窟渗水病害和岩溶病害的主要因素。其走向与边坡走向近似一致，倾向与坡向相同，倾角随坡面形态而略有变化。随着向岩体内部的延伸，卸荷裂隙的分布间距逐渐加大。

根据水平钻孔内电视摄像的成果，可以确定卸荷裂隙的分布位置及张开度情况。路洞附近 ZK2 钻孔中的 9 条卸荷裂隙发育在 0～16 米范围之内。在靠近崖壁面的 2 米范围内卸荷裂隙分布较密集，间距 0.5～0.7 米；2～10 米范围内间距 1.0～2.3 米；10～16 米范围内间距 2.2～4.7 米。皇甫公窟附近的 ZK4 孔中的 7 条卸荷裂隙发育在 0～15 米范围之内。在靠近崖壁面的 2 米范围内间距 0.4～0.8 米，2～10 米范围内间距 1.7～3.2 米，10～15 米范围内间距 4.9 米。潜溪寺附近 ZK6 孔中的 7 条卸荷裂隙发育在 0～15 米范围之内。在靠近崖壁面的 2 米范围内间距 0.4～0.8 米，2～10 米范围内间距 1.8～2.5 米，10～15 米范围内间距 4.1 米。

洞窟立壁岩体中卸荷裂隙的存在与裂隙切割掉块、渗水、溶蚀等环境地质病害密切相关。

第五节　物理地质现象

1. 岩溶

区内寒武系地层以灰岩、白云岩为主，岩石主要矿物成分方解石和白云石的含量在 85% 以上。这类岩层溶蚀性好，比溶解度为 0.36～1.08，比溶蚀度为 0.32～1.37，在雨水及地下水的长期作用下，岩溶非常发育，岩溶形态主要有溶洞、溶蚀裂隙、溶沟、溶槽、石芽等。

据野外调查及钻探资料，岩溶现象在中、上寒武系张夏组至凤山组灰岩、白云岩中最为发育。此外，在奥陶系及石炭系的白云岩、灰岩中也有小型岩溶发育。

石窟区内的各类灰岩、白云岩中发育有三层水平溶洞，其分布高程分别为：149～152 米，170～175 米和 190～210 米。149～152 米溶洞高程，相当于伊河 I 级阶地高程（149～159 米），应为全新世时期形成的水平溶洞，如老龙洞及石窟立壁脚下的一系列溶洞。目前伊河两岸泉水出露高程也大致与此层水平溶洞高程相当。170～175 米溶洞，相当于伊河 II 级阶地的高程（170～180 米），为上更新世时期形成的溶洞，如石牛溪顶部的溶洞及古阳洞、火烧洞、宾阳北洞中的溶洞等。190～210 米溶洞，相当于 III 级阶地砂卵石层底部的高程（190～230 米），应形成于中更新世时期，如奉先寺顶部的溶洞等（图 4）。因此，可以推断，龙门山自中更新世开始抬升，在抬升过程中经历三次间歇，形成了三层水平溶洞，而目前正

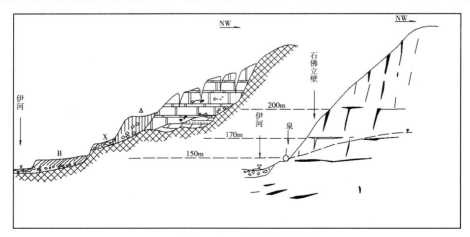

图 4　龙门石窟区溶洞与阶地对比图

Fig. 4　Contrast between Karst caves and terrace

处于第三次间歇期间。在最下层溶洞即泉水出露高程以上的岩体（也就是石窟所在的岩体）中，地下水的渗流形式以垂直下渗为主，其溶蚀也是以垂直溶蚀为主，雨水沿构造裂隙和层面裂隙下渗，溶蚀裂隙两侧的岩石，加大加宽了已有溶洞、溶沟、溶槽等，破坏洞窟和雕刻艺术品，同时在洞壁和雕刻品表面形成沉淀物，覆盖和破坏洞壁及雕刻品。

本次钻探揭露了岩体内部岩溶的发育规律。总的来说岩体深部的岩溶不甚发育，钻孔仅零星揭露了一些小的溶洞和溶孔，最大钻孔垂直洞径小于 1.5 米。钻孔内揭露的溶洞均被后期的含砂砾石粉质黏土充填，表明这些溶洞与地表落水洞相连。溶洞的透水性受到了一定的限制。

岩溶发育除与岩性及地下水溶蚀能力及其水的循环交替条件密切相关外，还受地形及岩体中裂隙、断层发育特征和区域水文地质条件控制。本次钻探的结果表明，石窟区溶洞的发育受地层条件控制较为明显，主要与地层的岩性组合有关。

据前期钻探资料，区内岩溶发育深度约为 100 米左右。

2. 物理风化

在自然营力作用下，区内岩体和雕刻品均已遭受了不同程度的物理风化。影响岩石物理风化的主要因素是气温变化、湿度、降雨、渗水及地形和岩性等。由于构成石窟立壁的岩石成分单一，结构致密，加上地形等因素影响，龙门石窟岩石主要以岩溶作用的化学风化和物理风化为主。

区域上的物理风化作用，在东、西山岩体顶部普遍形成了风化带。据本次地面调查及钻探资料：石窟区岩体强风化带厚约 0.2 ~ 0.5 米，弱风化带厚约 1.5 ~ 2.5 米，微风化带及卸荷松动带厚约 8 ~ 15 米。

3. 采矿活动的危害

在距石窟中心 5 公里范围内分布有中小型水泥厂及石灰厂，加上煤矿开采等，区内爆破采石活动频繁，破坏了岩体的完整性，加速了岩体破坏，进而影响石窟立壁的稳定性。

这一现象现在已得到了很好的控制。

石窟及邻近地区天然地震不发育，据国家地震局武汉地震大队（1977 年）资料：洛阳地区的地震烈度为Ⅵ度，因此，天然地震不会对石窟安全造成危害。

表 2　石窟区岩土体渗透指标表

Table 2　Permeability indexes of rocks and soils

编号	地层岩性	渗透系数（厘米/秒）	渗透性分级	试验方法
1	Q_3^{el+dl} 含碎石粉质粘土	$2.59 \times 10^{-2} \sim 2.9 \times 10^{-3}$	强透水性	地表试坑渗水试验
2	Q_2^{el+dl} 含碎石粉质粘土	1.3×10^{-3}	中等透水性	地表试坑渗水试验
3	Q_2^{el+dl} 粉质粘土	$3.13 \times 10^{-5} \sim 6.37 \times 10^{-5}$	弱透水性	室内渗透试验
4	Q_3^{el+dl} 粉质粘土	$1.16 \times 10^{-4} \sim 7.67 \times 10^{-5}$	弱透水性	室内渗透试验
5	$\in_{2x}^3$ 灰岩	1.35×10^{-4}	中偏弱透水性	钻孔注水试验
6	$\in_{2x}^2$ 灰岩	$1.44 \times 10^{-3} \sim 9.12 \times 10^{-5}$	中 ~ 弱透水性	钻孔注水试验
7	$\in_{2x}^1$ 灰岩	$6.5 \times 10^{-3} \sim 2.08 \times 10^{-4}$	强 ~ 中等透水性	钻孔注水试验
8	$\in_{2x}^2$ 灰岩	$8.28 \times 10^{-3} \sim 1.67 \times 10^{-6}$	中 ~ 弱透水性	钻孔注水试验

第六节　水文地质条件

一、岩土体渗透性

石窟区岩土体的渗透性受岩性、地质结构影响较大。为查明石窟区岩土体的渗透性，本次研究在西山顶部 Q_2 和 Q_3 覆盖层中布置了 4 处试坑渗水试验。洛阳地质工程勘察设计院在西山南部山顶的 ZK2 和 ZK4 钻孔中分段进行了注水试验。此外，本次研究还采取 Q_2 和 Q_3 的原状土样进行了室内渗透试验。综合上述试验成果，表 2 给出了区内主要岩土层的渗透系数。

中、上寒武系为较纯的灰岩、白云岩，岩石致密，本身不透水。地下水主要通过岩体中发育的溶洞和裂隙构成的渗水网络运移，因此岩体渗透性受岩溶及裂隙的发育情况影响较大。渗透系数大者达 8.28×10^{-3} 厘米/秒，为强透水性岩层；小者为 9.12×10^{-5} 厘米/秒，为弱透水性岩层。

第四系分布广，成因复杂，计有冲积、坡积、残积和洪积层等。渗透性以全新统砂卵石层最好，主要分布于伊河河谷漫滩与 Ⅰ 级阶地上，更新统残坡积层以含碎块石粉质粘土为主，渗透系数 $2.59 \times 10^{-2} \sim 1.3 \times 10^{-3}$ 厘米/秒，为强～中等透水性土层。该土层广泛分布于西山顶部。由于其渗透性较好，有利于地表雨水的垂直下渗。

二叠系以砂岩和页岩为主，岩体裂隙除表层较发育外，裂隙整体不太发育，透水性弱。石炭系岩性以砂质页岩、黑色炭质灰岩为主，透水性较弱。除灰岩外，石炭系和二叠系的地层可视为区内上部相对隔水层。

奥陶系以白云岩为主，厚度薄、岩溶裂隙较发育，透水性较好。

寒武系中、上统广泛分布于石窟区内，构成石窟区立壁岩层的主体，岩性以灰岩、白云岩为主，岩体中岩溶发育，为区内岩溶裂隙水的主要透水含水层。

底部寒武系下统的馒头组紫红色页岩及毛庄组泥灰岩和砂质页岩，透水性弱，构成区内下部的相对隔水层。

二、泉水及其成因分析

据地面调查，石窟区东西山立壁脚下共出露较大的泉水 10 眼，西山较为集中，共 8 眼。泉水总流量据 1992 年资料约为 70 L/s。这些泉水具有如下特征：①泉水出露地层为中、上寒武系碳酸盐岩地层，该地层是本区良好的岩溶含水层。②泉水多具有局部承压性质。③泉水温度为 24～25℃，高于当地平均气温（14.7℃），且比较稳定。④泉水流量较稳定，受季节影响小。⑤泉水出露高程为 150～152.5 米左右，高出伊河水 2～3 米。

由以上资料分析可知：

1. 石窟区泉水是受区域含水层补给，该含水层即为寒武系和奥陶系碳酸盐岩地层组成的岩溶含水层。其上部的石炭和二叠系煤系地层，其下部的寒武系下统以泥页岩为主的碎屑岩地层，均为较稳定的隔水层。伊河在龙门山处深切此岩溶含水层，成为岩溶水的集中排泄区。

2. 泉水补给源较远，也就是说石窟区泉水的补给并非仅局限于区内东、西山小范围之降水补给，其补给区应包括由东、西山向两侧延伸的大面积区域。这是造成区内泉水流量和水温稳定且水温高于当地平均气温的主要原因。

3. 除部分沿地表排泄以外，大气降水通过第四系覆盖层或直接垂直入渗，进入岩体内形成包气带水。

性为主，质纯，对岩溶有利。

龙门石窟岩体的微观结构和组成矿物成分扫描电镜分析结果表明：

1. 灰岩样品主要由方解石、白云石、石英和长石组成，个别样品中含充填在粒间孔隙中的次生方解石晶体。据方解石和白云石的含量，徐庄组和张夏组的灰岩应定名为白云质石灰岩或含白云质灰岩。其微观结构为粒屑结构和团粒结构，碎屑颗粒和团粒由中粗晶（颗粒一般大于 $80\mu m$）方解石、石英和长石组成，胶结物由亮晶（一般大于 $5\mu m$）方解石组成。白云岩化强烈，白云石可能为交代成因。白云石颗粒为 $2\sim5\mu m$，白云石充填粒间和孔隙，阻塞孔隙。孔隙由粒间孔、晶间孔、溶蚀孔、成岩缝和构造缝组成，孔隙度为 $2\sim20\%$，其中溶蚀孔大小不一，$1\sim20\mu m$ 的溶蚀孔占孔隙的 $30\sim60\%$。

2. 白云岩样品主要由白云石、方解石、石英、长石和文石组成，据方解石和白云石的含量该岩石为含灰质白云岩或灰质白云岩。粒屑结构，碎屑颗粒由中粗晶（颗粒一般大于 $80\mu m$）方解石、石英和长石组成，胶结物由白云石（$2\sim5\mu m$）、方解石（一般大于 $5\mu m$）组成。孔隙由粒间孔、晶间孔、溶蚀孔、成岩缝和构造缝组成，孔隙度为 $3\sim20\%$，其中溶蚀孔大小不一，$2\sim10\mu m$，占孔隙的 $30\sim40\%$。

二、淀积物的物质组成

表5给出了淀积物的化学成分测试成果。由表可知，洞窟内淀积物的化学成分以 CaO 为主，达 $45.45\sim51.47\%$，烧失量为 $38.77\sim42.34\%$，SiO_2 含量仅为 $2.81\sim6.30\%$。路洞内有的淀积物（L-2、L-3）中泥质含量较高，SiO_2 含量达 $18.21\sim32.91\%$，烧失量为 $26.90\sim27.75\%$，而 CaO 含量却低了一半，仅 $23.74\sim29.77\%$。

根据中国科学院地质与地球物理研究所完成的淀积物化学成分分析结果表明：

1. 一般淀积物的泥质中蒙脱石的含量远小于伊利石含量。

2. 路洞顶部烟熏的黑色淀积物中富含有机质（11.4%）和石膏（35.56%），并含有蒙脱石（14.40%）、伊利石（6.14%）等黏土矿物。

3. 烧失量大的主要原因是方解石（$CaCO_3$）在加热至950℃时失去全部的 CO_2，而石膏（$CaSO_4\cdot2H_2O$）不仅失去全部的结晶水，而且失去全部的 SO_3。

4. 样品中的 SiO_2、Al_2O_3、K_2O 和 MgO 是淀积物中泥质的主要化学成分。

5. Fe_2O_3 和 FeO 是泥质的组成部分，Fe_2O_3 含量的高低及其与 FeO 的比值可以反映淀积物形成时的氧化环境。

6. 根据 $\sum SiO_2+Al_2O_3+Fe_2O_3+FeO+K_2O+MgO+TiO_2+MnO+$ 有机质，可以近似计算样品的泥质含量为 $14.3\sim51.7\%$，平均值为 33.28%。

根据中国科学院地质与地球物理研究所采用化学法完成的单矿物测定分析结果表明：

1. $CaCO_3$ 含量变化很大，淀积物的外壳 $CaCO_3$ 含量普遍高于其下的土黄色淀积物，最高可达 79.64%。路洞顶部烟熏的黑色淀积物中 $CaCO_3$ 含量最低，仅 12.31%。

2. 淀积物中普遍含有石膏。路洞顶部烟熏的黑色淀积物中石膏含量高达 35.56%。

3. 淀积物的类型为钙质与泥质、化学与胶体沉积的复合型淀积物。

4. 酸不溶物含量为 $11.18\sim47.79\%$，平均值 26.73%。

由表10的 X 衍射物相分析成果可知：

1. 淀积物硬壳中以方解石成分为主。

2. 淀积物中的泥质含量普遍高于岩石。

3. 个别淀积物样品中石膏含量高达 25%。

中国科学院地质与地球物理研究所对 10 个淀积物样品进行 X 衍射矿物成分分析的结果表明：淀积物的矿物成分以方解石为主，但明显伴生石英、伊利石、高岭石、蒙脱石等黏土矿物，可能还有文石。淀积物内部的土黄色部分黏土矿物含量明显高于外壳。

洞窟淀积物的微观结构和组成矿物成分扫描电镜分析结果表明：淀积物的成分以方解石为主，其他成分有白云石、石英和长石，个别样品中白云石含量较高，见石膏和少量黏土团块。粒状结构，颗粒由中粗晶（颗粒一般大于 80μm）方解石组成，胶结物由亮晶（一般大于 5μm）方解石组成。白云石颗粒为 2~5μm。有的样品中微生物含量较高，约占 20%，形成微生物骨架结构。结构松散，微孔隙发育。孔隙由粒间孔、晶间孔、溶蚀孔和构造缝组成，孔隙度约 15~45%，其中溶蚀孔占孔隙的 20~50%。大小不一，一般为 2~80μm，最大可达 300μm。

中国科学院地质与地球物理研究所对路洞和皇甫公窟的 6 个淀积物样品进行扫描电镜分析，结果表明：

1. 土黄色板状淀积物主要为直径 20~30μm 的方解石晶体，其中混杂有 <3μm 的钙质和泥质。有些溶孔和淀积物中分布有板状石膏聚集体。

2. 皇甫公窟近门南侧后壁佛脚之上的瘤状淀积物外壳主要为似层状展布的结晶良好的板状石膏聚集体，伴生少量细粒状方解石。

3. 皇甫公窟近门南侧后壁佛脚之下的淀积物为粗细不等的方解石颗粒所组成。在粒间充填物中可见细分散的黏土矿物和石膏。

4. 路洞顶部起伏不平的烟熏黑色淀积物厚 1~4 毫米，为微粒状、微片状不规则石膏聚集体。黑色淀积物之下的灰岩风化表面，分布有燕尾状石膏聚集体。

5. 路洞泥灰岩风化表面，普遍分布有微粒状和细小板片状石膏。

本次研究采用日本 TC—7000H 激光热常数测试仪测定了龙门石窟区灰岩和白云岩的热传导率。该仪器采用激光闪烁加热原片样品的一面，可直接测试样品的热扩散系数和比热，并在样品的另一面检测到温度响应曲线。岩石能够将热量由一面传递至另一面或由某一部位传递至另一部位的性质称为导热性。岩石的导热性用热传导率 λ 表示，其在固体材料中的物理意义为单位厚度的材料，当两侧热力学温度差为 1K（开尔文）时在单位时间内通过单位面积的热量，单位为 W/m·K。热传导率 λ 值越小，表示材料的绝热性能越好。热传导率的大小与岩石的化学成分、结构状态、自然密度、密实度孔隙率等有关。

热传导率 $$\lambda = \alpha \times C_p \times \rho$$

式中：α——热扩散系数（cm^2/sec），

C_p——比热，

ρ——材料密度。

采用德国 DIL—402 热膨胀仪测定了石窟区灰岩和白云岩的热膨胀系数，测试了岩石在升温过程中的线性应变。样品尺寸为 20~25mm×8mm×5~6mm 的长方体。进行了 20℃~100℃升温测试。由于温度的变化对材料的体积或长度会产生膨胀或收缩，其比率若以两点之间的距离计算，称为线膨胀率。线膨胀率是表示温度上升或下降1℃所引起的长度增长或收缩与其0℃时的长度之比值。若以材料的体积变化计算，称为体积膨胀系数。

表8为热膨胀系数和热传导率的试验成果。图8和图9分别为灰岩和白云岩的线膨胀率随温度的变化曲线图。

表8 岩石热性能试验成果表

Table 8 Results of thermal properties of rock

材料	三个温度下的线膨胀率（%）			三个温度下的热膨胀率系数（1/k）			热传导率（W/m·k）
	50	70	90	50	70	90	
灰岩	0.018	0.03	0.046	4E－06	4E－06	5E－06	4.54
白云岩	0.024	0.044	0.07	4.8E－06	6.3E－06	7.8E－06	10.9

注：线膨胀率指（$\Delta L/L_0$）×100%；热膨胀率系数指线膨胀率/温差。

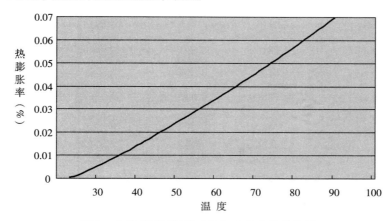

图8 白云岩线形膨胀率随温度的变化曲线图

Fig. 8 Relationshipbetween linear expansion rate of dolomite and temperature

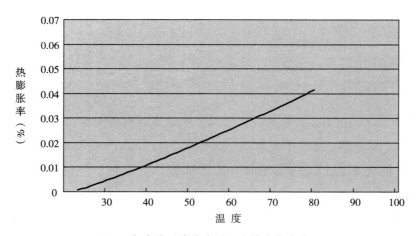

图9 灰岩线形膨胀率随温度的变化曲线图

Fig. 9 Relationshipbetween linear expansion rate of limestone and temperature

第三节　石窟区岩土的工程性质

一、岩体的工程性质

为了研究试验洞窟岩石的物理力学性质，在钻孔中分别取潜溪寺白云岩岩芯 15 组，取路洞灰岩岩芯 12 组，进行了室内岩石物理力学性质试验，表 9 和表 10 为室内岩石物理力学性质试验成果。由这些资料可知：

1. 灰岩和白云岩在抗压和抗拉的情况下，风干强度明显高于饱和状态下的强度。说明水对岩石强度的影响很大。

表 9　岩石物理力学性质试验结果表

Table 9　Results of strength tests of rock

岩性	试验	抗压			抗折		抗拉
		最大应力（MPa）	变形模量（GPa）	泊松比	最大应力（MPa）	变形模量（GPa）	最大应力（MPa）
灰岩	风干	92.607	25.081	0.171	14.08	0.052	5.127
	饱和	60.653	24.815	0.194	—	—	1.934
白云岩	风干	96.237	30.788	0.145	10.138	0.067	9.708
	饱和	72.913	32.11	0.204	17.015	0.059	7.19

表 10　岩石反复干湿抗压强度试验结果表

Table 10　compressive strength of time after time wetting and drying test

	循环次数	最大应力（MPa）	弹性模量（GPa）	变形模量（GPa）
路洞灰岩反复干湿抗压强度	5 次	49.35	27.314	34.229
	10 次	46.394	8.865	7.153
	20 次	45.671	23.442	18.028
潜溪寺白云岩反复干湿抗压强度	5 次	49.975	12.106	12.976
	10 次	39.008	17.959	10.817
	20 次	38.238	14.792	17.751

2. 白云岩在饱和状态下的抗折强度要明显高于风干状态下的抗折强度，经初步分析是由于两组岩芯所取位置不同，用于风干试验的岩芯位于裂隙比较发育的地方，而用于饱和试验的岩芯完整性相对要好；受裂隙发育影响，风干试块受压后先沿裂隙折断，抗折强度较低。

3. 岩石经过反复干湿后的抗压强度要低于饱和状态的抗压强度；而反复干湿循环的次数对岩石强度的影响不大。反复干湿五次与十次岩石的强度降低，但反复干湿二十次的强度与十次的计划相同，只是略低一点。可见经过反复干湿十次后岩石强度基本不便。

表 11　龙门石窟岩石溶蚀性试验成果表

Table 11　Results of rock corrosion test

时代	岩性	CaO（%）	MgO（%）	酸不溶物（%）	CaO MgO	比溶解度	比溶蚀度
∈₃	中 - 细晶白云岩	29.58	20.85	4.16	1.42	0.36	0.32
	细 - 极细晶白云岩	26.68	20.07	9.15	1.34	0.43	0.39
	含灰细晶白云岩	29.42	19.75	5.90	1.49	0.47	0.44
	含灰细晶白云岩	29.93	21.17	2.09	1.42	0.36	0.33
	残余鲕粒白云岩	29.95	21.47	2.07	1.39	0.34	0.32
	残余鲕粒白云岩	29.37	22.57	1.04	1.30	0.39	0.36
	残余鲕粒白云岩	30.38	21.40	1.65	1.42	0.43	0.41
	残余鲕粒白云岩	29.39	22.07	1.09	1.33	1.39	1.37
∈₂	白云化鲕粒灰岩	47.00	7.30	4.17	1.44	1.63	1.09
	白云化残余鲕粒灰岩	49.59	4.54	4.74	10.12	0.86	0.90
	白云化亮晶鲕粒灰岩	50.58	3.76	4.43	13.45	0.93	1.00
	白云化微晶鲕粒灰岩	51.61	2.34	4.04	22.48	0.95	1.02
	白云化极细晶灰岩	50.15	2.20	5.02	22.80	0.97	1.03
	泥质微晶球粒灰岩	46.80	4.81	1.93	12.28	0.96	0.98
	含泥鲕粒泥晶灰岩	49.99	4.39	7.24	35.69	1.00	1.10
	白云化碎屑微晶灰岩	49.91	4.74	5.70	26.68	1.08	1.37

4. 石质纯，致密坚硬，多数岩石的干单轴抗压强度为92.6～96.2MPa，饱和抗压强度为60.6～72.9MPa。

5. 岩石吸水性差，饱和吸水率多小于1%，说明岩石中微孔隙、微裂隙等微结构面不太发育。

6. 岩石均存在不同程度的软化性，软化系数为0.654～0.757。

7. 由野外回弹试验结果可知：$∈_{2x}$条带状灰岩，新鲜岩体表面强度均值125.6 MPa，约占室内岩块干单轴抗压强度的77.6%，中等风化岩体表面强度均值58.6 MPa，约占室内岩块干单轴抗压强度的36.4%；$∈_{2x}$厚层—巨厚层鲕状灰岩，新鲜岩体表面强度均值164.3 MPa，约占室内岩块干单轴抗压强度的96.5%，中等风化岩体表面强度均值108.6MPa，约占室内岩块干单轴抗压强度的63.4%；$∈_{3f}$巨厚层白云岩，新鲜岩体表面强度均值132.5 MPa，约占室内岩块干单轴抗压强度的82.3%，中等风化岩体表面强度均值56.2 MPa，约占室内岩块干单轴抗压强度的34.9%。由上可知，条带状灰岩与白云岩的岩体表面风化程度较高，厚层—巨厚层鲕状灰岩岩体的表面风化程度低，完整性好。

本次研究在现场进行了地表声波测试和钻孔声波测试。由试验结果可知：

1. 地面岩石的纵波速度普遍低于孔内纵波速度，说明由于卸荷松动及风化、岩溶等的影响，地面岩石的微裂隙和微孔隙较发育，纵波速度较低。

2. 根据岩体完整性系数的定义求得各处的岩体完整系数分别为：潜溪寺白云岩 $K_v = 0.39$；路洞一带

灰岩 $K_v = 0.29$。

3. 对比可知：岩石的动弹性模量比静弹性模量大。

表 11 给出了石窟区寒武系岩石的比溶解度、比溶蚀度及其与 CaO/MgO 间的关系。由表可知：

1. 白云岩的钙镁比为 1.3 ~ 1.5，而灰岩的钙镁比一般为 10 ~ 20，最大者可达 35.96，较高的钙镁比是灰岩溶蚀性普遍大于白云岩溶蚀性的内在原因之一。

2. 白云岩的比溶解度一般为 0.35 ~ 0.5 左右，最大者也仅为 1.39，而灰岩的比溶解度一般为 0.8 ~ 1.1，最大者可达 1.63。

3. 白云岩的比溶蚀度为 0.3 ~ 0.45，灰岩的比溶蚀度一般为 0.9 ~ 1.1。

4. 区内岩石的溶蚀性除与岩石的钙镁比有关外，还与岩石结构密切相关。

据有关试验资料：灰岩类岩石的比溶蚀度的顺序（由大到小）是碎屑结构 > 泥晶结构 > 极细晶结构 > 残余鲕粒结构 > 球粒结构；白云岩类岩石的比溶蚀度顺序（由大到小）是极细晶 > 残余鲕粒结构 > 细晶结构。结构对溶蚀的控制主要是通过不同结构具有不同孔隙类型和连通性来实现，晶间及粒间孔隙是溶蚀作用扩大成溶孔的基础，微裂隙是连通各类孔隙的主要通道，因此，岩石结构往往控制岩石的微岩溶形态。

在本次研究中，洛阳地质工程勘察设计院进行了钻孔井温测量，测温间距 0.25 米。ZK2 钻孔测试时的地表温度为 23.7℃。在距地表 9.75 米深的范围之内受气温影响明显，为常温带，温度为 17℃。从高程 212.23 米往下，井温逐渐升高，至地下水位处（高程 153.08 米）井温为 22.0℃，沿深度往下的增温率为 0.085℃/米。从地下水位处往下，增温率明显下降，从地下水位处（高程 153.08 米）至高程 134.98 米处，井温仅升高 0.8℃，沿深度增温率仅为 0.044℃/米。ZK4 钻孔测试时的地表温度为 28.0℃。在距地表 6.75 米深的范围之内受气温影响明显，为常温带，温度为 18.2℃。从高程 193.18 米往下，井温逐渐升高，至地下水位处（高程 149.40 米）井温为 22.8℃，沿深度增温率为 0.105℃/米。从地下水位处往下，增温率下降不明显，至高程 136.18 米处，井温为 24.5℃。

二、土的工程性质

龙门石窟保护区地表普遍覆盖一层第四系松散堆积层，其厚度 0 ~ 10m 不等，成因以残坡积为主，其次为冲洪积。岩性以含碎块石、砾卵石粉质黏土、粉质黏土、黏土为主，结构松散，天然含水量较低。表 12 为区内土体的室内试验成果。

表 12 土的室内试验成果
Table 12 Results of soil laboratory test

编号	地层岩性	含水量（％）	密度（克/米³）	比重（克/米³）	孔隙比	饱和度（％）	液限（％）	塑限（％）	塑性指数 I_P	压缩系数（MPa^{-1}）	渗透系数（厘米/秒）
1	Q_2^{el+dl} 粉质粘土	14.5	1.54	2.73	1.030	38.4	29.0	12.5	16.5	0.67	3.13×10^{-5}
2	Q_2^{el+dl} 粉质粘土	13.5	1.46	2.73	1.022	32.8	28.0	12.0	16.0	0.83	6.37×10^{-5}
3	Q_3^{el+dl} 粉土	3.3	1.42	2.70	0.964	9.2	25.5	16.0	9.5	0.19	7.67×10^{-5}
4	Q_3^{el+dl} 粉质粘土	10.6	1.64	2.71	0.828	34.7	29.0	17.6	11.4	0.13	1.16×10^{-4}

通过野外调查及室内试验，可知区内土体物理力学性质有如下特征：

1. 区内土体以粉质黏土为主，部分含砾、卵石和碎块石。

2. 表层土体较干燥，疏松，塑性低，天然密度低。土的天然含水量一般为 10～15%，最小者只有3.3%，孔隙比为 0.80～1.03 左右。

3. 液限较低，一般为 25～29%，属于低液限土类。液性指数一般为 0.12～-1.3，处于坚硬—硬塑状态。

4. 区内 Q_2 和 Q_3 土体的压缩性均属中等压缩性土，Q_2 黄土样品由于取样扰动，试验所得的压缩系数偏高。

5. Q_2 土体相对较致密，渗透性较低，k = 3.13～6.37×10^{-5}厘米/秒。Q_3 土体渗透性相对较高，k = 7.67×10^{-5}～1.16×10^{-4}厘米/秒。当土体中碎块石含量增加时，渗透系数随之增大。

6. Q_2 和 Q_3 土体的 PH 值测定结果表明，Q_2 和 Q_3 土体呈微碱性，Q_2 土体的 PH 值为 8.05，Q_3 土体的 PH 值为 7.77。说明植物根系分泌的腐殖酸并没有将覆盖层土体酸化。

第三章　实验洞窟的环境地质病害

路洞长（径深）约 5.27 米，宽 4.6 米，高 4.2 米，是三个实验洞窟中环境地质病害最严重的洞窟。皇甫公窟是三个实验洞窟中，保存较好的洞窟，其长约 5.6 米，宽 4.8 米，高 4.4 米。潜溪寺位于龙门石窟的北端，是三个实验洞窟中体量最大的洞窟，其长 5.6 米，宽 9.2 米，高 8.8 米。

环境地质病害可根据其成因分为两大类：第一类环境地质病害，是由于自然地质环境引起的病害，如裂隙切割掉块、渗水、风化等；第二类环境地质病害，是由于人类工程活动引起自然环境改变从而导致地质病害加剧，如环境污染等。三个实验洞窟的主要环境地质病害为裂隙切割掉块、渗水和风化。人类过去在洞窟里烤火烟熏加剧了造像的病害，过去人类盗凿使佛像造成人为掉块。由于受该地区岩层产状的控制和影响，三个实验洞窟的环境地质病害，受岩层产状及倾向影响，整体上南壁明显比北壁严重。现将三个实验洞窟的环境地质病害分述如下：

一、洞窟岩体崩落掉块

崩落掉块分为两种类型，第一种是由于自然因素作用如地震、裂隙切割或风化作用引起岩体崩落掉块。第二种是人类工程活动如爆破震动或盗凿造成的岩体掉块。

裂隙切割所造成的洞窟病害主要是雕刻品掉块和洞窟稳定性问题。90 年代曾对路洞附近的危岩体和窟口、窟顶进行了大面积加固。本次调查的结果表明，加固工程的效果较好，目前三个洞窟都不存在洞窟稳定性问题。主要病害是雕刻品掉块。

二、渗水病害

洞窟渗水造成雕刻艺术品的溶蚀和岩溶堆积，洞窟的干湿变化降低了洞窟岩体的强度，加剧了洞窟岩体的表层风化，湿润的环境使微生物和苔藓生长。洞窟渗水是龙门石窟危害性最大的病害。洞窟渗水的治理是龙门石窟修复保护工程的重点和前提。

1. 潜溪寺渗水病害

根据调查，潜溪寺共有渗水点 18 处，主要与卸荷的构造裂隙和层面裂隙有关。渗水点多位于层面裂隙和卸荷裂隙的交汇处。正壁共有 3 处渗水点，主佛像头部上方有 2 条层面裂隙含水。沿南侧顶部卸荷裂隙 J_{14} 分布有一处渗水点 S_3，渗水点下有浅绿色苔藓生长。南壁渗水病害比较严重，共有 4 处渗水点。位于南壁的 3 条卸荷裂隙和 4 条层面裂隙是主要的含水控制裂隙。窟门外发育 1 条大的卸荷裂隙，隙宽 8～20 厘米，雨季渗水严重。北壁共有 3 处渗水点。主要与顶部的层面裂隙有关。卸荷裂隙 J_{22} 是北壁的主要渗水裂隙。这些渗水裂隙在窟前上方构成连通的渗水网络，使其下部的造像头部风化十分严重。洞顶渗水十分严重。本次调查中，共发现渗水点 9 处。贯穿洞顶的层面裂隙，隙宽达 2～3 厘米。层面裂隙和卸荷裂隙交汇，卸荷裂隙多贯穿洞顶。

潜溪寺渗水病害机理：潜溪寺洞窟两侧各有 1 条冲沟，使潜溪寺成为一相对独立的水文地质单元。潜溪寺岩体由巨厚层白云岩单斜地层组成，区内无褶皱，在潜溪寺北侧发育 1 条小断层，沿断层出露禹王池泉。潜溪寺岩体中发育 1 组层面裂隙、2 组构造裂隙和 1 组卸荷裂隙。层面裂隙总体向北倾，倾角 21°～24°，有 9 条层面裂隙贯穿整个洞窟，造成洞窟南壁渗水。各种裂隙相互交切，构成潜溪寺岩体裂隙渗流网络。平面上渗流方向沿层面裂隙由南向北，沿构造裂隙由西向东；剖面上渗流方向沿层面裂隙由南向北，沿构造裂隙和卸荷裂隙由上往下。

禹王池泉的出露高程为 152.04 米，潜溪寺的窟底高程为 156.73 米，比地下水位高 4 米左右，潜溪寺不受地下水位波动的影响。

潜溪寺立壁岩体顶部的地形为延伸较长的自然斜坡。斜坡上植被茂盛，有利于大气降水的保存和入渗。补给水源远，渗流途径长，因此入渗窟内的暂时性渗水可以保持较长时间不干。窟顶第四系覆盖层较薄，一般不超过 0.5 米。卸荷裂隙的连通性好，所以降雨后洞顶渗水现象较严重。洞顶盖层岩体厚度为 2～10 米。

潜溪寺的渗水可分为近程水和远程水。近程水主要通过卸荷裂隙入渗，主要渗水点大都分布于卸荷裂隙附近，且表现为渗水时间短，水量大的特点。潜溪寺洞窟顶盖层较薄，卸荷裂隙的连通性好，所以降雨后洞顶渗水现象较严重。远程水通过构造裂隙和层面裂隙发生渗流，水源来自西侧山体，水量不大，但可以保持较长时间不干。

1990 年代曾在潜溪寺内做过环氧树脂灌浆防渗处理，但现在环氧树脂充填体与原岩之间重新张裂，造成了新的渗水。潜溪寺顶部也曾做过水泥防渗铺盖，但长期的日晒雨淋，已经使水泥盖层开裂失效。窟前建筑屋檐与崖壁脱开，沿崖壁造成雨水渗漏。

综上所述，潜溪寺的渗水病害防治，应重点做好顶层的防渗铺盖层，铺盖范围南北两侧以冲沟为界，东至窟檐，往西延伸直至树丛前沿，处理面积约 500 平方米。其次可以考虑对南侧的层面裂隙进行防渗处理。然后观察效果，再对洞窟内的渗水裂隙进行防渗灌浆处理。

2. 皇甫公窟渗水病害

根据调查，皇甫公窟共有渗水点 14 处，主要与卸荷的构造裂隙有关。南壁的渗水点多位于层面裂隙和卸荷裂隙的交汇处。正壁渗水病害主要受卸荷裂隙 J_{25} 影响，这条卸荷裂隙位于主佛像的北侧，裂隙产状为 80°∠53°，切割主佛像的头部直达窟顶，裂隙面曲折不平。沿该裂隙共分布有 4 处渗水点。渗水点下方均有苔藓生长。4 处渗水点的水量不大。南壁有 6 处渗水点。渗水点都位于卸荷裂隙与层面裂隙或层面裂隙密集带交切部位。受贯穿整个洞窟的卸荷裂隙 J_1 的影响，东侧渗水病害严重。裂隙 J_1 曾用环氧树脂修补过，但修补体与原岩之间裂开的隙宽达 1 厘米。渗水沿该裂隙流动，在裂隙下方，形成较大面积的岩溶堆积区，渗水还使裂隙附近的岩体强度减弱，造成大面积的掉块。南壁佛龛下部裂隙交错，渗水较为严重，雨量较大时渗水点位置上移，说明该处南侧的裂隙中积水。北壁仅在主龛的上方卸荷裂隙 J_5 与 J_2 交汇处，有一渗水点 S_1，在渗水点下方形成少量的土黄色颗粒状 $CaCO_3$ 的淀积物。该处已进行过防渗处理，在调查时未见渗水迹象。洞顶卸荷裂隙发育，分布有 3 处渗水点。渗水量均不大。

渗水病害机理分析：皇甫公窟的地貌为陡崖，高差达 30 米，工程处理难度较大。洞窟南侧上部第三级栈道处有一积水洼地，面积约 50 平方米左右。该处的积水顺构造裂隙下渗，影响皇甫公窟南壁。皇甫公窟岩体由中厚层夹薄层状灰岩单斜地层组成，薄层状灰岩中常发育层面裂隙密集带。区内无褶皱和断裂，主要发育 1 组层面裂隙、3 组构造裂隙和 1 组卸荷裂隙。层面裂隙总体向北倾，倾角 20°～30°。各种裂隙相互交切，构成皇甫公窟岩体裂隙渗流网络。平面上层面裂隙和近东西向构造裂隙是主要的渗透通道，主渗方向以近东西向为主；剖面上主渗方向以近垂直和近东西为主，主渗通道为近东西构造裂隙和层面裂隙。

皇甫公窟立壁岩体顶部的地形为陡崖，无汇水区。降雨后，大部分雨水以地表径流的形式排泄，仅少量雨水沿卸荷裂隙直接入渗洞内。渗水时间短，水量不大。

皇甫公窟的窟底高程为 164.70 米，比地下水位高 14 米左右，不受地下水位波动的影响。

皇甫公窟的渗水以近程水为主，仅西壁和南壁局部点上有远程水渗漏。

90 年代曾在皇甫公窟内做过环氧树脂灌浆防渗处理，但现在环氧树脂充填体与原岩之间重新张裂，造成了新的渗水。

综上所述，皇甫公窟的渗水病害防治，应重点做好洞窟两侧构造裂隙的防渗灌浆，尤其是南侧的含水构造裂隙。同时对洞窟内的渗水裂隙进行防渗灌浆处理。

3. 路洞渗水病害

根据调查，路洞共有渗水点 16 处，均与卸荷的构造裂隙有关。南壁的渗水点多位于层面裂隙和卸荷裂隙的交汇处。正壁仅顶部西北角构造裂隙的交汇处有一渗水点 S_1，且水量不大。南壁有 3 处渗水点，位于层面裂隙与构造裂隙或卸荷裂隙与层面裂隙密集带的交汇处。北壁发育有 5 处渗水点，均位于北壁的中上部，卸荷的构造裂隙 J_{12} 中部渗水量相对较大，在裂隙 J_{12} 中该渗水点的影响带长约 1.24 米，渗水多出现在裂隙交汇处。洞顶受众多裂隙切割，渗水较为严重，共形成 7 个渗水点，渗水主要沿卸荷裂隙分布。

渗水病害机理分析：路洞北壁渗水比南壁严重，与微地貌有关。在路洞北侧顶部立壁岩体地形上为一较陡的小平台，面积约 80 平方米。其上分布的 4 条卸荷溶蚀裂隙与洞窟连通性好，沿裂隙有深达 1m 的条带状溶洞发育，溶洞中有含砾石粉土充填，渗透性好。降雨季节，雨水沿该组裂隙下渗进入窟内，造成路洞北壁渗水，应重点治理。路洞岩体由中厚层夹薄层状灰岩单斜地层组成，薄层状灰岩中常发育层面裂隙密集带。区内无褶皱和断裂，主要发育 1 组层面裂隙、2 组构造裂隙和 1 组卸荷裂隙。层面裂隙总体向北倾，倾角 20°～30°。各种裂隙相互交切，构成皇甫公窟岩体裂隙渗流网络。平面上层面裂隙和近东西向构造裂隙是主要的渗透通道，主渗方向以近东西向为主；剖面上主渗方向以近垂直和近东西为主，主渗通道为近东西构造裂隙和层面裂隙。

　　路洞立壁岩体顶部为地形较陡的斜坡，无汇水区。降雨后，大部分雨水以地表径流的形式很快消散，仅少量雨水沿卸荷裂隙直接入渗洞内。因此路洞的主要渗水点大都分布于卸荷裂隙附近，且表现为渗水时间短，水量不大的特点。

　　路洞的渗水以近程水为主，仅局部点上有远程水渗漏。

　　路洞的窟底高程为 154.11 米，比地下水位高 4 米左右，不受地下水位波动的影响。

　　1990 年代曾在路洞内做过环氧树脂灌浆防渗处理，但现在环氧树脂充填体与原岩之间重新张裂，造成了新的渗水。

　　综上所述，路洞的渗水病害防治，应重点做好洞窟两侧的裂隙防渗灌浆，尤其是北侧顶部的含水卸荷裂隙。同时对洞窟内的渗水裂隙进行防渗灌浆处理。

三、岩溶病害

　　岩溶病害根据其作用机理可以分为溶蚀和碳酸钙淀积物覆盖 2 类。

　　溶蚀作用使洞窟岩体中形成大小不同的溶孔、溶隙或溶槽，造成立壁的空架结构，破坏岩体和雕刻品的完整性。碳酸钙淀积物堆积覆盖在洞窟雕刻品表面，使石窟艺术品丧失价值。

　　路洞的岩溶病害以窟顶和南壁最为严重，窟顶的岩溶覆盖面积率高达 76.2%，南壁为 26.6%。北壁为 14.7%，正壁为 14.4%。背壁无岩溶分布。

　　岩溶的发育程度受渗水条件、岩性和裂隙分布条件的综合影响。皇甫公窟的渗水病害影响程度较低，因此岩溶的发育程度相对较弱。皇甫公窟的岩溶病害以南壁最为严重，岩溶覆盖面积率为 25.4%。其余立壁均不超过 3%。背壁无岩溶分布。

　　潜溪寺的岩溶发育程度比路洞弱，但比皇甫公窟强。潜溪寺的岩溶病害以南壁和洞顶最为严重，岩溶覆盖面积率达 40~50%，其余立壁约为 10%。南壁的岩溶病害比北壁严重。

　　三个实验洞窟以路洞的溶蚀病害最为严重，潜溪寺次之，皇甫公窟保存相对较好。

四、风化剥落与苔藓病害

　　三个实验洞窟的物理风化作用以片状剥落为主。

　　物理风化是指岩体受温差作用和干湿变化的影响，产生大量的风化裂隙，使表层变得疏松，造成石雕呈粉末状剥落，渗水病害加剧了石刻岩体的风化作用。

　　化学风化主要是指水溶液在与石雕中的矿物进行化学反应的过程中，使石雕的结构构造遭到破坏，成分受到改造，并产生一些在地表条件下稳定的新矿物。

　　路洞是三个实验洞窟中风化剥落最严重的洞窟。

　　由于长期处于潮湿状态，导致岩体的抗风化能力降低，潜溪寺的风化剥落病害较为严重，尤其是靠近窟门的东侧部位干湿交替剧烈，造像风化剥落严重。

五、人类活动造成的病害

　　此类病害属于第二类环境地质病害。通过渗水裂隙流入到洞窟内的酸雨、溶入空气中的二氧化硫、硝酸根离子等，对三个洞窟的岩体产生腐蚀作用。大气污染，主要是指空气中存在的二氧化硫，一氧化碳等废气。近年来大气污染有所加剧。目前龙门石窟的大气污染评价尚缺乏定期观测数据。

　　过去的年代中老百姓在洞窟内烤火避寒，烟熏也对佛像造成了严重的污染，现在这种污染已经被杜绝。路洞洞窟是受烟熏较严重的洞窟，路洞正壁、南壁及洞顶均不同程度地受到烟熏污染。

皇甫公窟和潜溪寺没有受到人类的烟熏污染的痕迹。

皇甫公窟洞窟西侧顶部和潜溪寺上部暴露出来的锚钉头部位有铁锈水流出，污染了雕刻品的表面。

综上所述，三个实验洞窟的环境地质病害主要为岩体崩落掉块、渗水病害、岩溶病害、风化剥落与苔藓病害和烟熏污染。三个实验洞窟中，路洞受环境地质病害影响的程度最严重，潜溪寺次之，皇甫公窟保存较好。

第四章　环境地质病害防治对策

根据上述环境地质病害分析，三个实验洞窟的主要环境地质病害为岩体崩落掉块、渗水病害、岩溶病害、风化剥落与苔藓病害和烟熏污染。现提出各类病害的防治对策如下：

1. 从洞窟的空间尺寸规模、病害严重程度以及施工难度等方面综合考虑，建议选取皇甫公窟进行修复保护工程试验。

2. 石窟岩体的裂隙注浆加固

裂隙的相互交切，破坏了岩体的完整性，构成了连通的渗水网络，造成了石窟内的渗水病害，加剧了石窟岩体的岩溶、风化剥落和苔藓生长病害。本次调查表明，目前三个实验洞窟均不存在岩体整体稳定性问题，主要的问题是裂隙的渗水和溶蚀。

90年代初期曾采用环氧树脂和岩屑的混合物对各洞窟围岩中的渗水裂隙进行过注浆处理，取得了较好的效果，一些洞窟已经基本不漏。目前三个实验洞窟的渗水情况比90年代初期要弱，很多渗水裂隙和渗水点已不再出水。问题是一些注浆裂隙中的注浆体与原岩之间发生张裂，导致重新渗水，必须选用新型材料进行裂隙注浆试验。

建议选用德国雷马士公司的防渗浆液或日本的新型防渗材料进行裂隙注浆试验。注浆试验的目的是确定合适的防渗浆液材料，确定注浆设计所需的各种参数，如浆液稠度、注浆压力、注浆孔间距和注浆先后次序等。

3. 完善地表防渗铺盖

切穿地表的卸荷裂隙是雨水入渗的主要通道，地表防渗铺盖是杜绝雨水入渗的主要措施，应与裂隙防渗注浆结合进行。应选用环保型材料进行地表防渗铺盖，注意与地表地貌的协调。

4. 溶蚀空洞的充填修补

采用石窟原岩的岩屑粉和修复砂浆调制的混合物，对洞窟内的溶洞、溶蚀凹槽、溶沟进行充填修补。要特别注意充填物的色调必须与雕刻品原岩一致。对没有雕刻品的部位，应保持岩溶的原貌。

5. 岩溶淀积物的清除

洞窟病害调查发现：深灰色和灰白色的淀积物堆积在新鲜的岩体表面，附着力强，质地坚硬。褐黄色或土黄色的淀积物堆积在风化的岩体表面，质地疏松，附着力较弱，易于清除。但有的褐黄色或土黄色的淀积物附着力较强，质地坚硬。灰绿色淀积物与生物苔藓生长有关，灰黑色淀积物与烟熏有关，含有机质。在进行岩溶淀积物清除时，应注意淀积物的成分特点，区别对待。

龙门石窟研究院技术保护室采用物理方法进行了岩溶淀积物的清除试验，取得了很好的效果，使淀积物下精美的雕刻品重见天日。这一方法值得推广。关键技术是采用适当的化学试剂使岩体表面的淀积物软化，必须通过试验论证后方能在洞窟内实施。

6. 烟熏外壳的清洗

烟熏病害仅存在于路洞洞窟中，路洞正壁的烟熏区以前曾采用清洗剂进行过清洗试验，可以有效地清除雕刻品表面的黑色，但颜色泛白。必须加强对清洗剂化学配方的试验研究。

7. 风化剥落病害防治对策

本次研究给出了石刻区岩体的矿物成分分析结果、化学成分分析结果和地下水化学分析结果，为风化剥落病害防治提供了依据。

调查表明，龙门石窟的风化剥落病害有如下特点：①岩石风化剥落以物理风化为主；②泥质含量高的灰岩风化剥落程度高；③薄层状的灰岩比厚层状的灰岩风化剥落严重；④磨光面比粗糙面风化剥落严重；⑤雕刻品的形状突变处风化剥落严重。

龙门石窟岩石风化剥落主要是由于岩石表面的温差应力超过了岩石的抗拉强度所引起的。白云岩和灰岩的温度应力系数一般为 $0.2 \sim 0.25 MPa \cdot ℃$，若按年平均温度变幅为 $27℃$ 计算，则岩石表面引起的温差应力为 $5.4 \sim 6.75 MPa$，而岩石的平均抗拉强度只有 $5.8 \sim 6.4 MPa$。温差应力的作用深度一般不超过当地的冻结深度，除沿裂隙风化较深外，石窟岩体表层的风化厚度一般不超过 0.12 米。本次调查石窟风化剥落严重区岩体起壳的厚度为 $10 \sim 15$ 厘米。总体上，物理风化作用使立壁岩体表面质地疏松，呈薄片状剥落，剥片厚度为 $1 \sim 5$ 毫米。

2003 年 8 月 11 日和 12 日的 11 时 ~ 12 时进行了 3 个实验洞窟的岩石表面温度测量，8 月 11 日中午气温为 $28.1℃$，路洞的岩石表面温度为 $36.5℃$，皇甫公窟的岩石表面温度为 $36.0℃$，潜溪寺的岩石表面温度为 $34.8℃$。岩石表面温度比气温高 $23.8 \sim 29.9\%$。8 月 12 日中午气温为 $29.1℃$，路洞的岩石表面温度为 $41.8℃$，皇甫公窟的岩石表面温度为 $37.2℃$，潜溪寺的岩石表面温度为 $36.1℃$。岩石表面温度比气温高 $24.1 \sim 43.6\%$。历年极端最高气温 $44.2℃$（1966.6.22），极端最低气温 $-18.2℃$（1969.1.20），气温变幅达 $62.4℃$；历年极端最高地面温度 $69℃$（1968.7.6），极端最低地面温度 $-25℃$（1969.2.1），地面极端温差达 $94.1℃$。这种温差变化是造成龙门石窟岩体风化剥落的主要原因。

上述表明，龙门石窟岩体风化剥落病害的防治，主要应加强岩石表面的抗拉强度。可以采用岩石增强剂进行表层加固，对风化剥落起壳区可以采用注射黏结剂进行加固。

8. 加强对石窟区环境的监测和治理

到目前为止，龙门石窟区缺乏长期定量的环境质量监测数据。如大气中 CO_2 和 H_2S 的含量，泉水、雨水和伊河水中 Cl^{-1} 和 SO_4^{-2} 离子含量、NH_4^{+1}、NO_3^{-1} 等污染组分的含量。据龙门石窟研究院反映，龙门石窟南口的污染程度比北口更严重，因此设于龙门石窟北面的监测站不能准确反映龙门石窟的环境质量变化情况。建议采用环境监测流动车在龙门石窟内沿伊河两岸定期进行定点统测。建议在每年的夏季和冬季各进行一次大气质量检测，对比分析南风季和北风季对龙门石窟的影响。每年夏季进行一次泉水、雨水和伊河水的化学成分全分析。建立龙门石窟环境质量数据库，为石窟区的环境治理提供科学依据。龙门石窟的环境治理主要依靠政府立法和行政管理，消除石窟区周边的各种有害于石窟保护的人类工程活动，控制和消除有关的污染源。

建立石窟区病害技术档案库，记录和整理石窟岩体各种破坏现象的发生时间、条件范围，为石窟岩体病害防治累积资料。详细记录治理工程的施工过程，了解各种防治措施的效益和治理后的变化情况。

结论与建议

基本结论如下：

1. 龙门石窟位于寒武系碳酸盐岩单斜地层之中。区内无大的断裂构造，主要发育 2 组构造裂隙、1 组层面裂隙和 1 组平行与立壁的卸荷裂隙。层面裂隙和卸荷裂隙是控制区内环境地质病害的主要因素。

2. 西山以伊河为排泄基准面，地下水由西向东径流排泄。3 个实验洞窟的底面高程高于地下水位 4 ~ 14 米，不受地下水位波动的影响。石窟内的渗水是雨季的暂时性渗水。

禹王池泉水水位下降的主要原因，是西山周边地区的地下水过量开采所造成的。

3. 由结构面连通网络图及地质条件分析可知，地下水的渗透通道与主渗方向按岩性和所处地质构造及地形条件不同而有所差异。潜溪寺一带，平面上层面裂隙是降水入渗地下的主要通道，剖面上陡倾角的卸荷裂隙和近东西向构造裂隙是降水入渗地下的主要通道。由于地形地貌上这一带顶部地形较缓，山体面积较大，植被发育，不利于地表径流，因此降水入渗补给地下水量较大，石窟内渗水现象较严重。路洞 – 皇甫公窟一带，平面上层面裂隙和近东西向构造裂隙是主要的渗透通道，剖面上主渗透通道为近东西构造裂隙和层面裂隙。地形地貌上，这一带地形坡度陡，汇水面积有限，因此这一带石窟渗水现象相对较弱。

4. 立壁岩体的化学成分以 CaO 为主，一般在灰岩中含量达 44.83 ~ 53.43%，在白云岩中 CaO 含量为 29.42 ~ 29.97%。MgO 的含量在灰岩中一般为 1.13 ~ 4.43%，在白云岩中为 19.75 ~ 21.47%。石窟立壁岩体的矿物成分以方解石、白云石为主，质纯，对岩溶有利。

5. 淀积物的化学成分以 CaO 为主，达 45.45 ~ 51.47%，有的淀积物中泥质含量较高。淀积物的矿物成分以方解石为主。淀积物的类型为钙质与泥质、化学与胶体沉积的复合型淀积物。

6. 龙门石窟区的主要环境地质病害为岩体崩落掉块病害、渗水病害、岩溶病害、风化剥落与苔藓病害和烟熏污染。

针对龙门石窟区的主要环境地质病害，建议采取如下防治对策：

1. 龙门石窟环境地质病害治理的最根本对策是对裂隙进行注浆处理，要特别注重对新型注浆材料的试验研究。

2. 渗水病害防治的主要对策是洞顶地表防渗铺盖与裂隙防渗注浆相结合。

3. 对洞窟内的溶蚀空洞采用岩屑砂浆进行充填修补，要注意使砂浆的颜色与雕刻品原岩色调一致。

4. 对岩溶堆积物建议采用物理的方法剥离。

5. 对岩石风化剥落病害的治理，建议采用岩石增强剂对岩体表层进行加固，提高岩石的强度，增强岩体的抗风化能力。

6. 对烟熏区采用清洗剂处理，要注意对清洗剂化学配方的试验研究。

7. 加强对石窟区环境的监测和治理。建议采用环境监测流动车在龙门石窟内沿伊河两岸定期进行定点统测。建立龙门石窟环境质量数据库，为石窟区的环境治理提供科学依据。

致　谢

本次研究项目在执行过程中，得到了 UNESCO 驻北京办事处项目官员杜晓帆博士和中日专家组的支持和指导。研究成果凝聚了他们的智慧和艰辛努力。中日专家不同学术观点的交流为本项目的研究提供了新的思路。洛阳市文物局和龙门石窟研究院的领导对研究项目给予了支持和帮助，使项目得以顺利完成。仅此一并致以深切的感谢！

Research on the Geological Environment
at Surrounding Areas of Longmen

Fang Yun, Yan Shaojun, Jia Hongbiao, Liu Yourong (China University of Geosciences 〈Wu Han〉)

Li Suisen, Chen Jianping   (Academy of Longmen Grottoes)

Hanyuling, Wang Xianben   (Cultural Relics Bureau of Luoyang City)

Abstract

According to the requirements presented by the Chinese and Japanese Specialist Group, and "Code for investigation geotechnical engineering" of China and the concerned protection rules of historical relics. The department of civil engineering of China University of Geosciences has completed engineering geological survey in the protected location of the Longmen Grottoes. The survey aim is the permanent preservation and study of the Longmen Grottoes as human precious legacy. Concrete missions were to make detailed survey in three test caves (Qianxisi Cave, Huangfugong Cave, Ludong Cave) and additional investigation in the protected area of the Longmen Grottoes, to ascertain the structure character of the rock, the fracture distribution and the type and mechanism of geological hazards, to find out the countermeasures to forbid hazards and to supply the scientific basis and the integrate dossier data for the preservation engineering design and the historic relics study.

Based on the field geological survey and in – site test, laboratory test and computer simulation analysis, the actualities, type and mechanism of the environmental geological diseases of the Longmen Grottoes have basically been found out and the prevention and repairing measure have been put forward. The main conclusion as following:

1. The Longmen Grottoes are located in the single tilted carbonate rock stratum formed during Cambrian system. There is no large fault structure in the protected area. There are two main groups of the structural fracture, one group of the lay fracture and one group of the unloading fracture paralleled with the precipice in the area. The main factor of leading environmental geological diseases are the lay fracture and the unload fracture.

2. Yi River is base level for seepage in the west mountain, the underground water seepage flows from west to east, the underside elevation of three tested caves overtops water table from four to fourteen meters, the caves are not influenced by underground water fluctuation, the water seeped into the caves is the temporary water during rainy season.

The main reason of descent of water level in Yuwangchi spring is that the underground water around west area has been over exploited.

3. According to the analysis of the connected network of discontinuities and the geological condition, the conclusion can be drawn that the permeation channels and the main permeating directions of underground water are different with the rock properties, the geological structure and the topography condition of caves. Around Qianxi temple area, on plane, the lay fracture is the main permeation channels of permeated rainfall. On profile, the unload fracture with steep dip angle and the structural fracture run from east to west are the main channels of permeated rainfall. In topography, because the top of the area is the gentle slope, the massif area is larger and the vegetation luxuriates, it is unfavorable to the surface runoff. Therefore, the amount of rainfall permeating into underground is abundant and the phenomenon of water permeating into caves is serious. From Lu Cave to Huangfugong Cave, on profile and plane, the lay fracture and the structural fracture run from east to west are the main permeating channel. In topography, the slope of the area is steep and the area of converging water is limited, so the phenomena of water permeating into caves is not relatively serious.

4. The chemical composition of the precipice rock takes CaO as the principal composition, generally the content of CaO reaches 44. 83 to 53. 43 percent in lime, while it reaches 29. 42 to 29. 97 percent in dolomite. Generally the content of MgO is 1. 13 to 4. 43 percent in lime, while it is 19. 75 to 21. 47 percent in dolomite. Mineral composition of precipice rock in caves takes calcite, dolomite as the principal composition. It is pure and helpful to karstification.

5. The chemical composition of the sediments takes CaO as the principal composition, which reaches 45. 45 to 51. 47 percent. The mud content of some sediments are relatively higher. Mineral composition of the sediments takes calcite as the principal composition. The type of sediment is the compound type of calcareous and tufa mud, and the compound type of chemical deposit and colloid deposit.

6. The main environmental geological diseases in the protected area are the falling of rock block, the water permeation, the karst diseases, the spalling caused by physical weathering and the pollution caused by smoke. To counter the main environmental geological diseases in the Longmen Grottoes area, some countermeasures taked as the prevention and repairing has been suggested as following:

1. The basic count measure of the environmental geological diseases is the grouting for the fracture. It should be especially paid attention to the test study of the new type of grouting material. 2. The main measure of preventing water disease is to combine the water proof pavement of the ground surface on the caves top with grouting for the fracture.

3. The corrosion hole in caves should be filled up with the mixture of rock scraps and mortar, and it is paid attention to the mortar's color is consistent with the original color of carved rock.

4. The physical treatment is recommended for coming off the karst accumulation

5. In order to increase the intensity of rock and the ability of rock preventing the weathering spalling, the rock intensifier should be used to reinforce the rock's surface.

6. The area polluted by smoke should be cleaned by the cleaning agent. It should be paid attention to the tests

study of chemical composition for producing the cleaning agent.

7. In order to strengthen the environmental monitoring, the fixed – point measurement should be taken by using the environmental monitoring car along with the two banks of Yi River at regular intervals in the protected area. A database of the Longmen Grottoes's of the environmental quality information should be established to provide scientific basis for tackling environmental problems. 8. In order to ensure the environmental quality of the Longmen Grottoes, the road along with Yi River located in the east mountain should be forbidden to pass through, and Luo – Ling Road's route should be changed to prohibit vehicular traffic passing through the area.

龙门石窟防渗灌浆试验研究

方　云　刘祥友　（中国地质大学）

李宏松　（中国文化遗产研究院）

李随森　陈建平　（龙门石窟研究院）

前　言

1500 多年以来，龙门石窟除遭受人为破坏外，在自然营力作用下，产生了严重的环境地质病害。这些病害使石窟雕刻艺术品遭到了较严重的破坏。近 20 年由于环境质量的恶化，石窟的病害有所加剧，其中以渗水病害最为严重。

为了加强对龙门石窟珍贵文化遗产的保护，经联合国教科文组织立项，选择龙门石窟西山区的潜溪寺洞、皇甫公窟和路洞三个实验洞窟进行保护工程试验研究。其目的是为了龙门石窟珍贵遗产的长久保存和研究利用，为整个龙门石窟的保护规划、保护工程设计和文物考查研究提供科学依据和完整的档案资料。

防渗灌浆试验研究项目由中国地质大学文化遗产和岩土文物保护工程中心、中国文化遗产研究院和龙门石窟研究院合作完成。试验研究拟选用的防渗材料为聚氨酯防水堵漏树脂（3M 聚氨酯）、超细水泥和水性环氧树脂，通过现场和室内试验提出不同材料的适用条件和可靠程度，确定施工工艺流程。

2004 年 7 月～2005 年 1 月，中国文物研究所完成了超细水泥的现场灌浆试验和部分室内灌浆材料试验研究。中国地质大学完成了部分室内试验。

根据 2005 年 1 月中日专家组在北京三方会议上对防渗材料试验研究项目的要求，增选材料类型，进行室内外对比试验，从中优选适合龙门石窟地质环境的最佳防渗材料和施工工艺，为龙门石窟保护工程技术（详细）设计、施工提供科学的依据。

受洛阳市文物局委托，中国地质大学（武汉）于 2005 年 8 月～2006 年 11 月进行了防渗材料性能和施工工艺的补充试验研究。采用超细水泥、水性环氧树脂、中国地质大学（武汉）纳米研究中心研制的新型水性环氧树脂纳米复合材料和聚氨酯树脂进行了现场灌浆对比试验研究。对从现场试验中筛选出来的超细水泥和水性环氧树脂的性能进行了系统的室内试验研究。

本文是在上述研究基础上完成的。

第一章　防渗材料试验计划

第一节　试验目的与实施依据

龙门石窟岩体的结构特征是控制地下水渗流网络及岩溶发育规律的决定性因素。张开性裂隙常成为大气降水的主要入渗通道。对张开性裂隙进行灌浆充填能有效地提高充填部位岩体表层的完整性，起到防渗堵漏的作用。

一、试验目的

1. 确定裂隙防渗材料的现场适用性能；

2. 确定现场防渗灌浆的施工工艺；

3. 通过室内外试验对比检验不同材料的防渗效果。

二、实施依据

1. 2003 年 7 月"龙门石窟保护专家论证会"的意见

2. 2003 年 10 月中日专家会议对后续研究工作的意见及提出的工作进度表

3. 2004 年 4 月专家组提出的"龙门石窟今后的工作项目"（日文稿）

4. 2004 年 10 月北京会议上中日联合专家组对龙门石窟保护修复工程后续工作的要求。

5. 2005 年 1 月北京三方会议上中日联合专家组对防渗灌浆材料试验研究项目的要求。

第二节　试验材料、内容和技术要求

一、试验材料

超细水泥（CT 充填料）

聚氨酯树脂

普通水性环氧树脂

新型水性环氧树脂纳米复合材料

改性环氧树脂

镁基膨润土硅酸盐防水新材料

二、现场试验

灌浆充填的效果取决于灌浆材料性能、施工工艺和石窟岩体的环境地质条件。需通过试验选取和确认可灌性好、黏结性能优越的材料和适当的施工工艺、方法。试验材料不仅要达到防渗要求，而且要符合修旧如旧、保持原状的原则。现场试验的具体内容如下：

1. 在路洞洞窟顶部北侧岩体表面选定 1 条张开性裂隙，采用防渗材料封填灌浆。其目的是进行窟顶防渗灌浆试验，隔绝大气降水通过卸荷裂隙直接入渗。

2. 对 1589 号洞窟内的渗水裂隙采用防渗材料进行窟内灌浆封堵试验。

3. 选定皇甫公窟下方一试验点，采用防渗材料进行灌浆封堵试验，其目的是进行宽裂隙防渗灌浆工艺试验。

4. 对洞窟内裂隙张开度比较大的卸荷裂隙预埋排水管，然后进行封堵。

5. 对所有封填材料表面进行做旧处理。

三、室内试验

重点是所选材料的性能检验，样品包括现场采取的原岩样品、灌浆材料。对灌浆材料的基本物理力学性能和灌注前后样品的防渗性能、加固效果进行对比，并结合现场试验成果，筛选最佳的灌注材料和施工工艺。

四、技术要求

目前国内对石窟裂隙防渗填充材料尚未有统一的国家规范和技术标准，现根据龙门石窟的具体情况提出裂隙防渗灌浆的技术要求如下：

1. 与原岩有较好的相容性

2. 和原岩之间有较高的黏结强度，后期强度不回降

3. 防水性和抗渗性能好

4. 可灌性好

5. 低收缩性

6. 适宜的凝结时间和较快的硬化速度

第三节　试验参数

1. 岩体组构参数——对所取的样品进行薄片鉴定，了解岩石的结构、碎屑组分、基质组分和颜色，并对其准确定名。

2. 微观结构、X荧光化学分析、X衍射矿物成分——了解样品中各化学组分的含量和矿物成分，通过微观结构分析调查其碎屑颗粒的大小、矿物成分、胶结物成分、孔隙的构成和孔隙度。

3. 密度、黏度、孔隙率、吸水率——测试原岩和材料的基本物理参数，作为材料选择中的一个必要参考因素。

4. 抗冻融、抗崩解、耐酸碱性——原岩材料、灌注材料的抗风化性能。

5. 抗压、抗拉、抗折、抗弯、抗剪——测试所选择的灌浆材料的力学性能，为施工设计提供科学依据。

6. 热膨胀系数和热传导率——测试温度变化对原岩和材料的影响差异。

7. 灌浆压力、灌浆半径——检查现场加固效果。

前六项由室内试验完成，后一项依托于现场试验。

第四节　试验场地的选择和试验设备

一、试验场地的选择

根据不同的防渗对策和施工工艺要求，选择3个试验点作为试验场地，参见图1。

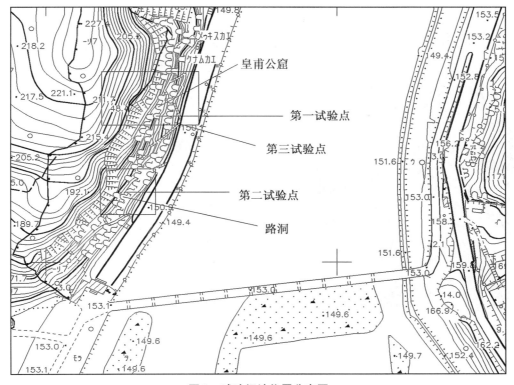

图 1　试验场地位置分布图

Fig. 1　Distribution of experiment sites

第一试验地点——1589 号窟。1589 窟目前已无保存完整的造像。窟内有一条贯穿全窟的渗水卸荷裂隙，其开口处被渗水沉淀物覆盖。该窟位于皇甫公窟南侧，距皇甫公窟中心 5.9 米，导水裂隙现状与皇甫公窟相近。1589 窟与皇甫公窟之间存在连通的渗水通道（图 2）。

第二试验地点——路洞北侧。路洞顶部北侧有一缓坡平台，裸露的裂隙众多，为大气降水的垂直入渗补给区。可作为顶部防渗的现场试验点（图 3）。

第三试验地点——皇甫公窟下方出露的一条隙宽较大的渗水卸荷裂隙（图 4）。可作为宽裂隙防渗灌浆的试验点。

二、现场试验设备

风枪 1 台；

电锤 2 台；

灌浆机 2 台；

3 米³ 空压机 1 台；

浆材搅拌机 1 台。

图 2　第一试验点

Fig. 2　Firstexperimental point

图3　第二试验点

Fig. 3　Secondexperimental point

图4　三号试验点

Fig. 4　Thirdexperimental point

第二章　防渗材料的现场试验研究

2004年7月～2005年1月，中国文物研究所李宏松负责进行了防渗灌浆材料的室内试验，2004年12月～2005年1月，李宏松、刘祥友、胡源、方云等在1589号窟进行了超细水泥的裂隙防渗灌浆试验。

第一节　张开性裂隙充填的目的和技术要求

在中国地质大学前期的工程地质勘察结论中，明确指出了龙门石窟的岩体结构特征是控制岩体变形、破坏、岩溶发育规律及地下水渗流网络的决定性因素。岩体结构受区域构造影响，主要表现为各种成因的裂隙（如构造裂隙、层面裂隙、卸荷裂隙等）及其相互作用。

在所有的裂隙中，张开性裂隙对石窟保护而言更为重要，它常成为主要的渗水通道。因此，龙门石窟的防渗材料试验研究将张开性裂隙充填材料及施工工艺研究作为一项主要的工作内容。

该项研究的目的在于：

1. 通过材料比选和现场试验，确定适合龙门石窟渗水裂隙封堵的材料和施工工艺。它是洞窟防渗工程的重要组成部分。

2. 在确定防渗性能的同时，张开性裂隙的充填还应有效的提高充填部位岩体表层的完整性。

为达到龙门石窟张开性裂隙防渗和黏结的两大目的，填充材料的技术要求是至关重要的。由于目前国内对该类材料还没有形成完整的技术标准，所以本次研究主要根据龙门石窟实际情况提出以下技术要求：

1. 适宜的凝结时间；

2. 较快的硬化速度和较高的早期强度；

3. 同岩石断面有较好的黏结强度；

4. 与原岩石有较好的相容性；

5. 后期强度不回降，耐久性好；

6. 防水和抗渗性好；

7. 低收缩；

8. 可灌性。

其中相容性主要表现在收缩应变，热膨胀系数，弹性模量，抗压强度，抗拉强度，黏结强度和稳定性。界面黏结材料必须是一种低收缩材料，否则在界面层会出现拉应力。其热膨胀系数及弹性模量与原岩应尽可能地保持一致，这样在温差变化及应力作用下，材料界面就不会出现应力集中，可以保证界面的良好结合。其抗拉强度应优于原岩，因为目前各类修补黏结材料一般都有足够的工程抗压强度，而实际在修补黏结材料中较易产生拉应力，所以必须选用抗拉强度大的修补材料。黏结材料必须具备较强的黏结强度，从而保证黏结的耐久性。材料的性质应在水环境中稳定性好，具有较低的化学活性。黏结材料的本体抗压强度应足以承受载荷。

第二节　2004 年现场试验研究

1. 现场试验区的选择与描述

2004 年 4 月 21 日，专家组现场勘察确定以 1589 号窟为本次现场试验区域。

选择该窟进行现场试验的依据为：

2. 该窟内目前已无保存完好的造像。

3. 该窟北壁有一条常年渗水的导水裂隙，且表面被渗水沉淀物覆盖，该现象在龙门石窟比较普遍，具有代表性。

4. 该窟中心南距皇甫公窟中心仅 5.9 米，渗水裂隙的保存现状与实验洞窟相近。

在该洞窟内选择两个试验区域（图 5）：

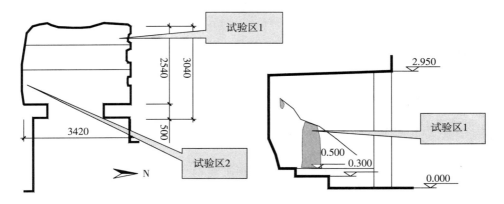

图 5　1589 号窟平面及剖面图

Fig. 5　Planar graph and profile of 1589#cave

一号试验区（图6）：

位于北壁，该区发育一导水裂隙，北壁出露长度为1.75米，产状120°∠59°。在该裂隙上、中部存在两个明显的潮湿区，如图3－18中绿色部位所示，上部长370毫米，中部长710毫米。

二号试验区：

位于南壁，与一号试验区位于同一条渗水裂隙上，但该处已被渗水沉淀物充填，无渗水点。试验区长0.30m，见图7。

图6　一号试验区

Fig. 6　Firstexperimental area

图7　二号试验区

Fig. 7　Secondexperimental area

二、试验目的及材料的确定

本次现场试验是根据材料室内试验的分析结果，进行的现场防渗漏灌浆试验和封缝堵漏试验，目的在于：

1. 检验材料性能

2. 确定施工工艺流程和技术指标

本次试验主要采用超细水泥和聚合物修补砂浆EC900两类无机材料进行。

3. 现场试验过程及工艺

现场试验从2004年12月4日开始至12月6日结束。

1. 现场防渗漏灌浆试验

现场防渗裂隙灌浆试验在一号试验区进行。

该试验由以下六道工序组成：

（1）钻孔

由于该渗水裂隙表面开口处大部分已被后期碳酸钙沉淀物封填，即使在两处渗水潮湿区域也被该类物质所覆盖，为确保灌浆堵漏效果，必须按一定间隔设置灌浆孔。其目的在于打穿渗水沉积物封填的表层，以保证灌浆液与表面封填层后的渗水接触。

本次试验沿渗水裂隙延伸方向在总长1.75米范围内，共布置了7个钻孔，平均间距200～300毫米

（图8）。钻孔方向 NE30°与裂隙面平行，顺裂隙面钻进。裂隙表层渗水沉积物填充层厚约250mm。大部分钻孔当时孔底见潮，一天后见水渗出，说明钻孔已和含水裂隙内部贯通。

（2）插管封孔

将外径13，内径5的硬塑料管插入，孔底预留一定空隙。原计划用聚合物修补砂浆 EC900 封孔，考虑到固化时间较长，本次试验的封孔材料采用的是洛阳市正昌水泥有限公司的普通硅酸盐水泥，并添加了中铁隧道集团洛阳建材有限公司的大瑶牌 881 型水泥速凝剂。添加后 5 分钟初凝，10 分钟有强度，确保了试验按计划进行。该道工序于 2004 年 12 月 5 日 14：00 完成。

（3）表面防护

为减少灌浆过程中浆液溅射对壁面的影响，本次试验采用地膜对整个壁面进行了防护，并用塑料制品对地面进行了覆盖（图9）。该道工序对于文物区内的灌浆作业而言，是必不可少的。该道工序于 2004 年 12 月 5 日 14：40 开始至 15：05 完成。

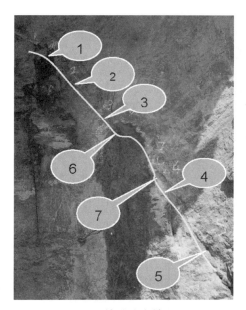

图8　钻孔分布情况

Fig. 8　Distribution of drilling holes

图9　表面防护

Fig. 9　Surface protection

（4）灌浆

灌浆料选用超细水泥，水：灰 = 2：3（重量比）。整个灌浆过程遵循从下至上的原则。

整个灌浆从 2004 年 12 月 5 日 15：20 开始至 2004 年 12 月 6 日 15：10 结束。总共消耗超细水泥40 千克（包括跑浆消耗的部分），总灌浆体积约 0.02 立方米。试验表明，灌浆压力设定为 0.3 MPa 较为理想。

（5）拔管封孔

灌浆结束后，将灌浆管拔出，用砂浆封口。该道工序于 2004 年 12 月 6 日 15：10 开始至 15：20 完成。

（6）表面清洗

用清水清洗溅落在岩壁表面的水泥斑点（图10）。

　　2004 年 12 月 30 日，对一号试验区的裂隙防渗灌浆效果进行了检查。图 11 为检查时拍摄的照片。原渗水潮湿区已完全干燥，不再渗水。长期观测记录表明，直至 2006 年 12 月，一号试验区一直处于不漏水的干燥状态。

图 10　表面清洗

Fig. 10　Surface cleaning

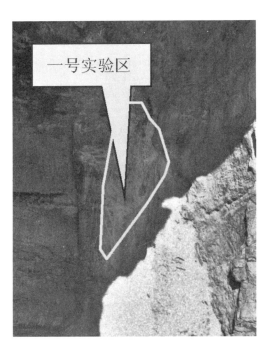

图 11　灌浆后的北壁

Fig. 11　North wall after grouting

2. 现场封缝试验

现场封缝试验在二号试验区进行。

该项试验 2004 年 12 月 6 日 11：30 开始，同日 12：00 完成。

封缝材料选用聚合物修补砂浆（EC900 高强修补料），砂浆配比：粉料：乳液 =6：1（质量比）。

（1）封缝前先用水冲洗裂隙并保持潮湿状态，但不得有积水。

（2）填缝过程采用硬质木刀或油画刀，将充填料塞入裂缝（图 12）。

（3）层层压密，一次填补不宜过多，避免内部产生气孔、空鼓、和裂纹等现象。

（4）填补后保持裂隙开口形状，不宜将裂隙填平（图 13）。

填补后先潮湿养护 7 天，然后自然养护，总养护期 28 天。

四、基本结论

通过上述现场试验，可得如下结论：

1. 对于已经被后期渗水沉淀物覆盖的洞窟内渗水区域，只要

图 12　现场封缝试验

Fig. 12　Experimentation of joint sealing

详细查明了导水裂隙的分布情况和产状，沿裂隙层面方向钻孔，穿透覆盖表层，进行防渗灌浆，可达到止水堵漏的目的。

2. 对于浅层的裂隙灌浆，建议采取低压灌浆技术。路洞和皇甫公窟可以采用0.3MPa的灌浆压力。

3. 对于防渗裂隙灌浆材料建议选择流动性较好的无机材料，例如超细水泥。

4. 对于表面封缝材料建议使用耐久性较好的，具一定强度的，在潮湿环境下易于施工的无机材料，例如聚合物修补砂浆（EC900高强修补料）。

第四节　2005年现场试验研究

一、有机材料的裂隙灌浆试验

1. 试验内容

2005年1月中日联合专家组对2004年防渗灌浆试验研究成果进行了评审，决定在龙门石窟采用多种材料进行现场防渗灌浆试验以便进行筛选，从中确定适合龙门石窟的最佳防渗材料。为此决定在一号试验点进行多种有机材料的防渗灌浆试验。

一号试验点为中日专家组现场勘察确定的1589号窟（图2）。该窟位于皇甫公窟南侧下方，距皇甫公窟中心5.9米。该窟内出露一条卸荷裂隙贯穿洞窟南北壁和后壁，产状120°∠59°。该裂隙的开口处大多被碳酸钙沉淀物覆盖。试验前仅北壁有2处渗水区域，常年渗水。这种卸荷裂隙切穿洞窟造成渗水的现象在龙门石窟非常普遍，对此类渗水裂隙进行防渗灌浆试验的成果具有很典型的意义。

2004年12月采用超细水泥对裂隙出露的北壁段进行灌浆封堵后，效果十分明显。封堵段再无水渗出。但是在洞窟后壁靠近窟顶的部位与南壁的下部沿该卸荷裂隙产生了新的渗水点，说明水又找到了新的排泄通道。

因此，2005年的现场试验决定对该渗水裂隙未灌浆的后壁和南壁分段选择不同材料进行防渗灌浆试验。试验目的在于检验材料的性能，确定施工工艺流程和技术指标。

最初决定在南壁下部采用水性环氧树脂灌浆，窟顶一段采用中国地质大学研制的纳米复合材料灌浆，二者之间采用聚氨酯树脂灌浆。试验材料分段示意图见图13。

灌浆试验于2005年9月进行。

由于石窟岩体表层风化破碎，为了防止洞窟表层岩体的破坏，不能采用高压力灌浆。对拟用的聚氨酯，选用空气压缩机灌浆泵和人工灌浆泵，采用0.1~0.3MPa的灌浆压力，反复试验均未能成功。由于含水裂隙中的水流入灌浆管，聚氨酯树脂在管内遇水即迅速发泡，堵塞灌浆泵，浆液无法进入岩体裂隙内部。由此得出结论：聚氨酯树脂灌注一般要求使用较高压力，因而不适用于石窟低压力灌浆。

因此，确定采用纳米复合材料代替聚氨酯树脂对裂隙的中段进行灌浆。最后采用的两种试验材料为：水性环氧树脂和纳米复合材料。两种材料的试验部位示意图可见图13，其中南壁的绿色段为采用水性环氧树脂灌浆，上部的浅蓝色段为采用纳米复合材料灌浆。

2. 试验步骤（工艺流程）

裂隙灌浆采用钻孔插管压力灌浆法。

具体试验步骤如下：

图 13　不同材料分段灌浆图

Fig. 13　grouting with different materials in sections

（1）布孔、钻孔

首先要对裂隙进行详细的研究，特别是对裂隙口的沉积物加以研究，并根据原有资料和现场裂隙调查资料沿裂隙的出露方位布置钻孔，目的在于利用钻孔穿透碳酸钙沉淀物充填层，保证浆液真正进入裂隙内并与水接触，以达到防渗的效果。

洞窟内总试验段的裂隙出露长度为 4.88 米，共布置了 18 个钻孔，平均间距 200 毫米左右。钻孔方向与裂隙走向一致，平行裂隙面钻进。因灰岩和白云岩的渗透性极差，如果钻孔偏斜，会造成浆液无法灌入。

裂隙口碳酸钙沉淀物填充层厚约 200 毫米，除一钻孔外，其余 17 个钻孔底部当时见潮，说明钻孔已和渗水裂隙内部的水贯通。

（2）插管洗孔、封缝

将外径 13 毫米，内径 5 毫米的硬塑料管插入钻孔，进行分段洗孔。

首先使硬塑料管在孔底预留一定空间，洗孔直至清水外流。然后把管向外拔出一段距离再次洗孔，直至流出清水停止洗孔。

洗孔完毕 1 小时后，使用洛阳市正昌水泥有限公司的普通硅酸盐水泥，并添加中铁隧道集团洛阳建材有限公司的大瑶牌速凝剂封缝。添加后 5 分钟初凝，10 分钟有强度。该道工序于 2005 年 9 月 12 日17：00完成。

（3）表面防护

对裂隙进行施工遮护，防止试验浆液污染造像，是石窟注浆非常重要的一道工序。为了减少灌浆过程中浆液溅射对壁面的影响，采用地膜对整个壁面进行保护，并用塑料膜对地面进行覆盖。

（4）加压注水

对要灌注的裂隙进行加压注水试验，检验封缝的效果。如发现渗水点，要及根据注水压力来确定合适的灌浆压力为 0.1～0.3MPa。

观察注水对周边洞窟可能产生的影响，并采取相应的防范措施。

（5）压力灌浆（图14）

1～5 号孔灌浆材料选用水性环氧树脂、6～18 号孔灌浆材料选用纳米复合材料。

整个灌浆过程遵循从下至上的原则。

灌浆压力采用 0.1～0.3MPa，逐级加大压力。加压过程中必须严密观察，谨慎控制灌浆压力。如果压力过大，容易出现跑浆，甚至会造成石窟表层岩体的破坏。

灌浆过程中要随时注意观察，发现漏浆情况，立即用丙酮溶液清洗，以免污染洞窟。

该试验点的灌浆于 9 月 25 日结束。

（6）表面清洗

用清水或丙酮清洗溅落在岩壁表面的浆液点。

（7）拔管封孔

浆液固化后，于 10 月 22 日将灌浆管拔出，采用砂浆封口。

（8）用水泥加岩粉作旧（图15）

采用超细水泥和普通硅酸盐水泥加灰岩岩粉，对灌浆裂隙的表面进行作旧处理。

图 15　作旧

Fig. 15　Archaizing

图 14　灌浆

Fig. 14　Grouting

3. 灌浆效果观察

从 2005 年 10 月至 2006 年 10 月进行了 1 年的观察。观察结果表明：

（1）尽管在连续降雨的条件下，南壁采用水性环氧树脂灌浆的试验段不再渗水。南壁下部原来非常潮湿的部位已完全干燥（图 16）。说明水性环氧树脂用于龙门石窟的洞窟防渗灌浆效果好，是比较理想的防渗材料。

（2）纳米复合材料灌浆的试验段在雨季仍有数处局部浸水潮湿点。防渗效果不如水性环氧树脂。

（3）1589 窟裂隙灌浆完成后，相邻的皇甫公窟南壁渗水加剧。由此可知，这 2 个洞窟之间的渗水裂隙是连通的。对主要裂隙灌浆封堵后，被阻在裂隙中的水体会在附近的空窟中排泄，不会滞留在裂隙之中。

（4）根据检验，可以大概确定在垂直裂隙的方向灌浆半径为 110~200 毫米。浆液主要是沿裂隙方向渗透。渗透距离与裂隙的张开度以及碳酸钙沉淀物的分布有关。

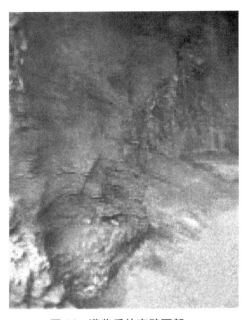

图 16　灌浆后的南壁下部

Fig. 16　South wall after grouting

4. 布设排水管

为了进行封堵与导排相结合的防渗设计，在第一试验点北壁下部沿裂隙钻孔布设了一个排水孔，长度为 80 厘米（图 17）。2005 年 10 月 22 日完成钻排水孔的工作。经过 1 年的观察，排水孔中未发现明显的排水现象，排水效果不理想。

图 17　钻排水孔

Fig. 17　Drilling a drain hole

5. 基本结论

一号试验点现场裂隙灌浆试验结果表明：

（1）对于被碳酸钙沉淀物充填的裂隙，只要进行详细的裂隙调查，选择合适的材料并沿裂隙走向钻孔灌浆，可以达到堵水的目的。

（2）水性环氧树脂的防渗效果好于纳米复合材料。

（3）灌浆材料应选择流动性好，具有适当的凝固时间的材料，这样施工比较方便可行。现场灌浆试验一个月后，水性环氧树脂浆液才达到凝结。纳米复合材料的胶凝时间过长，一个月灌浆管口处仍有少量液体滴出。必须加3%的速凝剂（固化剂），以加快凝结时间。

（4）对于石窟内的裂隙灌浆宜采用低压灌浆技术，以避免对洞窟岩壁和雕刻品造成破坏。灌浆压力可采用0.1~0.3MPa。

聚氨酯树脂不适合用于石窟防渗灌浆。

（5）普通硅酸盐水泥封缝，表面有泛白现象（图18），宜采用硅橡胶或聚合物修补砂浆进行表层封缝。龙门石窟研究院采用环氧树脂胶泥封缝，效果比较理想。

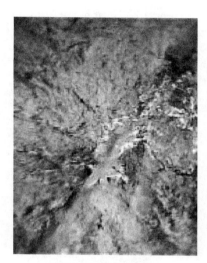

图18　封缝处泛白

Fig. 18　White specklesappeared on the surface of fractures

二、无机材料的裂隙灌浆试验

1. 试验内容

第二试验点位于路洞北侧顶部的缓坡平台，裸露的裂隙众多，为大气降水的垂直入渗补给区。在众多的平行崖壁的卸荷裂隙中，选择一条最靠近崖壁的裂隙，作为顶部防渗的现场试验点（图3）。目的是通过对洞窟顶部渗水裂隙的封堵解决洞窟内渗水的问题。

第三试验点为皇甫公窟下方出露的一条隙宽较大的渗水卸荷裂隙（图4）。可作为宽裂隙防渗灌浆的试验点。目的是进行洞窟外宽裂隙的堵排结合试验。

由于这两个试验点的裂隙都具有较大的张开度，拟采用超细水泥进行灌浆封堵。

2. 试验步骤（工艺流程）

裂隙灌浆采用钻孔插管压力灌浆法。

具体试验步骤如下：

（1）布孔　钻孔

首先要对裂隙现状进行详细的研究。

2号试验点的裂隙曾采用水泥进行过表面封护处理，但水泥与岩石连接处已多处龟裂起壳，且水泥下部的裂隙中夹有泥质充填物。该卸荷裂隙局部隙宽较大，为2~8厘米。沿裂隙发育有3个溶洞。溶洞平面形态为长条状，深度50~80厘米。

3号试验点的裂隙的隙宽为2~10厘米。

两个试验点的灌浆裂隙延伸均较平直。

根据现场裂隙调查资料，沿裂隙的延伸方向布置钻孔，目的在于穿透裂隙开口处沉淀物覆盖层，保证浆液真正进入裂隙内并与水接触，以达到防渗的效果。

　　2 号试验点沿裂隙延伸方向共布置了 13 个钻孔（图 19），平均间距 300 毫米左右，个别孔距较大，钻孔方向与裂隙走向一致。

　　对溶洞所处部位无需钻孔，直接插灌浆管。为防止浆液顺溶洞和宽裂隙漏入洞窟，造成污染，清理溶洞时，留余 20 厘米左右的泥质充填物，上部灌注参有混凝土砂浆。

　　3 号试验点沿裂隙延伸方向共布置了 14 个钻孔（图 20），平均间距 300 毫米左右，钻孔方向与裂隙走向一致。

　　（2）插管洗孔　封缝

　　将外径 13 毫米，内径 5 毫米的硬塑料管插入钻孔，然后分段进行洗孔。

　　首先，插入硬塑料管时在孔底预留一定空间，洗孔直至清水外流。

　　将管向外拔出一段距离，再次洗孔，直至流出清水停止洗孔。

图 19　2 号试验点钻孔分布图　　　图 20　3 号试验点钻孔分布图

Fig. 19　Distribution of drilling holes at second test point　Fig. 20　Distribution of drilling holes at third test point

　　洗完孔 1 小时后，采用添加了速凝剂的超细水泥封缝。封缝材料 5 分钟初凝，10 分钟有强度。

　　洗孔过程中发现 2 号试验点下方的路洞北壁顶部一裂隙出水点明显漏水，说明该出水点所在裂隙与 2 号试验点拟灌浆的卸荷裂隙是连通的。

　　（3）表面防护

对裂隙进行施工遮护，防止试验污染石窟。为了减少灌浆过程中浆液溅射对崖壁面和下部的石窟造成污染，采用塑料膜对对岩面进行保护，该道工序对于文物区内的灌浆作业而言，是必不可少的重要工序。

（4）加压注水

对要灌注的裂隙进行加压注水试验，检验封缝效果。如发现封缝处有漏水现象，应及时补封。

可以根据加压注水试验来确定合适的灌浆压力，可确定这两处试验的灌浆压力为 0.3~0.4MPa。

加压注水是密切观察灌浆对周边洞窟可能产生的影响，并及时采取相应的防范措施。

（5）压力灌浆

两个试验点灌浆材料均选用超细水泥。

最初使用的超细水泥的水灰比为水:灰 = 1:1.2（重量比）。灌浆过程中发现浆液过稀。为此将灌浆用的超细水泥的水灰比调整为水:灰 = 2:3（重量比）。

整个灌浆过程遵循从下至上的原则。

灌浆过程中要严密观察，发现有浆液漏出时，应立即用棉纱蘸水擦洗。

整个灌浆过程从 2005 年 9 月 24 日 9：30 开始至 2005 年 9 月 26 日 17：00 结束。

由于 2 号试验点的灌浆裂隙中有 3 个溶洞，因此 8~12 号孔先配制混凝土填充。配制混凝土的材料比为水:水泥:砂:石子 = 1:2:1:1。共填充混凝土 100 千克。

两个试验点总共灌入超细水泥 170 千克，总灌注体积约 0.32 立方米。

（6）拔管封孔

二号试验点 9 月 25 日灌浆结束，待浆液固化后，于 9 月 26 日将灌浆管拔出，然后用砂浆封口。

三号试验点 9 月 26 日灌浆结束，待浆液固化后，于 9 月 27 日将灌浆管拔出，然后用砂浆封口。

（7）表面清洗

用清水清洗溅落在岩壁表面的水泥浆液点。

（8）作旧

采用水泥加试验点原岩岩粉的调料对表层作旧。或采用砂浆加岩粉作为作旧的原料。

3. 研制试验设备

本次试验采用人工灌浆机和空气压缩机动力灌浆机。在一号试验点采用人工灌浆机和空气压缩机动力灌浆机进行了试验。二号试验点和三号试验点仅采用空气压缩机动力灌浆机进行灌注。

人工灌浆泵采用手工推动活塞的方式加压，用于低压下灌注化学浆液。其主要缺点是灌浆压力难于控制。用空压机可以较好的控制灌浆压力。

为了清楚的控制和观察灌入的浆液量，中国地质大学文化遗产和岩土文物保护工程中心研制出新的灌浆罐（图 21）。该装置采用透明的有机玻璃罐体，可以直接观察具体灌浆量的大小。该装置上的连接阀可以紧密的扣住灌浆管路，防止发生脱扣跑浆。进口的调节阀门和高精度压力表可以稳定而准确的控制灌浆压力。图 35 左图是无缝钢管制成的灌浆罐，用于高压下的灌浆。

4. 布设排水孔

在三号试验点的灌浆裂隙底部发育有一个小溶洞，利用这个溶洞作为裂隙中水的排泄口（图 24）。防

图 21　新型灌浆罐

Fig. 21　New type of grouting jar

渗灌浆终止于溶洞的顶部。预留出口可以减少裂隙内流水对灌浆材料的压力，将渗水在指定的位置排出石窟区。

5. 灌浆效果观察

从 2005 年 10 月至 2006 年 10 月进行了 1 年的观察。观察结果表明：

（1）路洞北壁顶部的渗水情况明显好转，与封堵裂隙连通的渗水点不再出水。但路洞整个北壁在雨季仍有渗水发生，因为在路洞北侧平台上有数条平行的渗水卸荷裂隙，现在仅封堵了其中一条，其余裂隙也与路洞相通，所以仍有渗水发生。

（2）三号试验点渗水裂隙封堵后，不再沿裂隙面渗水（图 23）。该段的水流主要通过底部的溶洞排出。但灌浆段的顶部发现沿突出的岩体底面仍有渗水发生。为此，对顶部的岩体进行了补充灌浆处理。处理后，解决了裂隙灌浆段顶部渗水的问题。

由此可知，龙门石窟的防渗灌浆可以多次重复补灌，直至解决渗漏问题为止。

（3）位于地表的超细水泥表面很快就发生龟裂，而砂浆长期观察没有龟裂现象。因此，不能采用超细水泥作为地表的封缝材料。

6. 结论

本次裂隙现场灌浆试验结果表明：

（1）对于窟内的渗水卸荷裂隙，水性环氧树脂和超细水泥都是有效的灌浆材料。其中以水性环氧树脂为首选。

（2）对于洞窟外的宽裂隙，超细水泥是理想的防渗灌浆材料。

图 22　预留排水孔

Fig. 22　Draining hole

图 23　灌浆后的三号试验点

Fig. 23　Third test point after grouting

（3）对于洞窟内岩体表层的裂隙灌浆宜采用低压灌浆技术，灌浆压力为 0.1~0.3MPa。洞窟外的裂隙灌浆压力可以稍高一些，可以采用 0.3~0.4MPa。

（4）防渗灌浆可以多次重复补灌。

（5）地表应以砂浆代替超细水泥作为封缝材料。

第三章　防渗材料的室内试验研究

第一节　试验内容

室内试验研究的内容包括龙门石窟区原岩的基本性质、用于裂隙灌浆的水性环氧树脂和超细水泥的性能对比分析。由于纳米复合材料和聚氨酯树脂现场灌浆效果不佳，且成本较高，因此在室内试验不作研究。

试验样品分现场取样和室内制样两类。在现场采用钻探取芯获取原状样品，在室内采用与现场试验相同的配合比制备灌浆材料的标准样品。

其中，水性环氧树脂的性能指标试验委托武汉理工大学有机材料国家重点实验室完成。

第二节　基本物理化学指标和成分

试验区灰岩和超细水泥的密度、孔隙率、吸水率的试验成果见表 1。水性环氧树脂的密度、黏度的试验成果见表 2。

表 1　灰岩和超细水泥的物理指标

Tab. 1　Physical indexes of limestone and superfine cement

	干密度 （克/立方厘米）	天然密度 （克/立方厘米）	饱和密度 （克/立方厘米）	孔隙率 （%）	天然吸水率 （%）	饱和吸水率 （%）
灰岩	2.728	2.73	2.74	0.438	0.073	0.44
超细水泥	1.39		1.72			23

表 2　水性环氧树脂的物理指标

Tab. 2　Physical indexes of water-borne epoxy resin

水性环氧树脂组分	密度（克/立方厘米）	粘度（MPa·s）
A 组分	1.15 - 1.25	300
B 组分	1.04 - 1.07	

　　由表可知，原岩的密度为 2.728 克/立方厘米，超细水泥的密度较小为原岩的 50.6%。水性环氧树脂 A、B 组分的密度更小，A 组分仅为原岩的 42.2% ~ 45.8%，B 组分仅为原岩的 38.1% ~ 39.2%。超细水泥和水性环氧树脂的密度仅约原岩的一半（图 24）。

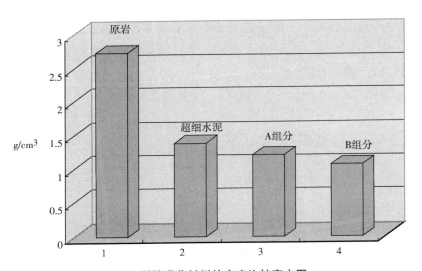

图 24　裂隙灌浆材料的密度比较直方图

Fig. 24　Comparison of density of grouting materials

　　原岩的饱和吸水率极低，仅 0.44%。而超细水泥的饱和吸水率高达 23%。

　　为了研究水性环氧树脂和超细水泥混合的复合材料的性能，室内在超细水泥浆中加入水性环氧树脂，按照水性环氧树脂占超细水泥质量 10%、20%、30%、40%、50% 的比例配制了超细水泥和水性环氧树脂的复合样。

　　对超细水泥和这些复合样进行微观结构分析的结果表明：

超细水泥裂隙灌浆材料为菊花状絮状物，平均粒径 5~15μ，可见气孔和微裂纹。

水性环氧树脂占 10% 的复合材料，结构松散，内有气孔，裂隙较大。

水性环氧树脂占 20% 的复合材料，结构较松散，内有裂隙。

水性环氧树脂占 30% 的复合材料，水泥与树脂网状结构交织，结构较紧密。

水性环氧树脂占 40% 的复合材料，虽有裂隙，孔洞，结构相对较紧密。

水性环氧树脂占 50% 的复合材料，水泥与树脂相容性较好，但还是有裂隙存在。

由此可知水性环氧树脂和超细水泥的复合物渗透性增大，防渗效果不理想。

在试验结束 25 天后，在一号试验点和三号试验点裂隙灌浆处都发现有白色物质析出。为此取 2 个试验点的析出物、路洞洞口背壁普通硅酸盐水泥上的析出物以及封缝所用 325 普通硅酸盐水泥和超细水泥进行了 X 衍射矿物成分对比分析，结果表明：

1 号试验点的析出物为 1589 窟顶纳米复合材料灌浆段封缝处的析出物，主要化学成分为 Na_2SO_4、Na_2CO_3、H_2O 和 $Na_2O \cdot 74CrO_2$。

路洞口背后普通硅酸盐水泥中析出物的主要化学成分为无水芒硝 Na_2SO_4。

3 号试验点析出物的主要化学成分为方解石和石英，与本次试验无关。

普通硅酸盐水泥和超细水泥主要成分一样，为 $3CaO \cdot SiO_2$、$2CaO \cdot SiO_2$、$3CaO \cdot Al_2O_3$ 和 $4CaO \cdot Al_2O_3$、Fe_2O_3。

综合分析认为，这些析出物主要是封缝的水泥泛盐碱产生的无水芒硝。

由于洞窟表面泛盐碱会污染壁面和雕刻品，建议裂隙灌浆封缝的材料使用硅橡胶或聚合物修补砂浆代替普通硅酸盐水泥，以避免裂隙封缝处泛盐碱的问题。

第三节 力学性能

试验所用的样品取自现场或在室内配制。室内配制样品的材料配比和制作方式除要求符合标准养护条件外，还要尽量模拟现场试验的相同条件。测试的材料包括原岩、超细水泥浆、水性环氧树脂，以及超细水泥和水性环氧树脂的复合样。

超细水泥的材料配比为水:灰 = 1:1.5。

超细水泥试样的标准尺寸为：5 厘米 ×5 厘米 ×5 厘米和 2 厘米 ×4 厘米 ×16 厘米。

一、原岩和超细水泥的力学性能测试

采用英国 Instran 公司液压伺服机对原岩和超细水泥进行了间接拉伸试验、抗剪试验和单轴压缩试验，采用静三轴压缩仪完成了抗折断试验。

表 3 为原岩力学试验成果表。

表 4 为超细水泥力学试验成果表。

图 25 为超细水泥的抗剪强度曲线。

二、水性环氧树脂的力学性能测试

水性环氧树脂的力学性能研究由武汉理工大学有机材料国家重点实验室和中国地质大学合作完成。试验完成时间为 2006 年 1 月~3 月。

1. 水性环氧树脂试样的制作

由于水性环氧树脂没有现行的固化条件标准，首先进行了不同烘箱温度下的制样试验。

试验结果表明，在不同的烘箱温度下，试样在很长时间内都不能达到完全固化，而且烘箱温度越高，烘烤时间越长，试样收缩很大，甚至出现断裂或者开裂。在固化过程中有大量水分蒸发出来，造成试样表面生成许多孔洞。

经过反复尝试，最终确定的固化条件为，烘箱温度 70℃，烘烤时间 20 小时。

表3　岩石的物理力学性质试验成果表
Tab. 3　Test results of physical and mechanical property of rocks

岩性 ＼ 试验		抗压			抗折		抗拉
		最大应力（MPa）	变形模量（GPa）	泊松比	最大应力（MPa）	变形模量（GPa）	最大应力（MPa）
灰岩	风干	92.607	25.081	0.171	14.08	0.052	5.127
	饱和	60.653	24.815	0.194	—	—	1.934
白云岩	风干	96.237	30.788	0.145	10.138	0.067	9.708
	饱和	72.913	32.11	0.204	17.015	0.059	7.19

表4　超细水泥的力学性质试验成果表
Tab. 4　Results of mechanical property test of superfine cement

超细水泥	抗压				间接拉伸强度（MPa）	抗折强度（MPa）	剪切	
	最大应力（MPa）	弹性模量（GPa）	变形模量（GPa）	泊松比			C（MPa）	φ（°）
风干	20.468	4.9115	4.789	0.2265	0.830	2.645	1.01	23.7
饱和	17.456	4.225	4.497	0.254		6.388		

制样条件和工艺流程：

首先各取一定质量的 A、B 组份试剂，分别放置在不同的烧杯中。

然后，把烧杯放在盛有一定量水的 KQ－200KDB 型高功率数控超声波清洗器中，在 40～50℃ 温度下预热 30～60 分钟。

待试剂稠度降低后，根据 A∶B＝1∶2.5 的质量关系，用数显式电子秤称取 A 和 B 试剂进行配制。

配好后，将装有混合试剂的烧杯放在搅拌台上，进行搅拌，搅拌棒的转速约 1500rad/min，搅

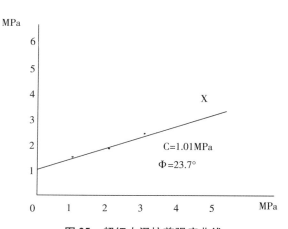

图25　超细水泥抗剪强度曲线
Fig. 25　Shearing strength of superfine cement

拌时间为 10 ~ 15 分钟。

搅拌均匀后，将混合试剂浇注在涂有液体脱模剂的模具中。

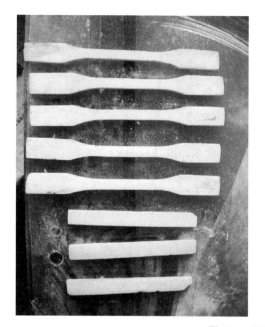

图 26　打磨后制成的试样

Fig. 26　Samples after grinding

由于样品在浇注成型过程中，许多细小气泡聚集在试样中，从而会影响试样的强度。采用三种试验条件（不做任何处理、加消泡剂、对试样抽真空）制样并进行比较。结果发现，对试样抽取真空的方法消除气泡的效果最好。所以采用此方法消除气泡的影响。

在放入烘箱烘烤的过程中，烘一个小时后在试样的上面压一层薄膜，防止试样弯曲。

压缩试样需人工加工成 10 毫米 × 10 毫米 × 20 毫米的尺寸。由于试样表面粗糙不平整，试样制成后，需在粗、细砂纸上打磨。打磨后的试样见图 26。

按照上述方法共制备了三组试样。然后将试样分成三组，在室温 20 ~ 25℃下，一组放在 7% HCl 溶液中浸泡 10h，一组放在 10% NaOH 溶液中浸泡 10 小时，一组放置在空气中。

2. 力学性能测试：

采用深圳市瑞格尔仪器有限公司的微机控制电子万能试验机对水性环氧树脂进行了拉伸强度、断裂伸长率、弯曲强度和压缩强度试验。

表 5 为水性环氧树脂常温下的力学试验成果表。

三、超细水泥和水性环氧树脂的复合样力学性能测试

室内对超细水泥和水性环氧树脂的复合样进行了抗压强度试验。

表 6 为超细水泥和水性环氧树脂的复合样的力学试验成果表。

表5 水性环氧树脂的力学试验成果表

Tab. 5 Results of mechanical property test of water-borne epoxy resin

材料	拉伸			弯曲			压缩	
	抗拉强度（MPa）	弹性模量（GPa）	断裂伸长率（%）	弯曲强度（MPa）	弹性模量（GPa）	挠度强度（MPa）	抗压强度（MPa）	弹性模量（GPa）
水性环氧树脂	8.96	0.255	4.97	15.35	0.335	13.43	67.29	0.247

表6 超细水泥和水性环氧树脂的复合样力学试验成果表

Tab. 6 Results of mechanical property test of multiplex samples

试验　　复合材料	抗压			
	最大应力（MPa）	弹性模量（GPa）	变形模量（GPa）	泊松比
10%水性环氧树脂	36.3	6.1	5.2	0.240
20%水性环氧树脂	29.1	4.0	3.6	0.251
30%水性环氧树脂	28.7	3.8	3.6	0.195
40%水性环氧树脂	25.9	3.6	3.6	0.197
50%水性环氧树脂	23.1	3.0	2.9	0.267

上述各种材料的力学性能比较分析：

（1）原岩的各项力学强度指标均较高，属于工程性质较好的岩体。水性环氧树脂的力学强度指标均接近原岩。水性环氧树脂抗压强度可以达到原岩风干抗压强度的72.6%，略高于原岩的饱和抗压强度（图27）。

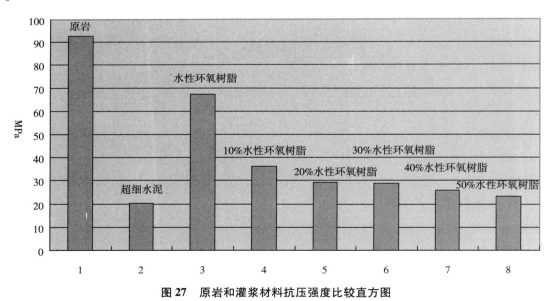

图27 原岩和灌浆材料抗压强度比较直方图

Fig. 27 Comparison of compression strength of grouting materials and rocks

（2）本次超细水泥抗压强度试验结果偏低，仅为原岩风干抗压强度的 22.1%。按照第三章提供的抗压强度指标，28 天龄期可达 60MPa，应接近原岩的饱和抗压强度。

（3）超细水泥和水性环氧树脂的复合体的抗压强度高于超细水泥而明显低于水性环氧树脂，10% 水性环氧树脂的复合体的抗压强度仅为纯水性环氧树脂抗压强度的 53.9%。随着水性环氧树脂加入量比例的增高，抗压强度呈缓慢降低。复合体的强度不理想。

（4）水性环氧树脂的抗拉强度比原岩和超细水泥高。超细水泥的抗拉强度很低，是原岩的 16.2%，不能承受拉力。水性环氧树脂的抗拉强度是原岩的 1.75 倍。因而水性环氧树脂的抗拉性能较好。（图 28）。

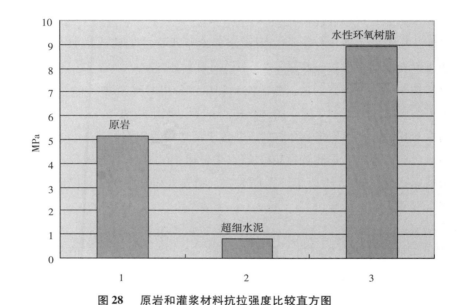

图 28　原岩和灌浆材料抗拉强度比较直方图

Fig. 28　Comparison of compression strength of grouting materials and rocks

（5）超细水泥的抗折强度是原岩的 18.8%（图 29）。水性环氧树脂的弯曲强度可以达到 15.35 MPa。

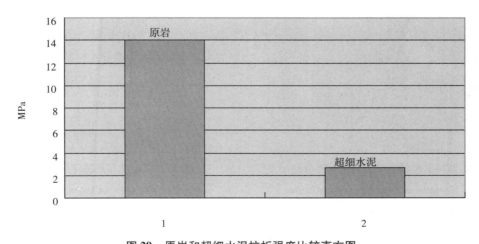

图 29　原岩和超细水泥抗折强度比较直方图

Fig. 29　Comparison of bending strength of superfine cement and rocks

（6）超细水泥 C 值为 1. 01 MPa，φ 值为 23. 7°。

综合以上各种力学试验结果可知，用于灌浆材料的水性环氧树脂的力学性能要优于超细水泥。

第四节　抗风化性能

一、抗冻融试验

抗冻融性是指材料在吸水饱和状态下，经多次冻融循环而不破坏同时也不严重降低强度的性质。水在冻结时，体积约增大9%，对材料孔壁产生的压力可达100MPa。在冻结压力的反复作用下，材料的强度降低，由表至里产生裂纹、剥落、崩溃、直至破坏。材料的抗冻融性能与其组织结构、内部孔隙、强度、吸水性能、耐水性能、抗渗性能等有关。

抗冻融性是灌浆材料的主要指标之一，因雨水或地下水往往会渗入灌浆材料中，冬天冻结，春天融化，反复的冻融过程会使灌浆材料破坏。

本次试验对超细水泥、潜溪寺的白云岩、路洞和皇甫公窟的灰岩进行了抗冻融性试验。

每组用三个不小于 φ5 厘米 ×10 厘米的试样进行试验，取平均值。

首先将样品在 150℃ 的条件下烘干后称重，并置于清水中浸泡饱和。

然后在 −25℃ 冷冻 4 小时，再放置在 20℃ 清水中融化4h，为一个循环。

观察和记录破坏过程，以 25 次为最终循环次数，测失重和强度变化。以试样松散，破坏体积达50%和裂隙扩大到完全贯通为破坏标准。

由试验结果可知：

1. 超细水泥：试样经过两次冻融出现微裂隙（图30），且裂纹有一定的延伸和张开度。经过七次循环后超细水泥样破坏。冻融中裂隙扩大较快，缝宽均在 2 毫米以上，迅速掉块。破坏方式以裂隙发育为主，伴随掉块，最终破坏成呈棱角状的散块。平均失重率为100%，无法做抗压试验（图31）。

图30　第二次冻融循环后超细水泥样品
Fig. 30　Samples of superfine cement after secondfreeze-dissolve circle

图31　第七次冻融循环后超细水泥样品
Fig. 31　Samples of superfine cement after seventh freeze-dissolve circle

2. 白云岩和灰岩：试样经 25 次循环仍未破坏（图32），基本无失重。说明岩石的抗冻融性能很强。

冻融试验的结果表明超细水泥的抗冻融性较差。在破坏的形态上，超细水泥比较容易形成裂隙面，裂隙的扩展最终导致试样的整体破坏。

另外，超细水泥在抗冻融试验前烘干时所形成的裂隙对试样的抗冻融性能产生了一定的影响。

二、抗酸碱性试验

1. 抗碱性

将超细水泥和原岩试件置于 10% 浓度的 NaOH 溶液中浸泡 4 小时。

再将样品置于清水中洗净，并在流动的清水中浸泡 48 小时。

然后烘干样品，测量样品的失重。

超细水泥表面出现一些细小的裂纹，但未形成掉块，样品有轻微增重，增加了 1.31%（图 33）。原岩试样未发生明显变化。

图 32　第二十五次冻融循环后的原岩样品

Fig. 32　Samples of rock after twenty-fifth
freeze-dissolve circle

图 33　抗碱试验后的超细水泥样品

Fig. 33　Samples of superfine cement
after anti-alkali test

在室温 20～25℃ 下将水性环氧树脂试件放置于 10% NaOH 溶液中浸泡 10 小时。将完成抗碱性试验后的水性环氧树脂，进行强度对比试验（图 34）。由试验结果可知，抗碱试验后的水性环氧树脂强度大小几乎不变，抗碱后水性环氧树脂的抗拉强度可达到原样抗拉强度的 98.3%，弯曲强度可达到原样弯曲强度的 96.7%，抗压强度可达到原样抗压强度的 87.9%。由此可见，水性环氧树脂的抗碱性能很好。

2. 抗酸性

将做过抗碱性试验的超细水泥和原岩试件置于 7% 稀 HCl 中浸泡 48 小时，超细水泥样品表面凹凸不平，见错综裂纹，其中一块试样中出现较大的裂隙。（图 35 和图 36）。

灰岩表面变得较粗糙，而白云岩基本无变化。

试验完成后，将样品置于清水中洗净，并在流动的清水中浸泡 48 小时，取出风干，测定样品的失重。超细水泥失重较大，达 9.62%。皇甫公窟灰岩和路洞灰岩的失重为 7%（图 37）。潜溪寺白云岩的失重很小，仅 1.29%。

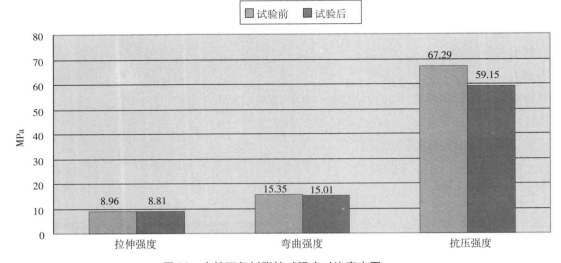

图 34　水性环氧树脂抗碱强度对比直方图

Fig. 34　Comparison of strength of water-borne epoxy resin after anti-alkali test

图 35　抗酸后的超细水泥样品

Fig. 35　Samples of superfine cement after anti-acid test

图 36　抗酸风干后的超细水泥样品

Fig. 36　Air-dry samples of superfine cement after anti-acid test

将完成抗酸碱性试验后的超细水泥风干，进行单轴抗压强度对比试验（表 5 – 14、图 38）。由试验成果可知，抗酸碱试验后的超细水泥单轴抗压强度下降了 64.5%。

在室温 20 ~ 25℃下将水性环氧树脂试件放置在 7% HCI 溶液中浸泡 10 小时。

将完成抗酸性试验后的水性环氧树脂，进行强度对比试验（图 39）。由试验结果可知，抗酸试验后水性环氧树脂的强度有所降低，抗酸性试验后水性环氧树脂的抗拉强度可达到原样的 86.3%，弯曲强度可达到原样的 65.9%，抗压强度为原样的 35.4%。

由此可见，水性环氧树脂的抗酸性能一般。

综上所述，超细水泥的抗碱性比较好，抗酸性能力较差。水性环氧树脂的抗碱性很好，抗酸性能力较好。

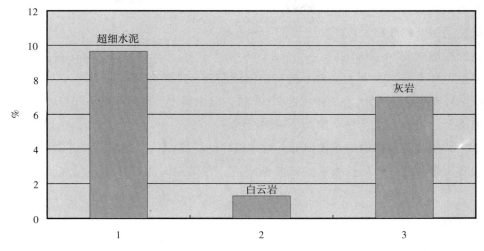

图37　原岩和超细水泥抗酸性失重对比直方图

Fig. 37　Comparison of weight loss of superfine cement and rocks after anti-acid

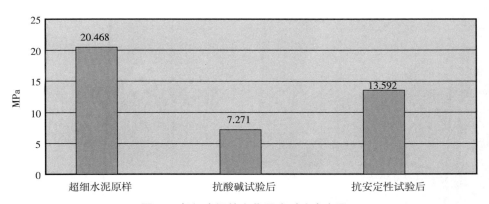

图38　超细水泥抗老化强度对比直方图

Fig. 38　Comparison of strength of superfine cement after aging test

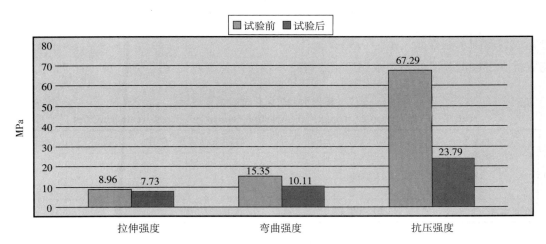

图39　水性环氧树脂抗酸强度对比直方图

Fig. 39　Comparison of strength of water-borne epoxy resin after acid test

三、安定性试验

安定性试验是粗略判断材料抗风化强度的一种方法。

试验需要配置饱和的 Na_2SO_4 溶液。

整个试验过程在室温 20～25℃条件下进行，保持溶液密度在 1.151～1.174 克/立方厘米。

先将全部试样在饱和 Na_2SO_4 溶液中浸泡 20 小时，取出稍干后放入 105～110℃的烘箱中烘 4 小时。

重复浸泡烘干，循环 5 次（后 4 次循环每次浸泡 4 小时）。

观察记录样品在试验过程中的变化情况，对未破坏的试样记录失重情况，并做强度对比测试。

本试验的实质是渗透到样品孔隙中的硫酸钠溶液，在结晶时因晶体迅速增大而膨胀，致使松散材料遭到破坏。

试验成果表明：

1. 超细水泥经第一次浸泡烘干后，表面产生细小的不规则裂纹。后四次循环过程中，裂隙逐渐加密，样品表面有小的碎片状掉块脱落（图 40）。

图 40　超细水泥的安定性试验
Fig. 40　Stability test of superfine cement

试验完成后超细水泥样品失重为 0.93%。

将完成抗安定性试验后的超细水泥风干，进行单轴抗压强度对比试验（表 7）。

表 7　超细水泥抗风化试验强度对比
Tab. 7　Comparison of strength of superfine cement after anti-weathering test

材料 ＼ 强度	单轴压缩强度（MPa）			
	试验前	抗冻融试验后	抗酸碱性试验后	抗安定性试验后
超细水泥	20.468		7.271	13.592

由试验成果可知，超细水泥材料的抗风化能力一般，抗安定性试验后的超细水泥单轴抗压强度下降了 33.6%。

2. 原岩的抗风化强度较高。经安定性试验浸泡烘干循环 5 次后原岩样品未出现任何变化，样品仅有轻微的增重（图41、图42）。

根据抗冻融、抗酸碱和抗安定性等一系列抗风化性能对比试验的成果可知，水性环氧树脂的抗风化性能总体比超细水泥好。

图41　安定性第一次循环后的原岩

Fig. 41　Stability of rock after first circle

图42　安定性第五次循环后的原岩

Fig. 42　Stability of rock after fifth circle

4. 热学性能实验结果比较

（1）热膨胀系数

对上述两种无机材料（超细水泥及聚合物修补砂浆 EC900）和洞窟原岩（采自路洞的石灰岩及潜溪寺的白云岩）进行热膨胀试验。将试验结果绘制成线膨胀率随温度变化曲线，见图43。图中蓝色线为聚合物修补砂浆 EC900，粉色线为超细水泥，黄色线为石灰岩，绿色线为白云岩。由图可知，随温度上升，无机材料线膨胀率先直线增大，至70℃达到峰值，随后下降。而岩石的线膨胀率始终随温度呈单调增加。二者有本质区别。

无机材料对温度变化较岩石敏感。在90℃时，材料的线膨胀率接近岩石线膨胀率。

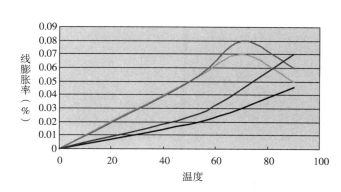

图44　两种无机材料与岩石膨胀系数比较直方图

Fig. 44　Comparison ofexpansion coefficient of two inorganic materials and rock

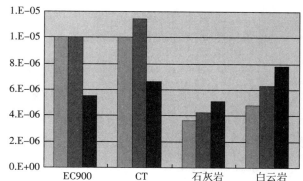

图43　两种无机材料与岩石线性膨胀率随温度变化曲线图

Fig. 43　Relationship between linear expansion rate and temperature of twoinorganic materials and rocks

热膨胀系数是随温度变化的，为了比较选取50、70和90三个温度点进行计算，将计算结果绘制成图44。图中白色代表50℃、红色代表70℃、蓝色代表90℃。由图可知，90℃时材料与岩石膨胀系数接近。

（2）热传导率

对上述两种无机材料（超细水泥及聚合物修补砂浆EC900）和洞窟原岩（采自路洞的石灰岩及潜溪寺的白云岩）进行导热试验，试验结果绘制热传导率比较直方图，见图45。

由图可知，两种材料的热传导率明显小于原岩。

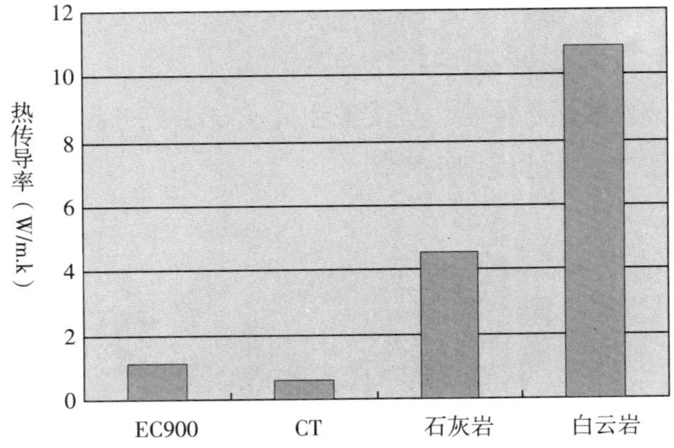

图45　两种无机材料与岩石热传导率比较直方图

Fig. 45　Comparison of thermal conductivity of two inorganic materials and rock

四、扫描电镜的镜相观察与分析

1. 材料中的主要微观颗粒组分

通过扫描电镜的镜下观察，无机材料中的主要组分由大小不等、磨圆不等的大颗粒、大小相对均一的小颗粒（白色）及胶结物质（灰色）组成，见图46。

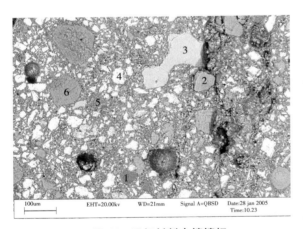

图46　无机材料电镜镜相

Fig. 46　SEM picture of inorganic materials

下面按图46中标注的顺序介绍无机材料中的各种组分。

（1）灰色，中小颗粒，次棱角状，平均砾径40～50μm。主要元素为O、Si。

（2）浅灰色，中颗粒，次滚圆状，平均砾径60μm。主要元素为O、Si、Ca及少量K、Mg、S。

（3）灰白色，大颗粒，次棱角状，平均砾径大于100μm。主要元素为Si、Ca、O、Mg、Al、K及少量S。

（4）白色，小颗粒，次滚圆状，平均砾径10～40μm。主要元素为Ca、Si、O、Al、Mg、K及少量Fe。

（5）灰色，胶结物。主要元素为Si、Ca、O、Al及少量Mg、K、S。

（6）灰色，中颗粒，滚圆状，平均砾径80μm。主要元素为Si、Ca、O、K及少量Al、Mg、K、S。

2. 超细水泥干湿交替15个循环前后的镜相比较

从镜下观察，干湿交替15个循环前后，超细水泥的微观结构无太大变化，黏结面上无裂纹。超细水泥中的微型孔洞是固化过程中形成的（图47）。

3. 聚合物修补砂浆（EC900）干湿交替15个循环前后的镜相比较

从镜下观察，干湿交替15个循环前后，聚合物修补砂浆（EC900）的微观结构也无太大变化，黏结面上无裂纹。

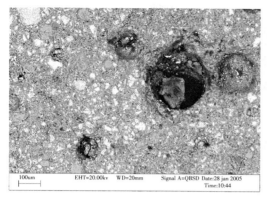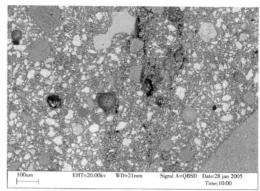

图 47　超细水泥干湿交替 15 个循环前后的镜相比较（左为循环前，右为循环后）

Fig. 47　Comparison of SEM of superfine cement before and after the 15ᵗʰ dry-wet circle

通过上述试验成果分析可知：

1. 超细水泥（CT 充填料）

高强度、流动性、微膨胀水泥基灌浆材料。其抗压、抗折强度较高。超细水泥的黏结强度较高，但略低于岩石抗拉强度。其饱和吸水率较低，但略高于岩石。其抗渗性好，耐候性较好，四次干湿循环下不崩解。因此，适合于浅层结构张开性渗水裂隙，可兼具灌注堵漏和结构加固双项功能。

2. 聚合物修补砂浆（EC900 高强修补料）

高强度、抗渗性水泥基封堵材料。其抗压、抗折强度较高。其黏结强度较高，且高于岩石的抗拉强度。饱和吸水率较低，有时略低于岩石的饱和吸水率。其抗渗性好，耐候性好，四次干湿循环下不崩解，且崩解耐久性指标仍高于98%。因此，适合于浅层结构张开性渗水裂隙的表面封缝堵漏。

结论与建议

裂隙防渗灌浆是龙门石窟的一项重要保护工程措施，是其他病害治理工程的基础和前提。龙门石窟特殊的岩体结构、岩性特征和环境条件，要求防渗材料性能必须适应石窟岩体的赋存条件。本次研究的主要内容是通过现场和室内试验，选取适用于龙门石窟裂隙防渗灌浆的性能优越的材料和施工工艺，提高防渗灌浆的有效性，为龙门石窟保护工程技术设计和施工提供科学的依据。

本次试验研究包括微观和宏观结构两个方面。微观上，系统而全面地分析了岩体和材料的显微结构。宏观上，试验范围囊括了原岩和防渗灌浆材料的物理化学性质、热学性质、力学性能和抗老化性能等。通过综合比较各种灌浆材料在不同条件下的特性，优化选择最佳的灌浆材料和与之对应的施工工艺。

在室内外试验的成果分析基础上，综合比较各材料的性能，可得出如下结论：

1. 通过对三个实验洞窟渗水点的调查可知，洞窟渗水点的分布规律与裂隙产状、张开度及后期渗水淀积填充改造有着紧密的关系。张开性卸荷裂隙是龙门石窟的主要渗水通道。

现场试验的成果表明：对于已经被后期渗水沉淀物覆盖的洞窟内渗水区域，只要详细查明了导水裂隙的分布情况和产状，沿裂隙层面方向钻孔，穿透覆盖表层，进行防渗灌浆，可达到止水堵漏的目的。

2. 根据现场试验的结果，建议对于洞窟表层的裂隙灌浆宜采用低压灌浆技术，灌浆压力为 0.1~0.3MPa。洞窟外的裂隙灌浆压力可以稍高一些，建议采用 0.3~0.4MPa。

3. 灌浆材料应选择流动性好，具有适当的凝固时间的材料，这样施工比较方便可行。对于窟内的渗水卸荷裂隙，水性环氧树脂和超细水泥都是有效的灌浆材料。其中以水性环氧树脂为首选。对于洞窟外的宽裂隙，超细水泥是理想的防渗灌浆材料。

聚氨酯树脂不适合用于石窟防渗灌浆。

5. 普通硅酸盐水泥封缝，表面有泛白现象。建议采用硅橡胶或聚合物修补砂浆进行表层封缝。

地表应以砂浆代替超细水泥作为封缝材料，以防超细水泥的表面开裂。

6. 室内试验表明，水性环氧树脂的材料性能总体优于超细水泥，具有流动性好、弹性好、力学指标接近原岩、抗风化能力强、不泛盐碱等优点。水性环氧树脂是低毒环保型新材料，是龙门石窟防渗灌浆的首选材料。

致　谢

本次研究项目在执行过程中，得到了 UNESCO 驻北京办事处项目官员杜晓帆博士的关怀和帮助。中方专家黄克忠、曲永新、刘景龙、胡东波等，日方专家冈田健、津田丰、中田英史等对项目给予了具体的指导，研究成果凝聚了他们的智慧和艰辛努力。洛阳市文物局和龙门石窟研究院的领导对研究项目给予了支持和帮助，使项目得以顺利完成。仅此一并致以深切的感谢！

Grouting Test to Prevent Water Seepage inside the Caves

Fang Yun, Liu Xiangyou   (China University of Geosciences)

Li Hongsong   (Chinese Academy of Cultural Heritage)

Li Suisen Chen Jianping   (Academy of Longmen Grottoes)

Abstract

The Longmen Grottos lies in Luoyang City of Henan province, which is 13km far from the city center. It is cut in the stony walls of carbonatite of the Xiangshan Mountain and Longmen Mountain which are in sides of the Yihe river. The conservation district of the grottos is 1km long from south to north and its area is about 4 square kilometers in total. It was cut originally in the Northen Wei Dynasty (AC 494), and then the work had been completed continuously in 400 years during the periods of the eastern Wei Dynasty、the Qi Dynasty、the Northern Zhou Dynasty、the Sui Dynasty、the Tang Dynasty and the Northern Song Dynasty. There are more than 2300 caves and niches, 40 topes, 3600 inscriptions, and 100, 000 statues in the caves. The Longmen Grottos are world-known as one of three famous grottos in China. The art of The Longmen Grottos is so rich and colorful that it supplies important practicality data to studies on the Buddhism history and the ancient carve art of China. The Longmen Grottos was publicized as the first set of the main countrywide cultural relic protection program by the State Department in 1961 and pitched on in the list of the world culture heritage in 1999.

During more then 1500 years, the serious environmental geological diseases have been emerged in the Longmen grottoes by natural power besides the man-made destroy. The carvings in grottoes have been seriously damaged by these diseases. In recent 20 years, these diseases have been aggravating as the environment worsening, especially the seepage water.

In order to strengthen the protection of the valuable culture heritage in Longmen grottoes, the Qianxi temple, the Huangpugong cave and the Lu cave in the grottoes spot of the West Mountain were selected as the subjects to be studied after the decision-making by UNESCO. The aim of the study is for the long-time preservation and reuse of the Longmen Grottoes. The results will supply the scientific foundation and integrated archives data for the protect programming, the design of protection engineering and the study on examination of cultural relic.

This project has been finished by the China University of Geosciences, the China Institute of Relics and the Longmen Grottoes Research Institute. The seepage prevention materials chosen in the research plan were the polyurethane colophony (3M polyurethane), superfine cement and waterborne epoxy resin. The article had proposed the applicable condition and the reliability degree of different materials and confirmed the technological process of construction by the field tests and laboratory tests.

The China National Institute of Cultural Property had finished the field grouting test about superfine cement and part of the laboratory tests from Jul. 2004 to Jan. 2005.

According to the requirement of the Chinese and Japanese Specialist Group of this project at the tripartite meeting in Beijing, the types of materials had been increased. The comparing tests of different materials had been completed in the field and the laboratory. The best seepage prevention material and the best construction technological process, which adapts to the geological environment of the Longmen Grottos, had been chosen. The results of tests can offer the scientific basis for detailed technical design and construction of the Longmen conservation project.

As a commission of the Administrative bureau of cultural Heritage of Luoyang City, the complement test study of the properties of the seepage – proof materials and the construction technology had been carried out by the China University of geosciences from Aug. 2005 to Nov. 2006. The contrast test study among Superfine cement, water – soluble epoxy resin, polyurethane and nanometer combined materials had been completed.

In order to ensure the successful completion of the project, a detailed scheme of grouting experiment in cracks in site are set down according to the previous survey, the engineering investigation, the engineering geological conditions, the existing diseases and the requirement of protection measures. The scheme had been demonstrated and defined from August 26th to 30th in 2005, The grouting tests in fractures in site had been done from Sept. 2005 to Oct. 2005.

The laboratory experiments had been made in Wuhan City from Oct. 2005 to Nov. 2006.

Based on the tests in site and the laboratory test, the main conclusions are obtained as following:

1. It can be seen by investigating that the distribution rule of the weep points of water has a close relationship with the aspect of fractures, the aperture of fractures and the cram of the separated deposition in fractures. The splaying fractures are main seepage tunnels in Longmen caves.

2. It is made clear by tests in site that for the seepage area covered by the separated deposition it is necessary to drill holes along the bedding surface of fractures on the premise of investigating in detail the aperture and distributions of control flowing fractures, and cut through the cram, then grout in fractures with the seepage – proof materials in order to achieve the goal of seepage prevention.

3. As for the fractures in shallow layer of the cavern, low – pressure grouting is available, and it is advised that grouting pressure is 0. 1 ~0. 3MPa. For the fractures outside the cavern, the grouting pressure should be a litter higher and 0. 3 ~ 0. 4 MPa is appropriate.

4. The grouting materials should possess the better flow property and the apposite clotting time in order to construction conveniently. For the unloading fractures seeped in carven, the water – borne epoxy resin and the superfine cement are both effective and the water – borne epoxy resin is better. As for the wide fractures outside carven, the superfine cement is suitable material.

The polyurethane resin is not reasonable as grouting material for caves.

5. The white speckles with saline – alkali had appeared on the surface of fractures because of using the ordinary portland cement as the caulking material. So the polysilicone rubber or the polymet – cement mortar for reparation is better

choice. Mortar should be used in place of the superfine cement as caulking materials on the earth surface to avoid the split of surface.

6. It is showed by laboratory tests that the property of the water – borne epoxy resin is better than the superfine cement. It is a material with fine flow property, fine elasticity. Its mechanics indices are close to the primary rock. It has the advantages of strong weatherproof ability and without saline – alkali and so on. The water – borne epoxy is low poison and the type of the environmental protection. It is the best choice for grouting in Longmen grottoes.

凝结水病害专题研究报告

方　云　严绍军　（中国地质大学）

杨刚亮　马朝龙　李建厚　（龙门石窟研究院）

前　言

　　龙门石窟自建成 1500 多年以来，在自然营力作用下，产生了严重的环境地质病害，这些病害使石窟雕刻艺术品遭到了较严重的破坏。由于近 20 年环境质量恶化，石窟的病害有所加剧。其中以水侵蚀病害最为严重，而凝结水病害是水侵蚀病害中不容忽视的一方面。

　　2003 年 7 月 "龙门石窟保护专家论证会" 在现场考察的基础上提出了龙门石窟凝结水危害的问题。根据 UNESCO 龙门石窟保护修复工程项目中日专家组 2005 年北京三方会议上提出的建议，对龙门石窟的凝结水立项进行专题研究，该项目由中国地质大学和龙门石窟研究院共同承担。根据课题组的现场考察，决定选取凝结水病害较严重的潜溪寺作为凝结水研究的试验洞窟。

　　凝结水专题研究的内容包括：现场调查和长期观察、凝结水定量采集仪器的研制、现场试验和室内分析。

第一章　凝结水病害的观测

第一节　凝结水时空分布规律

　　根据三个完整水文年的详细观测及记录，可以得到以下龙门石窟凝结水形成的时空分布规律。

　　1. 在时间分布上，凝结水的发生集中在 5～10 月。5 月以前不明显，7、8 月比较突出。

　　根据实际观测，2006 年 7 月 30 日～2006 年 8 月 29 日这 31 天里，潜溪寺内有 21 天有凝结水（图 1）。2007 年 7 月 17 日～2007 年 8 月 31 日这 46 天里潜溪寺内有 18 天出现了凝结水，并且其中有四天窟内的凝结水非常严重，整个窟内布满凝结水，壁面上的凝结水直往下流。宾阳南洞有 13 天出现凝结水（表 1）。2008 年 7 月 5 日～2007 年 9 月 4 日这 60 天里潜溪寺内有 27 天出现凝结水，其中比较严重的天数是 13 天（表 2）。2008 年夏季出现凝结水的时段主要集中在 7 月 10 日至 8 月 22 日之间。

　　通过三年的观测可以看出，4～5 月开始出现凝结水但强度不大，凝结水在每年的 7、8 月比较突出，再往后 9 月份随着龙门的天气转凉，凝结水极少出现。10 月以后不再出现凝结水。反映了在干燥寒冷的冬春两季基本不会发生凝结水现象，而湿润闷热的夏秋两季则水分凝结现象明显。

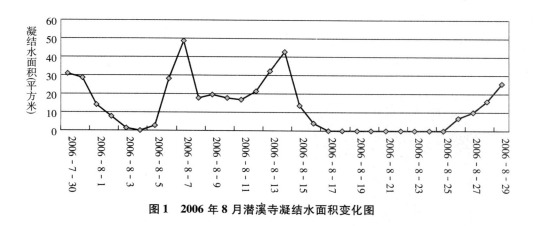

图 1　2006 年 8 月潜溪寺凝结水面积变化图

表 1　2007 年 7 月 17 日~8 月 31 日龙门西山部分洞窟凝结水情况（共 46 天）

洞窟＼天数	潜溪寺	宾阳北洞	宾阳中洞	宾阳南洞	皇甫公窟
有凝结水的天数/天	18	8	6	13	7
凝结水较严重的天数/天	4	0	0	2	2
出现凝结水天数比例/%	39.1	17.4	13.0	28.3	15.2

表 2　2008 年 7 月 5 日~9 月 4 日龙门西山部分洞窟凝结水情况（共 60 天）

洞窟＼天数	潜溪寺	宾阳北洞	宾阳中洞	宾阳南洞	皇甫公窟
有凝结水的天数/天	27	9	8	11	7
凝结水较严重的天数/天	13	1	1	4	2
出现凝结水天数比例/	45.0%	16.7%	15.0%	25.0%	15.2%'

观察统计表明，在上午 8~11 点钟之间，壁面凝结水分布最为丰富。

通常，在有雾天气、阴天和降雨前的湿度较大，则凝结水现象突出。主佛身上经常覆盖着湿气甚至水珠密布。随着降雨来临，窟外温度降低，凝结水逐渐减少，至晴天慢慢消失，一般可持续 2~3 天。大风的天气，空气流通较快，干旱的天气，水分蒸发较快，因此凝结水很少发现。闷热的天气，雕刻品会大量"出汗"。

2. 在空间分布上，整个龙门石窟西山范围内，凝结水出现频率最高的为潜溪寺和宾阳南洞，其他大型洞窟也会有凝结水产生。如 2007 年 8 月 9 日，天气状况为气温 23~31℃，阴，有雾，天气闷热，空气湿度已达到饱和。这一天龙门西山大部分大型洞窟内都产生了凝结水，包括：潜溪寺、宾阳三洞、万佛洞、老龙洞、莲花洞、破洞、唐字洞、魏字洞、药方洞、古阳洞、火烧洞、皇甫公窟和八作司洞。由此可见凝结水在龙门石窟的大部分洞窟内普遍存在。

3. 在洞窟内部的分布上，凝结水的分布范围主要是在窟壁的下部和地面上。主要表现是岩壁表面相当湿润，布满水珠，然后形成挂流，地面主要表现为潮湿和积水。其中以洞窟最里面正壁底部最为严重，在窟内雕像之间的岩壁上比凸出来的雕像身上凝结水更为严重。这与洞窟内部的空气流通不畅和洞窟湿度较大有密切的关系。

由前室→中室→后室，凝结水浸润程度依次变大。主尊两侧的深凹处凝结水聚集最丰富（图2）。

图2　凝结水富集在主尊造像南北两侧

宾阳中洞和南洞主尊两侧的下部小龛表面孳生的大量苔藓霉菌微生物，与该处凝结水的聚集也有密切的关系。

在石窟外露天的雕刻上没有发现凝结水的存在。

4. 在时空动态变化上，凝结水持续出现的时间随天气状况而异，一般在降雨前5个小时内达到高峰。在凝结水分布区的上部，水珠颗粒逐渐增大，直至在重力作用下呈线状朝下流动。使中下部保持过饱和浸润状态。

三个壁面上的凝结水朝下流动，与地面产生的凝结水汇集在一起，使地面产生积水。

第二节　凝结水的凝聚状态

凝结水的分布范围距地表有一定的高度，在窟壁上因吸附凝结水而潮湿的岩石与干燥岩石的交界处形成一条明显的水线（如图3）。水线是凝结水分布的边界。随着洞窟进深的增大，洞窟壁面的水线明显升高，洞窟尽头西壁的水线高度最大。根据系统的观察，洞窟内水线的位置随环境的变化而改变。潜溪寺内水线的最大高度可达6.5米，皇甫公窟内的水线能达到洞窟顶部。

凝结水在壁面的悬挂附着状态通常呈现水珠状散布状态（图4），水珠直径最大可达豆粒大小（3~5毫米）。凝结水形成时，在洞窟内四壁的下部挂满水珠，并附有一层水膜。在局部地方凝结水呈面状潮

图3　凝结水水线示意图

痕状态。附着在壁面上的土尘，由于吸附凝结水而黏结呈块状。当凝结水继续凝结时水珠则会在重力作用下往下运动，形成挂流现象（图5）。

图4   附着在岩壁上的凝结水珠   图5   水珠因重力作用往下流

第三节   潜溪寺凝结水病害的观测

1. 2006年7月30日～8月29日，对龙门石窟潜溪寺的凝结水病害进行了详细的观察。根据观测，可将这一期间潜溪寺的凝结水变化分成四个阶段：

第一阶段7月30日～8月4日，凝结水逐渐消失。

第二阶段8月5日～8月17日，凝结水产生、逐渐扩展、然后逐渐消失。

第三阶段8月18日～8月25日，无凝结水产生。

第四阶段8月26日～8月29日，凝结水产生并逐渐扩展。

2. 2007年7月18日～9月5日，对龙门石窟潜溪寺的凝结水病害进行了详细的观察和记录。可以得到和2006年夏天大致相同的规律。图6记录了潜溪寺的凝结水发生发展的规律：

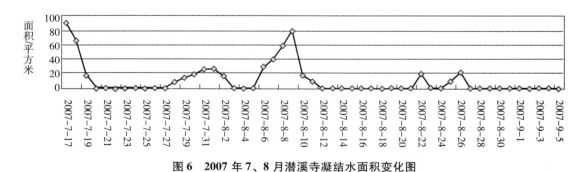

图6   2007年7、8月潜溪寺凝结水面积变化图

（1）7月17日～7月19日，凝结水从高峰到逐渐消失。

（2）7月20日～7月27日，无凝结水现象。

（3）7月27日～8月03日，7月27日凝结水产生，逐渐发展至7月31日达到峰值，然后逐渐减弱，至8月3日凝结水消失。

（4）8月03日~8月05日，无凝结水现象。

（5）8月05日~8月11日，8月5日凝结水产生、发展，至8月9日达到高峰，在8月12日最后逐渐消失。

（6）8月12日~8月21日，无凝结水现象。

（7）8月21日~8月23日，8月24日-8月27日，出现了2次凝结水，都不是很严重。

（8）8月27日~9月05日，无凝结水现象。

3. 2008年7月9日至9月4日对潜溪寺凝结水进行了详细的观测和记录。图7为2008年7、8月潜溪寺凝结水面积变化图。

7月9日开始产生凝结水，至7月14日达到峰值，延续至7月18日凝结水消失。

7月18日~7月24日，无凝结水现象。

7月24日又开始产生凝结水，至7月29日达到峰值，延续至8月1日消失。这次凝结水使2008年强度最大的一次。

8月1日~8月2日，无凝结水现象。

8月2日~8月5日，凝结水的强度非常小。从8月5日凝结水开始增大，至8月7日达到峰值，研习会至8月10日消失。

8月10日~8月18日，这个时间段基本无凝结水产生，仅有8月14日有少量凝结水产生。

8月18日~8月22日，也出现了凝结水。

8月22日~9月4日，无凝结水现象。

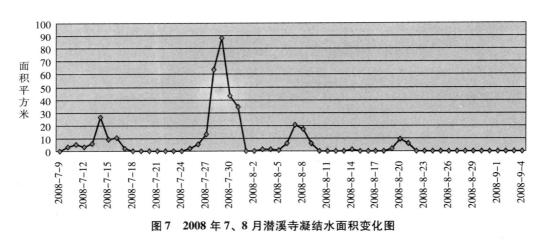

图7　2008年7、8月潜溪寺凝结水面积变化图

第二章　凝结水病害的影响因素及形成机制

第一节　凝结水病害的影响因素

1. 窟檐、通风对凝结水的影响

潜溪寺洞窟尽头主尊所在西壁的水线高度最大，反映了凝结水的形成与内部空气流通不畅密切相关。

即使在湿度小于70%、温差变化不大的情况下，在洞窟深处、雕像表面的转折和背风处，仍然可见凝结水的存在。这说明洞窟内部的气流流动速度缓慢，不利于蒸发过程的进行。蒸发和凝结是互逆的过程，此过程的控制因子主要取决于外部条件的动态平衡体系。当洞窟开敞、通风良好的时候，蒸发作用强烈，水汽凝结速率小于蒸发速率，要形成凝结水就变得十分困难。相反，无风的天气、窟檐遮蔽，蒸发过程微弱，则凝结作用增强，造成大量凝结水附着于雕刻品上。

打破蒸发和凝结的这种动态平衡，改善洞窟的通风条件，可以使洞窟环境朝有利于雕刻品保护的方向控制与发展。

2. 岩性、风化壳表层特征对凝结水的影响

龙门石窟总体上属于碳酸盐岩，从北到南，岩性依次为白云岩～鲕粒灰岩～石膏化微晶灰岩夹泥质条带灰岩。调查中发现，南段强风化区的洞窟内部很少发现大量凝结水存在；而在中北段石窟则比较常见。其原因在于质纯的白云岩、灰岩致密，渗透性和吸水率极低，附着于洞壁的水分无法渗入岩体之中或被岩体吸收，泥质条带灰岩层面裂隙发育，渗透性和吸水率相对较高，附着于洞壁的水分可以被岩体吸收，不易形成凝结水的形态。

另外，北段岩体厚度大，完整性好，开凿的石窟体量大，洞窟内外温差大。南段岩层较薄，开凿的洞窟体量小，洞窟内外温差小，不易形成凝结水。

3. 凝结核的影响

调查中初步发现，壁面粗糙的地方附着的尘粒较多，成为水汽凝结的场所。可以观察到大量以尘粒为核心的凝结水珠悬挂在洞壁之上。洞窟内大气中包含的微尘颗粒物质，吸附水汽，在合适的温度条件下就会凝结形成水珠，附着悬挂在壁面上。

4. 石窟区人工水面的影响

在龙门石窟北面伊河下游砌筑橡皮坝，使石窟区形成一个人工湖，改变了小气候环境，增大了石窟区的湿度，加剧了洞窟的凝结水病害。

5. 窟内渗水的影响

潜溪寺内卸荷裂隙与层面裂隙交错发育；由于降雨的影响，雨水沿裂隙向窟内渗透，主要表现为主佛两侧及窟口处的渗漏和南侧壁面及窟顶的长时间渗水。在多雨的夏季，由于潜溪寺内渗水的严重性，窟内地面长时间积水及南侧壁面长时间的湿润状态，对窟内湿度的影响极大，进而加剧了洞窟内凝结水的形成。

图8为2006年潜溪寺窟内湿度与外界大气湿度之差，从该图可知在7月与8月潜溪寺内的湿度普遍高于窟外的湿度，差值最高达30.6，且窟内湿度一直维持在较高的状态，这为凝结水的形成提供了良好的条件。

第二节 凝结水对石窟的危害

1. 在流动和蒸发过程中，凝结水与洞壁岩体相互作用，在洞壁上以结晶形式保留其运动的轨迹，使洞壁留下明显的不规则片状或条状白色沉淀痕迹，对石窟造成污染。

2. 凝结水富集的部位孳生微生物病害。

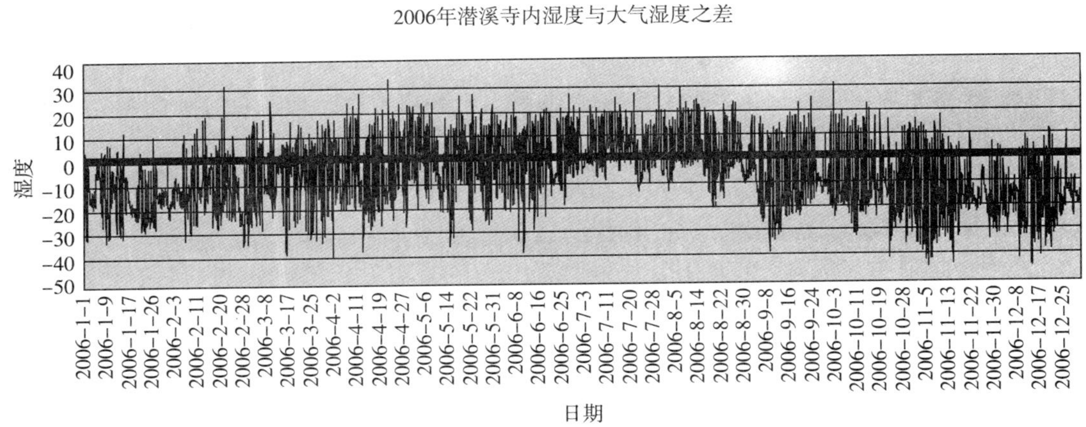

2006年潜溪寺内湿度与大气湿度之差

图8 2006年潜溪寺窟内湿度与大气湿度之差

3. 水分在窟壁的反复凝聚和蒸发，造成洞窟岩体表面的干湿变化，降低了洞窟岩体表层的强度，加剧了岩体风化。

2008年8月在潜溪寺北侧力士两脚之间的凹槽处采集了一定量的凝结水，并对该水样做了水质分析。根据水质分析成果可知：

1. 按库尔洛夫分类标准，潜溪寺北壁力士凹槽处的凝结水属于 $SO_4 - Mg$ 型水。

2. 根据2003年7月21日采集的潜溪寺雨季洞窟渗水的分析可知矿化度为 1238.65 ~ 1384.55mg/L，而此次分析的凝结水矿化度为 19685.32 mg/L，凝结水的矿化度是洞窟渗水矿化度的 14 倍。说明随着凝结水的形成与消退，将会在岩石表面空隙中形成次生盐类的结晶与溶解现象。矿物的结晶和吸湿过程往往伴随着体积的增长，从而在岩石内部形成张力，该作用是破坏岩体整体性和降低岩石强度的一个重要因素，所以凝结水的形成与消退会在很大程度上加剧潜溪寺岩体表面的风化。

3. 凝结水中 Ca、Mg、K + Na 离子含量普遍高于洞窟渗水，Ca 离子高出 2 倍，Mg 离子高出 33 倍，K + Na 离子高出 3 倍。凝结水中 Ca 离子的含量是泉水的 6 倍，随着凝结水的消失（蒸发为主），水体中 CO_2 浓度加大，会导致凝结水水中的 $CaCO_3$ 沉积而污染文物表面。凝结水中 Cl^- 离子含量是洞窟渗水的 18 倍；SO_4^{2-} 离子含量是渗水的 22 倍。凝结水中含有较高的 Cl^{-1} 和 SO_4^{-2} 根离子，这种水质成分有利于岩溶作用。凝结水具有较高的溶蚀能力，对石窟岩石及雕刻艺术品有显著的侵蚀性。

4. PH 值为 6.92 微酸性，接近中性。

第三节 凝结水的形成机制

洞窟内外的温差是形成凝结水的主控外因。通过对监测数据的分析比较可知，在夏秋季节洞窟内岩石表面的温度与窟外气温之间存在较大的温差，温差可达到 10℃ 以上。窟内岩石表面的温度低于窟外气温，容易在窟壁形成低温区，从而使过饱和的水汽层冷凝，造成水汽在温度最低的窟壁表面产生凝结。冬春季节窟内外温差较小，即使湿度很大也不会产生凝结水。

在较大的湿度下，洞窟内空气中存在的过饱和水汽是凝结水形成的控制内因和必要条件。夏季时潜溪寺窟内湿度很大。对潜溪寺温湿度监测数据进行分析，可以发现，凝结水丰富的 7~9 月，洞窟湿度都在 85% 以上，有时甚至达到过饱和。

洞窟裂隙渗水客观上会增加洞窟内部的湿度。

2005 年 9 月 22 ~ 10 月 4 日，龙门地区连续降小到中雨，有时为高强度降雨，在洞窟内很少发现凝结水。危害性水源变成洞窟渗漏水。

上述表面明：过大的湿度是凝结水形成的内因，而洞窟内外的温差变化、通风状况等是凝结水形成的外因。

1. 凝结核

水汽由气态变为液态的过程称为凝结，在大气中，水汽压只要达到或超过饱和水汽压，水汽就会发生凝结。

但是在纯净的空气中，即使水汽过饱和达到相对湿度为 300% ~ 400%，也不会发生凝结。这是因为纯净的空气中没有大量的吸湿性微粒物质，即缺少能促使水汽凝结的凝结核。

空气中的水汽要凝结就必须要有凝结核。龙门石窟中粗糙不平的岩壁及大气中的灰尘提供了水汽凝结所需要的凝结核。

2. 洞窟内外的温差

水汽凝结的另一个主要因素是洞窟内外的温差。通过对监测数据的分析比较，在夏季窟内岩石表面的温度与窟外气温之间存在的温差可达到 10℃ 以上，窟内岩石表面的温度与窟内大气温差也能达到 1 ~ 4℃（图 9）。窟内岩石表面的温度低于窟内气温，在窟壁形成低温区，从而使空气中的水汽过饱和冷凝，造成水汽在温度低的窟壁表面发生凝结。而在冬春季节不会在窟壁形成低温区，所以不会产生凝结水。

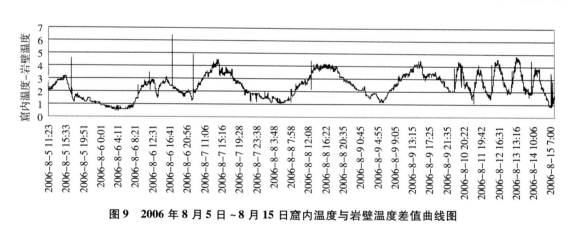

图 9　2006 年 8 月 5 日 ~ 8 月 15 日窟内温度与岩壁温度差值曲线图

3. 湿度的定义及相关量

湿度是表示空气中水蒸气的含量的物理量，常用绝对湿度、相对湿度、露点等表示。所谓绝对湿度就是单位体积空气内所含水蒸气的质量，也就是指空气中水蒸气的密度。一般用 1 立方米空气中所含水蒸气的克数表示，即

$$Ha = m_v/V \tag{1}$$

式中，m_v 为待测空气中水蒸气质量，V 为待测空气的总体积。单位为克/立方米。

相对湿度是表示空气中实际所含水蒸气的分压（e_w）和同温度下饱和水蒸气的分压（e）的百分

比，即

$$E = (e_w/e) \times 100\% RH \tag{2}$$

通常，用 RH% 表示相对湿度。

当温度和压力变化时，因饱和水蒸气变化，所以气体中的水蒸气压即使相同，其相对湿度也发生变化。日常生活中所说的空气湿度，实际上就是指相对湿度而言。温度高的气体，含水蒸气越多。若将其气体冷却，即使其中所含水蒸气量不变，相对湿度将逐渐增加，增到某一个温度时，相对湿度达 100% 呈饱和状态，再冷却时，蒸气的一部分凝聚生成露，把这个温度称为露点温度。即在气压不变的条件下空气为了使其水蒸气达饱和状态时所必须冷却到的温度称为露点温度。气温和露点的差越小，表示空气越接近饱和。

4. 凝结水的最终形成

在夏季，窟内岩石表面的温度与窟内气温之间存在一定的温差，达到 1 ~ 4℃，窟内岩石表面的温度低于窟内气温，在窟壁形成低温区。当这个温度低于露点温度时，使空气中的水汽过饱和冷凝，水汽在温度低的窟壁表面发生凝结。

5. 露点温度的计算

由上述得知，可以根据岩壁温度是否低于露点温度来判定水汽是否凝结，露点温度可以根据饱和水汽压公式计算。

从 1947 年起，世界气象组织就推荐使用 Goff-Grattch 的水汽压方程。该方程是多年来世界公认的最准确的公式。它包括两个公式，一个用于液 - 汽平衡，另一个用于固 - 汽平衡。

对于高于冰点的饱和水汽压（用于液 - 汽平衡）：

$$\lg e = 10.79586(1 - T_0/T) - 5.02808 \lg(T_0/T) + 1.50475 \times 10^{-4}[1 - 10^{-8.2969(T_0/T-1)}]$$
$$+ 0.42873 \times 10^{-3}[10^{4.76955(1-T_0/T)}] + 0.78614 \tag{3}$$

式中，e 为饱和水汽压，T_0 为水三项点温度 273.16K，T 为窟内大气温度 K。

上式 1966 年被世界气象组织发布的国际气象用表所采用。

上述的 Goff-Grattch 饱和水汽压公式比较繁杂。实际工程实践中多采用一组简化饱和水汽压公式进行计算：

对于高于冰点的饱和水汽压：

$$e = [1.0007 + P \times 3.46 \times 10^{-6}] \times 6.1121 \times \exp\left[\frac{17.502 \times t}{240.9 + t}\right] \tag{4}$$

式中：e 为饱和水汽压 mbar（1mbar = 100Pa）；P 为综合压力 mbar（1atm = 1013.25mbar）；t 为窟内温度℃。

凝结水的露点温度在冰点以上，则首先用式（3）来计算饱和水汽压，再根据饱和水汽压与相对湿度计算水气分压：

$$e_w = e \times E \tag{5}$$

式中：e_w 为水气分压 mbar；E 为相对湿度。

露点温度可以根据水气分压值按下述简化公式进行计算。

在水面上：

$$t_{d} = \frac{243.12\ln(e_{w}/611.12)}{17.62 - \ln(e_{w}/611.12)} \tag{6}$$

龙门石窟凝结水的露点温度根据第（6）式来计算。

第三章　试验点环境监测数据分析

凝结水定量测试选定在潜溪寺西南角，潜溪寺南壁弟子与菩萨之间的岩壁。该处凝结水十分丰富。在试验点附近距离地面120厘米处安装岩壁温度传感器和洞窟温湿度传感器（图10），自动采集试验点的岩壁温度、洞窟大气温度与湿度。

根据监测点采集的数据，运用第二章中的公式计算岩壁的露点温度。然后用露点温度与岩壁温度进行比较。当岩壁温度低于露点温度时，壁面上产生凝结水，反之则不产生凝结水。

第一节　2006年潜溪寺下部凝结水变化规律

2006年潜溪寺凝结水的变化规律如下：

1. 图11为根据8月1日～8月4日采集的数据计算出来的露点温度与岩壁温度之差随时间变化的曲线图。其中8月2日凌晨2点～中午12点之间有数据缺失。当计算的温

图10　潜溪寺内试验点环境监测点的位置

差值为正值时，岩壁温度低于露点温度，岩壁上出现凝结水；当温差值为负值时，岩壁温度高于露点温度，岩壁上不出现凝结水。即图12中曲线位于横坐标之上时对应的时段，岩壁会产生凝结水，曲线位于横坐标之下时对应的时段不产生凝结水。理论计算的结果与实际观察到的现象十分吻合。

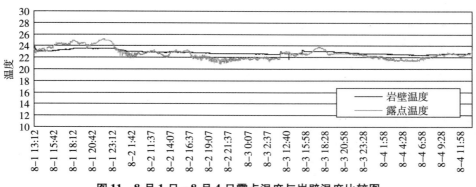

图11　8月1日～8月4日露点温度与岩壁温度比较图

由图12可知：8月1日下午13：00到8月2日0：00这段时间内，岩壁温度低于露点温度，洞窟壁面有大量的水汽凝结。8月2日0：00到8月3日8：40，大部分时间岩壁温度高于露点温度，不产生凝结水。仅一小部分时间（8月2日11：37～12：37、15：07～16：37）岩壁温度低于露点温度，有少量

新的凝结水产生。8月3日8：40至8月3日18：28，局部时段（8：40～12：40、16：28～18：28）岩壁温度低于露点温度，有少量凝结水产生。8月3日18：53至8月4日9：28岩壁温度高于露点温度，无凝结水产生。8月4日9：28到11：58局部时段有凝结水产生。

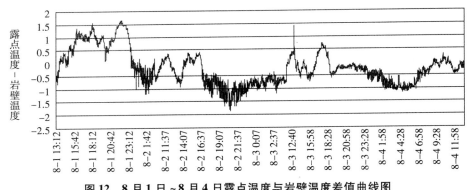

图12　8月1日~8月4日露点温度与岩壁温度差值曲线图

　　现场观察的记录表明：8月1日洞窟内凝结水比较严重。8月2日凝结水面积已消失了大半。8月3号残存的凝结水区域水线高度仅剩距地面10cm。8月4日窟内凝结水已基本消失。8月2日至8月4日，凝结水的面积一直在减小，岩壁上的凝结水主要处于蒸发状态。这与理论计算的结果是一致的。

　　2. 图13为8月4日至8月17日潜溪寺洞窟下部露点温度与岩壁温度随时间变化曲线。8月4日下午13：22至18：27，岩壁温度接近露点温度，尚未产生凝结水，8月4日18：27以后，岩壁温度明显低于露点温度，岩壁上凝结水产生，说明这段时间是凝结水逐渐生成的阶段。之后曲线当中大部分时间段岩壁温度低于露点温度，温差有高有低，这一时段为始终有凝结水补充。最后，岩壁温度又从低于露点温度趋于接近超过露点温度，凝结水逐渐消失。现场观测的结果是：8月4日13：00到8月5日8：00，窟内未出现凝结水。8月5日11：00，观测发现窟内已经开始出现凝结水，水线在离地面1.1m处。8月5日13：50，水线高度升高了一点，但范围扩大了很多。到8月5日下午17：00，水线已上升到了3.4m的位置。8月5日是凝结水逐渐生成的一天。从8月6日到8月14日，窟内一直有凝结水，只是凝结水的面积有升有降。从8月15日到8月17日，则是凝结水逐渐消失的阶段。直至8月17日，凝结水在壁面彻底消失。观察的现象与理论计算结果一致。

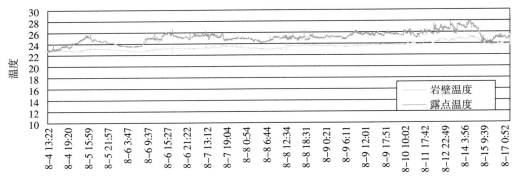

图13　8月4日~8月17日露点温度与岩壁温度比较图

3. 图 14 中，岩壁温度均高于露点温度，仅 8 月 24 日 9：45 有一个计算点的岩壁温度低于露点温度，表明 8 月 17 日 ~ 8 月 25 日岩壁上不会产生凝结水。实际观测的结果也是如此。这段时间窟内一直非常干燥，未出现凝结水。

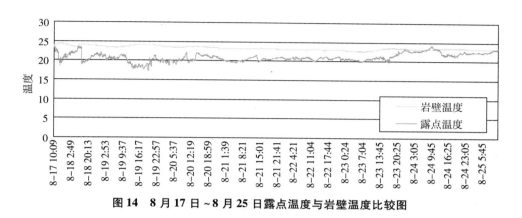

图 14　8 月 17 日 ~ 8 月 25 日露点温度与岩壁温度比较图

4. 图 15 中，岩壁温度均低于露点温度，理论计算的结果表明，8 月 25 日 - 8 月 29 日这段时间窟内会产生凝结水。实际观测结果也是如此。

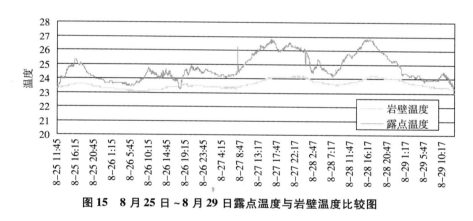

图 15　8 月 25 日 ~ 8 月 29 日露点温度与岩壁温度比较图

第二节　2007 年潜溪寺下部凝结水变化规律

2007 年潜溪寺的凝结水变化规律如下：

1. 图 16 为 7 月 24 日 ~ 7 月 27 日潜溪寺洞窟下部露点温度与岩壁温度随时间变化曲线。由图可知，7 月 24 日 11：42 至 27 日 23：42 的这段时间内，有 4 个时段岩壁温度低于露点温度，形成凝结水。其余时段无凝结水产生。

2. 7 月 28 ~ 8 月 02 日实际观察到是现象是潜溪寺内凝结水逐渐产生发展最后逐渐减弱，窟内的凝结水始终不是很严重。图 17 中，4 个时间段岩壁温度低于露点温度，其余时间段无凝结水。

图 16 和图 17 中产生凝结水的时段都不连续。

3. 8 月 03 日 ~ 8 月 04 日实际观察潜溪寺窟内没有发现凝结水，从图 18 也可以看出这段时间岩壁温度高于露点温度，水汽应该不会在岩壁上凝结，与实际观察相符。

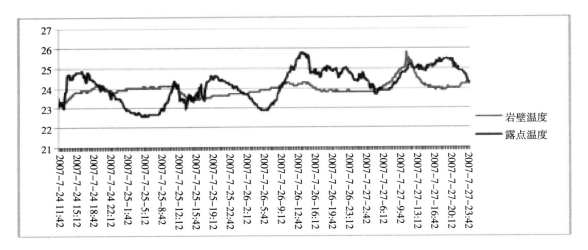

图16   7月24日~7月27日露点温度与岩壁温度比较图

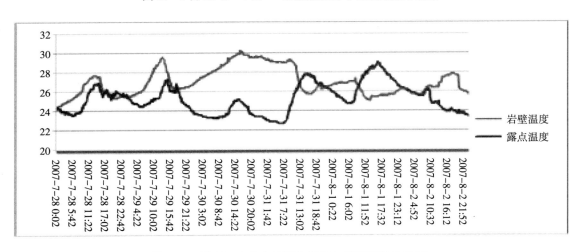

图17   7月28~8月2日露点温度与岩壁温度比较图

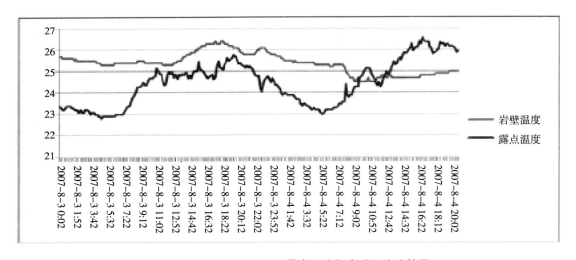

图18   8月3日~8月4日露点温度与岩壁温度比较图

4. 由图 19 可知, 8 月 7 日~8 月 11 日之间岩壁温度大部分时间低于露点温度, 说明这期间水汽凝结, 实际观察这段时间潜溪寺窟内存在凝结水。8 月 9 日 21:39 至 8 月 10 日 13:19 这段期间的数据误差由传感器故障产生。

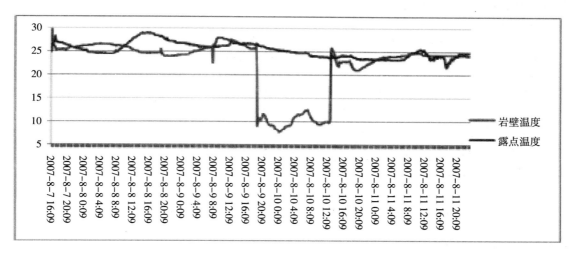

图 19   8 月 7 日~8 月 11 日露点温度与岩壁温度比较图

5. 8 月 12 日~8 月 17 日测得的岩壁温度在露点附近浮动, 但大部分时间内高于露点温度（图 20）, 说明这段时间内不利于水汽的凝结, 而是以蒸发为主, 因此这段时间内潜溪寺窟内应该是没有凝结水的产生, 实际观察凝结水也不明显。

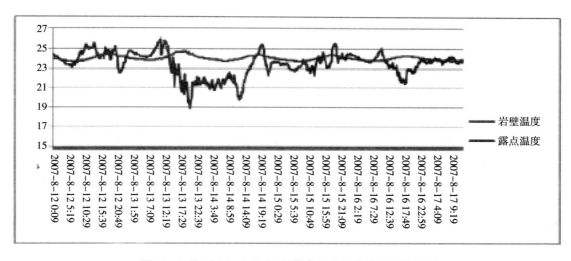

图 20   8 月 12 日~8 月 17 日露点温度与岩壁温度比较图

第三节   2008 年潜溪寺下部凝结水变化规律

1. 图 21 上方为 7 月 10 日~7 月 17 日潜溪寺洞窟下部露点温度与岩壁温度随时间变化曲线, 下方蓝线为岩壁温度与露点温度差值随时间变化曲线。由图可知, 从 7 月 10 日 0:00 开始, 岩壁温度明显低于露点温度，岩壁上开始产生凝结水，说明这段时间是凝结水逐渐生成的阶段。之后曲线当中大部分时间段岩壁温度低于露点温度，温差有高有低，这一时段为凝结水保持发展阶段。最后，岩壁温度又从低于露点温度趋于接近露点温度，凝结水逐渐消失。现场观测的结果是从 7 月 10 日到 17 日均有凝结水产生，14 日凝结水到达高峰，凝结面积为 26.4030 平方米，到 18 日消失。观察的现象与理论计算结果一致。

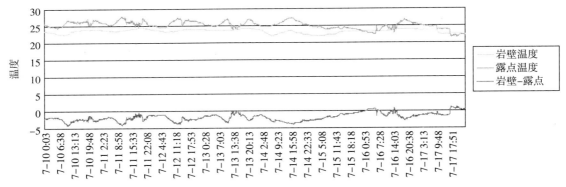

图 21　2008 年 7 月 10 日~7 月 17 日露点温度与岩壁温度比较图

2. 图 22 中，岩壁温度均低于露点温度，理论计算的结果表明，这段时间窟内会产生凝结水。而且从 7 月 28 日到 7 月 31 日温差很大，说明产生的凝结水量会很大。实际观测结果与理论计算完全一致。

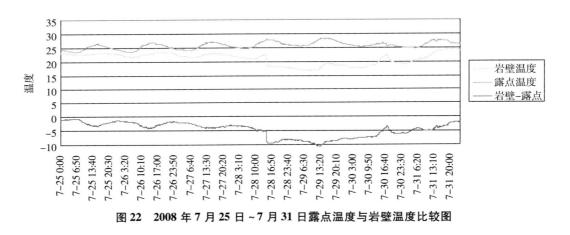

图 22　2008 年 7 月 25 日~7 月 31 日露点温度与岩壁温度比较图

3. 图 23 中，从 8 月 3 日~8 月 9 日岩壁温度均低于露点温度，理论计算的结果表明，这段时间窟内会产生凝结水。实际观测结果与理论计算完全一致。

4. 图 24 中，在这段时间内，岩壁温度和露点温度互有高低，在 12 日、13 日、14 日这三天岩壁温度低于露点温度，理论上会产生凝结水，而其他时间段不会产生凝结水。实际观测的结果是 12 日、13 日两天凝结水现象不明显，14 日则较为明显，凝结面积为 1.1808 平方米，其他时间均为产生凝结水。理论计算和实际观测结果基本一致。

5. 图 25 中，8 月 19 日~8 月 21 日岩壁温度均低于露点温度，理论计算的结果表明，这段时间窟内会产生凝结水。实际观测结果是 19 日开始产生，20 日凝结水面积达到最大，21 日凝结水面积减小，22 日则完全消失，与理论计算完全一致。

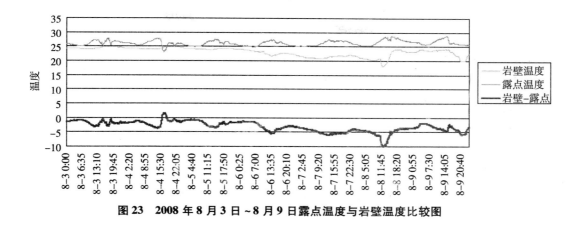

图 23　2008 年 8 月 3 日~8 月 9 日露点温度与岩壁温度比较图

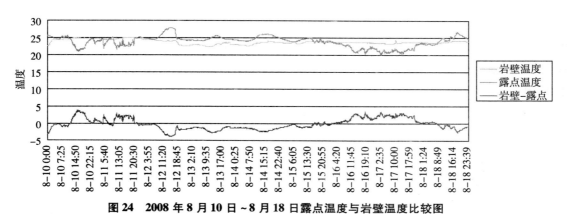

图 24　2008 年 8 月 10 日~8 月 18 日露点温度与岩壁温度比较图

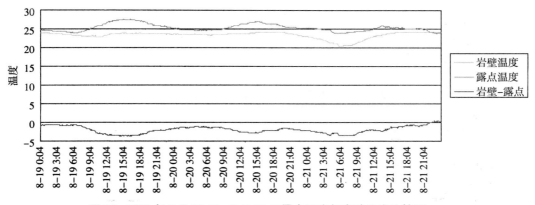

图 25　2008 年 8 月 19 日~8 月 21 日露点温度与岩壁温度比较图

8. 图 26 中，岩壁温度在露点温度附近高低浮动，大部分时间岩壁温度高于露点温度。理论计算的结果表明，8 月 22 日~8 月 28 日，岩壁上不会产生凝结水。实际观测的结果是这段时间窟内基本干燥，未出现凝结水。

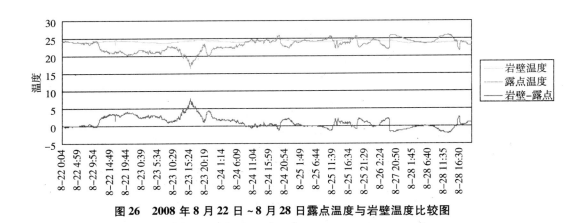

图26　2008年8月22日~8月28日露点温度与岩壁温度比较图

第四节　潜溪寺窟顶的凝结水

2004年7月日本东京文化财研究所的专家在潜溪寺窟顶安装了岩壁温度计。图27、图28分别为2005年7月和8月的露点温度、岩壁温度随时间变化曲线。图29为2007年7、8月的露点温度、岩壁温度随时间变化曲线。由图可知：

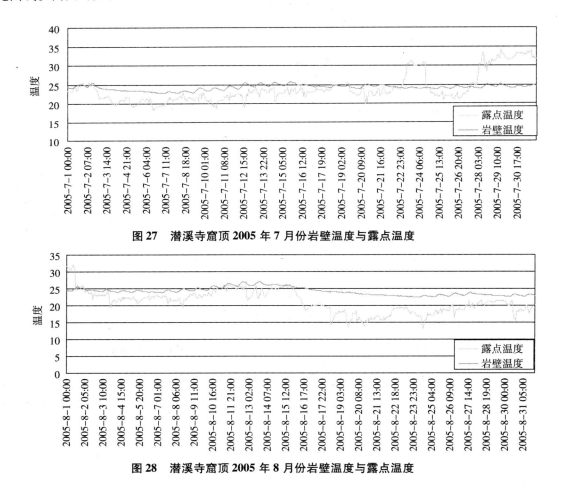

图27　潜溪寺窟顶2005年7月份岩壁温度与露点温度

图28　潜溪寺窟顶2005年8月份岩壁温度与露点温度

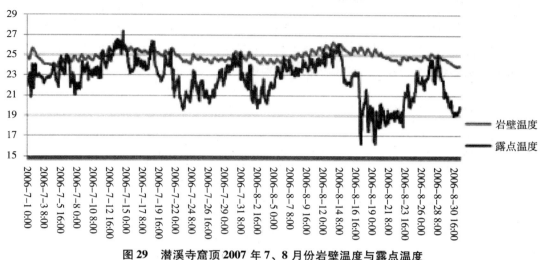

图 29 潜溪寺窟顶 2007 年 7、8 月份岩壁温度与露点温度

1. 潜溪寺窟顶也有凝结水产生。

2. 2005 年的 7、8 月仅 7 月 2 日、7 月 18 日~19 日、7 月 23 日~25 日、7 月 27 日~8 月 1 日三个时段岩壁温度低于露点温度。凝结水产生的时间很少，强度较低。2006 年的 7、8 月份只有 7 月中偶有几次岩壁温度低于露点温度。实际观察的结果也表明窟顶极少出现凝结水。

第五节 潜溪寺窟内外冬夏环境对比分析

1. 冬季与夏季窟内外温湿度对比分析

通过对凝结水长期的观测发现，凝结水多产生在炎热的夏季，在寒冷的冬季基本上很难发现窟内有凝结水的产生。

图 30 是选取龙门石窟冬季 2005 年 12 月至 2006 年 2 月的潜溪寺内外温度数据分析图。由图可知，岩壁温度变化曲线较平稳，而外界气温受白天与夜晚的变化起伏较大。这三个月中，12 月和 1 月窟内岩壁的温度均高于窟内的气温和外界大气温度，在岩壁温度与窟内气温的最高温差达 12.62℃，岩壁温度与外界气温的最高温差达 18.17℃。2 月窟内外的气温在岩壁温度上下浮动，但大多数时间岩壁温度更高。

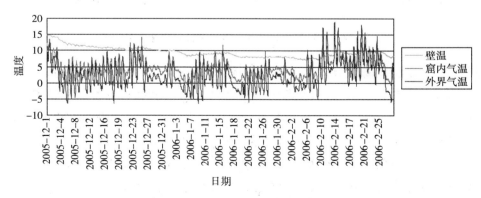

图 30   2005 年 12 月至 2006 年 2 月潜溪寺内外温度变化图

由潜溪寺窟内外湿度的变化图（图31）可知，在这三个月中，窟外湿度通常高于窟内湿度，窟外湿度的平均值为60.35℃，窟内湿度的平均值为49.63℃，在1月10日至2月1日之间窟内湿度一直保持在60%~80%，窟外湿度比窟内湿度更高，但实际上凝结水并未出现。因为在岩壁无法形成相对于窟内气温的低温区，难以使窟内大气中的水蒸气在其表面产生凝结。

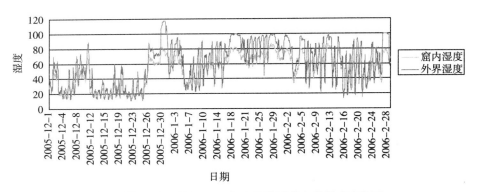

图31　2005年12月至2006年2月潜溪寺内外湿度变化图

图32是2006年夏季6月至8月的潜溪寺窟内气温、壁温以及窟外气温变化图。从图中可以发现，窟内岩石的壁温变化基本上比较平稳，外界气温的起伏最大，窟内气温的变化在两者之间，但岩壁温度大多低于外界气温与窟内气温。根据监测资料的统计分析，外界气温在夏季的这三个月中变化范围为15.54~42.06℃，窟内气温为15.35~31.91℃，窟内岩壁温度为20.61~26.28℃。由此可见，岩壁温度与气温之间的差值完全有可能为水汽的凝结提供强有利的条件。

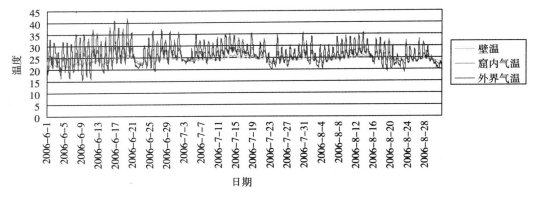

图32　2006年6月至8月潜溪寺窟内外温度变化图

图33为窟内湿度与外界湿度对比图。两者湿度在夏季都维持在较高的范围，窟内湿度平均值为76.7%，外界湿度平均值为73.37%。对监测资料的统计可知，在夏季的6至8月窟外湿度在8.49%~97.28%范围内变化，窟内湿度在16.61%~96.66%范围内变化，窟内下部湿度最大可以达到100%。低湿度值主要在6月初，6月20日以后，窟内外的湿度均在60%以上。

综合窟内外温度与湿度的状态，在夏季岩壁温度常常低于窟内外的气温，而窟内外的湿度较高为凝结水的凝集提供大量的水蒸气，这两种因素的组合促使凝结水大量产生。

通过对冬季与夏季监测数据的对比分析可知，在冬季岩壁温度普遍高于窟内外的气温，相对湿度的

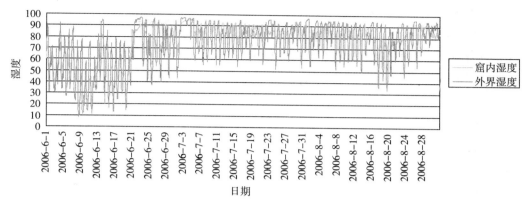

图 33 2006 年 6 月至 8 月潜溪寺窟内外湿度变化图

平均值也远低于夏季。岩壁与窟内气温的差值以及湿度的高位持续，共同作用促使夏季产生大量的凝结水，而冬季岩壁温度比窟内外气温高的状态无法使岩壁表面形成相对于窟内气温的低温区，从而制约了凝结水的形成。

2. 冬季与夏季水气分压的对比分析

空气中水蒸气的多少是影响凝结水凝结的一个重要因素，而相对湿度的大小直接反应空气中水蒸气的多少。根据饱和水汽压的理论结合监测资料可以计算出大气中的水气分压。水蒸气通常是由气压高处向气压低处流动。可以通过对潜溪寺窟内外水气分压大小的对比，分析出潜溪寺窟内外的水汽交换的情况。

图 34 为 2005 年 12 月至 2006 年 2 月潜溪寺内外的水气分压变化图。由图可知，冬季的水气分压值相对较低，外界水气分压值在 0.93 ~ 9.43mbar 范围内变化，窟内水气分压值在 0.99 ~ 9.46mbar 范围变动。从外界水气分压与窟内水气分压的差值曲线来看，该曲线相对较平稳，两者差值在 - 2.81 ~ 2.16mbar 范围内变化，平均值为 - 0.0069mbar。曲线在坐标轴（0 值）上下波动，从这些数据的分析可知，在冬季潜溪寺窟内外的水气压差别相对较小，窟内外水汽的交换比较困难。

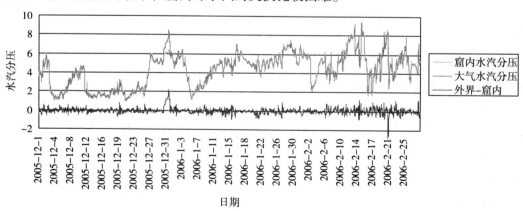

图 34 2005 年 12 月至 2006 年 2 月潜溪寺内外水气分压变化图

图 35 为 2006 年夏季窟内外水气分压的对比情况。由图可知，夏季的水气分压值远大于冬季的水气分压值，外界水汽分压在 4.54 ~ 37.5mbar 范围内变化，窟内水汽分压在 5.81 ~ 36.52mbar 范围内变化。外

界水气分压与窟内水气分压的差值变化范围为 –4.04 ~ 7.87mbar，平均值为 0.58mbar。从差值曲线的波动情况来看，窟内与外界的交换不是单向的，是随窟内外的环境变化呈双向交换趋势。但从平均值的角度分析，外界对潜溪寺窟内水蒸气的供应要略高于窟内的排出，同时潜溪寺窟内空气流动不畅，在夏季窟内渗水导致的湿度的升高，水蒸气无法迅速排出，这样也会加剧凝结水的形成。

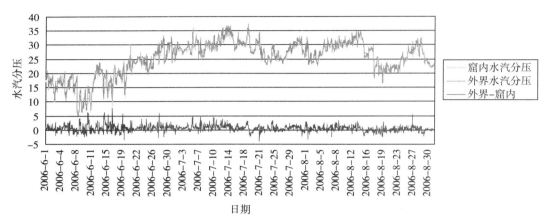

图35　2006 年 6 月至 8 月潜溪寺窟内外水气分压变化图

综上所述，潜溪寺夏季窟内外的水蒸气压远高于冬季的水蒸气压，说明夏季空气中的水蒸气含量高于冬季，这会为凝结水的形成提供必要的物质条件。由对窟内外水蒸气压的差值平均值的分析可知，冬季窟内外空气的流动，使窟内外水蒸气的交换基本持平；而夏季窟内外水蒸气的交换从整体上看，外界水蒸气对窟内会略有补充。所以，冬季从外界向窟内补充的水蒸气要低于夏季，这是冬季无凝结水产生的原因之一。

第六节　窟内放置石块与岩壁产生凝结水的对比分析

在北壁的角落放置一个石块（图36）。将温度探头插入石块内部并密封。

2008 年 7 月 12 日 9：02 潜溪寺北壁角落存在丰富的凝结水，但石块表面依然干燥（图36）。从岩壁的观测记录可以知道，北壁角落在 7 月 10 至 7 月 12 日均有凝结水产生。

图37 为石块温度、窟内气温、岩壁温度及露点温度变化图。由图可知，石块的温度与窟内气温的两条曲线基本重合，高于露点温度，因此石块上不可能产生凝结水。而岩壁温度低于露点温度，在这一时间段内岩壁会产生凝结水。

第七节　降雨前后潜溪寺窟内外及温泉水环境因素分析

在夏季，降雨前潜溪寺及各大洞窟内经常会出现凝结水，并逐渐增大至达到高峰。但随着降雨的出现，窟内的凝结水会逐渐

图36　放置在石窟北壁角落的石块

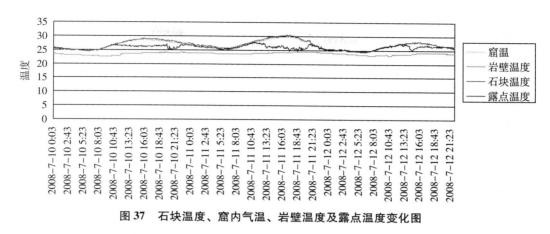

图 37　石块温度、窟内气温、岩壁温度及露点温度变化图

消退。降雨前后窟内外环境因素的变化是导致凝结水现象产生与消失的主要因素。

以下是对 2006 年西山监测站 7 月至 8 月的降雨及潜溪寺窟内外环境因素变化的分析。

图 38 为 2006 年 7、8 月的降雨量记录曲线。

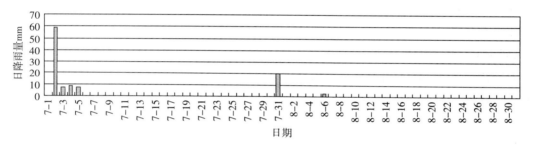

图 38　2006 年 7 月至 8 月日降雨量

从图 38 的日降雨量可知，7 月 2 日从 8：00 开始降雨，至 7 月 3 日上午 10：00 结束。7 月 2 日的日降雨量为 59 毫米，根据雨量级别划分为暴雨。图 39、图 40 分别为降雨前后窟内外及温泉的温、湿度变化图。

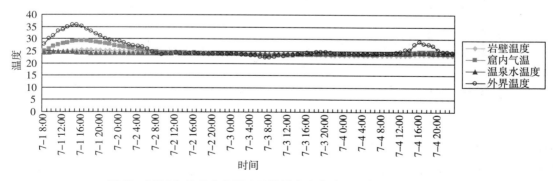

图 39　2006 年 7 月 1 日至 4 日潜溪寺窟内外及温泉水温度变化图

由图 39 可知，在降雨前后温泉水温度及岩壁温度基本上没什么变化，维持在 25℃左右。降雨前，外界气温与窟内气温均高于岩壁温度，且外界气温的变化幅度要高于窟内气温。当降雨开始后外界气温、

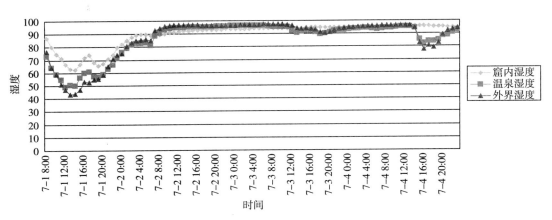

图 40　2006 年 7 月 1 日至 4 日潜溪寺窟内外及温泉水湿度变化图

窟内气温下降，也趋于与岩壁温度一致，都维持在 25℃左右。

　　从图 40 湿度的变化曲线可以看出在降雨前外界湿度、窟内湿度、温泉水表面空气湿度变化趋势一致，窟内湿度高于温泉水表面的空气湿度及外界湿度。临近降雨的前 6 个小时内湿度逐渐上升，当降雨开始后三者湿度都维持在 90%～100% 之间，相差较小。

　　图 41 为降雨前后石窟内外及温泉水表面空气的水气分压值变化曲线图。由图可知，三者曲线的变化趋势一致。在降雨前 6 个小时三者水气分压值都呈增长趋势窟内及外界水气分压值相差较小，温泉水表面空气的水气分压值低于窟内及外界值，但降雨开始后三者的水气分压值趋于相等，基本上维持在 25～30mbar 之间。

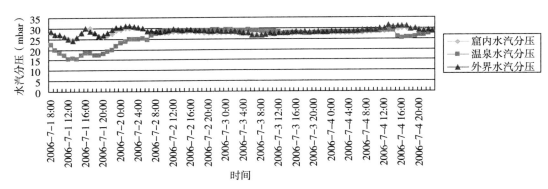

图 41　2006 年 7 月 1 日至 4 日潜溪寺窟（中部）内外及温泉水汽分压值变化图

　　通过以上分析，可以得出以下结论：

　　1. 降雨前后岩壁温度与温泉水温度一直较稳定，基本上维持在 25℃左右。降雨前 6 小时外界气温与窟内气温均开始下降，开始降雨后窟内外气温都趋于 25℃左右。降雨前 6 小时湿度呈递增趋势，且窟内湿度高于外界及温泉水表面空气湿度。降雨后窟内外湿度达到一致，基本上维持在 90%～100% 之间。环境因素的变化表明，降雨前湿度的增加为凝结水的形成提供了有利条件。

　　2. 从降雨前后水气分压的变化值可以看出，在降雨前后窟（中部）内外的水气分压趋于一致，温泉水表面空气的水气分压值低于窟内外的水气分压值。由于窟内外的水气分压值差别不大，降雨前窟内较高湿度的空气不会排到窟外，为凝结水的形成提供了良好的水汽来源，从而加剧了凝结水的形成。

3. 在凝结水最丰富的夏季，温泉水的温度与岩壁温度基本一致，维持在 25℃ 左右，因此温泉与岩壁上的凝结水无关。同时，由于温泉水表面的空气水气分压值低于窟内外的水气分压值，温泉不可能向窟内提供形成凝结水必要的水蒸气。

第四章　龙门石窟凝结水定量测定

目前国内尚无合适的测量装置来准确测定岩石表面凝结水量，无法开展石窟凝结水的定量研究。为此，中国地质大学（北京）利用密闭气流循环干燥原理，专门研制了凝结水定量测量装置，来准确测定岩石表面的凝结水量。

本次研究项目采用由中国地质大学（北京）研制的凝结水定量测试仪来进行龙门石窟凝结水定量测试，并在原设计的基础上对仪器进行了改进和完善。

第一节　凝结水定量测试仪的改进和完善

图 42 改进后的凝结水定量测试仪器示意图。仪器利用密闭气流循环干燥的原理，将需要试验的测试点置于一个密闭的循环环境里，再利用动力使密闭环境里的空气循环流动，这样不断循环的空气就能带出测试点岩石表面的凝结水份。

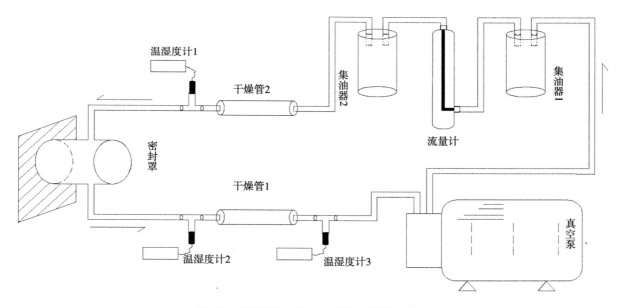

图 42　龙门石窟凝结水定量测试仪器示意图

凝结水定量测试仪的部件包括：密封罩、相对湿度传感仪（台湾群特温湿度计 CENTER – 313 型）、干燥管、空气循环泵、集油器、流量计和连接各个部件的管路及三通阀。

本次研究对管路、连接头和温湿度计进行了改装，加强了整个系统的密封系，使试验精度得以提高。为保证真空泵的密封性，在连接泵腔的每个螺丝处都垫上一个密封橡皮圈。

在试验使用过程中，根据试验中出现的问题及对仪器的深入研究，本次研究对凝结水定量测试仪进行了较大的改进。

由于真空泵是油封式真空泵，泵在工作当中由于泵腔内旋片的旋转，产生高热，使润滑油汽化，会从泵的出气口溢出，造成洞窟岩壁污染。本次研究设计了集油器来解决这一问题。

整套仪器中用于连接各个部件的有三通阀和塑料管。本次研究改装了所有的管路和接头，使操作更方便，密封性更好。

本次研究采用Φ8进口耐压塑料管，这种塑料管的耐压强度高，耐腐蚀。

第二节　凝结水定量测试仪标定试验

由于密闭循环系统内可能进入潮湿的空气，会使测定的凝结水量偏大，因此要进行标定试验。

标定试验在室内进行，完全模拟现场测试的环境，为了容易密封，将本应扣在试验岩壁上的密封罩，扣在盖在试验桌的玻璃板上，连接处采用凡士林密封。试验时用蒸发皿装一定量的水放在扣住的密封罩内，来模拟岩壁上吸附的凝结水。考虑到试验时间的限制及干燥剂的吸附能力，根据经验，在蒸发皿内放置6g左右的水比较合适。

标定试验的方法及步骤：

标定试验主要是确定试验时间与误差量之间的关系，根据现场试验所需的时间，确定的标定时间为2小时、3.5小时、5.5小时这三个时间段，再根据这三点作出一条误差曲线就可以推断出其他时间段的误差量（图43）

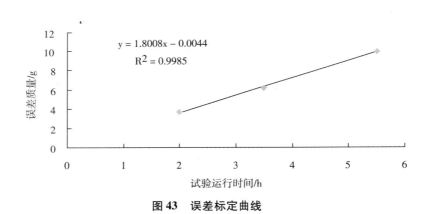

图43　误差标定曲线

第三节　测量装置的安装和凝结水水量测量方法

首先是试验点的选择。试验点的选择有以下几个原则：

1. 选择的试验点必须是没有雕刻的岩壁。
2. 选择的试验点必须是经常出现凝结水，具有一定代表性的区域。

3. 选择的试验点周围要有一定的空间放置仪器。

根据以上原则，本次试验点选在潜溪寺洞窟南壁弟子与菩萨之间距地面 120 厘米处（图 44）。

测量装置的安装

第一步：根据凝结水情况及试验计划的安排，待试验可以开始时，先将密封罩用事先准备好的支撑架固定到岩壁上，其与岩壁的缝隙用玻璃胶封死；

第二步：按图 42 中的示意图将整套仪器连接好，其中，两根干燥管的位置先用两根有机玻璃短管代替，对仪器进行检漏，确认密闭后进行第三步；

第三步：将干燥剂称好后，分别装入两根干燥管中，干燥管的端口缠好生胶带拧紧，取下有机玻璃短管接入干燥管；

第四步：调好三个温湿度计，按下记录键，开始记录，然后马上开动真空泵进行试验，试验过程中，每小时观测一次密封罩进、出口的相对湿度、气温、岩石表面温度以及循环气体的流量，同时手动记录数据；

图 44　试验点在潜溪寺中的位置

第五步：待试验点岩壁上的凝结水消失，且进、出口相对湿度达到允许的差值后，关闭循环系统；

第六步：取下干燥管，倒出里面的干燥剂，用天平称重。干燥剂的增重再减去由标定曲线得到的误差值就是所求的凝结水量。

测量方法

考虑每日上午、下午和晚上的温湿度的变化，以及石窟工作时间等因素，故分上午 8：00 ~ 13：00、下午 13：00 ~ 18：00 和 18：00 ~ 8：00（第二天早上）分别进行测量。

试验具体步骤如下：

首先将试验岩壁抽干。

在预定的时间 8：00（或 13：00 或 18：00），取下密封罩，让试验岩壁暴露在空气中，产生凝结。

到 13：00（或 18：00 或 8：00），重新扣上密封罩，进行凝结水量的测量，

记录凝结时间和凝结水量，便可分别得到上午、下午和晚上的凝结水量。

第四节　2006 年凝结水定量测试结果分析

2006 年 8 月 6 日 ~ 15 日天气闷热，空气湿度大，凝结水比较严重，是 2006 年八月份潜溪寺凝结水病害集中产生的时间段，连续进行凝结水采集试验。试验的典型成果见表 3。

凝结水测量结果表明，单位面积的平均凝结速率为 6.782 ~ 53.202 克/平方米·小时，其量相当可观。

凝结水主要出现在窟内靠近后壁的窟壁表面温度较低处，也就是说，在相对湿度较大的条件下，岩壁与气温温差较大处，容易形成凝结水；凝结水量随洞内空气中相对湿度增高而增大，尤其是在相对湿度较大的气象条件下，平均凝结速率也较大。

表3　龙门石窟潜溪寺凝结水测量结果

时间段	凝结时间	测量时间	窟内空气 温度℃	窟内空气 湿度%	进气口 温度℃	进气口 湿度%	出气口 温度℃	出气口 湿度%	岩壁温度	凝结量 g/m²	凝结速率 g/m²·h	天气	平均凝结量 g/m²	平均凝结速率 g/m²·h
上午	8/7 8:00~13:00	8/7 14:17~17:35	27.3	88.6	27.6	68.8	26.6	73.1	23.3	188.981	37.796	晴间多云闷热	209.177	41.835
			26.8	92.1	28	13.9	26.7	17.4	23.4					
	8/14 8:00~13:00	8/14 13:40~17:40	28.7	93.4	27.9	77	28.2	73.5	25.1	229.374	45.875	阴天闷热		
			28.6	91.9	29.4	18.3	27.5	24.3	25					
下午	8/8 13:00~18:00	8/9 9:10~14:10	26.1	98.9	26	65.4	25.2	66.4	23.6	160.205	32.041	晴天闷热	225.915	45.183
			27.9	87.6	28.2	16.7	27.3	20	23.7					
	8/11 13:00~18:00	8/12 8:09~12:39	27.2	96.7	25.9	73.2	25.7	77.2	24.1	266.012	53.202	晴热		
			28.5	85.1	28.9	19.5	27.7	22.9	24.4					
	8/12 13:00~18:00	8/13 8:17~13:47	27.1	98.8	26.6	74	26.5	74.4	24.5	251.528	50.306	晴热		
			29.2	81.2	29.5	26	28.3	30.2	24.7					
晚上	8/7 18:00~8/8 8:00	8/8 9:05~12:47	25.2	99.1	24.7	71.8	24.6	76.4	23.1	122.995	8.785	晴间多云闷热	108.973	7.784
			26.6	91.5	27.2	13.9	26.2	16.8	23.4					
	8/14 18:00~8/15 8:00	8/15 9:40~11:40	25.7	93.6	24.9	72.2	24.9	76.6	24	94.952	6.782	阴天有风凉爽		
			25.6	92.9	26.2	14.7	25.1	17.9	23.9					

由于龙门石窟中的白云岩、灰岩非常致密，渗透性和吸水率极低，附着于洞壁的水分无法渗入岩体之中或被岩体吸收，随着水汽不断地在岩壁凝结，凝结水聚集到一定程度后就会因在重力作用下沿岩壁往下流，在地面汇聚，形成积水。

由表3中可知：

1. 24小时内上午和下午的凝结量及凝结速率差不多，下午稍大，但由于晚上大气温度比白天低，空气与岩壁的温差小，因此晚上的凝结量及凝结速率相对较小仅有7.784克/平方米·小时。

2. 根据凝结速率及观测的凝结水面积，可以算出7月30日11：00~8月29日8：00，潜溪寺内凝结的水汽质量为185.115千克，平均5.97千克/日。

第五节　2007年龙门石窟凝结水定量测定

2007年度凝结水定量测定对仪器做了进一步改进。试验改用日本ULVAC机工生产的干式膜片型真空泵（图45）。这种膜片型真空泵，是通过橡胶膜片的往返运动达到真空。它不同于油封旋片式真空泵，无需油雾过滤，能保持管道内气体的清洁。因此，仪器系统内的两个集油器可以去掉。选用该型号真空泵，解决了原油泵油气蒸发影响试验精度的问题，并且该型号的真空泵使用小型马达，结构小巧，重量轻，易于野外携带。改进后的仪器系统比以前更加简练，去掉了二个集油器及一个空气流量计。但仪器的基本原理依然是利用密闭气流循环干燥的原理，改动后的仪器系统示意图见图46。

图45　日本ULVAC干式膜片型真空泵

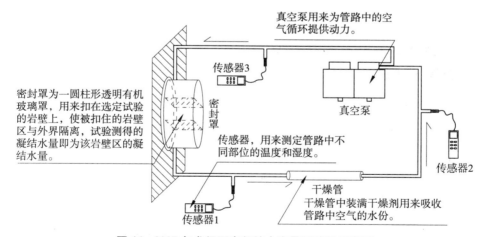

图46　2007年龙门石窟凝结水定量测试仪示意图

密封罩主要起到隔绝试验点岩壁与周围岩壁及外部大气联系的作用。2007年改进了密封罩（图47），减小了密封罩的高度与直径的比例，提高了循环气流在罩内带出水汽的效率。

对改进后的仪器进行率定试验，得到了2007年试验仪器的率定曲线（图48）。

2007 年 7 月 18 号 ~ 9 月 4 号这段时间里，凝结水发生的频率相对 2006 年同期相比偏低，但凝结水的严重程度比 2006 年高。

2007 年的凝结水定量采集试验成果见表 4。将表中数据与 2006 年的数据对比发现，上午凝结的时间段中 2007 年凝结的速率比 2006 年高；下午凝结的时间段的平均速率比 2006 年低（个别数据除外），这可能与下午试验数据偏少有关；晚上 2007 年水汽凝结的整体速率都比 2006 年的速率高。以上试验数据说明 2007 年的凝结水病害程度整体比 2006 年要严重，这与观察到的现象基本一致。

图 47　密封罩

由表 4 可以得到类似 2006 年凝结水的凝结规律：

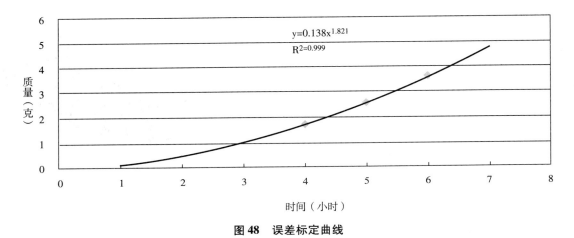

图 48　误差标定曲线

1. 一天 24 小时当中上午和下午的凝结量及凝结速率差不多，上午稍大，但由于晚上大气温度比白天低，空气与岩壁的温差小，因此晚上的凝结量及凝结速率相对较小为 23.29 克/平方米·小时（图 49）。

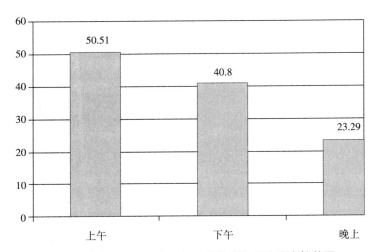

图 49　潜溪寺一天之中三个时间段水汽凝结速率柱状图

表4 龙门石窟潜溪寺凝结水定量测量结果

时间段	测量时间	凝结时间	窟内空气 温度℃	窟内空气 湿度%	进气口 温度℃	进气口 湿度%	出气口 温度℃	出气口 湿度%	岩壁温度	凝结量 g/m²	凝结速率 g/m²·h	凝结时天气情况	平均凝结量 g/m²	平均凝结速率 g/m²·h
上午	7/29 14:15 ~ 19:15	7/29 8:00 ~	26.9	100	27.7	64.4	26.5	68.7	28.6	267.25	44.54	天气闷热，窟内有少量凝结水。	287.57	50.51
		13:00	25.4	100	26.6	18.3	25.2	25.1	26.3					
	8/6 14:00 ~ 19:12	8/06 8:00 ~			26.3	84.3	25.2	85.6		232.93	46.59	天气凉爽，窟内有少量凝结水。		
		13:00			27.0	16.7	25.4	24.2						
	8/26 14:50 ~ 19:50	8/26 8:00 ~			28.2	73.5	27.7	24.2		362.52	60.42	闷热，早晨有零星小雨，窟内形成凝结水。		
		14:00			29.9	78.0	27.1	32.8						
下午	8/09 8:12 ~ 12:17	8/8 13:00 ~	26.1	100	26.7	69.6	26.7	73.1	22.5	371.22	61.87	多云转雷阵雨，天气闷热，凝结水较严重。	244.80	40.8
		19:00	26.6	100	28.1	22.1	26.9	36.8	27.3					
	8/10 13:10 ~ 18:26	8/09 13:00 ~	23.5	100	24.2	71.9	24.0	76.5	25.2	118.37	19.73	阴，有雾，天气闷热，凝结水非常严重。		
		19:00	24.0	100	25.7	12.7	24.7	17.9	22.4					
晚上	8/02 8:30 ~ 14:30	8/01 20:00 ~	25.8	100	25.9	66.5	25.5	73.2	26.1	246.90	20.58	阴，天气炎热，窟内少量凝结水。	298.71	23.29
		8/02 8:00	24.2	100	26.1	20.0	24.8	28.9	27.0					
	8/07 8:30 ~ 14:30	8/06 19:00 ~	24.9	100	27.7	64.2	24.1	69.0	26.2	242.53	18.66	天气凉爽，窟内有少量凝结水。		
		8/07 8:00	27.9	100	28.3	22.0	26.9	28.0	25.2					
	8/08 8:20 ~ 12:50	8/07 19:00 ~			25.7	73.7	25.7	74.1		292.03	22.46	晴转多云，窟内凝结水加重。		
		8/08 8:00			29.1	22.1	28.2	29.3						
	8/22 9:15 ~ 14:15	8/21 19:00 ~			27.4	55.7	28.2	60.1		340.11	26.16	晴转多云，天气闷热，微风，窟内无凝结水。		
		8/22 8:00			28.7	29.9	27.7	37.1						
	8/25 9:00 ~ 14:00	8/24 20:00 ~			26.3	73.2	26.4	73.7		371.96	28.61	多云，闷热，窟内有少量凝结水。		
		8/25 8:00			27.9	28.6	27.1	38.6						

2. 根据凝结速率及观测的凝结水面积，可以算出 7 月 17 号 11：00 ~ 9 月 5 号 8：00，51 天中潜溪寺内凝结的水汽质量为 345. 369 千克，平均 6. 77 千克/天。

第六节　2008 年龙门石窟凝结水定量测定

2008 年度凝结水定量测定仪器对密封罩做了进一步的改进。密封罩主要起到隔绝试验点岩壁与周围岩壁及外部大气联系的作用。2007 年对密封罩的改进，提高了密封罩内水汽的流通效率。2008 年将密封罩与岩壁接触面之间的一圈橡胶管增加为两圈直径为 12 毫米的硅胶管，如图 50。在试验过程中一旦发现胶管与罩子接触处漏气就及时更换。改进后空气要从外界进入密封罩内受到了双层阻隔，从而有效地解决了密封罩与岩壁接触面的密封问题，提高了密封罩的密封性。

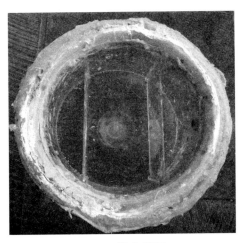

图 50　双管密封罩

2008 年度选择在窟内跟岩壁上进行凝结水试验仪器的标定试验，使标定的温湿度状况更加接近实际采集凝结水的过程。

根据现场试验所需的时间，标定试验时间设定为 4 小时、5 小时、6 小时这三个时间段。根据这三点作出一条误差曲线（图 51），并找出误差量与试验时间的函数。

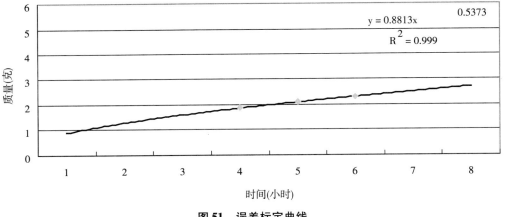

$y = 0.8813x^{0.5373}$
$R^2 = 0.999$

图 51　误差标定曲线

现场标定试验具有如下优点：

首先，试验环境与现场采集试验的环境一致，这样可以避免由于实验室与窟内环境因素的差别导致的试验误差。

其次，密封罩直接密封于岩壁表面，且密封罩周围岩壁一直保持湿润，可以过滤掉密封罩周围的凝结水进入试验采集区的误差。

2008 年度凝结水定量采集试验除在原有试验点（潜溪寺洞窟南壁弟子与主佛之间岩壁距地面 120cm 处）进行补充试验之外，还在潜溪寺洞窟主佛与北壁弟子之间岩壁距地面 140 厘米高处选定了新的试验点。

2008 年的测量时间段和前两年一样，分别测定每日上午、下午和晚上相应的凝结水量。

2008 年 7 月 10 日至 9 月 4 日这段时间里，凝结水发生的频率相对 2007 年高，但凝结水的严重程度比 2007 年低。

2008 年凝结水定量采集试验成果见表 5 和表 6。表 5 主要是 7 月份在潜溪寺南壁原有试验点上采集的。表 6 是 8 月份在潜溪寺北壁新的试验点上的试验成果。北壁的试验高度与南壁相似。

由表 5 与表 6 可见，7 月的平均凝结量与平均凝结速率明显低于 8 月，潜溪寺的凝结水现象 8 月更加严重。

综合 2008 年 7~8 月凝结水水量的采集成果与前两年进行对比可知：

1. 上午的平均凝结量为 158.9354 克/平方米，低于前两年；下午平均凝结量为 212.0716 克/平方米，也低于前两年；晚上的平均凝结量为 267.6477 克/平方米，高于 2006 年但低于 2007 年晚上的平均凝结量。

2. 由凝结速率的对比可知，2008 年 7~8 月上午的凝结速率为 31.4980 克/平方米，低于前两年；下午的凝结速率为 37.8035 克/平方米，低于前两年；晚上的凝结速率为 20.6328 克/平方米，高于 2006 年但低于 2007 年。

3. 对于潜溪寺南北壁凝结水定量进行对比，北壁主要是 2008 年 7 月底至 8 月的采集结果，所以在数据选择上，南壁选取 2007 年同期的数据（2007 年与 2008 年采集仪基本一样，系统误差要小）对比更有针对性。对比结果见图 52 和图 53。由图可知，北壁在凝结量跟凝结速率上均小于南壁，同时从实际观测也可以发现南壁的水线上升高度总体上都比北壁高。这与南壁的渗水比北壁多有密切关系，南壁的渗水聚集在南壁地面为水汽的凝结提供了水汽来源。

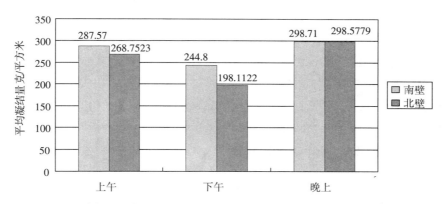

图 52 潜溪寺一天当中三个时间段南壁与北壁水汽平均凝结量对比柱状图

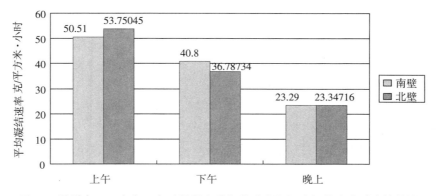

图 53 潜溪寺一天当中三个时间段南壁与北壁水汽平均凝结速率对比柱状图

表5　2008年龙门石窟潜溪寺南壁凝结水定量测量结果

时间段	测量时间	凝结时间	窟内空气温度℃	窟内空气湿度%	进气口温度℃	进气口湿度%	出气口温度℃	出气口湿度%	岩壁温度	凝结量 g/m²	凝结速率 g/m²·h	凝结时天气情况	平均凝结量 g/m²	平均凝结速率 g/m²·h
上午	7/10 12:30~18:30	7/10 8:00~12:30	27.8	91.4	27.7	75.6	27.8	77.4	23.5	110.46	24.55	晴，闷热	85.72	16.66
			28.3	89	27.4	14.7	28.1	9.0	23.9					
	7/11 13:15~20:15	7/11 8:00~13:00	28.9	82.7	28.4	68.6	29.1	73.4	23.9	29.712	5.94	晴，闷热		
			28.1	86.0	27.1	12.4	27.9	7.1	24.4					
	7/28 14:30~19:30	7/28 8:00~14:00	27.6	OL	27.2	77.8	27.9	79.6	22.5	116.99	19.49	多云，闷热		
			27.1	OL	27.2	16.4	27.2	16.4	18.3					
下午	7/12 15:40~18:40	7/12 10:40~15:40	27.8	92.7	27.3	73.4	27.8	76.5	24	60.93	12.19	晴，微风	221.38	38.48
			27.1	95.9	26.4	16.2	27.2	9.9	24					
	7/14 16:00~7/15 8:30	7/14 10:00~16:00	27.2	OL	27.1	76.5	27.4	79.6	23.5	521.51	86.92	晴，很闷热		
			23.9	OL	23.1	15.1	24.8	10.0	22.3					
	7/17 14:20~20:20	7/17 11:00~16:00	23.7	OL	25.8	46.9	26.6	24.0	22.7	81.69	16.34	阴，小雨		
			23.1	OL	27.3	17.0	27.1	12.3	23.1					
晚上	7/26 10:30~16:30	7/25 18:00~7/26 8:00	27.6	OL	27.2	76.5	27.9	78.3	22.5	174.86	12.49	晴，多云	174.8571	12.49
			27.1	OL	28.1	20.4	27.5	16.7	23.4					

表6　2008年龙门石窟潜溪寺北壁凝结水定量测量结果

时间段	测量时间	凝结时间	窟内空气 温度℃	窟内空气 湿度%	进气口 温度℃	进气口 湿度%	出气口 温度℃	出气口 湿度%	岩壁温度	凝结量 g/m²	凝结速率 g/m²·h	凝结时天气情况	平均凝结量 g/m²	平均凝结速率 g/m²·h
上午	7/31 13:00~19:00	7/31 8:00~13:00	27.7	97.9	27.2	73.2	27.8	74.5	23.1	300.51	60.10	晴,较热	268.75	53.75
	8/6 13:00~20:00	8/6 8:00~13:00	26.8	OL	26.4	24.1	27.5	7.7	24.1					
			27.1	OL	26.8	77.5	27.8	78.5	21.8	236.99	47.39	多云转晴,微风		
			25.6	OL	25.9	13.4	26.6	4.2	24.0					
下午	8/7 16:20~21:20	8/7 11:00~16:00	27.1	94.8	26.7	72.2	26.7	76.4	21.5	226.12	45.22	多云,闷热	198.11	36.79
			26.7	OL	26.4	25.2	27.7	9.8	24.3					
	8/19 17:00~21:00	8/19 10:00~16:00	26.8	91.9	27.6	77.1	27.2	74.7	24.1	170.11	28.35	晴,无风		
			25.6	OL	25.5	15.4	26.4	7.0	23.7					
晚上	8/8 9:50~19:50	8/8 21:30~8/9 9:30	27.2	94.8	26.6	79.4	26.7	76.8	24.7	509.08	42.42	晴,闷热	298.58	23.35
			27.8	88.2	26.8	24.3	27.7	9.8	24.7					
	8/9 10:30~16:30	8/9 10:00~00	28.2	87	27.2	72.5	27.3	73.6	24.3	223.19	15.94	晴,微风		
			26.4	98.7	27.8	25.2	28.7	10.1	24.7					
	8/21 10:30~16:30	8/20 20:00~8/21 10:00	24.4	OL	23.4	87.8	24.4	77.8	22.3	163.4649	11.6761	晴,微风		
			25.7	96.5	25.3	25	26.2	15.9	24.1					

4. 根据单位面积平均凝结量及观测的凝结水面积，可以算出 7 月 10 日至 9 月 4 日潜溪寺内凝结的水汽质量为 148.997 千克。

第五章　结论与建议

综上所述，根据三年的凝结水定量测试和观察研究的成果，可以得出如下结论：

1. 龙门石窟凝结水主要出现在潜溪寺、宾阳三洞等大型洞窟之中，且凝结水在窟内的分布范围主要是在窟壁的下部和地面上。其中以洞窟的正壁底部最为严重

2. 凝结水的分布范围距地表有一定的高度，潜溪寺内水线的最大高度可以达到 6.5 米。凝结水在壁面的悬挂附着状态通常呈现水珠状散布状态，水珠直径最大可达豆粒大小（3~5 毫米）。

3. 凝结水的发生集中在 5~10 月。5 月以前不明显，7、8 月比较突出，9 月较少出现，10 月以后基本不再出现。

4. 龙门石窟凝结水病害的影响因素主要有洞口窟檐的修建、通风性能、窟内渗水、岩性、凝结核以及石窟区的人工水面。

5. 过大湿度的存在是凝结水形成的内因，而洞窟内外的温差变化、通风状况等是凝结水形成的外因。通过在岩壁安装温湿度计采集数据，计算得到的露点温度可以比较准确的判断凝结水的凝结时间段。

6. 通过在潜溪寺采集的数据得到的露点温度，可以判断潜溪寺窟顶凝结水产生的频率和强度均远低于凝结水富集的洞窟下部。

7. 潜溪寺凝结水单位面积的平均凝结速率为 6.782~53.7504 克/平方米·小时，其量相当可观；在相对湿度较大、岩壁与气温温差较大的条件下，容易形成凝结水。

8. 北壁在凝结量跟凝结速率上均小于南壁，同时从实际观测也可以发现南壁的水线上升高度总体上都比北壁高。这与南壁的渗水比北壁严重密切相关，南壁的渗水聚集在南壁地面为水汽的凝结提供了水汽来源。

9. 通过对冬季与夏季潜溪寺窟内外水蒸气压的分析可知，夏季窟内外的水蒸气压远高于冬季的水蒸气压，说明夏季空气中的水蒸气含量高于冬季，这为凝结水的形成提供了必要的物质条件。由冬夏季窟内外水蒸气压的平均差值的分析可知，冬季窟内外水蒸气的交换基本持平，而夏季外界的水蒸气对窟内会略有补充。所以冬季窟内从外界补充的水蒸气要低于夏季。

10. 从环境监测资料分析可知，夏季降雨前后岩壁温度与温泉水温度一直较稳定，基本上维持在 25℃ 左右。降雨前 6 小时外界气温与窟内气温均开始下降，降雨后窟内外气温都趋于 25℃ 左右。降雨前 6 小时湿度呈递增趋势且窟内湿度比外界湿度及温泉水表面空气湿度都高，降雨后窟内外湿度达到一致，基本上维持在 90%~100% 之间。环境因素的变化表明，降雨前湿度的增加为凝结水的形成提供了有利条件。在凝结水丰富的夏季，温泉的水面温度和岩壁温度基本一致，温泉不可能向岩壁输送凝结水。

11. 综合三年的试验数据可得，一天 24 小时当中上午和下午的凝结量及凝结速率差不多，上午稍大，但由于晚上大气温度比白天低，空气与岩壁的温差小，因此晚上的凝结量及凝结速率相对较小。根据凝结速率及观测的凝结水面积，可以得出夏季潜溪寺内凝结的水汽质量为 148.997~345.369 千克，平均

5. 97 ~ 6. 77 千克/日。

建议：

1. 在试验点的环境监测方面，考虑监测更多的项目，如大气压，风速，光照强度等，来得到凝结率与蒸发率之间的平衡关系。

2. 应加强潜溪寺窟顶的渗水治理，因为夏季窟内较高的湿度与窟内渗水在地面的聚集有着密切的联系。

3. 加强凝结水对于碳酸盐岩石窟表面劣化作用机理方面的研究，从微观方面了解凝结水对龙门石窟岩石的危害。

4. 对仪器的改进方面，建议增加一个敞开的与密封罩相同直径的外罩，阻止当凝结水量很大时凝结水滴落到地面而影响凝结水量的精确采集。

5. 防治措施：研制自动抽湿机，自动抽湿机的开启主要依据是以凝结水是否将产生为判定原则，通过传感器自动采集窟内环境因素并计算露点温度，将露点温度与岩壁温度进行比较，当露点温度高于岩壁温度时机器工作，当露点温度低于岩壁温度时机器自动停止。

致　谢

本次研究项目在执行过程中，得到了 UNESCO 驻北京办事处项目官员杜晓帆博士的关怀和帮助。中方专家黄克忠、曲永新、刘景龙、胡东波等，日方专家冈田健、津田丰、中田英史等对项目给予了具体的指导，研究成果凝聚了他们的智慧和艰辛努力。洛阳市文物局和龙门石窟研究院的领导对研究项目给予了支持和帮助，使项目得以顺利完成。仅此一并致以深切的感谢！

Research Report on Condensation Water Disease

Fang Yun, Yan Shaojun   (China University of Geosciences)

Yang Gangliang, Ma Chaolong, Li Jianhou   (Academy of Longmen Grottoes)

Abstract

The Longmen Grottoes is world – famous, which is 13km away from the south of the Luoyang City. It was first excavated in the Northern Wei Dynasty (AD 494 years), and then through the Eastern Wei Dynasty, Qi Dynasty, Northern Zhou Dynasty, Sui Dynasty, Tang Dynasty and Northern Song Dynasty, around 400 years. It existed about 2345 caves、40 pagodas、3600 stone blocks and more than 100 thousand statues. The colorful art of the Longmen Grottoes provide the important physical information for the study of Chinese Buddhistic history and ancient sculpture arts. The Longmen Grottoes was announced the first batch of key national heritage conservation units by the State Council in 1961, and then in 2000, it was inscribed on the World Heritage list.

The serious environment geological diseases have been emerged in the Longmen grottoes by natural power besides the man – made destroy during more than 1500 years. The carvings in grottoes have been seriously damaged. As the environment worsening during these 20 years, these diseases have been aggravated.

The test research of the preservation engineering has been made in the Qianxisi Cave, the Huangfugong Cave and the Ludong Cave of the Longmen grottoes decided by UNESCO , aim to strength the protection of the Longmen grottoes as precious legacy.

In order to determine the damage degree of the condensation water for the grottoes, and put forward basis for the prevention and cure later, the quantitative test of the condensation water in the Qianxisi Cave had been done for three years. The present situation of the condensation water of the Longmen Grottoes had been observed and recorded in detail. The affecting factors and the forming mechanism of the condensation water disease of the Longmen Grottoes has been specially studied. The quantity and rate of the condensation water has been measured by the special instrument made in the China University of Geosciences. The distributive areas of the condensation water were recorded. According to the condensation rate and area of the condensation water measured, the total quantity of the condensed water can be calculated.

The basic conclusions are as follows:

1. It states clearly by investigation that the condensation water was mainly appeared in large carves like the Qianxisi Cave, the Binyangdong Caves and so on. The condensation water was distributed mainly over the lower part of the rock wall

and the ground in the grottoes. The most serious part of condensation was the bottom of the inner wall of grottoes.

2. The distribution of the condensation water has a certain height from the ground. The highest water line in the Qianxisi Cave could be 6. 5m. The condensation water hung on the wall is dispersed water drops. The greatest diameter can reach to about 3 to 5mm like the size of the soybean.

3. In the distribution of time, the emergence of condensation water was centralized from May to October, especially in the moisture and muggy weather of July and August. It was not obvious before May and couldn't be found after October basically.

4. The affecting factors of the condensation water disease were the cave eaves, airiness, the water seepage, lithologic, the surface characteristics of weathering crust, the condensation stone and the artificial water surface.

5. The internal control factor and necessary condition of condensing is the supersaturating vapor in the air of caves, and then, the main control external factors are the temperature difference between inner and the outside of caves and the ventilating condition. Through the data collected by the temperature hygrometer, which were installed on the wall, the dew-point temperature calculated can be more accurate to judge the beginning time of condensation.

6. According to the results of the quantitative collection testing, the average condensate rate in unit area of the Qianxisi Cave is 6. 782 ~ 53. 7504g/m^2 · h. This quantity was notable. The larger relative humidity and the larger temperature difference between the rock temperature and the cave temperature, it more easier forms the condensation water.

龙门石窟保护修复工程数据库研制报告

钱同辉　方　云（中国地质大学）

高志龙　李心坚　范子龙（龙门石窟研究院）

一、目的及意义

文物是国家的重要财富，是国家文化历史的真实见证。对文物实行有效的管理，对于文物保护、历史文化的研究有着重要的意义。在文物保护工程中存在着大量的文物监测、计算分析、实验结果、施工设计图纸等不同类型的数据。将这些数据用计算机有效的管理起来，为文物保护工作者提供高效数据支撑环境，对文物保护工程有着重要的意义。

龙门石窟文物保护数据库管理系统的总体目标是：利用数据库技术，科学地存储文物保护工程中的各种文档，采集各种图形、图表数据，为文物保护工作者提供方便高效的信息查询、决策分析、数据管理等技术手段，使龙门石窟的文物保护水平得到进一步提高。

中国地质大学和龙门石窟研究院合作完成龙门石窟保护工程数据库管理系统的研制。

龙门石窟保护工程数据库管理系统主要用于龙门石窟研究院保护中心的资料管理和工程项目管理。除了联合国教科文组织资助的项目资料外，还包括过去数十年的资料和今后的工程项目资料。

二、应用需求

1. 数据特点

龙门石窟保护工程的数据具有如下特点：

● 数据多元化：在保护工程中被处理的信息具有多种类型，如 AutoCAD 绘制的图形数据、GIS 处理的空间数据（矢量、栅格）、Excel 制作的表格数据、Word 编制的文本数据以及有关洞窟的基本属性数据等。

● 信息量大：龙门石窟保护工程是一项长期、持续的工作，在工作进程中会不断产生新的数据，需要利用计算机将这些数据及其历史管理起来。

2. 功能要求

● 多种查询手段：要求系统能够提供对洞窟基本信息、各种监测数据、实验数据方便的查询功能。

能够按照洞窟的别名、编号查找到洞窟的相关资料；能够查询到各个监测点的温度、湿度、凝结水等的监测数据；能够按照工程项目查询到相关的实验结果、分析报告；能够按照文件名中的关键词检索到相关文件；能够处理日常的事务工作，如查询相关的论文资料、上级文件等。

●数据在线处理：能够对查询的数据进行编辑修改，进行数据分析。对数据库中的图形数据直接用 AutoCAD 进行编辑；对文档数据用 Word 修改；对矢量数据用 MAPGIS 进行分析；对表格数据可以直接用 Excel 进行直方图处理。

●数据维护：要求能够备份、装载历史数据。

●安全性：龙门石窟保护工程中的监测数据、实验数据是非开放型的数据，要求一定的安全保密性。系统应能够提供身份识别机制，用户必须得到系统授权允许，才能够访问使用这些数据。用户必须得到更高级别授权，才能够修改维护数据库中的数据。

三、开发环境

按照服务器的标准配置一台计算机，具有高可靠性、稳定性，提供了数据容错、硬盘镜像等功能。系统安装 Windows Server 2003、SQL Server 2005、MapGIS6.7、AutoCAD2004 等软件。

四、系统设计

1. 系统体系结构——基于 C/S 模型

用户通过客户端程序使用数据库，如输入洞窟别名、编号，工程项目名，监测点信息等。

客户端程序将用户请求打包，向服务器提出请求。

服务器端接收到客户端的请求，解包、对数据库进行操作，完成客户端要求的服务并将相应结果发送给客户端（图1）。

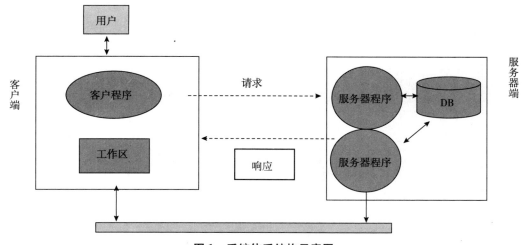

图 1　系统体系结构示意图

客户端接收到服务器端响应结果，放入本地工作区进行编辑、分析、处理。处理后的新结果可再存入数据库或者存入本地机。例如，从客户端上传多个文件到数据库服务器。

图2为用户选择文件。

图2　用户选择文件

图3为用户下载文件。

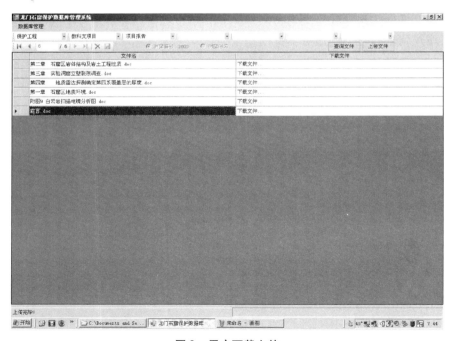

图3　用户下载文件

2. 数据库设计

龙门石窟保护工程数据库采用层次型文件数据库结构（图4）。

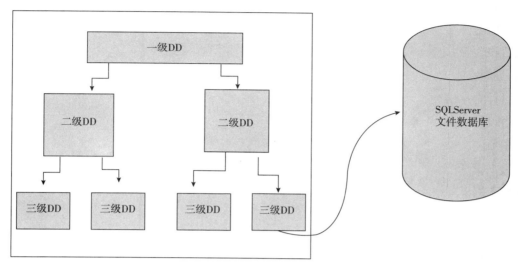

图4　层次型文件数据库结构

数据库中的数据模式采用层次结构设计，最多允许用户定义7层。它们与存入数据库的文件相对应，用户通过数据模式，可以方便的指定里面查询路径，允许用户灵活地修改数据模式。模式以关系表形式存入数据库，各种类型的文件以数据库内部格式统一存放在库中。服务器端只负责按照数据库内部格式存储的数据进行处理，客户端负责将数据库内部格式的数据转换成相应文件类型。

数据库模式结构设计如下：

龙门石窟文件目录

保护工程

　国内项目

　　　工程1

　　　工程2

　　　工程3

　国际项目

　　中意合作项目

　　　　双窑修复工程

　　　　论文

　　　　音频视频

　　中日合作项目

　　　　协议计划书

　　　　工作报告

照片

联合国教科文组织资助项目

　　会议资料

　　音频视频

　　项目图件

　　项目报告

　　项目照片

　　项目计划总结

　　项目设计

研究院项目

　　项目1

　　项目2

　　项目3……

日常工作

ISO 双体系文件

创建文件

办公文件

　　会议文件

　　报批文件

　　接收文件

　　　　国家局文件

　　　　省局文件

　　　　市局文件

　　龙门石窟管理局文件

　　其他文件

　　法律法规

工作计划总结

　　工作计划

　　工作总结

洞窟

基本信息

历史记录

图件

照片

病害调查

观测

视频

石窟测绘

地形图

地质图

规划图

石窟监测

洞窟监测

路洞

位移

单点位移 1

单点位移 2

多点位移

水平孔监测

渗水压力

监测照片

窟内环境

潜溪寺

监测照片

窟内环境

冷凝水监测

洞窟微环境监测

洞窟病害监测

位移

渗漏水资料

皇甫公窟

位移

单点位移 1

单点位移 2

多点位移

渗水压力

监测照片

窟内环境

其他洞窟

观测照片

例如保护工程是一级目录，其下属的教科文项目是二级目录。教科文项目下属的项目计划总结是三级目录。项目计划总结下属的2006年工作计划是四级目录（图5）。

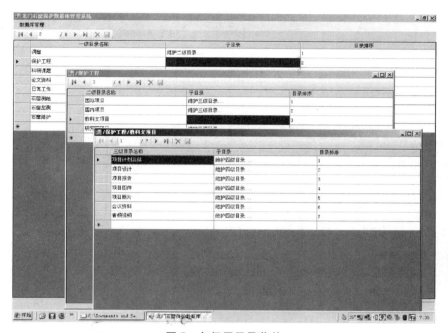

图5　各级子目录菜单

2007年应专家组的提议，在每一项的中文目录后面增加了相应的英文目录，以便外籍专家和客户可以根据英文进行外文检索。各级英文目录形式如图6～图9。

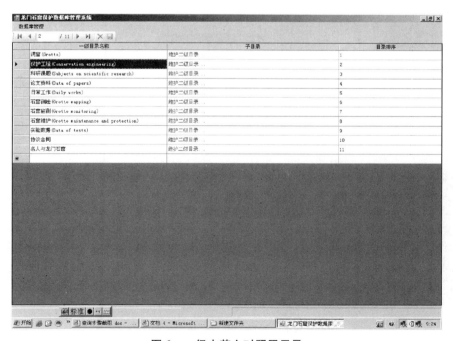

图6　一级中英文对照子目录

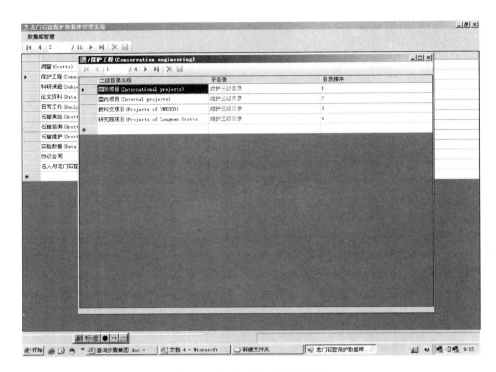

图7 二级中英文对照子目录

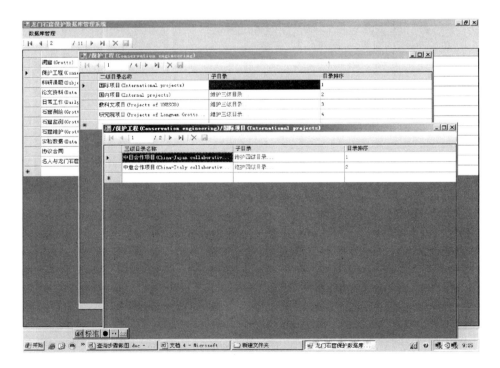

图8 三级中英文对照子目录

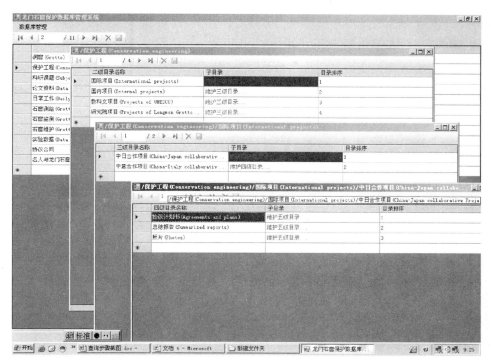

图9　四级中英文对照子目录

3. 系统模块结构图

图10为系统模块结构图。

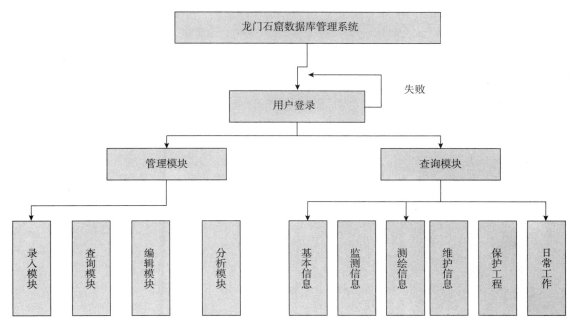

图10　系统模块结构图

　　龙门石窟数据库管理系统由管理模块和查询模块组成，系统首先对用户进行口令识别，经检查通过后的用户才可以按授权的级别使用系统。

　　管理模块提供给系统管理员使用，它提供了数据录入、查询、编辑、分析功能。管理员可以使用该模块按照应用需求灵活地定义修改数据库模式，将需要保存的数据录入数据库，查询各种数据、修改数据，对数据进行直方图分析等。

　　查询模块供一般的技术人员使用，允许方便的多种查询，但不允许修改数据库。用户通过该模块可以输入洞窟别名或洞窟编号查询洞窟的基本信息，如年代、介绍、图片等；可以查询保护工程中各个监测点的监测信息，如温度、湿度、凝结水等监测数据；可以查询洞窟的测绘信息，如地形图、洞窟立面图等；可以查询有关洞窟的保护修复历史信息，如保护方案、修复工程施工图、修复资料等；可以按照工程名查询龙门石窟保护区的各种与保护工程相关的资料信息，如工程进度、工程资料等；可以进行日常工作管理，如查询上级文件、发表论文等。

　　系统接口采用直观的窗口式下拉菜单方式。用户只需按照菜单提示，点击相应的按钮，系统自动地完成用户的请求，完成查寻功能。

　　现举例说明对联合国教科文组织资助的龙门石窟保护修复工程的项目报告的查询过程如下。

　　例如，要下载编辑龙门石窟保护工程补充地质调查报告。首先打开一级目录的下拉菜单，选择保护工程（图11）。

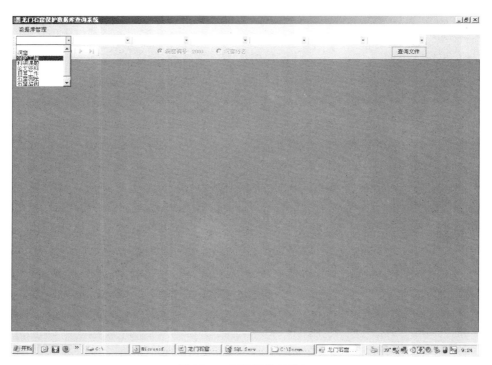

图11　一级目录菜单选择

　　然后打开二级下拉菜单，选择教科文项目（图12）。再打开三级下拉菜单，选择项目报告（图13）。打开四级下拉菜单，选择补充地质调查报告（图14）。

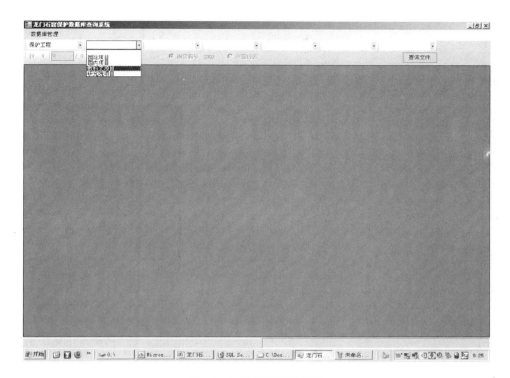

图 12 二级目录菜单选择

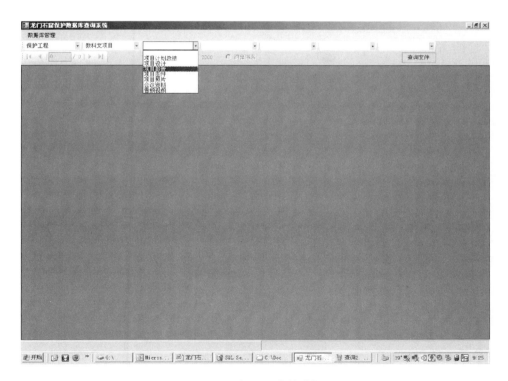

图 13 三级目录菜单选择

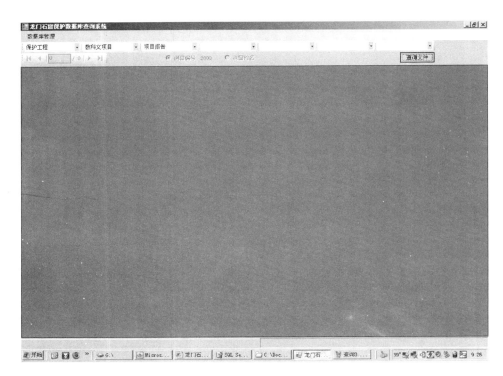

图14 四级目录菜单选择

点击第二章选择文件（图15）。在对话窗口中选择存放下载文件的目录（图16）。

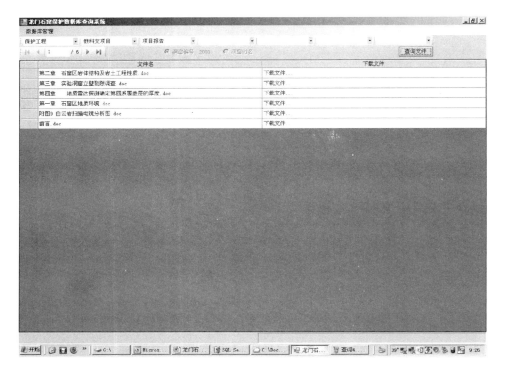

图15 点击第二章选择文件

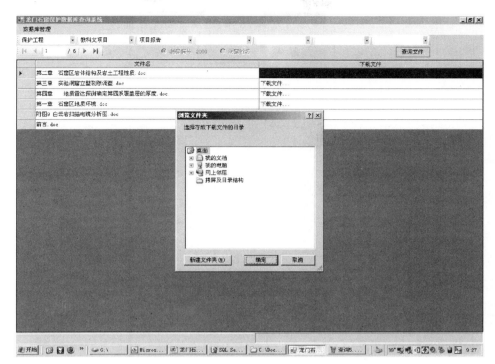

图 16 选择存放选择文件的目录

下载完毕，编辑下载文件（图 17）。

为了更便于查询，2007 年新增加了按文件名关键词查询文件的查询系统，系统中只要输入某一个关键词就能查到文件名中有这个词的所有文件，并列表出来。

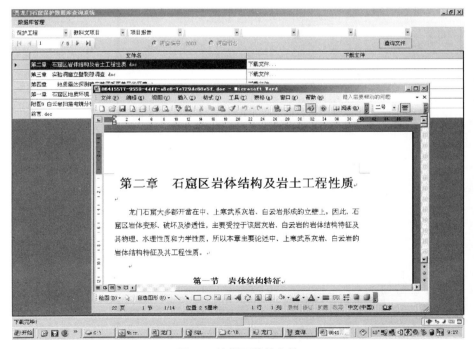

图 17 编辑下载的文件

例如要查询与潜溪寺相关的文件。首先打开文件名查询系统，在输关键词的对话框中输入潜溪寺（图18），点击查询。

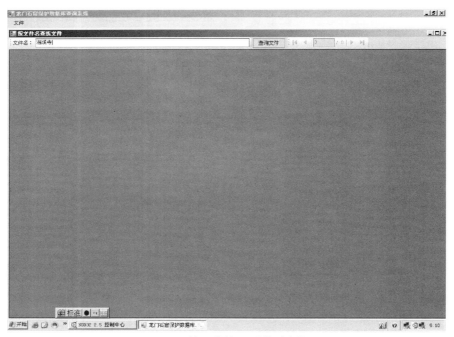

图18　输入关键词"潜溪寺"

点击查询后，数据库中所有文件的文件名中包括有潜溪寺几个字的文件全部列在菜单表格中（如图19），并且文件所在的目录路径也在文件的旁边显示。

文件名	目录一	目录二	目录三	目录四	目录五	目录六	目录七	洞窟名	下载文件
潜溪寺剖面 dwg	石窟测绘 (Gro...	地质图 (Geolo...	CAD图 (CAD dr...						下载文件
潜溪寺观测孔	石窟监测 (Gro...	洞窟监测 (Cav...	潜溪寺 (Qianx...	监测照片 (Mon...					下载文件
潜溪寺观测孔	石窟监测 (Gro...	洞窟监测 (Cav...	潜溪寺 (Qianx...	监测照片 (Mon...					下载文件
潜溪寺调水 QTA	石窟监测 (Gro...	洞窟监测 (Cav...	潜溪寺 (Qianx...	室内环境 (Inn...	洞窟病害监测	渗漏水资料 (S...			下载文件
潜溪寺探头温	实验数据 (Dat...	温度对比图							下载文件
潜溪寺退度度	实验数据 (Dat...	温度对比图							下载文件
西山潜溪寺湿	实验数据 (Dat...	温度对比图							下载文件
西山潜溪寺温	实验数据 (Dat...	温度对比图							下载文件
潜溪寺裂隙立	实验数据 (Dat...	图件	裂隙						下载文件
潜溪寺裂隙致	实验数据 (Dat...	图件	裂隙						下载文件
潜溪寺3D裂裂	实验数据 (Dat...	图件	裂隙						下载文件
潜溪寺剖面 dwg	保护工程 (Con...	数科文项目 (P...	项目报告 (Rep...	龙门石窟保护.	报告附图图表	附图 (Attache...	剖面图 (Profi		下载文件
潜溪寺平面图	保护工程 (Con...	数科文项目 (P...	项目报告 (Rep...	龙门石窟保护.	报告附图 (Att...				下载文件
潜溪寺立面图	保护工程 (Con...	数科文项目 (P...	项目报告 (Rep...	龙门石窟保护.	报告附图 (Att...				下载文件
潜溪寺裂裂裂	保护工程 (Con...	数科文项目 (P...	项目报告 (Rep...	龙门石窟保护.	报告附图 (Att...				下载文件
潜溪寺裂隙立	保护工程 (Con...	数科文项目 (P...	项目报告 (Rep...	龙门石窟保护.	报告附图	三个试验洞窟			下载文件
潜溪寺2015地	保护工程 (Con...	数科文项目 (P...	项目报告 (Rep...	龙门石窟保护.	报告附图	三个试验洞窟			下载文件
潜溪寺2015地	保护工程 (Con...	数科文项目 (P...	项目报告 (Rep...	龙门石窟保护.	报告附图	三个试验洞窟			下载文件
潜溪寺3D裂裂	保护工程 (Con...	数科文项目 (P...	项目报告 (Rep...	龙门石窟保护.	报告附图	三个试验洞窟			下载文件
潜溪寺钻孔布	保护工程 (Con...	数科文项目 (P...	项目报告 (Rep...	龙门石窟保护.	图件				下载文件
潜溪寺外景 jpg	保护工程 (Con...	数科文项目 (P...	项目照片 (Pho...	地质调查2002.					下载文件
潜溪寺外南健	保护工程 (Con...	数科文项目 (P...	项目照片 (Pho...	地质调查2002.					下载文件
2005-05-16潜	保护工程 (Con...	数科文项目 (P...	项目照片 (Pho...	补充地质调查					下载文件
2005-06-09潜	保护工程 (Con...	数科文项目 (P...	项目照片 (Pho...	补充地质调查					下载文件
2005-06-09潜	保护工程 (Con...	数科文项目 (P...	项目照片 (Pho...	补充地质调查					下载文件
修建潜溪寺窟	协议合同	其它							下载文件
潜溪寺调水20.	石窟监测 (Gro...	洞窟监测 (Cav...	潜溪寺 (Qianx...	室内环境 (Inn...	洞窟病害监测	渗漏水资料 (S...			下载文件

图19　查询到的文件列表

双击所要查找文件的文件名,文件即被打开(如图20),或者是点击下载文件,把文件下载到指定的地方然后再使用。

图20 双击文件名打开文件

五、数据库的应用

2006 年~2008 年完成了繁重的资料整理及录入工作。

首先是把大量的历史保护资料做成电子版存入电脑。一些手写记录的文档,由于存放时间较长,纸张有的已经破损或是字迹模糊,对这些资料采用手动输入,做成 word 文档。一些保存较好的文档资料及上级部门的红头文件就做成 pdf 格式的电子书形式,这样既能保留原有文件(特别是红头文件)的本来面貌,同时也能更好的供后续的研究参考及利用。历史上龙门石窟的保护修复工程中积累了大量的设计图纸、航空摄影图及大量地质地形图,将这些资料做成 1:1 的 jpg 图片格式。最近几年的保护修复工程资料一般都已有现成的电子文档,所以无需转化,可直接录入数据库中。

然后就是数据的录入工作。录入之前先根据文件的内容和数据库的结构给文件命名,以便搜索系统对其进行检索。然后再根据文件的类型分别放到数据库系统中不同的文件目录下。

目前历史保护资料的录入工作已基本完成。

经过 2 年的调式使用,数据库运行良好。

六、结束语

数据库的研制过程中，得到了 UNESCO 驻北京办事处项目官员杜晓帆博士和中日专家组的支持和指导，他们对每一个环节提出了具体的要求，使数据库得以更好地为龙门石窟保护工程服务。洛阳市文物局和龙门石窟研究院的领导对研究项目给予了支持和帮助，使项目得以顺利完成。仅此一并致以深切的感谢！

Report on Establishing Database on the Conservation and Restoration Project of Longmen Grottoes

Qian Tonghui, Fang Yun (China University of Geosciences)

Gao Zhilong, Li Xinjian, Fan Zilong (Academy of Longmen Grottoes)

Abstract

In the conservation project of cultural relics there are a large number of monitoring, calculation and analysis, experimental results, the construction design drawings and other different types of data. The effective management of the data by computer is of great significance for the technicians of heritage conservation project and will provide them with efficient data support environment.

The overall objective of the Database Management System of Longmen Grottoes conservation is to store scientifically in a variety of documents of the heritage conservation projects with database technology and to collect a variety of graphics, charts, data and to provide the conservation workers with convennient efficient information queries, decision analysis, data management and other technical means, so that the level of the Longmen Grottoes conservation to be further improved.

The development of database management system had been completed by China University of Geosciences and the Longmen Grottoes Longmen Grottoes Research Institute.

The Database Management System of Longmen Grottoes protection project is mainly used for data management and engineering project management of the Protection Center of the Longmen Grottoes Research Institute. In addition to the UNESCO – funded project information, it includes also the information on the past few decades and the future information of engineering projects.

The data model of Database had adopted the hierarchical structure design. The hierarchical structure corresponds to the files in the database. Through the data model the user can be easily specified the inside query path and it allows users the flexibility to modify the data model. The model to relational table form stored in the database, various types of files are stored to a database in the internal format of a unified library. In accordance with the database server is responsible for data stored in internal format for processing, the client is responsible for the database internal format of the data into the appropriate file type.

The database management system consists of the management module and the query modules. The system makes first the password identification to users. After the inspection had passed the user can use the system by authorized level.

The management module is available to the system administrator to use. It provides data entry, query, editing and analysis. Administrators can use the module in accordance with application needs to define and to modify flexibly the database schema. Administrators can save the data into the database, query a variety of data, modify data and analyze the data histogram.

The query Module is available to the general technical staff. The system allows them convenient multiple queries, but they not modify the database. The system interface adopts an intuitive windows – style drop – down menu approach. Just follow the menu prompts the user clicks on the appropriate button, the system automatically complete the user's search request.

河南龙门石窟保护修复工程设计

王金华（中国文化遗产研究院）

一、概　述

为加强龙门石窟保护工作，联合国教科文组织利用文化遗产保护日本政府信托基金，开展龙门石窟保护修复工程试验研究。该项目于2001年11月立项启动，2009年3月项目结项，分两期实施：第一期基础资料勘察试验研究阶段，开展了龙门石窟的地形测绘、地质调查、石窟环境和洞窟病害观测和洞窟裂隙防渗灌浆试验，确定了保护修复工作的方向；第二期的主要任务是在继续深化上述观测和调查研究的基础上，对具体的洞窟进行保护修复工程的设计和施工。

项目选定三个洞窟——潜溪寺石窟、皇甫公洞石窟、路洞石窟作为试验保护的对象；工作的内容为：1. 裂隙渗水病害的研究与治理；2. 洞窟清洗——包括粉尘清除、微生物和苔藓清除、烟垢清除、结晶物清除、锈斑和有机物污迹的检测和清除；3. 微裂隙及风化岩体修复加固。其中以洞窟裂隙渗水治理作为项目的主要工作内容。

项目实施的目标：1. 近期目标：通过采取综合的水害治理措施，有效解决洞窟的渗水病害，为龙门石窟未来的水害治理工作提供示范或指导作用；通过对潜溪寺石窟风化破坏机理的研究、水侵蚀作用机理的研究及对附着物清洗的研究，为龙门石窟本体的保护提供科学依据。同时通过项目的实施，建立龙门石窟保护科学的程序、方法，建立完整的保护档案。2. 长远目标：利用保护修复试验研究取得的技术、经验、管理方法，对龙门石窟进行长期的管理和保护，整治环境，设立完善的环境检测基础设施，使龙门石窟的日常管理和保护工作规范化，确保龙门石窟珍贵遗产得到长久保存和研究利用的目的。

项目实施的程序：该项目采取项目专家组管理的实施模式，中日双方专家组成的项目专家组负责下制定项目研究对象、保护工作内容、实施目标、实施计划、各阶段成果评估以及各阶段保护、研究工作指导，并且项目专家组的咨询、指导作用贯彻整个项目实施过程。项目实施的程序包括：1. 考察、调研，确定项目工作的目标、内容、对象和工作计划。2. 开展基础调研、勘察工作，包括资料收集、地形图测绘、工程地质条件和水文地质条件勘察、气象条件监测及调查、保存状况及存在病害调查和观察记录、凝结水调查记录等。3. 保护材料、修复保护技术、清洗等试验工作，包括裂隙灌浆材料及工艺技术试验、微裂隙灌浆材料及加固试验、风化岩石加固试验、污染物及钙质覆盖物清洗试验等。4. 编制保护修复保护工程设计。设计工作分为两个阶段，即基本设计阶段和详细设计阶段。基本设计制定保护修复工程的基本思路、原则及保护措施的方案设计，基本设计的内容包括三个试验洞窟裂隙渗水病害治理工程设计、污染物及沉积物清洗设计、微裂隙及风化岩石加固设计；详细设计深化基本设计内容及具体保护措施，达到保护工程施工的要求。详细设计的主要内容是三个试验洞窟水害治理工程施工设计。5. 修复保护工程的实施。根据详细设计实施潜溪寺石窟水害治理工程施工。

受河南省洛阳市文物局委托，中国文化遗产研究院和中国地质大学（武汉）文化遗产和岩土文物保护工程中心共同承担龙门石窟保护修复工程的设计工作。

二、路洞、皇甫公洞、潜溪寺石窟渗水病害分析研究

龙门石窟经过几十年的治理保护，尤其是 1971～1985 年实施的加固保护工程和 1986～1992 年实施的以水害治理为主的综合保护工程，龙门石窟得到了有效保护，消除了大部分威胁石窟安全的问题，但仍存在着或出现新的对龛窟、造像、石刻造成损害的各类病害，比如：石窟内的裂隙渗水；以及因渗水诱发的溶蚀、沉积物覆盖病害；裂隙切割形成的石窟岩体开裂、变形、垮落；石窟及造像表层岩体风化剥落；空气污染物在造像表面形成积垢物等。其中裂隙渗水是龙门石窟最普遍、危害最大的病害。

2.1 龙门石窟的渗水模式

龙门石窟的裂隙渗水与石窟的地形地貌特征、岩体构造和大气降水密切相关。

龙门石窟开凿在陡峭的崖壁岩体上，山体坡体总体地貌特征为40°以上的陡峻斜坡，不利于地表水的积聚，地表水主要以地表径流的方式排泄掉。但是，龙门石窟崖壁坡体的局部或微观地貌特征存在着平缓台面、洼地或小型沟谷及风化卸荷破碎带，为雨水的临时积聚提供了条件，也为裂隙渗流提供临时水源。

龙门石窟的地下水位位于崖壁崖脚一线，低于石窟窟底面，因而龙门石窟不存在地下水的威胁。

龙门石窟的渗水病害只发生在雨季，而且受降雨强度、时间延续长短等影响，说明龙门石窟渗水病害的水源为大气降水，而且为季节性、暂时性渗水。

龙门石窟崖壁走向为 NNW－NNE，崖壁岩体沉积层理倾向 NNW，岩体沉积层理倾向与崖壁走向基本一致，即山体的裂隙渗水沿层理裂隙由南向北渗流。大多数石窟沿崖壁开凿，垂直崖壁走向，与岩体沉积层理面斜交，即石窟的开凿截断了石窟区域岩体层理面的渗流通道，当石窟截断的层理面中存在裂隙渗流时，裂隙水就在石窟内出露造成裂隙渗水病害。龙门石窟南壁裂隙渗水比较严重，与岩体沉积层理的发育、倾向延展有关。

龙门石窟山体内部的渗流主要沿岩溶管道和构造裂隙构成的渗流网络排泄到伊河，对开凿在浅层崖壁岩体的石窟，卸荷裂隙是主要的渗流通道。卸荷裂隙为平行崖壁走向的构造迹线。根据勘察，龙门石窟崖壁岩体16米域内发育有7～9条卸荷裂隙，0～2米区域比较密集，一般2～3条，其特点是裸露、延伸长，一般延伸至崖顶，并且随着崖壁坡度变化，下缓上陡。表层的卸荷裂隙大多切穿石窟岩体，是大气降水下渗和造成石窟渗水的主要通道。

龙门石窟裂隙渗水的模式：大气降水及有其形成的坡水，主要沿崖壁坡体上的卸荷裂隙下渗，与层理裂隙、构造裂隙、岩溶构造等构成渗流网络。补充到层理裂隙中的水，一部分渗入山体，与岩溶构造相连，补充地下水，一部分在崖壁部位以下降泉的形式出露；当在切穿龛窟的壁面出露时，造成层理裂

隙渗水病害，这类渗水由于渗流途径较长，与降雨时间有滞后效应，所以渗水持续的时间长一些。某些龛窟顶部岩体较薄，水沿切穿龛窟岩体的卸荷裂隙及切穿龛窟岩体风化裂隙直接排泄到龛窟中，形成渗水病害，这类裂隙渗水对降雨反应快，而且反应敏感：降雨后1小时内或几小时就出现渗水，雨停渗水很快就停（见图2－1）。

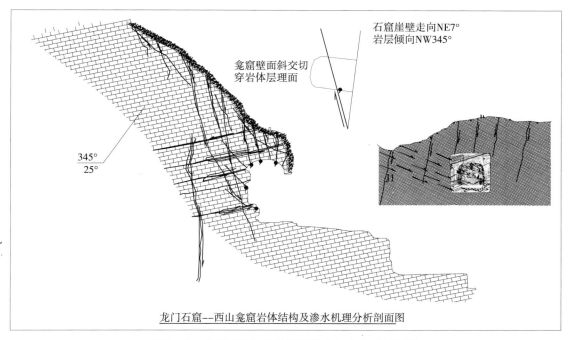

图2－1　龙门石窟岩体结构及渗水机理分析剖面图

2.2　路洞、皇甫公窟和潜溪寺的渗水状况及机理

2.2.1　路洞

根据《龙门石窟保护修复工程地质调查报告》（中国地质大学），渗水裂隙主要是卸荷裂隙；只有在降雨时才产生渗水，渗水强度大，持续时间短，降雨停止后很快消失；和其他龛窟不同的是除了南壁、顶板渗水外，北壁区域渗水更加严重。

路洞的渗水状态：

1. 洞正壁：仅顶部西北角构造裂隙的交汇处有一渗水点，水量不大。

2. 路洞背壁：立壁较干燥，尚未发现渗水迹象。

3. 路洞南壁：有3处渗水点。层面裂隙与构造裂隙的交汇处渗水，并在下方形成一苔藓生长区，高78厘米，宽43厘米，呈黑绿色，苔藓呈薄片状起壳。贯穿全窟的卸荷裂隙在南壁中、上部形成两个渗水点。

4. 路洞北壁：北壁发育有5处渗水点，均位于北壁的中上部。

5. 路洞洞顶：洞顶受众多裂隙切割，共形成7个出水点。卸荷构造裂隙沿横梁呈南北向发育，在该裂隙上发育有4处渗水点。位于洞顶西南角的构造裂隙有2个渗水点。距洞顶中心的莲花边缘45厘米处，贯穿全窟的卸荷构造裂隙1处渗水点。

路洞的渗水病害形成机理：路洞裂隙渗水与卸荷裂隙发育状况、所处崖壁微观地貌特征有关。根据钻孔勘察，崖壁 0～16 米岩体发育有 9 条卸荷裂隙，0～2 米区域内有 3 条，切穿路洞岩体的有 4 条。这 4 条裂隙在崖壁岩体上方、北侧坡体区域均有出露，而且卸荷裂隙面是相互贯通的。另外在路洞周围发育多条陡倾构造节理，走向垂直于窟壁，如图 2－2。这些裂隙与层面裂隙共同构成了复杂的水体渗透网络。

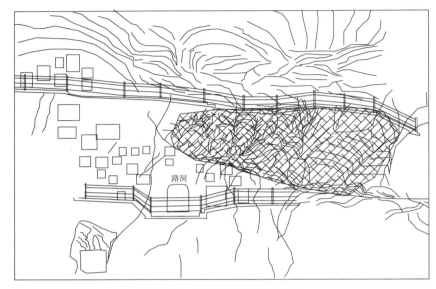

图 2－2　路洞微观地貌特征图

从渗水来源看，主要可以分为下面几个：远程水、窟表立面入渗、窟北侧缓坡岩体入渗。

路洞高程较低，接近于地下饱和水体水位，坡顶上方接受补给的范围较大，因此，路洞部分水体渗透路径较长，在洞窟内部长时间持续出露。在石窟正壁主佛左脚北出露一渗水点的水体正是该类渗水。

图 2－3　路洞窟门南 2 米处裂隙组

图 2－4　路洞正壁长期渗水点

路洞窟立面坡度较大，不利于水体富集与入渗。但是路洞附近岩体层理发育，裂隙面张开较好，这类岩体容易风化，加上裂隙自身的渗透性较好，降雨时形成地表水直接入渗。该类渗水渗透途径短，渗水持续时间有限。但由于路洞窟门南壁岩体较薄（窟门北壁已经破坏，采用混凝土修补），厚度 50～60

厘米，层面裂隙密集，导致雨水入渗。在窟内南壁紧邻窟门发育一条裂隙 J9，该裂隙切割层面，形成一个汇水通道，该裂隙的渗水大部分来自表面层面裂隙入渗，在窟内造成渗水病害。

图 2 - 5　窟门南壁

图 2 - 6　窟南壁近窟门裂隙 J9 渗水

综述，路洞的北壁渗水较严重，该类水体主要来自路洞北侧崖壁，该处坡体比较平缓，坡面坑洼不平，为雨水的临时积聚创造了条件。切穿路洞的卸荷裂隙在坡体上均有出露，而且裂隙迹线延伸长。此区域位于路洞北侧上方，距离洞窟位置较近。降雨时，北侧平缓、凹凸不平的坡面形成临时积水，成为渗水水源；积聚的坡水沿着卸荷裂隙迹线（裂隙口）下渗，在路洞窟壁出露形成临时下降泉，造成渗水病害。所以路洞北侧壁裂隙渗水严重。路洞上方岩体也存在卸荷裂隙出露，顶板岩体也有渗水病害。

图 2 - 7　路洞南、北地形

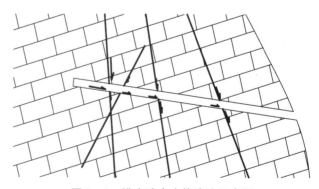

图 2 - 8　排水孔内水体渗流示意图

根据水平排水钻孔的观察发现，在降雨期间，排水钻孔未出现大的连续性出水。由此可以分析，排水孔内部岩体裂隙未出现连续性饱和，从钻孔上部岩体渗入到的水体在外流过程中渗入到下面非饱和裂隙中。因此，岩体内部渗流应该以垂直方向为主，下渗过程中大部裂隙并未完全被水体饱和。

2.2.2　皇甫公窟

根据《龙门石窟保护修复工程地质调查报告》（中国地质大学），皇甫公窟的渗水以卸荷裂隙渗水为主；南壁面裂隙渗水比较严重；降雨时才发生裂隙渗水病害；裂隙渗水持续时间比路洞长。

各壁的渗水状态如下：

1. 皇甫公窟正壁：正壁渗水病害主要受卸荷裂隙影响，这条卸荷裂隙位于主佛像的北侧，裂隙产状为80°∠53°，切割主佛像的头部直达窟顶，裂隙面曲折不平。沿该裂隙共分布有4处渗水点。

2. 皇甫公窟背壁：没有渗水病害。

3. 皇甫公窟南壁：南壁有3处渗水点。主龛下方卸荷裂隙与层面裂隙交切部位，距地面20厘米，有少量的水渗出。受贯穿整个洞窟的卸荷裂隙的影响，渗水病害严重。裂隙已用环氧树脂修补过。在裂隙下方，形成较大面积的岩溶堆积区，渗水还使裂隙附近的岩体强度减弱，造成大面积的掉块。

4. 皇甫公窟北壁：仅在主龛的上方卸荷裂隙交汇处，有一渗水点，在渗水点下方形成少量的土黄色颗粒状 $CaCO_3$ 的淀积物。该处已进行过防渗处理，在调查时未见渗水迹象。

5. 皇甫公窟洞顶：洞顶卸荷裂隙发育，分布有3处渗水点。

皇甫公窟的渗水病害形成机理：皇甫公窟窟内裂隙渗水与卸荷裂隙发育状况、所处崖壁微观地貌特征有关。根据钻孔勘察及地面裂隙调查，皇甫公窟崖壁岩体0~15米范围内发育有7条卸荷裂隙，0~2米区域内发育有3条，其特点是延伸长度，贯穿整个崖壁岩体直通崖顶，在崖壁上方出露。

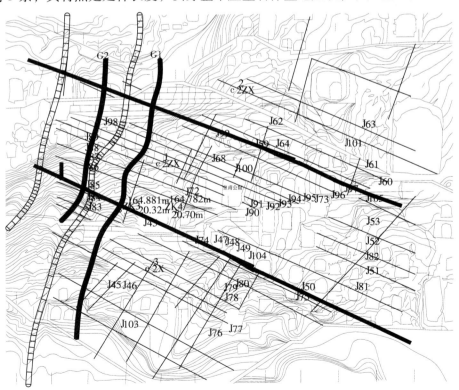

图 2－9　皇甫公窟裂隙分布与地貌

　　另外，相对与其他石窟，皇甫公窟具有另一个比较明的特点，就是在石窟南发育2~3条近垂直发育的构造裂隙，形成一个裂隙分布带，该组裂隙走向102~121°，倾角75~87°。该裂隙属于张性裂隙，裂隙面起伏较大，张开度较好。该组裂隙切割层面和卸荷裂隙，构成了良好的天然渗水通道，顺该组裂隙岩溶发育，形成垂直和水平岩溶通道。据裂隙出露部位可以看出，裂隙内部分充填岩溶堆积物，其结构松散，主要成分为黏性土、CaCO_3堆积、灰岩块及洞穴内冲积物。顺该裂隙带为局部地形的天然冲沟，地表径流大部向该冲沟汇聚。

图 2-10　构造裂隙发育

图 2-11　沿裂隙水平及垂直岩溶发育

图 2-12　松散岩溶洞穴堆积物

图 2-13　平台上方裂隙砂浆填堵

该组裂隙上部大部采用素混凝土填堵；在皇甫公窟上方平台附近，却大部裸露，平台处杂草丛生，从该处的地貌特点及洞穴堆积物分析看，该位置为古水平岩溶发育通道；皇甫公窟附近裂隙张开度相对较差，岩溶发育较弱，该段初步分析为垂直岩溶发育部位。

沿构造裂隙并发育的岩溶通道其规模远大于层面裂隙和卸荷裂隙，该裂隙将远程水、石窟表面岩体入渗、卸荷裂隙入渗联系起来。该岩溶通道对周围石窟是具有全局性的影响。

皇甫公窟上方发育一个斗形缺口平台，平台地势低洼（参见图 2 - 14）。该区域正是构造裂隙和岩溶强烈发育部位，由于岩体破坏，在地貌上形成缓坡平台。坡顶上的顺溶沟下流的地表水体在该处汇聚，并顺构造裂隙下渗，使其富水，为皇甫公窟内部渗水病害提供了水源。

图 2 - 14　皇甫公窟上方缓坡平台

2.2.3　潜溪寺石窟

潜溪寺石窟裂隙渗水特点：南壁面以层理裂隙面渗水为主，窟顶区域、北壁面以卸荷裂隙面渗水为主，窟顶裂隙渗水最为严重；降雨时石窟裂隙才渗水，但渗水影响时间不同，顶板反应较快，南北两壁面反应相对较慢，但持续时间较长。与路洞、皇甫公窟 2 个石窟相比，裂隙渗水持续时间较长，渗水危害较大。

潜溪寺裂隙渗水状态：

1. 潜溪寺正壁：正壁共有 3 处渗水点，均位于主佛像头部的右上角。主佛像头部上方的 2 条层面裂隙中各有一个渗水点；南侧顶部卸荷裂隙分布有一处渗水点。

2. 潜溪寺背壁：背壁较干燥，调查时未发现有渗水痕迹。

3. 潜溪寺南壁：南壁有 3 处渗水点，渗水病害比较严重。位于西侧佛像头顶至东侧佛像肩部的卸荷裂隙是一条主要的渗水控制裂隙，洞顶渗水沿该裂隙下渗。层面裂隙和卸荷裂隙渗水裂隙交切，造成了南壁东侧的大面积岩溶覆盖区窟门外发育 1 条大的卸荷裂隙，隙宽 8 ~ 20 厘米，雨季渗水严重。

4. 潜溪寺北壁：北壁有 3 处渗水点。顶部层面裂隙有 2 个渗水点，北壁卸荷裂隙是主要渗水裂隙。

5. 潜溪寺洞顶：洞顶渗水较为严重，发现渗水点 9 处，卸荷裂隙是主要渗流通道。

6. 潜溪寺窟外保护建筑与窟壁之间脱离出现裂缝，降雨时雨水直接渗入倒灌窟内造成石窟窟门区域水的侵蚀损害。

潜溪寺渗水病害模式：潜溪寺石窟与路洞、皇甫公洞的地貌特征、构造条件不同，渗水模式不同。构造特征——潜溪寺北侧发育一条断层 F2，南侧发育一条延伸较长的 J1 构造裂隙，两条构造迹线分布在潜溪寺左右两侧，形成相对独立的构造单元；地貌特征——潜溪寺北侧沿 F2 断层发育比较大的冲沟，南侧沿 J1 构造裂隙发育小型 V 型冲沟，潜溪寺上方坡体凸起，形成相对独立的地貌单元。

潜溪寺石窟岩体的总体渗流模式与龙门石窟西山的渗流模式相近，但潜溪寺石窟地表径流的排泄及岩体内部的裂隙渗流为一相对独立的水文地质单元（见图 2 - 17）。

图 2 - 15 南壁渗水严重

图 2 - 16 窟顶裂隙发育与渗水

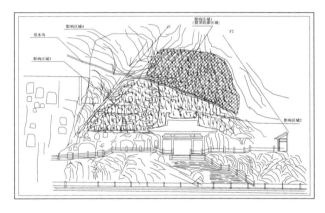

图 2 - 17 潜溪寺局部地质、地形特征

潜溪寺上部坡体、南侧坡体区域及窟外崖壁等组成石窟的水源区域，受水面积大，渗水来源多，渗水途径长短共存，是造成石窟某些裂隙渗水快，某些延续时间长的原因。

影响潜溪寺石窟裂隙渗水的区域：

窟顶坡体：坡顶岩体发育的卸荷裂隙直接切穿石窟岩体，为裂隙渗水提供了渗流通道。20 世纪 80 年代对坡体采取了裂隙灌浆和铺设防渗层的治理措施，现在防渗层部分区域已开裂或起鼓或脱空。防渗层具有较好的排水效果，但防渗效果较差。

根据地质雷达勘测，坡顶表层岩体的卸荷裂隙风化破碎带的厚度 0～4 米，卸荷裂隙风化破碎带一是为水的临时储存提供了空间，为裂隙渗流提供水源；二是储存的水源沿界面运移或沿裂隙下渗，在石窟内造成裂隙渗水病害。坡体表层卸荷裂隙风化破碎带的含水是影响石窟裂隙渗水的水源之一。

南侧坡体：潜溪寺南侧坡体处于层理裂隙渗流网络的上游，是影响石窟南壁层理裂隙渗水的重要区域之一。此区域基岩裸露，开凿多层小型石窟，风化裂隙渗入层理裂隙面渗流，对潜溪寺有一定的影响，但影响较小。

窟外崖壁区域：潜溪寺石窟顶板岩体及窟外崖壁岩体较薄，风化裂隙、卸荷裂隙十分发育，而且切穿顶板岩体，路径短，降水时雨水很快直接沿裂隙渗入窟内造成渗水病害，为主要区域之一。

南侧冲沟及冲沟南部区域：潜溪寺南侧冲沟及南部区域岩体裸露，降雨很容易沿构造裂隙、卸荷裂隙、风化裂隙下渗，进入层理裂隙面渗流网络。通过人工模拟降雨试验，此区域为潜溪寺石窟渗水病害的水源，对潜溪寺渗水病害影响最大。

2.3 关于温泉水水蒸气对裂隙水渗流和凝结水形成的影响

龙门石窟修复保护项目日方专家提出了一个十分新颖和值得探讨观点：

（1）龙门石窟山体内部岩石温度比较稳定，受环境影响较小，温度基本保持在20℃左右，其原因是由于温泉水水蒸气运移的结果；

（2）石窟内裂隙水的渗流凝结、壁面凝结水的形成是由于温泉水蒸气运移、渗流形成的。

龙门石窟裂隙渗水具有方向性，其位置、区域与岩体结构密切相关。一般龙门石窟南壁裂隙渗水比较严重，是因为山体的层理裂隙走向由南向北，大多数石窟垂直崖壁开凿，即石窟的开凿截断了石窟区域岩体层理面的渗流通道，当石窟截断的层理面中存在裂隙渗流时，裂隙水就在石窟内出露造成裂隙渗水病害。

龙门石窟南北壁面裂隙渗水存在的明显差异性，说明裂隙渗水具有不均匀性，裂隙中的渗流为流动液体；如果是水蒸气，水蒸气在构造面中的运移、分布是比较均匀的，因而，石窟南北壁面结构相同的条件下，裂隙渗水不应具备差异性。

龙门石窟一般窟顶区域渗水比较严重，是由于窟顶大多被平行崖壁走向的卸荷裂隙切穿，而且窟顶岩体越薄，裂隙渗水越严重，说明窟顶裂隙渗水来源于石窟上方区域；如果是水蒸气，水蒸气以下部向上运移为主，石窟的开凿使窟顶岩体悬空，窟顶就不会产生裂隙渗水危害。

从裂隙渗水在石窟壁面残留的渗流痕迹看，裂隙渗水呈线状分布，说明裂隙渗水水流具有突发性，不均匀；如果水蒸气凝结产生的水流，渗水留痕应该呈面状均匀分布。

裂隙渗水的淀积物成分除了钙质沉积物外，含有大量的黏土、沙粒、植物碎屑等杂物，说明水源来自山体地表，地表水夹杂着各类杂物才造成裂隙渗水沉积物的复杂性；如果是来自山体内部的水蒸气，裂隙渗水沉积物应该是单一、高纯度的钙质物。

石窟裂隙渗水的另一个重要特征是裂隙渗水与季节、大气降水的时间、强度、持续时间相对应。裂隙渗水一般出现在每年6、7、8三个降雨的月份，而且随着降水的时间、强度变化，说明水源为大气降水；如果为水蒸气，裂隙渗水在一年中应该是均匀的，而且冬季表现更加明显，因为冬季山体内岩体温度和水流的温度仍是20℃，内外温差大，蒸气压力较大，裂隙渗水渗流加大，但是冬季，石窟几乎不存在裂隙渗水。

根据地球地壳低温研究，地壳岩体的温度与地球地核的热传递有关，一般的温度的递增为3~6℃/100米，与地下水的运移没有关系，相反，地壳的地温将热量传递给水流，确保水流的温度和热量。

龙门石窟窟内凝结水形成的特点是与季节有关，一般5~9月出现凝结水，而且7~8月最为严重；凝结水一般出现在进深比较大的石窟内，而且主要出现在后壁，空气湿度越大，窟内外温差越大，越容易产生凝结水。即使，石窟内没有发育裂隙，也会产生凝结水。所以，凝结水的水源为空气中水分，热空气遇到温差较大冷壁面时，就为凝结水的积聚创造了条件。山体内部水蒸气运移与凝结水形成的关系是一个值得探讨的学术研究课题。

龙门石窟治水工程设计的依据：裂隙渗水水源为大气降水，水的渗流受岩体构造控制。

三、治水工程设计

3.1 水害治理工程设计的基本思路

针对龙门石窟每个龛窟所在的微观地貌特征、构造条件，水源补给、渗流方式、排泄途径等水文地质单元的差异，采取不同的、各种措施相结合的综合治理措施。基本思想是：以防渗排水，疏导水流，解决大气补给水源为主要治理措施，石窟内部裂隙灌浆、封堵为辅助措施，作为最终防线防止裂隙水在窟内出露产生渗水病害。

首先，对石窟外岩体表面张性裂隙进行灌浆封堵处理。通过对地表水体入渗通道裂隙的封堵，减少渗入岩体中的水量。其次，采用膨润土硅酸盐无机防渗层在水体来源区作防渗铺盖，利用无机防渗层的弱渗透性来减少地表水体的下渗。实施的区域有潜溪寺坡体地表和皇甫公窟上方发育的一个斗形缺口平台。

截水、排水措施主要用于潜溪寺石窟南侧冲沟中，在该处设置截水排水暗沟可以截断从南侧山体沿层理裂隙面渗流的地下水体，达到防止和减少石窟内部渗水的目的。

石窟内部裂隙灌浆封堵作为辅助措施。该方法主要用于渗水病害比较轻微的路洞和皇甫公窟，该两个石窟总体渗水强度较小，渗水点和渗水裂隙进行封堵后，将改变石窟岩体内部水体渗透途径并向下渗透。对于潜溪寺，由于现渗水比较严重，如果对渗水点和裂隙进行封堵，可能在石窟岩体内形成孔隙水压力，产生其他区域的渗水病害。仅在进行施工期临时封堵，防止施工过程中裂隙跑浆、渗水对造像的威胁。待施工结束后将封堵物去除，检验治水工程效果，并根据治水效果决定是否对窟内裂隙进行处理。

3.2 水害治理工程设计

3.2.1 路洞

路洞裂隙渗水病害的治理采取北侧平缓坡体裂隙灌浆封堵、窟内渗水裂隙灌浆处理相结合的措施。

路洞北坡体平缓，坡面构造裂隙、卸荷裂隙曾进行过封堵处理，但随着时间的推移，由于风化作用，逐渐开裂而失去防渗作用。对该处岩体表面发育的卸荷和构造裂隙进行封堵处理，减少路洞北侧岩壁的渗水量。

窟内渗水直接作用于石窟表面，对石窟造像造成直接损害。如前所述，石窟山体内渗水主要以非饱和垂直渗水为主，通过对窟内渗水裂隙的封堵，改变渗水裂隙的渗水途径，来实现对石窟的保护。

北侧平缓坡体裂隙防渗处理：路洞北侧上方的平缓坡体区域，该区域除残留1734和1735两个小型石窟外，其余石窟已经遭受破坏而不存在。在石窟遭受破坏后，形成一缓坡，该缓坡构成了石窟内渗水的又一重要来源。历史上曾经对该缓坡进行过治理，治理方式主要是在裂隙表面采用水泥砂浆进行封堵，现已老化失效，部分开裂。

本次该缓坡平台的治理按如下工序进行。

1. 裂隙开凿清理

在不改变坡体地貌形态、景观的前提下，采取人工开凿清理的方法对区域内揭露的各类裂隙，尤其是卸荷裂隙进行开凿清理，清除渗水淀积的钙质、钙泥质沉积物及历史工程充填物等，露出基岩面。开凿清理的深度，根据裂隙发育情况以及与造像的关系，控制在 5～10 厘米，宽度 0.5～5 厘米。

在裂隙清理开凿之后，应由工程地质专业人员对裂隙进行编录、拍照及测量描述，会同设计、施工、监理等单位共同确定灌浆钻孔的布置。

2. 定位钻进灌浆钻孔

根据裂隙开凿情况，对于宽度大于 0.5 毫米的裂隙顺裂隙的延展方向采用按 50～100 厘米间隔定位，布设钻孔，作为裂隙灌浆孔。对于裂隙宽度小于 0.5 毫米的裂隙，按 30～50 厘米间隔布设钻孔。钻孔孔径 36 毫米，长度 50～80 厘米，钻孔采用回旋取芯钻进技术，通过取芯观测裂隙的延展方向、隙宽等指标，为裂隙灌浆提供参考。钻孔成孔后，用清水压力清洗钻孔。

3. 安设灌浆管

沿预先设置的钻孔安设灌浆管，灌浆管选择耐高压的 PVC 管，并配置可控的灌浆管塞子。

4. 裂隙封堵

选用改性水性环氧树脂和原灰岩石粉调和成环氧树脂胶泥，封堵裂隙口。裂隙封堵的工序：首先用毛刷蘸取适量的改性水性环氧树脂液均匀涂刷在裂隙岩体表面，然后将环氧树脂胶泥压实填充在裂隙间。注意在填充胶泥是确保胶泥填充密实，胶泥之间、胶泥与裂隙岩体之间必须密实不留孔隙、气泡。封堵胶泥面低于崖壁岩体 2～3 毫米，便于裂隙口作旧处理。

5. 裂隙封堵密封检测

为检测裂隙封堵材料的密封性及与之交切裂隙的连通性，防止裂隙灌浆时跑浆，裂隙封堵胶泥固化 24 小时后，对裂隙封堵的密实性进行检测。检测程序：其他灌浆管封堵，预留一个灌浆管压力吹风或压水，如果有漏气或漏水的地方，人工重新开凿，重新封堵。

6. 裂隙灌浆

不同的裂隙宽度可选用不同的灌浆材料及施工工艺。对于灌浆孔作用范围内，存在着隙宽 0.5 毫米以下的裂隙，采用超细水泥或者水性环氧树脂进行灌注；如果在灌浆孔作用范围内，裂隙宽度均大于 0.5 毫米，灌浆材料可选用超细水泥或水泥。裂隙灌浆采用压力灌浆，灌浆压力根据裂隙灌注情况，控制在 0.5～3MPa 之间。水泥浆液的水灰比控制在 1:2～1:1 之间，根据裂隙宽度进行调整，裂隙宽的取小值。

浆液制备完毕后，首先从最下面的灌浆孔开始灌浆，灌浆时控制好灌浆压力，从低压力起，逐渐加压，直至较难灌注为止，同时控制灌浆量，然后用塞子封堵灌浆管；下面的灌浆管灌浆完毕后，依次向上灌浆。

对于每一个灌浆孔灌浆压力、浆液性质、灌浆工程及灌浆量均应作详细的施工记录。

7. 封堵灌浆孔

所有灌浆管全部灌注完毕，浆液固化48小时后，人工开凿取出灌浆管，按裂隙封堵的工序及要求，封堵灌浆孔。

8. 裂隙作旧

用丙烯酸溶液黏结剂或其他黏结剂拌和岩粉涂刷在裂隙口表面，确保处理的裂隙与岩面颜色、质感相协调。

窟内渗水裂隙灌浆与封堵：路洞内主要有三条渗水裂隙，均为卸荷裂隙。北壁的J27、顶部的J4、和南壁的J8构成了最主要的一条渗水裂隙，实测产状为175°∠45°。另外一条是北壁的J12上行同顶部的J12连通。另外，正壁的J13、顶部的J6、南壁的J9均出现渗流。石窟内东壁渗水较轻微，这次治理不布置灌浆孔。

1. 灌浆施工工序设计

（1）石窟遮护保护：为防止保护工程实施过程中对石窟及造像的损害、污染，在工程实施前首先对整个石窟进行遮护保护。对工作面周边1米左右的区域用丝毛毯布和塑料薄膜遮盖保护，其他区域用塑料薄膜遮护。

（2）开凿清理裂隙：在不破坏、损伤石窟造像的前提下，采取人工剔凿的方法清理渗水裂隙及与之有关的裂隙，清除裂隙的钙质沉积物、杂物，露出基岩面，清理裂隙的宽度2～15毫米，深度10～20毫米，根据裂隙发育情况确定。在裂隙开凿后，由工程地质专业人员进行编录、拍照。

（3）钻孔安设灌浆管：用5～15毫米的钻头沿裂隙钻孔，钻孔长度20～25厘米，在钻孔中埋设灌浆管。灌浆管选用PVC管或铜管。后面灌浆布置中指的小孔径、中等孔径、大孔径分别指的是5～8毫米、8～12毫米、12～15毫米。

（4）裂隙封堵：选用改性水性环氧树脂与灰岩粉混合制成胶泥，封堵清理裂隙口。

（5）裂隙灌浆：封堵裂隙的胶泥固化后，选用重力或压力方法沿灌浆管灌浆。对于在灌浆孔作用范围内裂隙宽度均大于0.5毫米的灌浆孔，灌浆材料可以采用水泥或者超细水泥；对于灌浆孔作用范围存在着小于0.5毫米的裂隙，直接采用超细水泥或者水性环氧树脂。灌浆压力要严格控制，不能过大，控制在0.1～0.5MPa范围内。后面灌浆孔布置中指的低压、中压、高压分别指的是0.1～0.2MPa、0.2～0.4MPa、0.4～0.5MPa。灌浆压力要逐渐提高，同时控制灌浆量。

（6）裂隙口封堵：裂隙灌浆完毕后，待浆液70～80%的固化，拔出灌浆管，用改性水性环氧树脂与灰岩粉混合制成的胶泥封堵灌浆口。

（7）处理裂隙作旧：用灰岩岩粉、黏土、丙烯酸伴和浆液对裂隙口进行作旧处理。

2. 窟内灌浆孔布置

（1）正壁

正壁总体渗水比较轻微，一个是在J13的北端近窟顶部位，与多条裂隙贯穿，出现明显的渗水，布置3个灌浆孔进行封堵。该裂隙张开度较好，附近无重要文物，可以采用大孔径、中等压力灌注。

（2）南壁

该壁层面裂隙密集，南壁J8裂隙和J11裂隙近平行发育切割层面裂隙，渗水比较严重。但J8和J11

裂隙张开度均较小，裂隙切割部位雕刻比较丰富，因此除灌浆孔 LD11 可以采用大孔高压灌注外，其余均应采用小孔中压灌注。另外在 J8 裂隙 LD9 灌浆孔附近多条裂隙交汇，形成渗水点，在 J17 末端布置一 LD10 灌浆孔，该孔可以采用中等孔径中等压力灌注。

图 3-1　正壁 J13 北端

图 3-2　南壁 J8（左）与 J11（右）裂隙

　　另外 J9 裂隙现渗水也比较严重，但是其紧邻南壁石窟外壁。据分析，其渗水来源主要是立壁层面裂隙和南侧小型石窟，渗透途径较短。暂不进行灌浆处理，待石窟外防渗处理完成后，观察其渗水情况，再决定是否进行处理。J8 裂隙下端有一个长期渗水点 S1，其下无重要的文物分布，此次也不处理。留作观察在裂隙上部灌浆后，其渗水改变，以作为灌浆效果分析一个依据。同时，该渗水点可以考虑适当扩大，作为该卸荷裂隙的一个天然排水孔。

　　（3）北壁

　　北壁是路洞渗水相对严重的部位，主要的渗水裂隙为 J12 和 J27。由于 J12 的切割，在石窟壁下端形成了一个掉块区。根据裂隙的发育和文物的分布，在 J12 上布置 10 个灌浆孔（LD16～LD25），在 J27 上布置 6 个灌浆孔（LD26～LD31）。另外裂隙 J22 也出现明显的渗水，该裂隙上部距 J27 距离很近，在 J27 封堵后，水体可能会从 J22 渗出。因此，该裂隙也布置 4 个灌浆孔（LD32～LD35）。

图 3-3　S1 渗水点

图 3-4　窟内北壁 J12（左）与 J27（右）渗水严重

在 J12 上的 LD16 ~ LD19 灌浆孔之间，文物分布比较密，另外在 LD17 和 LD18 之间布置右监测设备。这一段布孔比较困难，应采用小孔径灌浆孔，中高压灌注。而在 LD20 ~ LD24 的掉块区渗水比较严重，具有施工空间，可以采用大口径高压灌注。LD25 位于掉块区的下部，其下无文物分布。本次治理时不进行灌浆，仅钻孔，留着作为观测 J12 上部处理后裂隙的渗水情况的观测孔。待观测一年以上，再根据情况确定是否灌浆堵死或作为排水通道。

在裂隙 J27 上分布有较多文物，布孔比较困难，因此该裂隙上的灌浆钻孔均采用小口径，岩体稳定性比较好，灌浆时灌浆孔 LD26 ~ LD31 采用中高压灌注。

在裂隙 J22 上方 LD32 和 LD34 处为一张开度较好的裂隙，现已经封堵，该处可以采用中等口径的钻孔中压灌注。而下部 LD34 和 LD35 建议采用小口径中高压灌注。

（4）窟顶

在裂隙 J12 上布置 6 个注浆孔，编号为 LD36 ~ LD41。该裂隙分布范围掉块严重，已经不存在文物分布，因此可以采用大口径中等压力进行灌浆。但是需要注意的是在 LD37 与 LD38 灌浆孔之间有一个三角形危岩体，施工时注意，避免其掉块。

在裂隙 J4 上布置 15 个注浆孔，编号为 LD42 ~ LD56。该裂隙在顶部可以分为三段：LD42 ~ LD46 为第一段，该段造像较多，裂隙张开度较小，注浆孔采用小口径中高压灌浆；LD47 ~ LD51 为第二段，该段残留有顶部莲花，由于受层面裂隙和 J4 切割，大部掉块并形成危岩体。因此，虽然该段不存在文物，仍然采用小口径的灌浆孔，避免施工对窟顶造成危害。另外 LD49 布置于莲花中兴残留柱体上中部，施工时钻孔顺裂隙指向 LD50 并斜向上 60 度钻进。该段在灌浆时采用中压灌进；LD52 ~ LD56 为第三段，该段裂隙张开度较好岩体完整，可以采用大口径中高压灌注。

J5 于 J6 裂隙规模较小，布置 5 个注浆孔，编号为 LD57 ~ LD61。除 LD60 可以采用大口径灌浆孔外，其余均采用小孔径灌浆孔。灌浆压力可以采用高压灌注。

图 3 - 5　窟顶 J4 裂隙

图 3 - 6　窟顶 J12 裂隙

3.2.2　皇甫公窟

皇甫公窟水害治理措施包括：窟顶缓坡平台防渗处理、平台上方构造裂隙封堵、窟内渗水裂隙灌浆处理。

皇甫公窟上方缓坡平台是本次防渗治理的一个重点。在局部微地貌和特殊的地质条件作用下，大量水体流向该处，形成积水，并沿构造裂隙、岩溶、卸荷及层面裂隙下渗。对该缓坡平台进行防渗处理，必然减少地表水体向两条构造裂隙的补给量。

通过上述措施后，在一定程度上会降低构造裂隙的富水程度，减少其向北部岩体的补给量。让其由一条石窟内渗水的补给来源逐渐向皇甫公窟南截排水通道转换。

窟内渗水直接作用于石窟表面，对石窟造像造成直接损害。石窟山体内渗水主要以非饱和垂直渗水为主，因此可以通过对窟内渗水裂隙的封堵，改变渗水裂隙的渗水途径，来实现对石窟的保护。

3.2.3　窟顶缓坡平台治理

缓坡平台作为一主要的渗水来源进行治理。治理工作按如下工序进行。

1. 清理工作

清除平台区域堆积的杂草、堆积土、碎石等堆积在平台上的堆积物；剔凿清除溶沟、溶洞、裂隙中的钙质堆积物、积土、碎石等。由于该处岩溶发育强烈，如果岩溶深度过大，可以仅清理上部或表面 60 厘米，然后按 20 厘米碎石、20 厘米砾砂、20 厘米膨润土硅酸盐回填至工作面。

2. 砌筑台阶西侧壁

在游人观赏台阶西侧砌筑与东侧类似的侧壁，但高度要求大于 250 毫米，宽度为 200 毫米。砌筑西侧壁一方面是为了防止台阶上水体向山坡岩体低洼汇聚，另一方面是下一步防渗层的铺设提供空间和支护。

3. 砌筑排水沟

沿平台的最低凹槽，紧靠岩壁设置南北向的主排水沟。凹槽内排水沟下方填筑 C20 素混凝土，不但对层面裂隙进行封堵，同时形成相对坚硬的排水沟基础。主排水沟的出口设置于构造裂隙 G1 上方基岩相对完整处。在构造裂隙 G2 下方，根据松散堆积体和裂隙清理情况设置一积水坑，主要对由 G2 来的地表径流进行收集并通过一东西向的排水沟导向主排水沟而将水体导处缓坡平台。如果积水坑旁为松散岩溶堆积层，须按 G1 构造裂隙积水坑施工图示方法进行加固处理。

4. G1 裂隙处理

构造裂隙 G1 是一条主要的地表水径流通道，水量大。在裂隙清理完成后对与构造裂隙 G1 联系的水平岩溶通道和水平岩溶通道下方构造裂隙 G1 排水管铺设段进行封堵处理。采用内填 200 毫米 C20 的素混凝土、外抹 10 毫米的水灰比 1∶3 的水泥砂浆。同时需要注意的时，对 G1 的封堵处理时要为后续排水管安设预留空间。

根据自然地形，在水平岩溶和构造裂隙交汇处设置一积水坑，并通过该积水坑设置直径 200～300 毫米（最终直径根据裂隙清理开凿后情况现场确定）排水管，将上方来水直接导出滑坡平台。排水管需嵌入岩溶裂隙通道中，顺裂隙延伸方向加工一钢管，内外防腐，表面涂抹与周围灰岩颜色类似的漆。然后将其固定于裂隙中。

5. 裂隙的灌浆封堵

采取路洞崖壁坡体裂隙灌浆、封堵的工艺流程和材料，对平台区域内揭露的卸荷、构造裂隙进行灌浆、封堵处理。

6. 平台地面防渗处理

在排水沟及台阶西侧壁施工完成 28 天后，在缓坡平台上铺设，铺设防渗排水层，确保降水时坡水顺利、尽快地排泄掉，不积水。防渗层由崖脚向外散水，散水坡度 10～15°，防渗排水材料选用镁基膨润土硅酸盐胶结防水材料。防渗层的压实系数须大于 0.95，施工应注意，防止对排水沟和台阶西侧壁造成破坏。

膨润土硅酸盐防渗材料其抗冲刷能力一般，特别在岩壁与防渗层接触范围内，上部水体对其冲刷作用比较严重，可在下设置灰岩岩板或碎石来减轻地表水体的冲刷作用。该工作可以在本次治理时一并完成，也可待施工完成后，使用期间根据实际冲刷破坏作用灵活布置。

7. 参观道路的灌浆、封堵处理

现有的参观路面不进行拆除、重砌处理，采取开凿清理、灌浆、封堵的措施，封堵参观道路砌石之间裂缝，防止雨水下渗。人工开凿清理砌石间的裂缝，灌注改性水性环氧树脂浆液，然后用改性水性环氧树脂与灰岩粉混合制成的胶泥封堵灌浆口。

3.2.4 窟内渗水裂隙灌浆与封堵

路洞内主要有两条渗水裂隙：一条为南壁的 J1、顶部的 J4、北壁的 J5 构成了最主要的一条渗水裂隙，实测产状为 120°∠70°，该裂隙为一条卸荷裂隙。沿该裂隙发育多个渗水点，特别是南壁渗水严重。该裂隙切过顶部中央莲花造像，形成掉块东部边缘。另外一条是正壁的 J25 斜上行与顶部的 J15 构成一条裂隙产状为 80°∠53°。该裂隙在正壁主佛左手侧渗水严重。另外，顶部的 J5 同顶部卸荷裂隙 J4 连通，也需进行灌浆处理。石窟内东壁渗水较轻微，这次治理不布置灌浆孔。

1. 灌浆施工工序设计

灌浆施工工序同路洞。

（1）石窟遮护保护：对工作面周边 1m 左右的区域用丝毛毯布和塑料薄膜遮盖保护，其他区域用塑料薄膜遮护。

（2）开凿清理裂隙：人工剔凿的方法清理渗水裂隙及与之有关的裂隙，露出基岩面，清理裂隙的宽度 2～15 毫米，深度 10～20 毫米，根据裂隙发育情况确定。

（3）钻孔安设灌浆管：用 5～15 毫米的钻头沿裂隙钻孔，钻孔长度 20～25 厘米，在钻孔中埋设灌浆管。灌浆管选用 PVC 管或铜管。

（4）裂隙封堵：选用改性水性环氧树脂与灰岩粉混合制成胶泥，封堵清理裂隙口。

（5）裂隙灌浆：封堵裂隙的胶泥固化后，选用重力或压力方法沿灌浆管灌浆。对于在灌浆孔作用范围内裂隙宽度均大于 0.5 毫米的灌浆孔，灌浆材料可以采用灌浆水泥或者超细水泥；对于灌浆孔作用范围存在着小于 0.5 毫米的裂隙，采用超细水泥或者水性环氧树脂。灌浆压力控制在 0.1～0.5MPa 范围内。

（6）裂隙口封堵：裂隙灌浆完毕后，待浆液 70～80% 的固化，拔出灌浆管，用改性水性环氧树脂与灰岩粉混合制成的胶泥封堵灌浆口。

（7）处理裂隙作旧：用灰岩岩粉、黏土、丙烯酸伴和浆液对裂隙口进行作旧处理。

2. 窟内灌浆孔布置

（1）正壁

在皇甫公窟内，除了南壁，正壁的渗水最为严重。该壁渗水持续时间较长，说明渗水补给范围较大、较远。在渗水点下方苔藓发育，岩壁潮湿。该裂隙上行切过主佛头，佛头破坏，局部残存。佛头下方裂隙张开较大，历史上进行过封堵，但已经初步失效，现为该裂隙的主要渗水段。佛头上部裂隙张开度稍差，渗水较弱，渗水的形成估计和下部封堵有关。该裂隙向上延伸与多条节理相交（J28、J29），但这些裂隙大多闭合或充填方解石。因此主要在该裂隙发育部位布置注浆孔。在该裂隙位于正壁范围内的部分，布设 14 个灌浆孔，编号为

图 3 - 7　正壁渗水裂隙

HP1～HP14。HP1 与 HP2 位于主佛佛头掉块面上，决定采用小孔径中压灌浆。HP3～HP14 裂隙张开度较好，岩体稳定性较好，决定采用中等孔径中～高压灌浆。

（2）南壁

在皇甫公窟中，南壁的渗水最为严重。主要的渗水裂隙为贯穿整个皇甫公窟条卸荷裂隙在南壁发育段。顺该条裂隙发育掉块、岩溶堆积等多种地质病害。该裂隙规模较大，贯通性好，加上该壁层面层理发育，形成了较大的渗水来源。沿该裂隙决定布置 9 个灌浆孔，编号为 HP15～HP23。在 HP15～HP18 之间可以采用中等孔径中到高压灌注。在 HP19～HP22 采用小孔径中压灌注，而在 HP23 孔附近监测仪器较多，此次治理暂不施工该孔，将该处预留为渗水治理效果观测孔，并根据情况确定是否作为排水孔使用。在 HP18～HP19 之间，由于上部岩体掉块，该处形成一危岩体，施工时因注意，避免破坏墙体。

 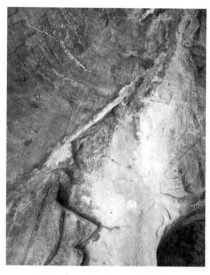

图 3 - 8   南壁 J1 下端岩溶堆积   图 3 - 9   南壁 J1 上段掉块

（3）北壁

皇甫公窟的北壁是渗水相对小的一个壁，其渗水裂隙的长度及渗水的量均较小。主要的渗水裂隙仍然是与洞窟顶相联系的卸荷裂隙 J5，该裂隙切割北壁主石龛顶形成掉块并在石龛顶出现渗透。与该裂隙相交北壁段相交的主要为层面裂隙，灌浆钻孔也主要布置在裂隙分布范围之内，共布设 4 个灌浆孔，编号为 HP24 ~ HP27。裂隙张开度较好，均可使用中 ~ 大口径中高压灌注。

（4）窟顶

皇甫公窟顶主要的渗水裂隙是一条南北向贯穿的卸荷裂隙 J4。该裂隙张开度较好，并在窟顶与层面共同作用形成掉块。在洞顶与多条裂隙相交：J12、J6、J5、J3 等，除了 J5 外，其它同 J4 相交的裂隙本次暂不治理，可根据治理效果来确定是否对其余裂隙进行处理。因此，沿裂隙 J4 布置 13 个注浆孔，编号为 HP28 ~ HP40，同时沿 J5 布置 4 个注浆孔，编号为 HP41 ~ HP44。

图 3 - 10   北壁 J5 裂隙   图 3 - 11   窟顶北 J4 与 J5

在 J4 裂隙上，HP28 位于裂隙交汇处，采用中等孔径中等压力灌浆；HP29 ~ HP32 采用大孔径高压力灌浆；HP33 采用中等孔径中等压力灌浆；HP34 布置于掉块垂直面中部斜向上 10°钻孔，施工时采用小孔径中等压力灌浆；HP35 ~ HP37 采用中等孔径中等压力灌浆；HP38 ~ HP40 采用大孔径高压力灌浆。在裂隙 J5 上，文物距离较近，裂隙张开度小，HP41 ~ HP44 采用小孔径中等压力灌浆。

另外在靠近正壁处，发育裂隙 J15，该裂隙为正壁 J25 向窟顶延伸部分。该裂隙在窟顶与 J16、J17、J18 向交，上述三条裂隙张开度小、方解石充

图 3 – 12　窟顶掉块

填，因此仅对 J15 布置 5 个灌浆孔，编号为 HP45 ~ HP49。由于该处文物距离较近、裂隙张开度小，因此采用小孔径中压灌浆。

图 3 – 13　J4 窟顶南现状

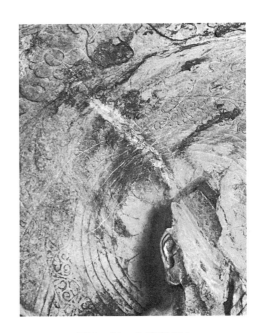

图 3 – 14　主佛顶 J15

3.2.5　潜溪寺石窟水害治理工程设计

潜溪寺石窟治理水害的设计思想是采取截、导、排、防渗、堵等多项措施相结合，建立立体防治体系的水害治理措施。

潜溪寺水害治理措施有 6 个方面：措施 1——对窟内揭露的渗水裂隙进行简易临时性封堵处理，目的是确保实施其他措施时防止裂隙跑浆对石刻造像的污染，封堵材料选用有机硅密封材料，工程竣工后剔除；措施 2——在排水沟上区域 1 内，对于原有防渗层、松散堆积及破碎岩体予以清除，对揭露的裂隙进

图 3-15 排水沟上部区域 1

图 3-16 石窟南侧基岩裸露区域 2

行灌浆、封堵，然后铺设镁基膨润土硅酸盐防渗层，并在其上修建挡土墙对防渗层进行保护（镁基膨润土硅酸盐防水材料的性质参见表 3-1）；措施 3——对排水沟至保护屋面顶区域 3 范围内原有防渗设施重新进行防渗排水处理，开凿清除原有的混凝土防渗层和风化破碎岩体，对揭露的裂隙进行灌浆处理，对范围内残存的小型石窟窟底进行防渗处理；措施 4——对排水沟下石窟南侧区域 2 范围内的裂隙进行灌浆处理，对区域内的小型石窟底进行防渗处理；措施 5——沿构造裂隙 J1 所在的冲沟开凿截水排水暗沟，目的是截断沟谷及沟谷南侧岩体向石窟的渗流；措施 6——在区域 1 南侧冲沟和西部边界布置灌浆帷幕防渗，防止南侧、西侧山体浅层水向石窟内部补给。

潜溪寺保护建筑与崖壁之间的裂缝丝麻白灰土封堵填充后，做出排水坡面，将水引至屋面顺利排掉。

图 3-17 屋顶区域 3

表 3-1 镁基膨润土硅酸盐防水材料检测报告

送样单位	中国地质大学	送样日期	2006.10.25
测试标准	GB/T17671-1999（强度标准）水泥砂浆抗渗试验方法	报告日期	2006.12.11
检测单位	武汉理工大学交通工程研究所检测中心	实验温度	20℃
镁基膨润土硅酸盐防水材料试验结果			
检测项目	检测结果	备注	
28d 抗折强度，MPa	0.98	试件尺寸：40×40×160mm	
28d 抗压强度，MPa	2.35	试件尺寸：40×40×160mm	
28d 抗渗压力，Mpa	0.1	试件尺寸：上口直径 8cm，下口直径 7cm，高 3cm。试件养护 28d。	

续表

检测项目	检测结果	备 注
与岩石的粘结强度, N	500	采用拉拔试验机进行检测
X – 衍射分析	见附图	
28d 固化后微观结构	见附图	
以下空白		
说明	固化后的强度与 W/C 有很大关系; 通过 X – 衍射只能进行的材料组成的定性分析; 28d 的水化产物, 通过 SEM 观察可知, 其结构疏松, 孔洞较多。	

3.2.6 窟内渗水裂隙的封堵

窟内渗水裂隙封堵的目的是防止水害治理工程实施期间水、灌浆材料渗漏对石刻造像污染损害, 工程完成后需要剔除, 是预防性的、临时性的, 要求封堵材料固化后的强度、硬度等适中, 有弹性, 具有比较好的密封、封堵作用, 又容易剔除, 不损害裂隙岩石。

由于本工作属于一个预防工作, 主要避免施工时水及灌浆材料对石刻的影响, 因此主要选择部分裂隙进行处理即可。裂隙的选择遵循下面两个原则: 1. 是否渗水; 2. 是否与地表连通。对于目前出现渗水点的裂隙, 必然同地表有一定的联系, 因此应该封堵。另外一些裂隙, 虽然未出现明显的渗水点, 但是, 从裂隙分析可以看出其可能与地表贯通或者同渗水裂隙联系比较紧密, 这类裂隙也应该处理。而对于石窟内部微裂隙、局部因应力集中而出现的各种裂隙则可以不进行理。由于历史上曾经对裂隙进行过封堵处理, 部分位置基本还能发挥临时封堵的功能, 可予以保留。

由于并不是对所有窟内裂隙都进行处理, 因此, 监测工作甚为重要。施工时, 需对 24 小时对裂隙的水体与浆液是否出现渗出进行监测, 对出现的渗水进行分析。如果发现出现渗水同施工有可能具有联系或者出现浆液渗出, 必须立刻停止施工, 清除污染物, 并对相关裂隙进行灌浆处理。

裂隙灌浆施工时, 首先人工剔凿、剔除裂隙间的沉积附着物, 露出基岩面; 剔凿清理的宽度 3 ~ 10 毫米, 深度 5 ~ 15 毫米。选择有机硅密封胶封堵处理的裂隙, 裂隙密封封堵时要注意填压密实, 确保封堵效果; 同时注意封堵面、外观与龛窟形态、外观、色泽的协调统一。

整个潜溪寺石窟治水工程完工后, 剔除密封胶, 观测工程治水效果。如果还有渗水, 再考虑裂隙长久封堵的措施。

3.2.7 裂隙灌浆处理

对窟外治理范围坡体上揭露的裂隙进行灌浆封堵是治理工作中的一个重点 (前述措施 2 一部分、措施 3 和措施 4 的主要部分, 措施 3 和措施 4 中的小型石窟底防渗处理可参考路洞和皇甫公窟的相关说明)。裂隙灌浆程序基本同路洞南侧缓坡平台, 只是对于排水沟下区域 2 和区域 3 范围内, 必须控制钻孔工艺, 采用小孔径钻进。

裂隙灌浆处理程序如下:

1. 裂隙开凿清理

在不改变坡体地貌形态、景观的前提下，采取人工开凿清理的方法对区域内揭露的各类裂隙，尤其是卸荷裂隙进行开凿清理，清除渗水淀积的钙质、钙泥质沉积物、历史工程充填物等，露出基岩面。在区域 1 范围内，开凿清理的深度，根据裂隙发育情况，控制在 5～10 厘米，宽度 0.5～5 厘米。在区域 2、3 范围内，清理宽度 2～15 毫米，深度 10～20 毫米。

在裂隙清理开凿之后，应由工程地质专业人员对裂隙进行编录、拍照及测量描述，会同设计、施工、监理等单位共同确定灌浆钻孔的布置。

2. 定位钻进灌浆钻孔

在区域 1 范围内，钻孔施工对文物基本不存在影响且施工空间较大，钻孔采用回旋取芯钻进技术进行施工。根据裂隙开凿情况，对于宽度大于 0.5 毫米的裂隙顺裂隙的延展方向采用按 50～100 厘米间隔定位，布设钻孔，作为裂隙灌浆孔。对于裂隙宽度小于 0.5 毫米的裂隙，按 30～50 厘米间隔布设钻孔。钻孔孔径 36 毫米，长度 50～80 厘米。通过取芯观测裂隙的延展方向、隙宽等指标，为裂隙灌浆提供参考。

在区域 2 和区域 3 范围内，不施工空间狭小且石窟分布较多，因此采用 5～15 毫米的钻头沿裂隙钻孔，钻孔长度 20～25 厘米，间距 20～40 厘米布设。

钻孔成孔后，用清水压力清洗钻孔。

3. 安设灌浆管

沿预先设置的钻孔安设灌浆管，灌浆管选择耐高压的 PVC 管或铜管，并配置可控的灌浆管塞子。

4. 裂隙封堵

选用改性水性环氧树脂和原灰岩石粉调和成环氧树脂胶泥，封堵裂隙口。裂隙封堵的工序：首先用毛刷蘸取适量的改性水性环氧树脂液均匀涂刷在裂隙岩体表面，然后将环氧树脂胶泥压实填充在裂隙间。注意在填充胶泥是确保胶泥填充密实，胶泥之间、胶泥与裂隙岩体之间必须密实不留孔隙、气泡。在区域 2 和区域 3 范围内，封堵胶泥面低于崖壁岩体 2～3 毫米，便于裂隙口作旧处理。

5. 裂隙封堵密封检测

为检测裂隙封堵材料的密封性及与之交切裂隙的连通性，防止裂隙灌浆时跑浆，裂隙封堵胶泥固化 24 小时后，对裂隙封堵的密实性进行检测。检测程序：其他灌浆管封堵，预留一个灌浆管压力吹风或压水，如果有漏气或漏水的地方，人工重新开凿，重新封堵。

6. 裂隙灌浆

不同的裂隙宽度可选用不同的灌浆材料及施工工艺。对于灌浆孔作用范围内，存在着隙宽 0.5 毫米以下的裂隙，采用超细水泥或者水性环氧树脂进行灌注；如果在灌浆孔作用范围内，裂隙宽度均大于 0.5 毫米，灌浆材料可选用超细水泥或灌浆水泥。裂隙灌浆采用压力灌浆，灌浆压力根据裂隙灌注情况，控制在 0.5～3MPa 之间。水泥浆液的水灰比控制在 1:2～1:1 之间，根据裂隙宽度进行调整，裂隙宽的取小值。

浆液制备完毕后，首先从最下面的灌浆孔开始灌浆，灌浆时控制好灌浆压力，从低压力起，逐渐加压，直至较难灌注为止，同时控制灌浆量，然后用塞子封堵灌浆管；下面的灌浆管灌浆完毕后，依次向上灌浆。

对于每一个灌浆孔灌浆压力、浆液性质、灌浆工程及灌浆量均应作详细的施工记录。

7. 封堵灌浆孔

所有灌浆管全部灌注完毕，浆液固化 48 小时后，人工开凿取出灌浆管，按裂隙封堵的工序及要求，封堵灌浆孔。

8. 裂隙作旧

对于区域 2 和区域 3 范围内的裂隙采用用丙烯酸溶液黏结剂或其他黏结剂拌和岩粉涂刷在裂隙口表面，确保处理的裂隙与岩面颜色、质感相协调。对于区域 1 范围内的裂隙不进行作旧处理。

3.2.8 排水沟上方坡体防渗设计

在排水沟上方，历史上曾经进行过防渗处理，同时也是本次治理工作的一个重点。治理范围为区域 1，为前述的措施 2。主要治理工作内容包括：表面松散堆积物的清理、原有防渗混凝土凿除、对所揭露的主要裂隙进行灌浆处理、表面铺设膨润土硅酸盐防渗层、设置排水沟。工作流程及要求：

1. 表层防渗混凝土及风化层的清理：采用人工开凿的办法，清除原有的防渗混凝土，同时清理风化、破碎的风化岩层。此项工作注意：清理时必需做好遮护措施，防止碎石滑落到坡下，对游人等安全造成威胁；另外，清理破碎风化层时，动作要小，只清理松散破碎的岩层，岩面保持基本平整即可。

2. 裂隙灌浆封堵：参见 7.3.2 的做法和要求，对揭露的各类裂隙进行灌浆封堵处理。

3. 开凿排水沟：工作区共开凿 3 条排水沟，但 3 条排水沟的功能和要求不同。顶部的排水沟作用一是截断工作区上部坡体的地表径流并将其排泄掉；二是截断上部坡体松散层中的水流；同时要求排水沟的后壁进行砌筑，防止松散层的垮塌。坡体的另外 2 条排水沟作用主要是截断坡体径流水并排泄掉，防止坡水下泄对下部坡体的排水压力。所有排水沟均作防渗处理。

4. 铺设膨润土硅酸盐防渗层：表面镁基膨润土硅酸盐防渗层顺坡形设置，要求镁基膨润土硅酸盐防渗层厚度大于 300 毫米，压实系数大于 0.95。

3.2.9 截排水沟设计

由于在潜溪寺南侧构造裂隙形成冲沟，地表水体在该冲沟汇聚，下渗，并顺着层面向石窟内部渗水。因此，控制该侧冲沟水体的入渗成为控制水体来源的一个重要措施。设计该截排水沟深为 2 米，宽 1 米，一方面控制沟内表面水体的入渗，另一方面可以截住南侧山体顺表面风化带的渗水。因此，除在沟底防渗水泥砂浆封堵外，两侧岩体裸露，以利于山体中的水体渗出。该措施为前述措施 5。

排截水沟顺原有自然冲沟布置，高宽比范围为 1:2.17 ~ 1:0.79。沟底设置检查台阶，以利于今后检查和维修，台阶宽 50 厘米，台阶高 200~300 毫米不等。台阶两侧水泥砂浆向台阶倾斜，台阶面向下部倾斜，坡度为 3 度，以利于沟底水体流出。沟顶铺设宽度为 1400 毫米的当地灰岩岩板，厚度大于 4 厘米。为了方便灰岩岩板的铺设及稳定性，决定在沟地表面根据地形设置钢筋混凝土过梁，过梁长度为 1500 毫米，嵌入岩体。在排水沟起始和终结处，加大过梁的尺寸。

由于该排截水沟顺构造裂隙布置，在开凿范围内必然会遇见该构造裂隙。该裂隙陡倾发育，形成向下导水的通道，导致裂隙富水而对潜溪寺渗水形成补给来源。必须对其进行封堵。

灰岩岩板及过梁采用水灰比 1:3 的水泥砂浆座实，之间缝隙采用防渗砂浆填堵。

灰岩岩板强度通过下式进行核定：

$$\sigma_{max} < \sigma_t$$

式中　σ_{max}——顶板所受的最大拉力值；

σ_t——灰岩岩板的抗拉强度设计值。根据中国地质大学提供《龙门石窟保护修复工程补充地质调查报告》，灰岩岩板的饱和抗拉强度为 1.934MPa。

顶板在不考虑表面附加荷载、只计自重的情况下，采用下式确定最大灰岩岩板所受的拉力值：

$$\sigma_{max} = \frac{M}{W_z}$$

式中　M——为最大弯矩；

W_z——为抗弯截面系数，$W_z = bh^2/6$，h 为板厚，b 这里取单位宽度。

在只考虑自重荷载的情况下，板所受的最大弯矩为：

$$M = l^2 h \rho g/4$$

式中　l——为沟宽；

ρ——为灰岩密度，根据勘察报告，这里取 2.7×10^3 千克/立方米。

这样得到最大拉力 σ_{max} 为 0.99MPa，小于岩板的抗拉强度 1.934MPa。但上述计算未考虑岩体的风化及其他荷载情况下得到。建议在灰岩岩板铺设完成后，加强检测，同时禁止直接在岩板上行人或堆载。

排水沟对南侧宾阳三洞窟顶岩体稳定性影响的评估

排水沟沟的尺寸为：宽 1 米，深 2 米，长 47.72 米。其目的是截断冲沟南侧区域岩体内部沿层面裂隙流向潜溪寺的渗水。

针对排水沟开挖是否会影响宾阳三洞顶部岩体的稳定性，是否会造成宾阳三洞顶部岩体产生顺层面裂隙滑动破坏的问题，设计单位根据国家有关的岩土工程规范，采用单滑面破坏理论公式，对宾阳三洞顶部可能产生滑动的岩体进行稳定性评价。

（1）地质模型

如图 3-18 所示，潜溪寺和宾阳三洞之间相隔 19.20 米。拟建的排水沟位于潜溪寺和宾阳三洞之间的冲沟内。图 2 给出了设计排水沟与宾阳三洞的相对位置关系。宾阳三洞窟底标高为 157.95 米，窟高分别为 10.00 米、9.30 米、9.51 米。窟顶岩体厚度为 7.96 米。设计排水沟至宾阳三洞的水平距离为 9.74 米。

研究区内分布的岩体为巨厚层状白云岩。岩层倾向约 340°左右，倾角 21°~24°。设计排水沟的走向为 NW285°。如果因排水沟开挖造成宾阳三洞窟顶岩体产生滑动破坏的话，则可能的破坏模式为顺层面滑动破坏。但由于沟北侧地势较高，沟底宽度仅 1 米。因此，造成滑动破坏的空间是十分有限的，最多只能发生短距离的岩体错动。

假定滑动破坏的剪出口位于沟底，由图 3-19 可知，可能的滑面长度为 7.59 米，滑体厚度为 1.17 米。滑体后缘距宾阳三洞北洞的北壁水平距离为 2.15 米。由此可知，即使发生滑动，其规模有限，不会影响宾阳三洞的洞顶岩体稳定。

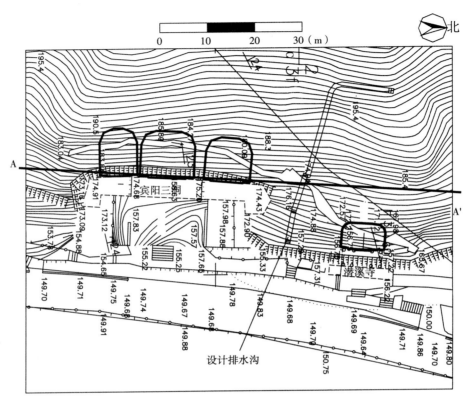

图3-18　龙门石窟西山宾阳三洞-潜溪寺段工程地质图

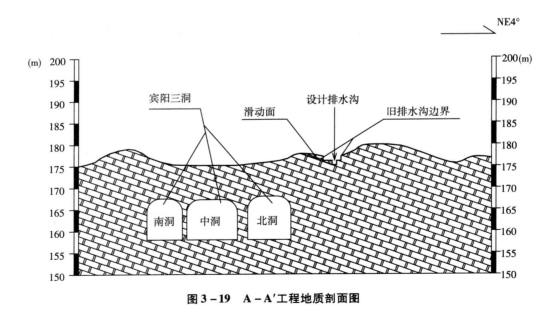

图3-19　A-A′工程地质剖面图

根据以上分析可以得到宾阳三洞顶部岩体稳定性的计算模型，如图 3 - 20 所示。图 3 - 21 为该模型的计算简图。

A-A'剖面图中B-B'设计排水沟段剖面图

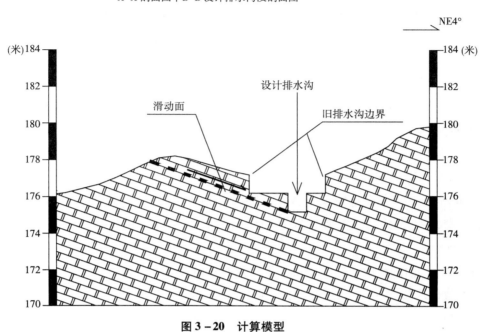

图 3 - 20 计算模型

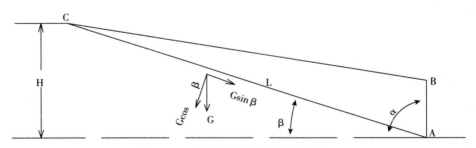

图 3 - 21 单平面滑动模型计算简图

（2）宾阳三洞顶部岩体稳定性评价

在图 3 - 21 中三角形 △ABC 为可能的滑动体。A 点为沟底剪出口。滑面（层面裂隙）AC 的长度为 L。H 为剪出口至坡顶的垂直距离。

设滑动体 ABC 的重力为 G，则它对于滑动面的垂直分量为 $G\cos\beta$，平行分量为 $G\sin\beta$。β 为滑面倾角。

考虑地震作用对边坡稳定性的影响时，假设地震产生的总的水平地震作用标准值为 F_{EK}；

$$F_{EK} = \alpha_1 G \tag{1}$$

式中：α_1 为水平地震影响系数，G 为滑动块体重力。

根据《建筑抗震设计规范》，洛阳地区设防烈度为 7 度。考虑文物的重要性，提高 1 度取为 8 度。据此查《岩体力学》（刘佑荣等编著）书中表 9-2，对应的水平地震影响系数为 $\alpha_1 = 0.255$。

在仅考虑岩体自重和地震作用时，可得滑动面上的抗滑力 F_s 和滑动力 F_r 分别为：

$$F_S = (G\cos\beta - F_{EK}\sin\beta)tg\phi_j + C_jL \tag{2}$$

$$F_r = G\sin\beta + F_{EK}\cos\beta \tag{3}$$

根据《岩土工程勘察规范》，单平面滑动时岩体边坡的稳定系数 η 为：

$$\eta = \frac{F_S}{F_r} = \frac{(G\cos\beta - F_{EK}\sin\beta)tg\phi_j + C_jL}{G\sin\beta + F_{EK}\cos\beta} \tag{4}$$

式中：C_j、ϕ_j 为滑动面 AC 上的粘聚力和摩擦角，L 为滑动面 AC 的长度。

取单位宽度进行稳定性计算，由剖面图可得滑体的体积 $V = 7.21m^3$，由室内试验得，滑体白云岩的密度为 $\rho = 2.7\ g/cm^3$，则

$$G = \rho gV = 190.78(kN)$$

由（1）式可得：$F_{EK} = \alpha_1G = 48.65$（kN）

根据《岩体力学》（刘佑荣等编著）书中表 5-4 中所列各种结构面抗剪强度指标变化范围，对于灰岩白云岩层面裂隙，一般 ϕ_j 的范围值为 $30 \sim 40°$，$C_j = 0.05 \sim 0.10MPa$。按最不利的情况考虑，ϕ_j 取为 $30°$，C_j 取为 $0.05MPa$。

根据剖面图得 AC 面的长度，$L = 7.59m$。滑动面倾角取最大值，$\beta = 24°$。

将各计算参数代入公式（4）式进行计算，得

$$\eta = [(190.78 \times cos24 - 48.65 \times sin20.26)tg30 + 50 \times 7.59]/(190.78 \times sin20.26 + 48.65 \times cos20.26)$$
$$= 3.84$$

当 $\eta = 1.0$ 时，危岩体处于极限平衡状态。在工程实践中，η 值等于 1 或稍大于 1，并不能说明岩体处于稳定状态。工程上 η 值必须满足一个最起码的安全需要，称为容许安全系数，用 Kf 表示。对于石窟文物岩体加固的容许安全系数，目前尚无明确规定。在边坡工程中，对新开挖的边坡容许安全系数为 $1.3 \sim 1.5$。由于文物的重要性，建议分析石窟岩体的稳定性时，取 $Kf = 1.5$ 作为容许安全系数，并按下述标准进行稳定性分析。

$\eta < 1.0$　　　　不稳定

$1.0 \leqslant \eta \leqslant 1.5$　　欠稳定

$\eta > 1.5$　　　　稳定

由以上计算可知：开挖新的排水沟后，排水沟南侧边坡岩体稳定系数 η 为 3.84，远大于容许安全系数。因此，开挖后排水沟南侧的岩体仍处于稳定状态。

（3）结论

1. 根据地质模型分析，如果因排水沟开挖造成宾阳三洞窟顶岩体产生滑动破坏的话，则可能的破坏模式为顺层面滑动破坏。但由于沟北侧地势较高，沟底宽度仅 1 米。因此，造成滑动破坏的空间是十分有限的。最多只能发生短距离的岩体错动。即使发生滑动，其规模有限，滑体后缘不会延伸至宾阳三洞顶部，不会影响宾阳三洞洞顶岩体稳定。

2. 根据单滑面稳定性计算的结果，在考虑地震等所有最不利因素的情况下，开挖排水沟南侧的岩体

稳定性系数为 $\eta = 3.84$，远大于容许安全系数。因此，开挖后排水沟南侧的岩体仍处于稳定状态。

3. 排水沟的开挖不会影响宾阳三洞洞顶岩体的稳定性。

3.2.10 灌浆帷幕设计

在坡顶排水沟上方区域 1 南侧和西侧设置一连续的截水帷幕来截断从上述两个方向来的表层裂隙水，即前述的措施 6。

（1）灌浆孔的布置

按照初步设计的要求，布置三排灌浆孔，排距 0.5 米，灌浆帷幕宽度大于 1 米。本次设计未进行灌浆帷幕设计的专项勘察工作，为了保证灌浆效果，本次设计按照外部两排孔即可达到形成帷幕整体，中间一排孔作为检测和加强孔用。总共布置灌浆孔 102 个，总进尺为 612 米。

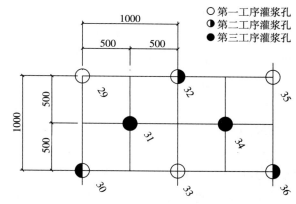

图 3-22　灌浆孔布置示意图

按两排孔达到初步形成灌浆帷幕的要求，单个灌浆孔的浆液扩散半径需达到 $\sqrt{2}$ 米。灌浆孔设计孔深统一取 6 米。根据初步设计和工程条件，灌浆孔的直径取 90 毫米。

参考相关工程的经验，顶部 1 米的有效孔隙率取 8%，1～3 米的有效孔隙率取 6%，3～6 米的有效孔隙率取 4%，以此作为后面的设计依据。施工时可以根据实际情况进行调整或作补充计算。

（2）灌浆量计算

灌浆量是指为达到预期的设计灌浆效果向岩土体中灌注的浆液体积，采用下式进行计算：

$$Q = A\pi R^2 Hn\beta / m$$

式中　Q——每段注入量，m^3；

　　　A——浆液损耗系数，这里取 1.5；

　　　R——浆液有效扩散半径，m；

　　　H——灌浆孔段深，m；

　　　n——有效孔隙率；

　　　β——浆液充填系数，取 0.8；

　　　m——浆液结石率，取 0.65。

采用上述公式及相关设计参数，得到各段每米的注入量为：0.232 立方米、0.174 立方米、0.116 立方米。浆液水灰比按 1:1 配制，得到各段的用灰量：0～1 米为 173 千克/米、1～3 米为 130 千克/米、3～6 米为 86.4 千克/米。水泥采用超细水泥，水泥浆用水采用饮用水。

（3）灌浆压力

灌浆采用自上而下分段灌浆，0～1 米为第一段，1～3 米为第二段，3～6 米为第三段。灌浆压力初步确定为 1 米内为 0.3MPa，1～3 米为 0.7MPa，3～6 米为 1.5MPa。施工时，允许在相关人员同意前提下可以适当调整。

（4）施工

施工程序按照图3－23进行：

根据设计图纸的灌浆帷幕孔位布置图，测定孔位，在得到建设方、监理等人员的认可后方可进行下一步工序。

钻孔采用回转取芯钻进，进行编录、拍照，并保存部分典型钻孔的岩芯。钻孔直径位90毫米。钻孔结束后应进行孔斜测定。

钻孔冲洗分两步进行，第一步是在钻孔结束后，放大水量，将孔底的残渣冲洗出来，直至返水中不见明显的泥渣，孔底余留的厚度以小于20厘米为准。第二步用灌浆泵采用脉动压力对裂缝中的残渣进行冲洗。

在每段灌浆前，进行一个压力段的压水试验，压力采用设计压力的80%且小于1MPa。根据压水试验结果，可以对灌浆参数进行适当调整。

图3－23　帷幕灌浆程序

灌浆分段进行，上部1米开灌浆液浓度采用1∶1的水灰比，直到灌浆结束，1～3米采用3∶1的水灰比开灌，直到灌浆量达到100L后采用1∶1的水灰比灌浆至结束，3m以下同样采用3∶1的水灰比开灌，在灌浆量达到50L后采用2∶1的水灰比再灌注50L，然后调整至1∶1灌注至结束。灌浆结束标准以达到设计灌浆压力情况下单位吸浆量小于0.2L/min·m后再灌注30min即可停止灌浆，同时控制浆体用量和用灰量，保证达到设计水平。

在灌浆结束时，调整浆液浓度至0.65∶1于孔底压入水泥浆直至返浆到孔口。对于因各种原因造成孔口未完全填平的孔，采用干稠的水泥砂浆人工捣筑密实并抹平。

（5）质量检测

待施工完成半个月后，进行中间一排孔的灌浆工作。由于设计时把中间一排孔作为补强和检测孔，通过对中间一排孔的取芯可以对裂隙的充填情况进行直接观测，并进行相关的物理力学测试。同时进行一个压力段的压水试验，将压水试验的结果同周围灌浆孔压水试验结果进行比较以确定处理效果。

由于设计前没有进行灌浆帷幕的专项勘察，在施工时可以根据钻孔取芯和压水试验结果进行适度调整，调整前应得到相关人员许可。

3.2.11　屋顶岩壁漏水治理

潜溪寺窟外建筑与崖壁之间出现裂缝，导致大量雨水入渗，可考虑采用如下几种方案进行处理：直接用丝麻白灰泥填充封堵，做出排水坡面，将崖壁面的水体引至屋面排掉。

首先将屋顶压顶砖和基岩之间的原有水泥填充物清除，检查下部支撑结构受雨水腐蚀情况，并根据情况进行加强或更换。在基岩上凿出一槽，槽与压顶砖之间东西向连线与水平面形成15°。然后用丝麻白灰泥填充，西至人工岩缝，东至压顶处。然后采用与原有屋顶瓦一致的青瓦铺设，形成排水通道。

四、沉积物清洗及微裂隙加固试验设计

4.1　沉积物清洗及微裂隙加固试验内容

龙门石窟保护的最终目的就是为了最大限度地将现存文物主体及其所赋存的历史信息留给后人，传

承久远。龙门石窟洞窟内的表面淀积物是伴随石窟的开凿而不断形成的。1500 多年来，大气降水通过构造裂隙、层面和窟顶卸荷裂隙的渗流溶蚀作用，在大小洞窟表层形成了分布极为广泛的各种颜色、厚度、性状的淀积物，有些淀积物已经干燥硬化，有些还在继续不断地发生。据刘景龙先生（1993 年）统计，许多洞窟中往往有多条渗水裂隙、多个渗水点，渗水岩溶淀积物的覆盖面积一般要占 30% 以上，有的高达 70% ~ 80%，使许多具有重要历史艺术价值的精美石雕受到严重覆盖。龙门石窟表层纵横交切的三种类型微裂隙，严重破坏了西山岩体及雕刻品的结构完整性。对石刻的表面清洗一般是为了去除外来附积物质掩盖，恢复其原有美观；有时是为了去除这些附着物（特别是石膏类的硫酸盐）对石刻的破坏作用。表层微裂隙加固一般是为了增强表层岩体结构，维护其完整性与稳定性；有时是为了阻断水分冻融及可溶盐结晶作用对石刻的继续损害。

为了达到上述目的和要求，主要试验内容包括：针对石窟保存现状，对各类淀积物的清洗方法和各种微裂隙的加固方法进行探索性细化研究，为后续的石窟保护修复工作积累经验，培训和锻炼操作人员。

4.1.1 表面淀积物清洗试验

首先选择石窟内无造像区，选择经初步确认用来清洗石质文物表面各类淀积物的数种清洗剂，逐步对清洗材料的配比、清洗工艺的步骤、清洗程度的控制和清洗效果的检测等进行试验，并在此基础上，选择部分典型造像进行可控清洗试验，最终形成一套实用、有效和可控的表面淀积物清洗方法系列。

初步拟定的表面清洗方法包括：采用机械方法清除渗水岩溶淀积物，局部地方可先采用化学清洗剂软化淀积物，在再利用手术刀或木刻刀一层层切除；采用化学清洗与机械相结合的方法去除烟熏黑色淀积物；采用清扫加吸尘处理表面积聚的灰尘。表面淀积物清洗试验的目的，就是要在现场对上述清洗方法中的有关技术细节（如清洗材料使用方法、操作步骤、清洗程度控制、清洗效果检测）做试验确认。

4.1.2 表层微裂隙加固试验

首先选择石窟内无造像区，选择经初步确认用来对潜溪寺、皇甫公窟和路洞表层微裂隙进行填充加固的试验材料，针对不同裂隙状况进行加固试验，进一步对具体的加固材料使用方法、操作步骤、加固程度控制、加固效果检测等进行探索性研究，最终形成一套实用、有效和可控的表层微裂隙加固方法体系。

初步拟定的表层微裂隙加固方法包括针注、点滴、淋涂和插管灌浆等不同加固措施；拟采用填充加固材料包括工程师™AB－4 型灌浆环氧树脂和德国雷马氏公司（Remmers）生产的芬考岩石增强剂 300E（Funcosil SAE 300 E）、芬考岩石增强剂 500STE（Funcosil SAE 500 STE）。表层微裂隙加固试验的目的，就是要对上述加固方法中的有关技术细节在现场做试验确认。

4.2 试验内容程序及流程

试验准备

试验准备包括清洗试剂、填充加固材料和工具的购置；脚手架的搭设和操作人员培训。

材料和工具购置：清洗试剂与填充加固材料的采购与制备需直接向有关专业生产厂商处订购，确保试剂质量，如无水酒精、去离子水、柠檬酸、EDTA、Desogen（季铵盐）、羟甲基纤维素、碳酸铵、碳酸氢铵、Alkutex® BFA Remover 清洗剂、离子交换树脂、工程师™AB－4 环氧树脂、芬考岩石增强剂 300E、芬考岩石增强剂 500STE 等。某些清洗、加固和检测工具也需要直接从有关专业生产厂商处订购。

脚手架搭设：搭建的脚手架应便于试验，并有利于从不同高度、不同角度对洞窟表面进行表面清洗及表层微裂隙加固处理，保证试验质量。

操作人员培训：表面清洗及表层微裂隙加固试验应由专门的文物保护技术人员操作，操作人员一般要求具有 3~5 年文物修复保护经验，对石质文物的特性与病害有充分认识，熟悉各种清洗试剂及填充加固材料的化学特性，并有娴熟的文物修复技艺。

4.3　表面清洗试验

表面清洗就是要对石刻表面已有淀积物予以清除。表面淀积物清洗试验包括表面清洗原则的确认、清洗剂的选择、清洗剂的使用方法、清洗操作的工艺步骤、清洗程度的有效控制、清洗效果的现场检测等。

表面清洗原则：表面淀积物清洗是一个不可逆的过程，既要达到有效清除石质文物表面的外来附积有害物质的目的，又要能保留具有历史、艺术价值的古朴色泽。但有一些表面淀积物会深入到岩石内部或转变成岩石表层的一部分，要清除它们，可能会溶解或剥离原来的岩石表层，对石刻造成危害。因此，表面清洗需要权衡多方面的问题，不仅是技术层面的，而且综合考虑包括文化内容、美学形象、甚至哲学伦理上的诸多需求。采用何种方法清洗，如何把握清洗程度，在清洗时尽可能多的保留石刻上的信息及所体现的价值，这些都是技术层面所要解决的问题。而对于保存石刻表面的哪些信息，保持石刻的何种美学形象，体现石刻的哪些价值，这些是都取决于石刻的开凿年代、保护人员所处时代的文化观念和价值观念。文物界虽然有不同的认识，但去除石刻表面的有害附着物、恢复其原有美观还是非常必要，值得去研究和探索。清洗方案试验必须在下列原则的基础上进行：

1. 清洗程序中的每个步骤都是可控制的、渐进的、预选择的；
2. 清洗后不应在石刻表面或内部留下有害的物质（可溶盐类）；
3. 清洗过程尽量不在石刻表面留下磨损和冲蚀等痕迹；
4. 应用化学试剂时，不能对操作人员和环境安全产生影响；
5. 对于有助于体现石刻美学形象和历史价值的渗水岩溶淀积物和烟熏黑色淀积物应酌情保留。

清洗剂的确认：清洗石质文物的试剂必须具备以下要求：①不能在石质内部产生残留有害的附产物；②可以自由调控清洗速度；③不能在石刻表面或内部产生可溶性盐类物质；④不能改变被清洗石材的物理参数；⑤不影响操作人员和环境安全；⑥不能有高温、高强度摩擦及其他与文物安全不相宜的操作。符合要求清洗剂并不多，常用的清洗剂有：柠檬酸（$C_6H_8O_7 \times H_2O$）；乙二胺四乙酸二钠（EDTA，$C_{10}H_{14}N_2O_8Na_2 \times 2H_2O$）；碳酸铵（$NH_4NH_2CO_2 + NH_4HCO_3$）；碳酸氢铵（$NH_4HCO_3$）；Alkutex® BFA Remover 清洗剂；AB57 清洗剂和离子交换树脂等。

根据前期分析和清洗试验成果，我们知道龙门石窟的渗水岩溶淀积物是以方解石为主，并夹杂有白云石、石膏、多种黏土矿物、次生石英、有机质等共同组成的、有成因联系的、极其复杂的多种碳酸盐、硫酸盐与硅酸盐矿物复合体，除离子交换树脂外，采用普通化学清洗剂并不能有效地软化这些淀积物，而大量使用具有溶解性的清洗剂又有可能会对岩石本体造成威胁，因此，拟选择离子交换树脂作为清除渗水岩溶淀积物的辅助清洗材料。烟熏黑色淀积物以石膏为主，并夹含一些碳酸钙和有机质。在以往石质文物清洗试验中采用低浓度碳酸铵或碳酸氢铵作为主要清洗剂，并以人工机械方法作为辅助手段可以有效地将其清除，恢复岩石的原表面。故本次试验仍选择低浓度碳酸铵或碳酸氢铵作为清除烟熏黑色淀积物的清洗剂，但必须严格控制操作规程，既要将过量淀积的烟垢去除，又不能伤害到造像的沧桑质感与立体形象。

清洗对象：主要是潜溪寺、皇甫公窟和路洞等三个试验洞窟中无造像区域及选择出的局部典型造像表面的渗水岩溶淀积物、烟熏黑色淀积物和尘埃覆盖层。

清洗操作：

表面清洗试验操作过程中，必须小心谨慎、细致周到、由表及里、逐层清理，严格遵守前述的"表面清洗原则"及清洗操作规程，确保清洗过程的可控性，尽可能多的保留石刻上的历史信息及其所体现的价值。一般情况下，按下述工艺逐步进行试验操作：

（1）表面尘埃清理：

在进行渗水岩溶淀积物及烟熏淀积物清理前，首先对窟内造像及石刻表面的尘埃、杂物及生物遗骸等进行物理清洗，清洗方法如下：

a）从窟顶开始，用尼龙硬毛刷、手术刀及牙科工具等将窟内石刻表面积聚的尘土、杂物及生物遗骸等自上而下逐块清除掉；

b）然后再用软毛刷将牌坊表面彻底刷扫干净；

c）再采用吸尘器吸净石窟表面的粉尘，压力控制在 $50 \sim 100KPa$；

d）整个洞窟表面的清洁理过程中严格避免使用水。

（2）渗水岩溶淀积物清理：

其次对会给窟内石雕带来不利影响的渗水岩溶淀积物覆盖层采用机械清洗和化学清洗相结合的方法进行清理，清理方法如下：

a）用聚乙烯塑料薄膜严密盖覆窟内石雕艺术品四周，自上而下，逐步揭开进行清洗处理；

b）从窟顶开始，自上而下逐块采用离子交换树脂（用去离子水调和成糊状）覆敷到渗水岩溶淀积物表面，反应结束后除去树脂。离子交换树脂在实际处理过程中，其溶解作用较慢，并且只在湿润的状态下离子交换树脂与石质表面接触的部位才发生反应，除去离子交换树脂，反应马上结束，没有任何渗透的危险；

c）采用手术刀及牙科工具将软化的渗水岩溶淀积物逐块剔除；

d）局部十分坚硬的渗水岩溶淀积物，采用小型手握式超声波清洗器或牙医用小型打磨机去除。

（3）烟熏黑色淀积物清理：

对会给窟内石雕带来不利影响的烟熏黑色淀积物覆盖层采用化学清洗方法进行清理，并辅以适当的人工机械手段。其清理方法如下：

a）用聚乙烯塑料薄膜严密盖覆窟内石雕艺术品四周，自上而下，逐步揭开进行清洗处理；

b）从窟顶开始，自上而下逐块覆敷采用5%碳酸氢铵溶液浸润的纸浆，外面覆盖聚乙烯薄膜 $17 \sim 20$ 小时 $2 \sim 3$ 遍；

c）采用手术刀、木刻刀及牙科工具将软化的烟熏黑色淀积物逐块剔除；

d）局部十分坚硬的烟熏黑色淀积物，采用小型手握式超声波清洗器或牙医用小型打磨机去除。

清洗效果检测：检测清洗效果的目的是为了评估清洗的有效性和正确性。清洗效果首先要在直观上有效、可行，能够恢复石窟造像的原有美观；其次，还需要对以下三内面内容进行检测：①清洗前后石质化学成分的变化状况。可采用 X 射线衍射法（XRD）和 X 射线荧光法等分析测试手段来检测；②清洗前后石质表面微观结构的变化状况。可采用手握式显微镜、扫描电镜等仪器来检测；③清洗前后石质表面色泽的变化状况。可采用色度计来检测颜色的变化，比较清洗材料及操作工艺对石质表面颜色的影响。

4.4 表层微裂隙加固试验

表层微裂隙加固包括表层构造卸荷裂隙填充、表层风化裂隙填充和浅层空鼓填充三个方面，目的在于通过内部填充和黏结使石刻表层强度增高、完整性增强。表层微裂隙加固试验包括加固原则的确认、填充加固材料的选择、不同加固工艺的操作步骤、加固程度的控制、加固效果的检测等。

表层微裂隙加固原则：表层微裂隙加固的目的一般是为了增强表层岩体结构，维护其完整性与稳定性；或为了阻断水分冻融及可溶盐结晶作用对石刻的继续损害。因此，表层微裂隙加固试验设计必须符合以下原则：

（1）有效干预原则

加固措施必须可行、安全、有效，能确保开裂部位的稳定性。加固方案中必须包括加固机理分析、稳定性评价、安全保障措施及可能的变化与发展。

（2）最小干预原则

引入到岩体中的新材料，必须遵循与岩石之间的相容性原则，材料的物性指标要与岩石本体接近。既能满足保护处理过程中所需的化学活性，又能保持其化学稳定性，不与接触岩体发生不必要化学反应，同时还能长期适应当地的地质环境和大气环境。

（3）整旧如旧、保持原状原则

加固措施尽量隐蔽、不破坏其原有外貌。通过合理的试验手段维持岩体现状，保持加固部位外观同周围岩体在艺术造型和色彩光泽上协调一致。

（4）可识别原则

加固后的裂隙处，应在尽量保持其外部形态、颜色与周围环境相协调的基础上，做出区别标志或特征。

填充加固材料的确认：表层卸荷裂隙充填材料主要用于处理结构性破坏而产生的裂隙，必须具备足够的强度要求，并能适应裂隙未来的变化，因此，该类材料要求具备下列性质：①和母岩的物理特性指标接近；②其结构加固强度能达到设计要求，并具有足够的安全性；③具有良好的可灌性；④在固化过程中不产生较大的收缩；⑤固化物具有较好的耐候性；⑥具有与岩体相似的热膨胀系数；⑦具有一定的弹性。目前在国际上已普遍将环氧树脂类材料用于古建筑和石质文物的加固与黏结试验。环氧树脂类材料黏结强度较高（抗拉强度可达 20Mpa 以上）；具有良好的耐酸性；一般情况下使用期限可达 20 年以上，在与紫外线隔离的情况下，使用寿命可达 50 年；使用方便、不含有对石材有害的副产品；同时由于固化时无气泡等物质产生，因此体积收缩率很小。为了选择更适合龙门石窟表层卸荷裂隙黏结的环氧树脂类材料，前期试验在工程师™AB型灌浆树脂基础上确认：工程师™AB－4灌浆树脂是一种较为理想的环氧树脂类填充粘接材料，其具有高韧性、低收缩等特性。

表层风化裂隙和浅层空鼓填充材料主要是用来增强岩石表层的完整性，因此该类材料要求具备下列性质：①和母岩的物理性质指标接近；②具有一定的黏结强度，但不宜过高；③具有良好的可灌性，可在无压状态下试验；④具有较好的渗透深度；⑤固化过程中收缩量小；⑥固化物具有良好的耐候性和耐久性，表面颜色和光泽改变不大；⑦具有一定的透水性；⑧老化产物对原岩无影响；⑨对环境无不良影响；⑩与填充材料之间具有良好的相容性。目前国际上普遍采用硅酸乙酯高分子渗透材料来增强石质文物表面。它渗透性好，强度增加均匀，直接使用可以增强石材表层的疏松区域，配上无机粉料又可用于石材表层风化裂隙的填充。其化学原理为：硅酸乙酯和空气或基材的水汽发生化学反应，固化后形成SiO_2胶体，加固增强矿物材料，副产物为挥发性的乙醇，其最大特点是加固后不具憎水性。经前期试验确认：德国Remmers公司生产的芬考岩石增强剂300E（Funcosil SAE 300 E）是适合于泥质条带灰岩剥落区域的表面增强保护的硅酸乙酯材料；芬考岩石增强剂500STE（Funcosil SAE 500 STE）适合于岩石表面空鼓和微裂隙的注射和填充黏结的硅酸乙酯材料。

加固对象：主要是潜溪寺、皇甫公窟和路洞等三个试验洞窟中无造像区域及选择出的局部典型造像表层的构造卸荷裂隙填充、表层风化裂隙填充和浅层空鼓。

加固操作：表层微裂隙加固试验操作过程中，必须针对不同的构造卸荷裂隙、表层风化裂隙和浅层空鼓现状，小心谨慎、细致周到、由下到上、逐段进行填充加固处理，严格遵守前述的"表层微裂隙加固原则"及填充加固操作规程，确保每条裂隙填充加固过程的可控性，尽可能多的保留石刻上的历史信息及其所体现的价值。一般情况下，按下述工艺逐步进行填充加固试验操作：

（1）空鼓部位填充加固

a）用软毛刷去除表面附积灰尘；

b）采用敲击法，确定空鼓范围。同时采用超声波探测技术对空鼓区域进行检测，以便对岩体裂隙状况进行评价；

c）空鼓区域确定后，采用梅花状布孔，孔距为10厘米；

d）用2～5毫米的电钻由下而上进行钻孔打眼，打透空鼓表层；

e）根据空鼓的大小空间、充填物情况，选用试工程师™AB－4型灌浆环氧树脂，调制不同黏稠度的填充浆液；

f）用注射器抽取配置好的工程师™AB－4型灌浆环氧树脂浆液，沿小孔由下而上进行注射；

g）待每一个小孔注射满浆液后，用环氧树脂胶泥封堵。

h）对小孔统一进行做旧处理。

（2）表层微裂隙淋涂渗透加固

采用芬考岩石增强剂300E淋涂。工具选用喷涂量不太大的洗瓶，便于控制药量减少挥发和挂流。淋涂时，喷嘴远离需要加固处理的岩体表面10～20毫米，反复淋涂直至饱和为止，让加固材料充分渗透到风化岩石的孔隙中，从而达到最大渗透深度。淋涂时如发生表面挂流和材料聚集时，立即停止淋涂，并用吸水性强的脱脂棉，将挂流材料尽可能的吸除，或用乙醇清洗。

（3）裂隙内部或空鼓区域点滴渗透加固

为了使岩体内部形成强度均匀的黏结面，采用芬考岩石增强剂 300E 对岩体内部进行点滴渗透加固。在操作过程中，如果发生表面挂流，可用脱脂棉吸掉。

（4）插管封缝

a）清除裂隙中的尘埃与杂物，并对裂隙两侧的岩面进行清洁处理；

b）沿开裂裂隙，每隔 15～20 厘米插入一段细铜管，作为注浆口；

c）用试验师™AB–4 型灌浆环氧树脂与 200 目的石英粉调制成胶泥封堵裂隙露头；

d）胶泥固化后，根据裂隙宽度，配制适当黏稠度的试验师™AB–4 型灌浆环氧树脂浆液；

e）沿注浆口注入工程师™AB–4 型环氧树脂浆液，注满裂隙，并适时补浆。必要时采用加压注浆；

f）芬考岩石增强剂 300E 浆液固化后，拔掉铜管，对注浆口及裂隙表面进行作旧处理，使其与周围岩体相谐调。

加固效果检测：检测微裂隙填充加固效果的目的是为了评估填充加固的有效性和正确性。裂隙填充加固效果首先要在直观上有效、可行，能够增强表层岩体结构，维护其完整性与稳定性，并不对石质外观产生明显影响；其次，还需要对以下三内面内容进行检测：①填充加固前后裂隙空间的变化状况。可采用小型 X 光探伤仪和钻孔取岩芯等分析测试手段来检测；②填充加固前后石质表层微观结构的变化状况。可采用手握式显微镜、扫描电镜等仪器来检测；③裂隙封堵材料表面色泽与其附近岩体的差异状况。可采用色度计来检测颜色的变化，比较各种裂隙封堵、填充材料及操作工艺对石质表面颜色的影响。

龙门石窟潜溪寺表面试验性清洗研究工作报告

北京大学考古文博学院

概　述

　　龙门石窟，位于洛阳城南 12 公里处伊水两岸，伊水于香山、龙门山间北流，两山远望犹一座天然门阙，史称"伊阙"。龙门石窟始凿于北魏孝文帝由平城迁都洛阳前后（公元 493 年），此后历经东魏、西魏、北齐、隋、唐、宋诸朝，雕凿不断，在长达 1 公里的两岸山崖壁上，东西两山现存窟龛 2345 个，碑刻题记 2800 余块，佛塔 40 余座，造像 10 万余尊。龙门石窟同甘肃敦煌莫高窟、山西大同云冈石窟并称为中国三大石刻艺术宝库，1961 年国务院公布为全国重点文物保护单位。

　　潜溪寺，是龙门西山北端第一个大型石窟，长 5.6 米（径深），宽 9.2 米，高 8.8 米。其开凿于唐代，历经千年，饱受岩体崩落掉块、风化剥落与苔藓等侵蚀危害，加之潜溪寺所处位置，裂隙水、凝结水丰盛，岩溶沉积污染严重影响了文物的外观，不利于文物价值的体现。

　　本次工作目的在于探索出对于潜溪寺表面不同沉积物的较为合理的清洗方法。在工作现场，通过对沉积物进行形态学分类，实验了几种清洗方法，结合以科学分析，探索对于不同沉积物的合理清洗手段，以及在清洗中不同部位清洗程度。同时，试验了红外线拍照、回弹仪测试等技术对于空鼓范围确定的应用。通过多种价值评估，确立出适合于潜溪寺石窟的清洗标准，并为下一步的工作作准备。

1. 潜溪寺地质状况[①]

1.1 岩体情况

　　表 1 为石窟立壁岩石化学成分测试成果[②]，由表可知：

　　1. 立壁岩体的化学成分以 CaO 为主，一般在灰岩中含量达 44.83～53.43%，在白云岩中 CaO 含量为 29.42～29.97%。

　　2. MgO 的含量在灰岩中一般为 1.13～4.43%，在白云岩中为 19.75～21.47%。

---

　　① 本小章节内容除标记者，均根据龙门研究院保护组提供资料所整理。

　　② 该成分统计表及本章节中的表 1、2、3 的结果，均为龙门石窟研究院提供，暂未获得取样部位的描述和测试分析条件，仅供了解龙门石窟大体上的岩石特性所用，因而特此说明。

3. 灰岩中的烧失量达 36.14 ~ 42.77%，白云岩的烧失量为 44.76 ~ 46.50%。

4. 其他灰岩、白云岩样品中的 SiO_2 含量一般不超过 5%。而样品 4-3 角砾状灰岩中泥质成分含量高，SiO_2 含量为 27.94%，CaO 含量较低，仅 30.25%，烧失量为 26.95%。

表 1　龙门石窟岩体和淀积物化学成分分析结果表

样品编号	样品名称	SiO_2	Al_2O_3	TFe_2O_3	CaO	MgO	Na_2O	K_2O	TiO_2	P_2O_5	MnO	SO_3	Loss
1-1	灰岩	0.57	0.15	0.15	53.43	2.76	0.07	0.05	0.04	0.01	0.01	0.02	42.20
1-2	灰岩	0.35	0.15	0.25	53.35	2.73	0.07	0.09	0.04	0.03	0.01	0.04	42.00
1-3	灰岩	0.72	0.25	0.40	52.80	2.34	0.07	0.17	0.05	0.01	0.01	0.35	42.27
2-2	灰岩	0.28	0.20	0.27	52.31	3.62	0.06	0.02	0.03	0.01	0.01	0.16	42.77
2-3	灰岩	4.72	1.21	0.65	50.02	1.76	0.08	0.61	0.08	0.05	0.02	0.00	40.26
3-1	灰岩	8.25	2.67	1.29	44.83	4.43	0.08	1.41	0.11	0.06	0.02	0.60	36.14
4-1	灰岩	4.01	0.82	0.56	50.65	1.13	0.07	0.52	0.06	0.02	0.01	0.37	41.32
4-2	灰岩	5.69	1.71	1.10	49.28	1.17	0.07	0.77	0.09	0.02	0.01	0.65	39.69
4-3	灰岩	27.94	6.62	2.06	30.25	2.11	0.10	2.66	0.24	0.03	0.03	0.20	26.95
L-1	淀积物	5.22	1.38	1.60	45.45	5.20	0.10	0.76	0.09	0.47	0.06	0.47	38.77
L-2	淀积物	32.91	7.18	3.25	23.74	2.04	0.57	1.44	0.44	0.29	0.07	0.56	26.90
L-3	淀积物	18.21	3.47	1.56	29.77	0.86	0.30	0.64	0.20	0.14	0.03	(15.15)	27.75
Q-1	淀积物	5.38	0.73	0.34	48.61	3.92	0.12	0.08	0.05	0.03	0.03	0.84	40.20
Q-2	淀积物	6.30	1.00	0.62	48.24	2.90	0.18	0.26	0.11	0.14	0.02	0.80	39.40
LHD	淀积物	2.81	0.58	0.39	51.47	0.92	0.13	0.30	0.06	0.21	0.01	0.018	42.43

表 2 为 X 衍射物相分析成果。由表可知：石窟立壁区中、上寒武系碳酸盐岩的矿物成分以方解石、白云石为主。除个别岩石外，方解石和白云石含量占 90% 以上。也就是说区内岩性以灰岩、白云岩等岩性为主，质纯，对岩溶有利。

此外，在结合龙门石窟岩体的微观结构和组成矿物成分扫描电镜分析结果的基础上，现有总结如下[①]：

1. 灰岩样品主要由方解石、白云石、石英和长石组成，个别样品中含充填在粒间孔隙中的次生方解石晶体。据方解石和白云石的含量，徐庄组和张夏组的灰岩应定名为白云质石灰岩或含白云质灰岩。其微观结构为粒屑结构和团粒结构，碎屑颗粒和团粒由中粗晶（颗粒一般大于 80μm）方解石、石英和长石组成，胶结物由亮晶（一般大于 5μm）方解石组成。白云岩化强烈，白云石可能为交代成因。白云石颗粒为 2~5μm，白云石充填粒间和孔隙，阻塞孔隙。孔隙由粒间孔、晶间孔、溶蚀孔、成岩缝和构造缝组成，孔隙度为 2~20%，其中溶蚀孔大小不一，1~20μm 的溶蚀孔占孔隙的 30~60%。

---

① 该总结同样为龙门所提供。

表2 X衍射矿物成分分析结果表

编号	岩性	方解石	白云石	石英	长石	其他
1-1	灰岩	61	35	2	2	
1-2	灰岩	67	25	3	5	
1-3	灰岩	70	26	2	2	
2-2	灰岩	70	24	2	4	
2-3	白云岩	40	54	2	4	
3-1	灰岩	85	11	2	2	
4-1	白云岩	45	50	2	4	
4-2	灰岩	86	10	2	2	
4-3	灰岩	42	40	10	5	云母3
Q1-1	淀积物	80	15	2	3	
Q1-2	淀积物	87	5	5	3	
L1-1	淀积物	47	45	3	5	
L1-2	淀积物	75	5	15	5	
L1-3	淀积物	50	15	5	5	石膏25
LHD	淀积物	89	3	5		云母3

2. 白云岩样品主要由白云石、方解石、石英、长石和文石组成，据方解石和白云石的含量该岩石为含灰质白云岩或灰质白云岩。粒屑结构，碎屑颗粒由中粗晶（颗粒一般大于 $80\mu m$）方解石、石英和长石组成，胶结物由白云石（$2\sim5\mu m$）、方解石（一般大于 $5\mu m$）组成。孔隙由粒间孔、晶间孔、溶蚀孔、成岩缝和构造缝组成，孔隙度为 $3\sim20\%$，其中溶蚀孔大小不一，$2\sim10\mu m$，占孔隙的 $30\sim40\%$。

潜溪寺位于凤山组第1段厚层、巨厚层极细-细晶白云岩中，高程 156.73m，岩性坚硬、致密。单层厚度一般为 $80\sim180$ 厘米，岩体完整性好，无层面裂隙密集带，岩层倾向 $340°$ 左右，倾角 $21°\sim24°$。有9条层面裂隙贯穿整个洞窟。洞顶盖层岩体厚度 $2\sim10$ 米。

表3为潜溪寺附近岩石的化学成分测试结果，更能直接的反映潜溪寺的岩石成分。

表3 龙门石窟白云岩化学成分分析结果表

取样地点	岩性	化学成分													合计
		SiO_2	Al_2O_3	Fe_2O_3	MgO	CaO	Na_2O	K_2O	H_2O	TiO_2	P_2O_3	MgO	SO_3	烧失量	酸不溶物	
外宾室南侧	含灰细晶白云岩	3.10	1.00	0.76	19.75	29.42	0.06	0.79	0.20	0.35	0.26	0.03	0.02	44.76	5.90	100.28
宾阳洞脚下	含灰细晶白云岩	1.32	0.33	0.50	21.17	29.97	0.02	0.30	0.14	0.02	0.01	0.02	0.00	46.16	2.09	99.82
摩崖三佛前	含泥细晶白云岩	1.23	0.31	0.36	21.47	29.95	0.06	0.31	0.30	0.02	0.01	0.02	0.02	46.50	2.07	100.24

1.2 以往的沉积物分析结果

根据表1中对洞窟内淀积物的化学成分分析[①]，其中以 CaO 为主，达 45.45 ~ 51.47%，烧失量为 38.77 ~ 42.34%，SiO_2 含量仅为 2.81 ~ 6.30%。路洞内有的淀积物（L - 2、L - 3）中泥质含量较高，SiO_2 含量达 18.21 ~ 32.91%，烧失量为 26.90 ~ 27.75%，而 CaO 含量却低了一半，仅 23.74 ~ 29.77%。

1. 一般淀积物的泥质中蒙脱石的含量远小于伊利石含量。

2. 路洞顶部烟熏的黑色淀积物中富含有机质（11.4%）和石膏（35.56%），并含有蒙脱石（14.40%）、伊利石（6.14%）等黏土矿物。

3. 烧失量大的主要原因是方解石（$CaCO_3$）在加热至950℃时失去全部的 CO_2，而石膏（$CaSO_4 \cdot 2H_2O$）不仅失去全部的结晶水，而且失去全部的 SO_3。

4. 样品中的 SiO_2、Al_2O_3、K_2O 和 MgO 是淀积物中泥质的主要化学成分。

5. Fe_2O_3 和 FeO 是泥质的组成部分，Fe_2O_3 含量的高低及其与 FeO 的比值可以反映淀积物形成时的氧化环境。

6. 根据 $\sum SiO_2 + Al_2O_3 + Fe_2O_3 + FeO + K_2O + MgO + TiO_2 + MnO +$ 有机质，可以近似计算样品的泥质含量为 14.3 ~ 51.7%，平均值为 33.28%。

1.3 温湿度

龙门研究院长期对洞窟内温湿度和外界西山温湿度进行记录，经过比较，有如下结论：

1. 洞窟内外温度变化趋势基本一致，窟内温度变化幅度小于窟外的温度变化幅度；

2. 洞窟内最高温度小于外界最高温度，最低温度高于外界最低温度；洞窟温度最高值及最底值的时间晚于外界大约1个小时。

3. 随着季节不同，温度有所变化。如在夏季，洞窟温度明显低于洞窟外温度，冬季洞窟温度整体高于外界温度。

洞窟内湿度一般随外界湿度的变化而变化，也有同温度变化类似的规律，但是在降雨过后的渗漏过程中洞窟内渗水的存在加大了洞窟湿度，造成洞窟湿度短时间内整体高于外界湿度，潜溪寺在观测的几个洞窟中湿度变化最为明显。

表4　洞窟同外界温湿度统计表

	大气温度最大值 C	大气温度最小值 C	大气温度平均值 C	大气湿度最大值%	大气湿度最小值%	大气湿度平均值%
西山	38.09	- 7.36	15.48	100	8.82	67.74
潜溪寺	30.18	- 2.6	15.42	100	13.45	68.81

---

① 由中国科学院地质与地球物理研究所完成的淀积物化学成分分析。

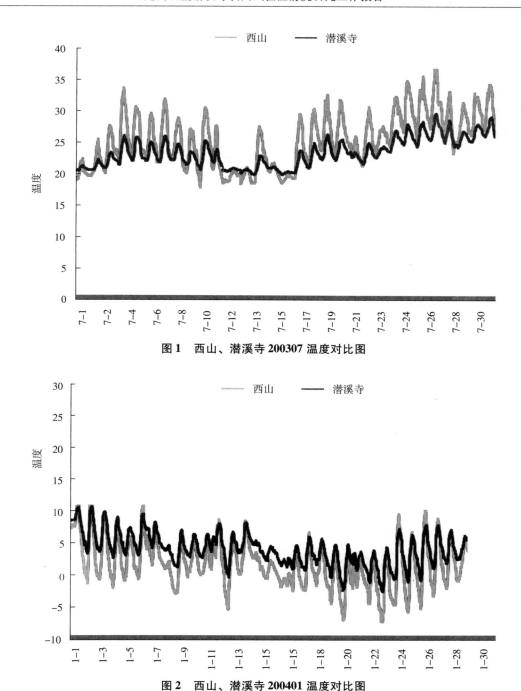

图1　西山、潜溪寺200307温度对比图

图2　西山、潜溪寺200401温度对比图

1.5　岩体崩落掉块

　　潜溪寺整个洞窟内发育有众多裂隙，南壁裂隙J16、洞顶裂隙J1和北壁裂隙J22组合形成贯穿整个洞窟的一条主要卸荷裂隙，产状105°∠78°，隙宽2.5厘米。该裂隙为控制整个洞窟环境地质病害的主要卸荷裂隙。窟内层面裂隙延伸规模较大，为窟内的主要裂隙。实验所操作的区域内，裂隙分布如下：

　　潜溪寺背壁：裂隙发育，窟门南侧中下部沿门框受层面裂隙和卸荷裂隙交错切割，产生一较大的掉块区，高440厘米，宽60厘米。窟底两侧岩体破碎，均已采用水泥砂浆修补。窟门顶部受卸荷裂隙切割的岩体在重力作用下塌毁，已采用水泥砂浆修复。

　　潜溪寺南壁：东侧佛像胸部沿层面裂隙J9形成一个破损带，长170厘米，宽10厘米，已用水泥砂浆修补过；佛像右手下部衣饰岩体受风化裂隙切割掉块；佛像右脚尖、及脚下石兽的后腿和头部的岩体掉块脱落。西侧佛像右手手指断裂，佛像衣服下摆处受裂隙切割掉块；佛像右脚的脚趾断裂脱落；佛像脚下莲花座底部受裂隙切割破损。

图3　潜溪寺南壁裂隙分布图

1.6 洞窟渗漏水资料分析

洞窟渗漏水资料观察主要是利用洞窟内数码照相机和漏水收集仪器来对洞窟渗漏状况进行观察。在实验洞窟内设置数码照相机，对渗漏点进行 10 分钟 1 次 24 小时不间断拍摄。渗漏水接收仪器主要用来收集洞窟滴漏水量的数据，采集数据同时记录渗漏水的时间和单位时间内的渗漏量。

潜溪寺洞窟顶壁较薄，随着降雨的进行，渗漏水现象严重。渗漏特点为：

1. 降雨量较小时产生的渗漏主要沿窟顶壁面向下渗流，沿南壁层面裂隙有多处出水点，降雨后次日出现渗漏点，渗漏时间短，1~2 天时间，渗漏量小，一般不会产生滴漏；

2. 降雨量较大时同样沿顶壁和南壁产生渗漏，但渗漏量范围渗漏量加大，持续时间延长至 5~10 天，同时产生滴漏现象，在窟门内侧沿洞窟顶壁卸荷裂隙分布带状滴漏区域，滴漏现象最严重时在不足 8 平方米的范围内分布滴水点 30 多处，滴水时间可长达 1 周。

3. 渗漏主要集中在洞窟顶部，水沿卸荷裂隙和层面裂隙进入洞窟。南壁出水点主要是水沿着层面裂隙和卸荷裂隙的交汇处进入洞窟。

4. 既有短时间的渗漏，又有较长时间的；既有严重的滴漏现象，又有严重的洞窟顶壁开始的沿壁面渗流现象，南壁的渗水点出水量大也是一个显著的渗漏特点。

潜溪寺进深较深达 5.6 米，窟门外有窟檐建筑，影响了洞窟的通风性。雨季沿壁面和窟顶渗漏、滴漏的水在洞窟地面汇集，岩石地面凸凹不平，有时在地面局部形成深达 10 厘米的积水区，古人为了排水而破坏门槛开凿的排水槽，但是排水槽底部仍稍高于窟内地面，加之地面凸凹处存水，不能排出全部的积水。以上两个因素造成了潜溪寺洞窟内长期保持一个较高的湿度

在所操作的背壁和南壁，以前对渗漏水的观测记录如下：

潜溪寺南壁：南壁有 3 处渗水点，渗水病害比较严重。位于西侧佛像头顶至东侧佛像肩部的卸荷裂隙 J16 是一条主要的渗水控制裂隙，洞顶渗水沿该裂隙下渗。S1 位于卸荷裂隙 J16 和层面裂隙 J8 交汇处。S2 位于卸荷裂隙 J10 和层面裂隙 J8 交汇处。S3 位于卸荷裂隙 J7 的中部。这些渗水裂隙的交切，造成了南壁东侧的大面积岩溶覆盖区。这些渗水点的下方有苔藓生长。南壁西侧上部的卸荷裂隙 J4 和层面裂隙 J2 交汇处的渗水点 S4，造成了南壁西侧大面积的灰白色岩溶堆积区。窟门外发育 1 条大的卸荷裂隙，隙宽 8~20 厘米，雨季渗水严重。

潜溪寺背壁：背壁较干燥，调查时未发现有渗水痕迹。

洞窟内共有渗水点 18 处，主要与卸荷的构造裂隙和层面裂隙有关。南壁的渗水点多位于层面裂隙和构造裂隙的交汇处。与 90 年代的调查结果相比，渗水病害已大为减弱，说明过去的防渗治理取得了较好的效果。但窟内也存在环氧树脂充填体与原岩之间重新张裂的问题。

1.7 岩溶病害

岩溶的发育受渗水条件、岩性和裂隙分布条件的综合影响。

潜溪寺背壁：

淀积物覆盖：背壁上部北侧，受洞顶渗水影响，形成一条带状的褐黄色岩溶淀积区。该淀积区宽 40

厘米，长 250 厘米，厚 <1 厘米。南端洞顶渗水沿窟角下渗，在中下部形成两处极薄的灰白色岩溶淀积区。此类淀积物的岩壁附着力较弱。背壁的岩溶覆盖面积率为 11.2%。

溶蚀：裂隙局部受溶蚀加宽。

潜溪寺南壁：

淀积物覆盖：南壁岩溶堆积较厚，东侧在卸荷裂隙 J16 和 J7 之间形成大面积的黄褐色岩溶堆积，最厚处达 5 厘米，质地坚硬，岩溶淀积带上部呈石钟乳状，其表面呈网状；由于东侧岩壁长期潮湿，在裂隙 J7 下方至东侧佛像头两侧，有大面积灰绿色的岩溶淀积物覆盖，形成石钟乳，具网纹状结构，质地坚硬；石钟乳表面为灰绿色，里面呈灰黄色，绿色成分主要与苔藓生长有关。此类淀积物的岩壁附着力强。受卸荷裂隙 J4 渗水影响，在西侧形成大面积的灰白色岩溶堆积，呈条带状分布，质地坚硬，表面呈斑点状，岩溶淀积区下方有灰绿色苔藓生长。此类淀积物的岩壁附着力较强。2 尊造像之间的褐黄色岩溶堆积，表面呈网纹状结构，质地坚硬，岩壁附着力强。南壁的岩溶覆盖面积率为 48.1%。

溶蚀：受洞顶渗水影响，在卸荷裂隙 J7 上部形成溶槽，宽 8~10 厘米。沿卸荷裂隙 J5 形成溶沟，宽 2~4 厘米，已进行人工充填处理。

1.8 风化剥落与苔藓病害

由于长期处于潮湿状态，导致岩体的抗风化能力降低，潜溪寺的风化剥落病害较为严重，尤其是靠近窟门的东侧部位干湿交替剧烈，造像风化剥落严重。

背壁两侧下部风化比较严重，风化裂隙发育，裂隙交汇处岩体剥蚀破碎，现已用水泥砂浆修补过。门北侧水泥修补区长 230 厘米，宽 90~140 厘米；门南侧水泥修补区长 110 厘米，宽 80 厘米。窟门顶部因风化作用形成一条宽 20~40 厘米的风化剥蚀带，现已用水泥砂浆修补过。北侧上部岩体局部起壳脱落，壳厚约 2 毫米。

南壁东侧佛像的脸部及右手风化严重，岩体表面脱落，风化以片状剥落为主。西侧佛像右手及手中饰物风化严重，手形已模糊不清；造像从腰部至脚底的垂直衣饰上分布有绿色苔藓，西侧下部有大面积苔藓分布。

2. 潜溪寺现场病害调查

在对文物表面的病害情况调查的过程中，对表面病害的分类，除了通过肉眼以颜色、质地的不同而加以鉴别，还进行了红外成像拍照和回弹仪测量表面硬度的尝试。

2.1 红外相机对空鼓范围的测试

2.1.1 原理

当石质文物存在空鼓病害时，空鼓部位和不存在病害的部位对于热的传导速率不同，导致了表面温度差异。利用红外线拍照，或可以通过成像直接并较为精确地反应出空鼓的部位的范围。

2.1.2　操作

使用器材：Sony NP - 30 红外相机

操作过程：选择天王两腿上方处的衣摆作为实验部位，该位置用手指轻叩，有空鼓声。使用 500 瓦的电灯泡在距离雕像约 30 厘米的位置进行照射。5 分钟后，撤去灯泡，使用红外成像相机进行拍照。并以 1 分钟为时间间隔，拍摄照片两张，反差均较小。

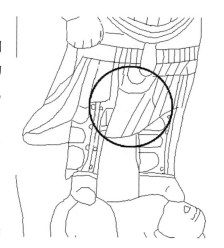

拍摄主佛：发现佛的手部温度最低，10.6℃，佛身温度 13℃，墙壁温度最高 15.0℃，最高的温度出现在主佛头顶的墙壁上。

2.1.3　讨论

在红外相机后的观察器上，所拍摄的范围没有看出温度的差别，一方面可能是因为石头表面和沉积物之间的温度差很小，没有预期中的大，同时也可能是辐照方法的问题，没有使用正确的辐照方法；另一方面也和相机的灵敏度有关系，这台相机对温度的感知，精度大约在 0.3℃ 左右。

同时，使用红外相机拍摄时，还有一个问题就是我们无法同步观察拍照范围，而最新款的红外相机能同时提供红外照片和数码照片，更加的方便和便捷。

2.2　回弹仪测试

2.2.1　岩壁上试验块的测试

在进行清洗试验块测试时，对试验区域进行回弹仪强度测试，所测点一共 15 个，每个点均进行 10 次回弹测试，根据屏幕显示计数。

689 和 521 两个点，测量了去除掉灰色表面沉积物后，表面的强度；

455 和 518 两个点，测量了去除灰色和黄色沉积物层后，表面的强度；

667 和 587 两个点，是测量去除掉所有沉积物后，到岩石表面后测得的岩石表面强度；

其余的几个点，均在沉积物未经过处理前，测得的表面强度。424 和 572 两个点测量的是表面灰色沉积物的强度；466 和 574 是褐色沉积物的强度；

分析结果：因为表面不甚平整，有起伏，所以使用回弹仪测量时可能有较大的误差。但从总体的趋势来看，表面的灰色沉积层硬度较小，较为疏松；取出后黄色的沉积层和棕色的均较为致密；而岩石表面的硬度较大。

2.2.2　天王两腿之间墙壁测试

在天王两腿之间的墙壁上使用回弹仪测试九个点。图中竖向左侧的一列是去除掉表层的灰色沉积物后回弹仪测得的平均示数，中间的一列是吹去表层后沉积物后用回弹仪测得的平均示数，右侧的一列是未作处理的表面回弹仪测得的平均示数。

未清理过的表面示数显著的小于其他两列：右侧一列未经过清理的表面，因为有积尘，硬度相对较小，因而示数最小；中间一列代表表面的水泥状沉积物的强度，水泥状的沉积物本身具有比较高的硬度；左侧一列上两个数字代表了表面腻子状物质的硬度，腻子状沉积物硬度并不均匀；左下角的示数代表岩

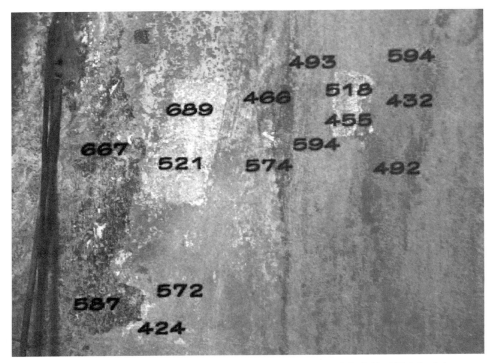

图4　岩壁上试验块的回弹仪测试位置示意图（测量平均值直接以数字标出）

石表面的强度，强度较高。

2.3　便携式荧光能谱对表面颜色的测定

在龙门石窟潜溪寺内的造像表面，可以观察到大量彩色的残留痕迹。在清洗工作开展之前，使用便携式能谱仪对表面颜色进行元素定性的测定，其结果有助于我们了解表面各物质的基本成分，为进一步处理提供必要的依据。但是在操作工程中需要注意：便携式的测量仅能提供定性依据，而非最终的结果。

主要测定了潜溪寺、莲花洞、双窑三个洞窟中，造像表面可以见到的红彩、绿彩、贴金进行了成分的测定，在测定时一般先测定颜色的部位，同时在其周围部位进行对比性的测定。现把定性测量的结果整理如下：

2.3.1　红色的定性测量

根据我们测定的结果，红色的部位通常都是 Pb 或 Fe 含量显著性的高于周围部位。

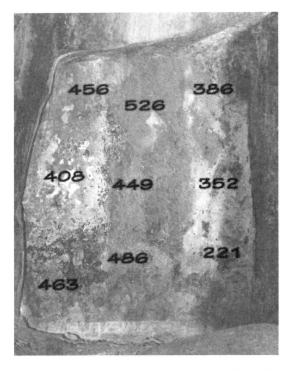

图5　天王两腿之间墙壁的回弹仪测试位置示意图
（测量平均值直接以数字标出）

图6　使用便携式能谱对表面的颜色进行测定

在潜溪寺天王右腿、腰部、左腿侧面；大势至菩萨右手下方的几个红色点，Pb 的含量均显著高于周围；在莲花洞中对 2003 年度清理出的小窟龛造像①表面的红色进行测量，发现 Fe 的含量显著高于周边。

图7　大势至菩萨右手红色（Pb）

图8　莲花洞中造像表面红色（Fe）

潜溪寺洞窟内岩石上红色点的 Fe 含量显著高于周边；

2.3.2　绿色的定性测量

在几个绿色的测点，Cu 的含量显著高于周围部位。

---

① 　陈建平、杨超杰：《龙门石窟莲花洞清除溶蚀物新获》，《中原文物》，2003 年第 5 期。

图9　双窑中绿色的测量点

图10　潜溪寺阿难脚下

2.3.3　金箔的定性测量

图11　双窑中贴金部位

2.3.4　小结

1. 龙门石窟造像表面有过多次施加彩色的活动，彩色的成分不尽相同；

2. 红彩有两种，Pb红和Fe红，推测可能为Pb_3O_4和Fe_2O_3，需要进一步的验证；

3. 绿彩中的显色主要是Cu，推测可能为氯铜矿$Cu_2(OH)_3Cl$和石绿$CuCO_3 \cdot Cu(OH)_2$；

4. 现有已知的双窑彩绘，红色为HgS。

3. 清洗方法

3.1　气枪喷射

使用空气压缩机提供压力，利用气枪喷射的气流吹去表面附着的灰尘、黏结较松的沉积，是一种快速而有效的方法。

在勾缝中的尘土可以使用软毛刷刷去。

配合以吸尘器吸去扬起的浮尘，防止再次沉落在文物表面形成二次污染。

图12　空气清洗

图13　刷洗

3.2　震动刻磨机

震动刻磨机利用空气压缩机提供的动力，传递到手柄末端的刀刃上，通过产生的震动去除表面沉积物。刃部有多种选择，可以很方便的拆卸与更换。

使用的刻磨机的震动方式有两种：一种是刀刃前后伸缩震动，一种是刀刃上下震动。前者机器功率较小，后者机器功率较大。

图14　震动雕刻机

图15　震动雕刻机

3.3　打磨机

电动马达带动打磨刷，通过转动磨去沉积物。不同的材料刷子用于去除质地的沉积物，按照强度由小到大的选择依次为：棉布刷、毛刷、塑料刷、铜丝刷、钢丝刷。使用塑料刷头进行清洗工作，塑料刷头对文物本体破坏相对较小，易于控制。

图16　震落的沉积物小碎块　　　　　　　　图17　微型打磨机

4. 试验性清洗总结

4.1　目的

本次清洗的工作，主要有如下几个目的：

1. 在选定试验范围后，完成对所要清洗区域的表面调查工作，调查的对象包括：表面的颜色、沉积物的质地等内容，并完成病害图的绘制，为正式的清洗工作奠定基础，同时进行表面沉积物物理探测手段的应用探讨性实验。

经过对比后，挑选了潜溪寺洞窟内南侧的天王和门洞旁内壁的南段进行试验性清理，试验面积约33平方米。因为南壁是整个洞窟中受渗漏水危害最为严重的一个区域，表面各种物质组成复杂，具有代表性。如图12所示，在天王清洗前，表面情况复杂。

2. 进行清洗手段的测试。主要测试了几种物理清洗方法，掌握各种清洗方法清除不同类型沉积物时的使用。通过试验中的效果检验，为以后清洗工作的开展，提供基础资料；

3. 对沉积物进行清洗的对比试验，了解沉积物的分层情况，并对清洗状况进行一定的探讨；

4. 提取样品，进行分析，了解各种类型沉积物的成分，为后续工作提供依据。

5. 在清洗过程中，发现了多出彩绘、表面施彩、贴金、金粉绘、修补等对造像修缮、保护、装饰的痕迹，提取样品，为研究古代工艺做基础；

6. 根据清洗工作的收获和不足，总结碳酸岩文物表面清洗的原则、方法等，形成概念性的建议。

按照表面的颜色和覆盖物的颜色和质地，实验区可以分为五大块，如图19所示，天王及天王与菩萨之间的岩壁表面可以划分为四块不同的区域，另外内壁的南段表面单独为一片区域。在清洗过程中依次完成，并详细记录清洗过程如下：

图18 南壁天王清洗前

图19 天王表面现状图

4.2 天王以及大势至菩萨之间的岩壁

2 尊造像之间的褐黄色岩溶堆积，表面呈网纹状结构，质地坚硬，岩壁附着力强。从裂隙向下厚度变薄，最厚处约1.2厘米。整体沉积物可以分为三层：表面为灰色的物质，下为黄色沉积物，黄色之下是白色物质，白色之下是岩石本体。在文字处有黄褐色、红褐色的沉积，似为流水造成。

图20 造像之间

图21 "奇"清洗前

图22 "奇"清洗后

在清理题记西侧的小字时，发现"隆庆五年"及以下的一系列小字部位的沉积物相当薄，在笔画边缘，沉积物没有被明显打破的迹象，考虑到小字有可能直接刻划在沉积物上而没有雕凿在岩石上，在无法确定的情况下，暂时保留该部位，等待后续研究。从题刻的年代看："隆庆五年"为1571年，而本洞窟始凿于唐代初年公元7世纪，将近900余年间。根据上方沉积物形成的厚度，小字刻在沉积物上，是有可能的。

4.3　头顶上方的凝浆

从天王头顶部上方裂隙向下，岩壁表面覆盖有黄褐色岩溶堆积，最厚处达8厘米。质地坚硬，岩溶淀积带上部呈石钟乳状，其里面呈灰黄色。对照北侧的天王，发现凝浆遮挡了天王的背光。天王背光呈圆形，顶部略微尖起，可能为火焰纹。

为了使被叠压在凝浆下的纹饰得以展现，对对其进行清理。凝浆表层为较硬的壳状物质，厚约2~3毫米，底层呈白色，松散。

图23　头顶上方的凝浆

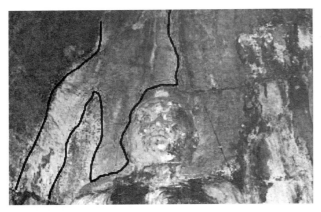

图24　清洗前

图25　清洗后

4.4　天王正面

天王颈部下方裂隙向下，在天王的胸部、腹部、右腿，分布有黄色、灰色的结垢，其厚度约在0.1~1厘米之间，表壳较为致密，呈波纹状，内层为松散的黄色物质。推测其可能与裂隙中流出的渗漏水有关，松散的物质可能是渗漏水带出的泥土。

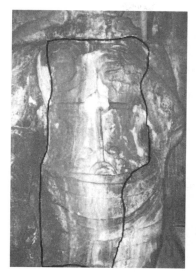

图 26　胸腹部结壳

图 27　右腿部结壳

图 28　正面清理前

图 29　正面清理后

4.5　天王两腿之间墙壁和夜叉全身

由天王颈下的渗水处延伸而下，有灰色带状沉积，延续到脚下夜叉全身，厚约 2 毫米，宽约 40 厘米。夜叉全身遍布灰色的沉积物，是在一些表面的勾缝位置，类似水泥状的沉积物填充在眼窝、嘴角的凹陷的部位，而并非像腻子一样的物质仅仅填补在造像有缺失的部位。推测可能是是水泥灌浆后水泥被流水冲刷从裂隙中渗透而下。

灰色的沉积物去除掉以后，露出岩石本体，夜叉的肌肉轮廓清晰，岩石表面有竖向的细条状雕刻痕迹，并经过磨光加工。

图 30 右腿清理后

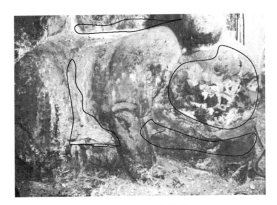

图 31 夜叉清洗前

图 32 夜叉清洗后

4.6 内壁南段

内壁南端表面斑驳相间，有水泥、有石头表面、有类似腻子状、有灌浆时的环氧滴漏流淌形成的表面、有堆满灰尘的表面。内壁由表面向岩石可分为三层：

表层为灰色的松散沉积物，厚薄不一，厚度在 2 毫米～30 毫米之间，尤其是在靠近地面的部分最厚，厚度在 3 厘米左右，去除后露出底部为砂浆状的物质。

中层为棕黄色的环氧树脂淋漓而下形成的污染；表面光滑，成黑褐色，有一定的光泽，厚度约 2～4 毫米。

底层为黄色的岩溶沉积物，厚 < 1 厘米，质地较软。

在局部裂隙处有环氧树脂或水泥砂浆填补的保护。

先使用刻磨机剔除掉表面的灰色沉积物，到达环氧树脂淋漓层后，经过多种实验，认为打磨机进行去除效果最好。对于表面淋漓的环氧树脂进行去除，使整体较为协调美观。在局部裂隙中填补的环氧树脂调和水泥修补的痕迹，则不作处理予以保留。

表面大面积的积垢，进行去除。

图 33　内壁清洗前

4.7　清洗前后的对比

图 34　清洗前　　　　　　　　　　　　　　　　图 35　清洗后

5. 清洗中的收获

清洗的过程中及结束以后，在造像表面发现有彩绘、贴金、金粉、红色颜料、蓝色颜料、绿色颜料等多种现象。

5.1 彩绘

在腹部清洗过程中，发现在一种白色薄层（＜1毫米）物质上，绘有彩绘。（位置参见图36）在潮湿的条件下有利于观察，故不作过多的清理。彩绘残余的面积很小，约5x10立方厘米，彩色有红色、绿色、黑色，为缠枝状图案，内容已无法分辨。

图36 彩绘位置示意图　　　　　　　　　　　图37 彩绘细节

5.2 贴金

在天王右肩部的清洗过程中，发现贴金痕迹两处。金箔所残余的面积均很小，约1立方毫米左右。

图38 贴金位置示意图　　　　　　　　　　　图39 贴金细节

5.3　金粉绘

在天王右肩部的清洗过程中，发现金粉彩绘痕迹一处。在造像表面渗漏水未得到处理的情况下，暂时不对其进行处理。

图40　金粉彩绘位置示意图

图41　金粉彩绘细节

5.4　色彩

在清洗过程中，发现了多种色彩。但各种色彩分布孤立，因为不存在广泛分布的一层，所以无法辨别各种色彩的叠压关系；各种色彩的零散分布，仅能复原出表面局部彩色分布情况。

5.4.1　红彩

红彩在造像表面的有以下几种情况：1. 底层为白色的较厚的地仗（右腿内侧，图61）；2. 底层为黄色的地仗（左臂、右臂，图62）；3. 底层为白色较薄的地仗（右肘部）；4. 直接施在石质表面，图63。

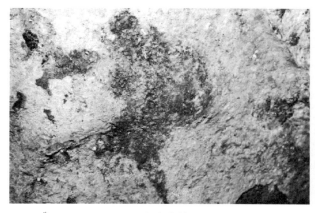

图42　红彩施布情况（1）

图43　红彩施布情况（2）

图44 红彩施布情况（3）

图45 红彩施布情况（4）

5.4.2 绿彩

绿彩分两种情况：1. 底层为白色较为松散的地仗；2. 底层为白色光滑、致密的薄层。

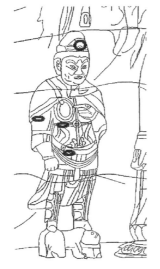

图46 绿彩位置分布示意图

图47 绿彩施布情况

图48 绿彩施布情况

5.4.3　蓝彩

蓝彩面积很小，约1平方厘米。色彩绘在很薄（<1毫米）的一层白色物质上，白色物质下为岩石本体。

图49　蓝彩位置示意图

图50　蓝彩细节

6. 分析测试

6.1　XRD 测试

测试单位：北京北达燕园微构分析测试中心

仪器型号：Dmax 12kW 粉末衍射仪

实验条件：X 射线：$CuK\alpha$（0.15418 nm）；管电压：40kV；管电流：100 mA；

石墨弯晶单色器；

扫描方式：$\theta/2\theta$ 扫描；扫描速度：8°（2θ）/分；采数步宽：0.02°（2θ）；

环境温度：20.0（±1）℃；湿度：30.0（±5）%

依据方法：依据 JY/T 009-1996 转靶多晶体 X 射线衍射方法通则；

依据 PDF2 粉末衍射数据库

测试样品目录：

表5　XRD 测试样品目录

分析编号	原始编号	取样部位	分析目标
090407S01F001	08LM001	天王左腿	腻子状物质分析
090407S01F002	08LM003	岩壁表层	腻子状物质分析
090407S01F003	08LM005	岩壁表层	表面沉积物分析

续表

分析编号	原始编号	取样部位	分析目标
090407S01F004	08LM007	天王右腿下方脚面以上	腻子状物质分析
090407S01F005	08LM009	中间部位文字下方（白色）	表面沉积物分析
090407S01F006	08LM012	天王脚下夜叉背凹处	表面沉积物分析
090407S01F007	08LM016	文字处流水状沉积灰白色	表面沉积物分析
090407S01F008	08LM020	文字处下方流水状沉积粉红色	表面沉积物分析
090407S01F009	08LM026	天王右侧衣带末端流水状灰色沉积	表面沉积物分析
090407S01F010	08LM030	观世音莲花座西侧下方钟乳状沉积	表面沉积物分析
090407S01F011	08LM031	南侧弟子衣服末端红色	颜色分析：红色
090407S01F012	08LM032	南侧弟子脚下莲花座上	颜色分析：绿色
090407S01F013	08LM033	南侧弟子两脚间	腻子状物质分析
090407S01F014	08LM035	北侧弟子、菩萨间墙壁裂隙处	颜色分析：红色
090407S01F015	08LM036	北侧弟子衣服飘带上	腻子状物质分析
090407S01F016	08LM046	天王身前前衣摆裂隙下	颜色分析：红色
090407S01F017	08LM057	南侧弟子两脚间	颜色分析：绿色
090407S01F018	08LM058	大势至菩萨身前衣褶处	颜色分析：绿色
090407S01F019	08LM060	北侧弟子衣服飘带上	颜色分析：红色
090407S01F020	08LM061	天王身前衣摆下表层刮去	表面沉积物分析
090407S01F021	08LM062	天王身前衣摆内表层刮去	表面沉积物分析

6.1.1 表面沉积物检测结果讨论

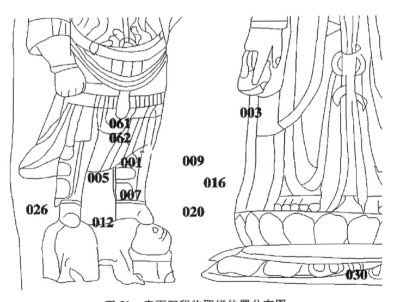

图 51 表面沉积物取样位置分布图
（红色为表面沉积物样品，褐色代表腻子状物质样品）

表6　表面沉积物样品 XRD 分析结果

原始编号	方解石 $CaCO_3$	文石 $CaCO_3$	白云石 $CaMg(CO_3)_2$	石膏 $CaSO_4 \cdot 2H_2O$	烧石膏 $CaSO_4 \cdot 0.5H_2O$	水白铅矿 $Pb_3(CO_3)_2(OH)_2$	石英 SiO_2	微斜长石 $KAlSi_3O_8$	高岭石 $Al_2Si_2O_5(OH)_4$	赤铁矿 Fe_2O_3
08LM005	85%	—	11%	—	—	—	4%	—	—	—
08LM009	66%	28%	—	—	—	—	4%	—	2%	—
08LM012	88%	—	—	3%	—	—	4%	—	—	5%
08LM016	42%	—	53%	—	—	—	5%	—	—	—
08LM020	16%	—	78%	—	—	—	5%	1%	—	—
08LM026	43%	—	23%	18%	—	—	16%	—	—	—
08LM030	97%	—	1%	—	2%	—	—	—	—	—
08LM061	100%	—	—	—	—	—	—	—	—	—
08LM062	94%	—	—	—	2%	1%	3%	—	—	—

　　表面沉积物样品的检测，其主要成分均为 $CaCO_3$，这与潜溪寺洞窟内渗漏水严重直接相关，沉积物主要来自于岩溶产物。

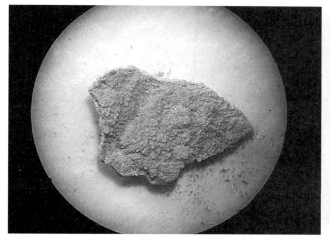

图52　08LM009 体视显微镜下观察

图53　08LM012 体视显微镜下观察

　　样品08LM030，取自地面上的的岩溶沉积物，其上方对应了一个滴水点。可以看出其主要成分为 $CaCO_3$、$2CaSO_4 \cdot H_2O$ 沉淀，其代表了典型的岩溶沉淀。

　　08LM016、08LM020、08LM026 三个样品，均取自岩壁之上，为流水状沉积物，其中 08LM016 号样品为粉红色。这三个样品的 $CaMg(CO_3)_2$、SiO_2 含量均较其他部位的沉积物高，08LM026 号中的 $CaSO_4$ 含量也达到一定程度。参照沉积物的形貌，并结合其位置推断：洞窟顶部在进行灌浆帷幕放水后，部分裂隙并未完全封死，渗漏水的冲刷其中的水泥成分后形成新的沉淀污染。

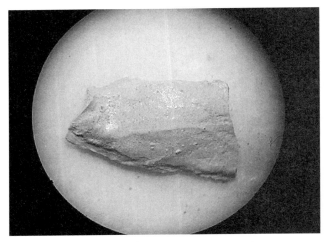

图 54　07LM016 体式显微镜下观察

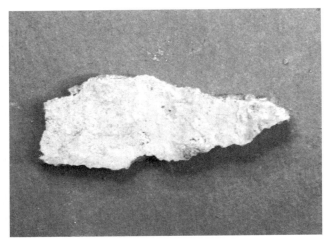

图 55　08LM062 沉积物近文物面形貌

　　08LM061、08LM062 两个样品为清理下的一个沉积物样品，在沉积物表面和贴近文物一面分别刮取粉末后，进行测试。该沉积物样品表面和背面成分没有显著性差别，均是以 $CaCO_3$ 为主的岩溶物沉淀。

图 56　08LM061 沉积物表面形貌

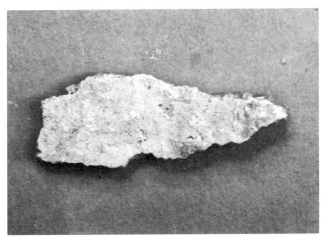

图 57　08LM062 沉积物近文物面形貌

　　表 2 为 X 衍射物相分析成果。由表可知：石窟立壁区中、上寒武系碳酸盐岩的矿物成分以方解石、白云石为主。除个别岩石外，方解石和白云石含量占 90% 以上。也就是说区内岩性以灰岩、白云岩等岩性为主，质纯，对岩溶有利。

　　龙门石窟岩体属于可溶性沉积石灰岩，岩石中 $CaCO_3$、$MgCO_3$，及其他矿物在纯水中溶解度很小，但水中的碳酸、其他矿物和有机酸会使碳酸盐类岩石溶解度增高。在有水的情况下，石灰岩直接溶解于没有碳酸的水中，反应为：

$$CaCO_3 \Leftrightarrow Ca^{2+} + CO_3^{2-}$$

　　式中存在 $[Ca^{2+}][CO_3^{2-}] = K$，K 为平衡常数即溶度积，此过程很快，立刻就达到平衡。空气中的 CO_2 溶于水：

$$CO_2 + H_2O \Leftrightarrow H^+ + HCO_{3-}$$

$$CaCO_3 \Leftrightarrow Ca^{2+} + CO_3^{2-}$$

产生的 H^+ 与 $CaCO_3$ 分解的 CO_3^{2+} 化合成为重碳酸根 HCO^{3-}，由于 $H+$ 与 CO_3^{2-} 的化合，使式 3 中的 CO_3^{2-} 含量减少，促使平衡向 $CaCO_3$ 分解的方向移动，引起新的岩溶。由于岩石岩体处于开放环境中，CO_3^{2+} 离子与 CO_2 气体都可不断得到补充，所以岩溶的过程不断地进行。

当含有岩溶蚀物的水经由裂隙渗出时，在洞壁流淌过程中，水分的挥发及水源的渐渐减少，一方面溶液饱和度增加，过饱和的 $CaCO_3$ 析出；另一方面，溶解平衡中水及 H^+ 减少，使平衡向生成 $CaCO_3$ 的方向移动，产生 $CaCO_3$ 析出。$CaCO_3$ 析出后，集于岩体，与空气中的灰尘颗粒混合，产生沉积。

龙门石窟的地质特点，使得溶蚀沉积发育更充分：

一方面石窟位于龙门山－香山断块上，石窟主要位于上寒武系的白云岩和灰岩层中，石窟所在岩体由于构造应力和非构造应力的作用，已经形成了各种节理，加之在岩体开凿，采石过程中，岩体应力受到改变，破坏了岩体应有的相对平衡和稳定性，使已有的节理发展，并产生新的应力裂隙（卸载裂隙），构造裂隙与岩面几乎正交，其切割作用，卸载裂隙与崖面几乎平行，倾角略陡于坡面倾角，这两种走向不同的节理相互交错，把石窟所在岩体切割成形态各异，大小不同的分离体，使雕刻品及洞窟处于不稳定状态。石窟所在岩体发育着的各种节理、裂隙为水的下渗提供了通道。

另一方面洛阳属暖温带大陆性气候，季节变化明显，降雨集中，雨量四季分配悬殊，年最大降雨量 1063.2 毫米，日最大降水量 110.7 毫米。石窟中心区地处伊河两岸，地下水丰富，泉眼十九个长年涌流，也客观造成了石窟区空气中水份的增大，易于凝结在岩体上，这为溶蚀的产生提供了水的来源。

6.1.2 表面腻子状物质结果分析

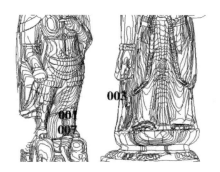

图 58　腻子状物质取样位置分布图

表 7　腻子状物质 XRD 分析结果

原始编号	方解石 $CaCO_3$	石膏 $CaSO_4 \cdot 2H_2O$	石英 SiO_2	斜长石 $(Na, Ca)\,Al\,(Si,\,Al)_3O_8$
08LM001	96%	2%	2%	—
08LM003	93%	—	7%	—

原始编号	方解石 $CaCO_3$	石膏 $CaSO_4 \cdot 2H_2O$	石英 SiO_2	斜长石 （Na，Ca）Al（Si，Al）$_3$O$_8$
08LM007	76%	3%	6%	15%
08LM033	97%	—	3%	—
08LM036	—	97%	3%	—

在清洗过程中发现，造像表面局部有类似于腻子一类的物质（08LM001、08LM003），推测可能是开凿或者后代维修中所留下的痕迹。故而在初步清洗的过程中予以保留，取样，分析。

图 59　08LM001 体视显微镜下观察

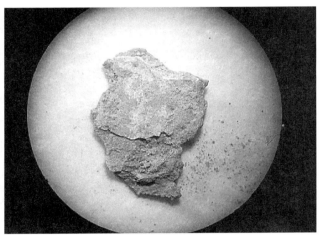

图 60　08LM003 体视显微镜下观察

同时，进行分析的还有在颜料底层类似于底子一类的物质（08LM007、08LM033、08LM036），同样取样进行分析。

图 61　08LM007 样品形貌

图 62　08LM007 体视显微镜下观察

结果显示：08LM001、08LM003、08LM033 三个样品，很可能不是文物表面专门的腻子层，而是 CaCO₃ 的岩溶沉积。而样品 08LM036 则是很纯的石膏，应该是表面的腻子层，并在其上施以彩（该样品表面施以红色彩）。

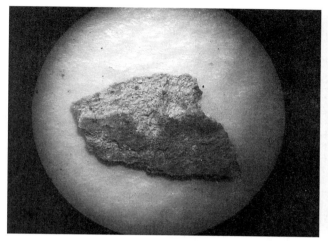

图 63　08LM036 体视显微镜下观察　　　　图 64　08LM036 体视显微镜下观察

6.1.3　表面颜色检测结果分析

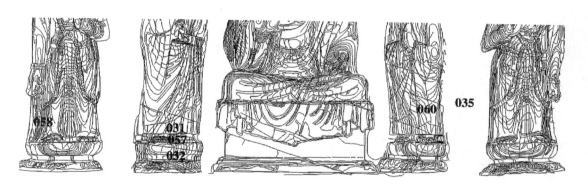

图 65　表面颜色取样位置分布图
（红色代表红色样品，绿色代表绿色样品）

表 8　表面颜色 XRD 分析结果

原始编号	方解石 $CaCO_3$	白云石 $CaMg(CO_3)_2$	石膏 $CaSO_4 \cdot 2H_2O$	石英 SiO_2	斜长石 $(Na, Ca)Al(Si, Al)_3O_8$	其他
08LM031	5%	36%	50%	9%	—	
08LM046	96%	—	—	2%	—	烧石膏 $(CaSO_4 \cdot 0.5H_2O)$：2%
08LM060	16%	—	81%	3%	—	

原始编号	方解石 $CaCO_3$	白云石 $CaMg(CO_3)_2$	石膏 $CaSO_4 \cdot 2H_2O$	石英 SiO_2	斜长石 (Na, Ca) Al(Si, Al)$_3O_8$	其他
08LM035	2%	91%	—	<1%	—	伊利石：4% 文石（$CaCO_3$）：2% 高岭石、绿泥石：<1%
08LM032	35%	—	48%	6%	11%	
08LM057	88%		4%	3%	3%	微斜长石（$KAlSi_3O_8$）：2%
08LM058	70%	—	23%	3%	—	水白铅矿（$Pb_3(CO_3)_2(OH)_2$）：4%

在清洗中，在局部遇到了彩色。可以见到的彩色主要有两种：红色彩和绿色彩。在表面施加的方式不一，有施在类似"腻子"状物质上的，有直接施加在石刻表面的。取样进行分析。同时，为了鉴别石窟岩石本体的色彩，取样08LM035，进行对比。

在颜色样品结果中，没有发现矿物颜料的成分，可能有两种结果：表面的颜色并非矿物质颜料或结晶不完全；表面的颜料可能是某种被污染了的物质。对比的岩石样品08LM035，同样未发现颜料成分。

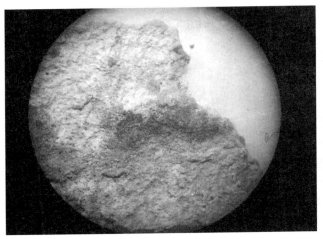

图66　08LM060体视显微镜下观察

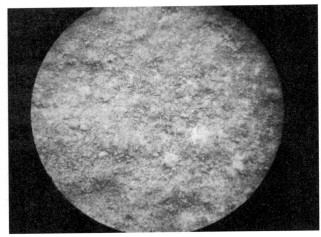

图67　08LM057体视显微镜下观察

在几个样品中发现有较多的$CaSO_4 \cdot 2H_2O$成分，很可能是施在腻子之上。

6.2　离子色谱检测分析

用经过去离子水润洗的烧杯收集渗漏水，进行离子色谱分析，测定其中无机阴、阳离子成分与含量。采集的渗漏水部位为洞窟内。

其中的无机阴离子SO_4^-、NO_3^-可能与空气中的污染物有关；无机阳离子Ma、Ca主要来自于岩溶作用。丰富的裂隙水是洞窟中岩溶病害严重的一个重要原因。

表9 渗漏水中阴离子成分与含量

无机阴离子			
Name	Amount	Amount	Amount
	mg/L	mg/L	mg/L
	Cl	SO$_4$	NO$_3$
	26.302	363.882	142.718

表10 渗漏水中阳离子成分与含量

无机阳离子				
Name	Amount	Amount	Amount	Amount
	mg/L	mg/L	mg/L	mg/L
	Na	K	Mg	Ca
	51.797	5.903	57.504	133.877

7. 试验性清洗工作总结

龙门石窟潜溪寺的清理工作，横跨了2008、2009两个年度，主要清理的范围上至南侧天王的头光顶部，下至地面，向西包括天王西侧的题记部分，向东包括内壁的南段，总共清理面积约33平方米。

在去除掉表面的沉积物后，在造像表面发现多种色彩，包括红色、绿色、蓝色，同时有描金、贴金等工艺的使用，同时，使得被遮盖影响的岩石表面纹饰得以清晰的展现。在表面渗漏水未得到根治的情况下，部分判断可能有色彩的沉积物不做过多的清洗，予以保留，防止造成保护性破坏。

根据在清洗过程中遇到的问题与收获，我们对于清洗工作的形成了一定的认识，现总结如下：

7.1 清洗工作的界定

清洗工作的目的，主要可以分为两个方面：1. 去除造像表面可能对其保存和其价值展现有害的物质；2. 调查古代各种造像、修缮工艺。这两条是清洗工作的基础，石质文物的清理工作应该围绕着保护和发现展开。

首先，需要对造像表面进行详细的调查，调查内容应包括保存状况调查、病害调查、环境调查等多种方面。根据表面的颜色、成分等的不同状况划分出各个区域，然后分别对其进行评估。评估的目的在于判断，各种沉积物在造像表面可能带来的影响，去除之后其下层物质可能是什么？如果下层是彩绘等，如何保护等问题。表面风险评估应该是清洗的基础，具体在潜溪寺的清洗试验过程中，渗漏水冲刷的部位往往分布着较厚的结垢，经过去除其下层的岩石表面强度较好，古代开凿中细微的凿痕、彩绘等均有所保存。在干燥的部位，可溶盐的反复结晶产生的作用力的破坏，严重者已有粉化、脱落病害迹象。

其次，石窟寺文物的表面，形成过程十分复杂，往往有多种成分，并且并非再一次时间内形成，因而在清洗工作中务必要小心。清理过程，与考古发掘相类似，可以看做是另一种的微型的考古发掘，是不可逆的过程，因而需要慎之又慎，同时，在过程中注意对信息的记录和提取。在操作过程中，需要每一步的操作都可能是危险的，因而需要随时的鉴别揭露的成分和对新揭露出的物质进行评价。但与考古发掘不同的是，石窟寺的清理往往不需要做到"生土层"，当去除掉其在保存过程中表面沉积的污物，露出人类对造像雕凿、修复的痕迹时，就需要及时的停止。同时，在不提倡主动发掘的背景下，石窟寺文物表面已经稳定的沉积物，是否需要全部去除，尤其是在表面渗漏水尚未得到根治的情况下，新揭露的层面有可能出线新的破坏的情况下，清洗工作可能带来另外的危害。

针对潜溪寺的清洗工作，张成渝博士设计了一份调查问卷，调查的内容包括对清洗的看法、对清洗对象的选择、清洗程度的选择等，发放对象主要为参观龙门石窟的游客，发放方式主要有两种：在潜溪寺洞窟外摆放桌子，由游客自主填写调查问卷；在洞窟外主动发放调查问卷。

根据反馈的结果，大多数游客的意见：不做过多的清洗，稍作清洗即可。调查过程中游客对清洗方法的安全性往往提出要求，认为一定要对文物不产生新的危害。

图 68　左肩部修复部位表面出现盐结晶

7.2　清洗对象的划分

从文物表面信息角度考虑，按照形成的时间划分，造像表面可以为四种类型：

1. 岩石雕刻开凿的初始状态，指刚雕凿好的岩石表面；

2. 造像在历代保存中的修缮，包括对岩石的修补、表面的彩绘贴金等。因造像的开凿，延续了上千年，期间可能经过多次的修缮。如图 39 表面多次修复的痕迹中，可以看到修缮的痕迹至少可以划分为两层。

3. 造像在千年的保存过程中表面形成的污物，污物的形成与渗漏水、凝结水、降尘等直接相关；

4. 近代的修缮痕迹，主要为环氧树脂、水泥砂浆等。这种修补往往有着详细的记录，同时多使用化学材料。如图 40 表面环氧树脂对裂隙的修补中，在天王左肩部的裂隙上，使用了环氧树脂调和水泥进行封堵，但环氧树脂已经失效，渗漏水从起翘的裂隙中渗漏而下。

图 69　表面多次修复的痕迹

图 70　表面环氧树脂对裂隙的修补

而石窟造像，其价值体现在造像所凝结历史、艺术、科学信息，而这些信息体现在造像本身，同样的，历代对于造像的修缮也是其价值中不可分割得部分。根据各个成分对文物表面的影响（保存、美观等多种角度）考虑，提出了清理的意见。

表面物质类型（清理前）		评 估	清理程度
①岩石本体		文物价值的体现	保留
②造像表面古代的修补和装饰痕迹		文物价值的体现	保留
③因渗漏水、凝结水、降尘形成的污物		主要为遮盖作用，污染表面	去除，使其达到①②
④近60年来人为修补	已经失效的、松散的	失去了保护的作用	去除
	填补在裂隙中、坚硬的	已经达到一个稳定的状态，去除可能伤害文物表面	保留
	环氧树脂填补裂隙中造成的污染	失去了保护的作用	去除

7.3 清洗工作的方法

因为清理的过程是不可逆的，所以在方法的选择上，需要参考以下几方面的影响：

1. 方法是否可以随时控制清洗程度。

2. 方法是否会对表面产生新的影响，影响包括物理方法可能在表面留下轻微的痕迹、磨损和冲蚀，化学方法可能在表面留下的化学物质等。

3. 技术的掌握：不同操作人员的手法的影响。

4. 方法是否会对文物表面信息提取造成影响。

具体在潜溪寺的清理过程中，我们主要使用了物理清洗的方法，物理方法最大的优点在于其速度是可以控制，有操作者所决定的。对于沉积物的清理，严格的从表面向下一层层的进行去除。同时收集清理下的残片，及时观察，防止清理程度超过了可控制的范围。

在决定清洗顺序时，有几条基本的思路：从上向下：避免高处清理时引起的浮尘等在文物表面形成新的沉降；由不重要的部位开始，到重要的部位：从岩壁等价值相对较低的部位开始清理，有助于对清洗方法的掌握和对沉积物性能的把握；由相对简单的部位开始，到表面复杂的部位。尤其是在选择物理清洗方法的前提下，对操作人员的技术有着很高的要求，从不重要、极少文物信息的岩壁上开始清洗，可以积累操作经验和熟悉情况的，为后续工作开展打下基础。

7.4 清洗工作的最后达到的目标考虑

从清洗的目的，应着眼于保护，展示与发现并非当务之急。因渗漏水而带来的沉积物，其对造像表面最直接的影响是遮盖了文物的信息，影响了其价值的体现，但其本身及下层的信息已处于相对稳定的状态。同时，在渗漏水尚未解决的情况下，清理出的贴金彩绘的保存技术尚未完善，因而具有风险。

　　观察表面未受凝结水与造像表面可溶盐的作用，可能是最大的危害。因此，后续工作期待从表面的可溶盐的影响着手，包括对可溶盐含量对风化的影响，可溶盐去除方法的设计、材料的选择，以及揭露出的信息如何保护等方面。

Longmen Grottoes: Their Cultural Value and Meaning of their Conservation

Okada Ken (National Research Institute for Cultural Properties, Tokyo)

I.

A visit to the Buddhist cave temples of India reveals that there are numerous caves with rooms where the monks and priests would actually live on site, set up like dormitories for the monastery. Each dormitory cave is fitted with beds and small altars, while outside there are large water cisterns for collecting rain water. These dormitory caves readily evoke images of the monks and priests walking from the dormitory caves where they lived to the large caves in the center of the complex where ceremonies and prayers were conducted. Those caves for ritual use housed a stupa containing holy relics or Buddhist sculptures.

However, the same type of dormitory cave is not found in the Buddhist cave temples of China. As at cave 285 at the Dunhuang Mogao Caves, there are examples of small dormitory rooms for priests that are set on the left and right walls of the cave, suitable only for priests to sit in zazen meditation. Cave 285, with its walls completely covered with paintings, does not feel like a residence for priests or monks. In the northern face area of the Mogao cave complex, there are some caves fitted with beds like those seen in Indian caves. These caves were previously known as artisan caves (caves where the workers who made the caves lived). Today scholars do not think the caves were used solely for residential purposes and they are no longer given the name. In general, Chinese Buddhist cave temples, namely those in China proper rather than the outlying western districts, focus on cave temples with stone-carved sculpture as their central element, and do not have such residential features.

In the case of these Chinese temples, it is likely that the residences of the priests and monks were made of either wood or brick and that they were constructed in a separate place, a bit apart from the cave temples themselves. Of course today the majority of any such structures are completely lost.

It would seem that in these cave temples, caves with painted or sculpted images of Buddhist deities, were used only as places of worship. If the cave was big, then people would visit it from time to time to worship, and if it was just a small Buddha niche, then there was meaning in the making of the niche. Once the niche was finished and dedicated, then even the donors of the niche would not necessarily visit the site again. If this is not how it happened, then we do not understand today why the builders of the caves carved small Buddhist imagery niches into areas high up on the edges of the ceiling out of range of the naked eye. Also, even if such theories are true, undoubtedly these caves, with their assembly of large numbers of Buddhist images both painted and sculpted, were considered to be sacred sites. In addition to the donors, the Buddhist faithful, both at the time and in later generations, would gather there for worship.

In this manner, the workings of various different people at different times in disparate ways have been carried out in the cave temples since their founding. If we do not consider these facts, and only study the Buddhist issues or art historical issues found solely in the subjects of the images drawn on the walls or carved into the stone, then we cannot reconstruct the form of these caves as temples.

Throughout the course of an ongoing cycle of prosperity and neglect at these caves, how did people come to visit them? How did they seek to conserve them? Indeed, how did they seek to destroy them? If we don't understand these matters, then we are simply brandishing the concepts and methodologies and technical theories as modern "cultural heritage conservation" and criticizing the past which did not have such clearly defined processes. If that is the case, then there is no point in discussing the conservation of cultural heritage.

We conserve Buddhist cave temples as cultural heritage. These sites which have long since become relics of the past and are no longer sites of Buddhist activities, what do we discern in them? What is the aim of our conservation of them?

All of those who work in the field of cultural heritage conservation do not necessarily need to have the same level of awareness, but if those who lead cultural heritage conservation activities do not understand the aim of our work, then it will be impossible for them to make people understand these concepts.

Is the Conservation Project on the Longmen Grottoes, funded bythe UNESCO/Japanese Funds-in-Trust going to achieve realization of the high ideals raised at the project planning stage? Attention has been focused solely on the technical issues of sealing fissures and cracks and waterproofing. Has our field of vision continued to keep firmly in mind the true nature of cultural heritage conservation? If the true nature of cultural heritage conservation is not touched upon, then the work of cultural heritage conservation has not been grasped.

II.

Then we might ask, what kind of place were the Longmen Grottoes?

Luoyang is home to the Baimasi temple that is said to be the first place where Buddhism was transmitted to ancient China, and is a site where Buddhist culture flourished from a time just before the first work on the Longmen Grottoes.

In 494, the capital of the reigning dynasty was moved to Luoyang. Just around that time, the Longmen Grottoes were first begun in a scenic and beautiful site called Yique on the southern outskirts of Luoyang. However, linking the establishment of the caves to the movement of the capital is not particularly logical. For the Xianbei tribe that ruled the northern half of China and founded the Northern Wei dynasty with their capital in Pingcheng (present-day Datong, Shanxi province), the rivalry with the Han tribe Jin dynasty that ruled the south was an issue from the time of the founding of the Northern Wei dynasty. The Yique site, positioned like a gate in the southern suburbs of Luoyang, the previous Jin capital, was symbolically important given the political rivalries involved. Under the Xianbei policy of positioning Buddhism at the heart of its national protection plan, the Northern Wei leaders developed Buddhism throughout their domains. These developments did not wait for influence from Pingcheng, rather they were made possible by the local leaders inheriting and developing the Buddhist culture brought from the west.

The Guyangdong cave, a cave from the earliest period at the Longmen Grottoes, focuses on a triad image on the central wall. The walls to right and left are carved into three levels, with Buddhist niches properly arrayed in the top level of the three, and the central level developed into an arrangement of various Buddhas and bodhisattvas. This cave arrangement itself preceded the early period caves at the Dunhuang Mogao Grottoes and the middle period caves at the Yungang Grottoes. Buddhist deities in the Guyangdong cave reveal ancient western elements that do not bear the slightest resemblance to the figures from the first half of the 480s at Yungang, which show a change toward a Chinese style.

On the other hand, stele-shaped figures were carved at various places inside the Guyangdong cave and they are inscribed with the vigorously bold calligraphy style of the Six Dynasties. This was a powerful self-assertion of Chinese culture in the face of the foreign Buddhist culture.

Then we might ask, why such an unusual mixture of elements?

The full appearance at Longmen Grottoes of Buddhist figures draped in the Chinese style shawl or robes found at Yungang did not occur until the beginning of the 6th century. The most typical example of this style can be found in the Binyangzhongdong cave thought to have been completed around 517. This represents an extremely large time lag between the Yungang usage and 517.

Why did this time lag occur?

The Buddhist art historical view that in the latter half of the 5th century there was a simple "developmental progression from the Yungang period to the Longmen period" does not properly understand the actual state of the spread and development of Buddhist arts during the Northern Wei dynasty. Here we won't think of order or theories, rather here we can see only the "reality" of Yungang as Yungang and Longmen as Longmen.

III.

Next let us look at the Longmen Grottoes during the Early Tang dynasty.

The Tang dynasty was a period that continued from the Sui dynasty that had unified all of China after a long period when the continent was split between numerous dynasties. The great Tang dynasty was influential throughout East Asia, and the political powers of the various regions of East Asian were all drawn into the Tang systems, whether in politics, culture or economics. Indeed, the Tang of the day can be considered the globalizing force in East Asia at the time. As a result, or because such an image existed in the minds of the people, it is believed that Tang dynasty Buddhist culture is that which remains from the unified process and the result of its spread from the Chang'an and Luoyang-centered Chinese mainland to the entire East Asian region. It is believed that the Tang dynasty Buddhist arts at the Longmen Grottoes are the personification of "Tang" itself.

However, the careful, repeated and detailed observation of the caves and niches at the Longmen Grottoes that were actually created in the Tang dynasty and comparisons with other regions show that there is a large gap between that belief and the Longmen Grottoes. There is a clear differentiation between the "globalized" Tang image and the individuality of Longmen as Longmen. This is in spite of the existence of the great Buddha of the Fengxiansi cave, one of the major representative masterpieces of early Tang dynasty Buddhist sculpture.

In order to understand this issue of global Tang vs. Longmen, it is necessary to look at great length at the caves at Longmen, such as the Qianxisi cave, the Binyangbeidong cave, the Binyangnandong cave, the Jingshansi cave and its surroundings, the Wanfodong cave, the Qingmingsi cave, the Huijiandong cave, Laolongdong cave, the Poyao cave and the Fengxiansi cave. It is important to note that the caves I have just listed are all lower level caves that are open to tourists. In the case of these caves, tourists approach them from the front, and see the inside of the cave from the outside, and there is almost no way to know about the caves that exist on the upper level of the site.

Let us take the Jingshansi cave and its surroundings as an example.

Jingshansi was originally one of the ten Longmen temples dating to the Tang dynasty and it was located on the cliff, Xiangshan, which is opposite Longmen cliff on the Yihe River. The extant Jingshansi cave is located in the lower central section of the site on the Longmen cliff, in a relatively wide area of stepped terraces made into the rocky mountain face. Originally there were countless so-called Udayana King style Buddha sculptures around the Jingshansi cave. In fact, these images were of Sakyamuni, carved from the image of Sakyamuni held in the heart of the Udayana King. Some of these images were carved directly into the mountainside, others were "Udayana King images" that had been carved elsewhere and were brought to the site and set up in small, regularly formed chambers built on each level of the terracing. Today the roofs and pillars of those small chambers on the terraces have fallen away and the "Udayana King images" which had been set up in the chambers have completely disappeared. Thus simply looking at the site as it is now would not explain this original construct. However, the stepped terrace construct undoubtedly presented the exterior view of a large temple structure, and the Jingshansi cave was the center of a massive temple structure formed by an assembly of Buddhas.

The "Udayana King images" themselves are a special form of Sakyamuni image that appeared only in Luoyang and its surrounds from the 650s through 680s. This example of a large, terraced space cannot be found in other cave temples of the Tang dynasty. Today, however that section by the Jingshansi cave is simply a part of the long tedious path for general visitors who have finished looking at the Binyang caves and are walking towards Fengxiansi cave. Such visitors cannot enter the Jingshansi cave, they simply look up at the cliff face and see only the weathered terraces that remain in ruined form. However, those ruins conceal important clues to imagining how the area looked in the past.

IV.

Why is it that visitors are kept from entering almost 100% of the caves at the World Heritage Longmen Grottoes site?

Indeed, we could ask, what do visitors see of the caves?

What is the meaning of "world heritage that is the shared heritage of mankind"?

What are the goals of the act of preserving and restoring such heritage?

V.

When the terms cultural property and cultural heritage are attached to old things, the naming refers not only to the historical age and contents-rich nature of the thing, it also includes the deep respect by the people of the day towards those things which have come down to us today, having been protected and handed on by generations in the past.

There are some objects whose forms are essentially unchanged as they have been carefully protected and handed down, and there are others whose value was forgotten at times in the past and whose physical form has crumbled and been destroyed over time. There are some objects that have been continuously used as tools or as sites, and have been honed and polished in the process, thus becoming even better objects than they were when first made. There are also cases where the object was heavily used and damaged, and then repaired. There are many cases where today we do not understand the materials or methods used when the object was first created, and indeed, there are many where we don't understand at first glance the materials or methods used in repair work or revisions to the object over the years. In those instances, we can ask, how and why did they choose those materials and methods? As seen from today, there are some instances where we can determine that the materials, methods and concepts of the repair were all mistakes. Nevertheless, these successes and failures are all elements that make up the form conveyed to us today as cultural heritage. It is our job to study all of these aspects and conserve them as cultural heritage.

On the other hand, those of us living today, just like those people of the past, are simply the caretakers of a single instant in the long history of cultural heritage that is being handed on to the future. Our judgments are not absolutely correct, and there will be cases where our conservation methods will be strongly criticized in the future. However, we must not simply be afraid of such facts. How, as people today, must we be determined and responsible in order to vitalize objects as cultural heritage and convey them to the future? We must convey such messages to the people of the future.

The conservation of cultural heritage is "a reverent approach that constructs a certain method towards the history of an object, and at the same time, is a manifestation of a strong will towards the present and the future. It is all acts that seek to realize these factors." Cultural heritage conservation can be so positioned. This is what is sought in the acts of all, whether specialists or the general public.

What we have hoped for inthe UNESCO/Japanese Funds-in-Trust Project on the Conservation and Restoration of the Longmen Grottoes is the construction of a system and the training of human resources that will conserve the caves through our work and hand them on to the future. In this instance, the term human resources does not solely indicate the specialist staff responsible for conservation.

The point of the project was to construct a system at Longmen that would foster those human resources whose daily efforts involve deeply understanding cultural heritage and conveying that cultural heritage as cultural heritage to others and to the future.

The caves have long since become ruins, the past Buddhist activities of these caves are no more. However, there are researchers and members of the general public who want to remember their past forms, who want to discover their past forms even if only in a small way. These people already understand the value of cultural heritage. And how do the managers and caretakers respond to such desires? This is what we must ask them. It goes without saying that cultural heritage must be something that is free to all the people.

Constructing fences and attaching locks is not "conservation of cultural heritage." We must consider our methods and cooperate.

・项目研究・

龍門石窟 その文化的価値と保護の意味

岡田健（東京文化財研究所）

一

　インドの仏教石窟寺院を訪れると、そこにはベッドと小さな祭壇がしつらえられ、外には雨水を蓄える大きな水槽を備えた、いわゆる僧房（僧侶が住む部屋）式の洞窟が数多く見られる。往時の僧侶たちが、この場所に生活し、この僧房から仏陀の舎利（聖なる遺骨）を収めたストゥーパや仏像を礼拝するために石窟の中心にある大きな洞窟へ足を運んだ様子が、まざまざと目に浮かぶ。

　しかし、中国の石窟寺院では、このようなことは少ない。坐禅を組んで修行をする、というだけの意味でなら、敦煌莫高窟第285窟のように左右の壁に僧房の小部屋を設けたものもあるが、第285窟という、壁の全面を壁画に彩られたこの洞窟に、僧侶の生活の臭いはしない。莫高窟の場合、かつて工人窟（石窟を開いた労働者たちが住んだ洞窟）と呼ばれた（いまは労働者の居住空間だけのものであったとは考えないので、そうは呼ばない）北側の区域に、インドの石窟とも通じるようなベッドを備えた洞窟もある。しかし、一般に中国の仏教石窟寺院、とりわけ中原地区 China mainland area の、石彫像を主体とする石窟寺院では、そういう設備は見られない。

　おそらく、僧侶の生活空間は、洞窟とは少し離れた別の場所に建てられた木造やレンガ造の建築物の中にあったのだろう。今はそのほとんど全てが失われた。そう考えてみると、そもそも石窟寺院というものは、仏像を彫ったり描いたりしてある場所は、あくまでも礼拝のためだけに来る場所であり、規模の大きな場所なら時々人も入るが、小さな仏龕となると、それを作ることにこそ意味があり、一度完成して供養してしまえば、発願者はもうその場所に来ることさえない、というようなことがあったのかもしれない。そうでなければ、いま肉眼で見ることさえできない天井の高い一郭に小さな仏龕を開くことの意味は分からない。それにしても、そこは数多くの仏像が参集している聖なる場所として、発願者以外の多くの仏教信者、あるいは後の時代の仏教信者から、信仰を集めたに違いない。

　このように、仏教石窟寺院には創建以来そこに出現したさまざまな、人々の営みがあった。それを思い描くことなく、岩に刻まれ、あるいは壁に描かれた絵画の主題を追い、仏教やその美術を研究するだけでは、寺院としての姿を再現したことにはならない。

　興隆と荒廃の繰り返しの中で、人々がどのような思いを寄せてその場所を訪れ、保護をしようとしたのか、あるいは破壊をしようとしたのか。それらを理解しなければ、私たちは今、近代の「文化遺産保護」という概念・方法論・技術論を振りかざし、それらが明確に定義づけられていなかった過去を批判するだけのことになってしまう。それでは、文化遺産の保護を口にする資格はない。

　仏教石窟寺院を文化遺産として保護する。すでに仏教活動の場ではなく、まさに過去の遺跡としてその姿を留める石窟寺院に、私たちは何を見いだし、何を目的としてこれを保護していこうとしているのだろうか。

　文化遺産保護に携わるあらゆる職種の人々が、すべて同じレベルの認識を持つ必要はないが、これをリードしていく者が分かっていなければ、人々に理解を求めることは不可能である。

　今回のユネスコ/日本信託基金龍門石窟保護修復事業は、事業設計の段階で掲げた高い理想を実現したのか? 亀裂の封鎖や防水の処理という、技術的課題にのみ目が行き、文化遺産保護の本質についてしっかりとした視点を持ち続けることができたか? この問題に触れなければ、文化遺産保護の事業を総括したことにはならない。

二

そもそも龍門石窟とはどういう場所であったのだろう。

　洛陽 Luoyang は、古来中国へ仏教が最初に伝えられたと言われる白馬寺 Baimasi temple を擁し、龍門石窟創建を遥かにさかのぼる時代から仏教文化が栄えた土地であった。

　その洛陽の南の郊外、伊闕 Yique と呼ばれる風光明媚な場所に龍門石窟が開かれたのは西暦 494 年の洛陽遷都に前後する時期であるが、石窟の創建を遷都そのものと結びつけることはあまり合理的でない。平城 Pingcheng（現在の山西省大同 Datong，Shanxi province）に都を構えて北魏王朝 Northern Wei dynasty を建て、中国の北半分を領有した鮮卑族 Xianbei tribe にとって、南方を領有する漢民族 Han tribe の晋 Jin Dynasty との対峙はすでに建国以来の課題であったし、かつての晋の帝都であり、その南郊にあって洛陽の門のように南方に向かいそそり立つ伊闕は、その状況においてはじめから象徴的に重要な存在であった。仏教を国家鎮護の根本に据えた鮮卑族の施策のもと、仏教は各地に展開を見せたのであり、それは平城からの影響を待つまでもなく、すでに西方からもたらされた仏教文化を継承し、発展させることによって可能であった。

　龍門石窟最初期の古陽洞 Guyangdong cave は、正壁の三尊像を中心に、左右の壁をともに三段に分け、最上層の一段から仏龕を規則正しく配列し、中に仏菩薩の諸尊を配置するというものである。これ自体は、敦煌莫高窟 Dunhuang Mogao Grottoes の初期窟や雲岡石窟 Yungang Grottoes の中期窟にその先例となるものはあるが、この古陽洞で表された仏菩薩の姿は、雲岡石窟で 480 年代前半には中国的に変化を遂げていたものとは似ても似つかない、古い西方的要素を身に纏ったものであった。

　しかし一方で、古陽洞内部の各所には、碑形 figure of stele を彫りだし、そこに六朝 six dynasties の雄渾な文字による銘文が刻まれている。これはまさに、中華文明が外来の仏教文化に対して、強烈な自己主張をしているものである。

この混淆は何であろう。

　龍門石窟に本格的に雲岡石窟において出現した中国的に袈裟を纏う仏像の姿が現れるのは、6世紀に入ってからのことである。しかもその最も典型として現れるのは、517年頃に完成したと思われる賓陽中洞 Binyangzhongdong caveである。ここには極めて大きな時間差が存在している。

この時間差は何であろう?

　中国における、5世紀後半の「雲岡時代から龍門時代への展開」という単純な順序を信じる仏教美術史の考え方では、北魏時代の仏教美術の実際の拡がりや発展の状況を正しく理解できない。ここには順序や論理ではない、雲岡は雲岡としての、龍門は龍門としての「事実」が見えるだけである。

三

次に初唐時代の龍門石窟に目を移す。

　唐（Tang）は、永らくいくつもの王朝に分裂していた中国全土が隋（Sui）王朝によって統合され、それを継承した時代である。大唐帝国は東アジアにあまねく影響力を持ち、東アジア各地の政権は、いずれも政治・文化・経済などの各方面で唐の制度を取り入れた。「唐」というイメージは、まさに当時の東アジアにおけるグローバル化を示すものである。それゆえに、あるいはそのような観念が人々の頭に存在するために、唐の仏教文化は長安（Chan'an）や洛陽（Luoyang）を中心に中国全土からさらに東アジア全域に、統一された過程と結果を残したものと信じられている。龍門石窟の唐時代仏教美術は「唐」そのものを体現しているのである、と信じられている。

　しかし、実際に唐時代に開かれた龍門石窟の洞窟や龕を詳細に観察し他の地域との比較研究を丹念に繰り返すと、その観念と龍門石窟との間には、大きな隔たりがあることが分かる。「グローバル化」した唐のイメージと龍門の龍門としての個性は明確に相違している。初唐時代の中国仏教彫刻を代表する傑作である奉先寺大仏 the great Buddha of Fengxiansi cave がそこに存在しているにもかかわらず、である。

　このようなことを理解するには、龍門石窟の中で潜渓寺洞 Qianxisi cave、賓陽北洞 Binyangbeidong cave、賓陽南洞 Binyangnandong cave、敬善寺洞 Jingshansi caveとその一帯、万仏洞 Wanfodong cave、清明寺 Qingmingsi cave、惠簡洞 Huijiandong cave、老龍洞 Laolongdong cave、破窰 Poyao cave、奉先寺などをつぶさに見る必要がある。しかし、いま列挙したのは観光客が通ることのできる下方の洞窟ばかりで、その上部に存在する洞窟については、ほとんど知る術がない。

敬善寺洞とその一帯を例に取ろう。

　敬善寺は、唐時代の龍門十寺の一つに数えられ、本来は対岸の香山にあった寺である。現在の敬善寺洞は、岩山に階段状のテラスを作った比較的広い区域の下方中央に位置している。その周辺には、「優填王像 Udayana-King style buddha statue」という名称を与えられているが実際は「優填王が釈迦を思慕して（心から思い焦がれて）作らせた釈迦如来の像」が、かつては無数に存在していた。それは直接岩山に彫りだしたものもあれば、テラスの各段に規則正しく小部屋を設け、その中に他所で彫った「優填王像」を運んできて設置したものもあった。今はそのテラスの小部屋の屋根も列柱も崩落してしまったし、設置されていた「優填王像」の全てが無くなっているので、漠然と見ているだけではその様子は分からない。しかし階段状の構造は、まさに大きな神殿が築かれたような外観を呈していて、ここは間違いなく、敬善寺洞を中心とした一つの、巨大な、仏陀が参集する（集合する）神殿を形作っていたのである。

　「優填王像」そのものが西暦650年代から680年代にかけて、洛陽とその周辺だけに出現した特殊な釈迦像であったが、このように階段状の巨大な空間を作った例は唐時代の他の石窟には見られない。しかし、賓陽洞を見終わって奉先寺洞へ向かう大勢の観光客にとって、そこは長い見学通路の退屈な一部分でしかない。敬善寺洞の中に入ることもなく、見上げる崖には、ほとんど残骸と化したテラスの荒涼とした様子が目に映るだけである。しかし、その残骸の至る所に、往時の様子を想像する重要な手がかりが隠されている。

四

なぜ、世界遺産龍門石窟では、ほぼ100％の洞窟に入ることができないのか？
訪れた人々は、石窟の何を見た、と言えるのか？
「人類の共通の遺産としての世界遺産」とは何か？
それを保護し、修復する営みとは、何を目的としたものであるのか？

五

　古いモノを、文物（文化財 Cultaural Propety）や文化遺産という言葉を使って位置付けるとき、そこには歴史的な古さや内容の豊かさだけではなく、それが今日まで歴代の人々によって守り伝えられてきたことに対する、現代人としての深い尊敬の念が込められている。

　モノは、手厚く守り伝えられ続けてきてほとんど姿を変えなかった場合もあれば、時にはその価値が見失われ破壊が進んでしまった場合もある。道具や場所として使い続けられ、それによって磨きがかかる（制作時よりも良いモノになる）場合もあれば、疲労して壊れてしまい、また修理された場合もある。制作当初の材料や技法は、今となっては分からないものも多いし、その後の改変や修復に使われた材料や技法さえも、一目見ただけでは分からないものが多い。その時、どんな材料や技法がどのような意図をもって選択されたのか。今日から見れば材料も技法も理念も、どれも間違いだったと評価すべきものもある。だが、成功も失敗も、それら全てがこの文化遺産を今日に伝え、現在の姿を形作っている要素なのである。我々は、それらの全てを調べ、文化遺産として守ろうとしている。

　いっぽう、現代に生きる我々もまた、過去の時代の人々がそうであったように、未来にわたって伝えられていく文化遺産の長い歴史にとっては、一瞬の守り手でしかない。我々の判断が絶対に正しいということはないし、将来我々の保護の仕方を強く批判されることもありうる。しかし、それを畏れてばかりはいられない。モノを文化遺産として現代に活かし、さらに未来に伝えていくための、現代人としての決意、責任、それはどうあるべきなのか。そのメッセージを、未来の人たちに伝えなければならない。

　文化遺産の保護とは、「モノの歴史に対するあらゆる方法を講じた敬虔なアプローチであり、同時に現代と未来に対する強い意思の表明、これらを実現するための全ての行為である。」そのように位置付けることができる。それは、専門家、一般人、いずれもの行為として求められている。

　我々が今回のユネスコ/日本信託基金龍門石窟保護修復事業において期待したことは、事業を通じて、将来にわたり石窟を保護していく体制を作り、人材を育成することであった。その人材とは、保存修復を担当する部門のスタッフだけを指しているのではない。

　文化遺産を深く理解し、文化遺産を文化遺産として伝えていくための日々の努力をする人材の育成であり、その体制をこの場所に築くことであった。（実現しなかった、という意味を込めた翻訳が必要。でも、あまり直接的にならないよう。過去形で。）

　すでに石窟は遺跡となり、かつての仏教活動は存在しない。しかしそこには、往時の姿を偲び、それを少しでも発見したいとやってくる研究者もいるし、一般の人々がいる。彼らはすでに、文化遺産の価値が何であるかが分かっている。管理する側が、そのことにどれほど応えているか。問われるのはこのことである。言うまでもなく、文化遺産はひろく人々に開放されたものでなければならない。

　柵を設け、鍵をかけることは、「文化遺産の保護」ではない。方法を考え、努力する必要がある。

潜溪寺石窟治水工程与龙门石窟保护

王金华（中国文化遗产研究院）

一、前　言

由联合国教科文组织资助的龙门石窟修复保护工程项目基本结束。项目的实施为龙门石窟保护科研基础条件的建设、人才的培养、信息档案资料的收集与建设、龙门石窟保护示范指导作用等方面取得了显著成果，项目建立的保护机制、保护理念、技术路线将对未来龙门石窟的保护起到更大的作用。

但是作为项目主要内容之一的潜溪寺石窟水害治理工程，在实施了部分治理措施——帷幕灌浆工程后，效果并不明显，就此引发了对潜溪寺石窟治水工程保护设计思想、治理措施的疑虑和争议，部分专家提出了中肯意见和建议，作为项目专家组、设计人员、工程施工人员、石窟管理者颇感压力，也引发了更深入的研究、思考和探索。

龙门石窟面临的主要威胁有三个方面：1. 石窟存在的水害，主要是裂隙渗水病害；2. 石窟岩体不稳定病害；3. 环境污染病害（以及由其引发的雕像风化破坏）。自1971年国家拨专款开始进行龙门石窟专项保护工作起，经过几十年的保护工作，龙门石窟存在的岩体稳定性病害基本得到有效治理，石窟环境条件大大改善，其中也投入了大量的人力、物力，采取各种不同的措施治理石窟的裂隙渗水病害。但是由于技术的限制、材料的老化或保护材料与石窟岩体性能的差异，经过一段时期，石窟裂隙渗水病害仍会出现、发展、恶化。龙门石窟裂隙渗水病害威胁最严重的主要是一些大型石窟，而这些大型石窟又是石窟内容最丰富、价值最高、保护工作的重点。因而，裂隙渗水病害是龙门石窟存在最普遍、危害最大的病害之一，水害治理也是龙门石窟保护最迫切、最主要的工作之一。

项目选择潜溪寺石窟作为龙门石窟水害治理的试验研究对象，目的就是在有效治理龙门石窟水害方面进性有益的实践探索。潜溪寺治水工程的目的并不是为了暂时性止住渗水的效果，而是探索全面、长久治水的方法和途径，对龙门石窟保护的意义非常重要，对项目的意义也非常重要。

由于龙门石窟依托的山体庞大，崖壁陡峻，地形复杂，采取大规模治水措施的空间有限，也与文物保护原则要求相违，无法按常规治水工程的思路、措施实施治理工程；另外由于龙门石窟地质结构的复杂性（层面裂隙、卸荷裂隙、节理裂隙、岩溶各种构造相互交切），裂隙渗水的渗流途径十分复杂，增大了龙门石窟水害治理的难度。所以龙门石窟的治水工作是一项以科研为基础的攻关项目。

潜溪寺石窟位于西山最北端，为唐中期开凿的大型石窟，其历史、石窟形制、艺术价值等在龙门石窟具有典型性和代表性，但潜溪寺石窟裂隙渗水病害、凝结水病害十分严重，而且对石窟雕像造成了严重损害。自1976年起，开始重视潜溪寺石窟的渗水病害和治理工作，至1991年相继采取了拆除、重建窟檐，裂隙灌浆、封堵，窟顶清理，铺设防渗层等措施，在一段时期内，治水效果明显。但近期石窟裂隙渗水病害又重新产生，而且愈来愈严重。如何以潜溪寺石窟为例探讨龙门石窟有效治水思路、措施：是完善历史上采取的治理思想、措施？还是探讨新的、长久有效的治理思路和途径？能否对龙门石窟起到启发、示范、指导的作用？所以，潜溪寺石窟治水工程对项目、对龙门石窟的保护，其意义是深刻的。

二、龙门石窟历史保护工作简述

唐中期至大宋初年的几百年间，由于灭佛、战争以及社会动荡等因素，龙门石窟逐渐冷落、荒废，惨遭人为活动和自然侵蚀的破坏。根据文献宋志磐《佛祖统纪》记载，1015年至宋大中祥符八年龙门石窟曾进行过一次全面、系统的修缮保护："西京龙门龛佛，岁久废坏，上命沙门栖演给工修饰，凡一万七千三百三十九尊。"这是龙门石窟历史上有记载最早的一次系统修复保护工程。

20世纪初，由于国家时局动荡，民不聊生，国家的文化遗产缺乏有效的管理，处于外国不法之徒觊觎之下。20世纪30年代，龙门石窟发生的严重敲凿、切割盗窃事件八百余起，对龙门石窟造成了严重的破坏。同时石窟区杂草丛生，石窟岩体开裂，雕像变形垮塌，石窟渗水严重等自然病害也对石窟造成严重的损害。

自1953年成立龙门文物保管所始，龙门石窟才得以系统、规范的管理和保护。1971年以前主要是防止人为破坏，清理石窟环境，人才培养，试验性的抢救性保护。真正科学抢救性保护起始于1971年，借助云冈石窟化学材料灌浆的科研成果，采取呋喃改性环氧树脂＋锚杆的技术措施加固奉先寺天王力士、迦叶、卢舍那大佛等；20世纪中期注意到凝结水对石窟的损害，1976年拆除潜溪寺、看经寺前室的清代木构建筑，保持通风通畅，窟内环境干燥，减少凝结水，同时清理、修复奉先寺古代排水沟；80年代中期至90年代初，开展了龙门石窟综合整治保护工程包括：铺设防渗层防渗排水、环氧树脂灌浆及裂隙封堵等治水工程、环氧树脂黏结加固和锚杆加固等岩体加固工程、清楚树木杂草、环境整治等。

自1971年国家拨专款进行龙门石窟保护至今，已实施的保护工程可分为三类：

1. 水害治理工程，其内容：石窟顶部杂草树木的清理、整治；裂隙灌浆、裂隙砂浆封堵、裂隙环氧树脂封堵；窟顶铺设防渗层；窟檐的拆除、修改重建、遮雨棚的建造；排水沟清理与修建等。

2. 岩体加固工程，其内容包括石窟开裂岩体环氧树脂黏结加固、灌浆加固、锚杆加固、砌筑支护；残破雕像的加固与修复；危岩体的加固等。

3. 环境整治工程：窟顶杂草树木的清理；参观道路的整治与改造；栈道修建、绿化；伊河水的治理等。

按时间总体分为两个时期：1. 1971年至1985年抢救性保护工程阶段；2. 1986年至1992年系统性保护工程阶段。龙门石窟历史保护工程情况参见表1。

表1 龙门石窟历史保护工程记录

序号	维修保护时间	维修保护内容	备注
1	1015 年 ~ 宋大中祥符八年	残损、损坏佛像整修（根据文献宋志磐《佛祖统纪》："西京龙门龛佛，岁久废坏，上命沙门栖演给工修饰，凡一万七千三百三十九尊"）	具体措施不详
2	1958 年	双窟渗水病害治理——采用水泥砂浆封堵裂隙	水害治理
3	1966 年 4 月	东山大万佛洞渗水治理——清除窟顶的柏树、荆棘等灌木杂物	水害治理
4	1971 年 ~ 1974 年	采取呋喃改性环氧树脂 + 锚杆的加固措施加固奉先寺天王力士、迦叶、卢舍那大佛	加固工程
5	1974 年	大万佛洞垮塌雕刻的粘接加固	加固工程
6	1976 年	拆除潜溪寺、看经寺前室的清代木构建筑，保持通风通畅，窟内环境干燥，减少凝结水	水害治理
7	1976 年	潜溪寺水害治理工程——采用水泥砂浆封堵渗水裂隙	水害治理
8	1975 年	奉先寺排水沟修缮——清理、修复奉先寺古代排水沟	水害治理
9	1975 年	奉先寺西南角溶洞加固工程——洞内砌筑石柱支顶顶板，洞口砌筑石墙	加固工程
10	1975 年	伊阙佛龛之碑加固——采取石蜡封缝，环氧树脂常压灌浆的措施	加固工程
11	1975 年 10 月	净土堂龛楣、碑、雕刻修复加固——采用环氧树脂粘接修复，风化龛楣用环氧树脂渗透加固	加固工程
12	1978 年	宾阳三洞：拆除三洞砖券门和洞外南北两侧厢房6间，门穿和洞外龛窟支顶、加固，清理洞顶覆盖层、树木，修建至潜溪寺石窟窟顶排水沟	水害治理
13	1987 ~ 1992 年	奉先寺北壁、老龙洞上方、路洞南侧、石窟寺、极南洞、万佛洞、宾阳洞、看经寺、高平郡王洞等开裂危险岩体，采用大裂隙水泥砂浆灌注、微裂隙环氧树脂灌注，与锚杆加固相结合的措施；六座塔区、奉先寺北壁危岩体采用浆砌石支护和锚杆加固相结合的措施；王祥洞、八作司洞、路洞、龙华寺等洞窟采用钢筋混凝土修复、作旧支护残破洞窟；龙华寺残破造像、火烧洞三尊塌落造像粘接加固或锚固加固修复保护；改造、修建台阶栈道；修建围墙；洞窟安装栏杆，安全防护；杂草树木清理等	加固工程
14	1989 年、1991 年	奉先寺——万佛洞窟顶地面铺设年20厘米左右厚的钢筋网水泥砂浆防水层	水害治理
15	1989 年	药方洞修建仿石结构保护性窟檐	水害治理
16	1991 年 ~ 1992 年	东山石窟区危岩加固工程	加固工程
17	1991 年	潜溪寺窟顶坡面铺设年20厘米左右厚的钢筋网水泥砂浆防水层	水害治理
18	1991 年	修建以防雨为目的的摩崖三佛、宾阳三洞遮雨棚（蓬）	水害治理

潜溪寺石窟保护主要是水害治理工作，参见表2：

表2　潜溪寺石窟历史工程记录表

序号	工程内容	时间	工程性质
1	拆除清代在窟前建造的3间封闭式房屋	1976年	凝结水治理
2	对即将崩毁的洞门穹券采取环氧树脂灌浆与锚杆锚固相结合的措施进行加固	1976年	加固工程
3	窟内裂隙树根、充填物清除、清洗后用环氧树脂胶泥封堵	1976年	渗水病害治理
4	窟顶树木清理、覆盖层清理，修建窟顶排水沟，用水泥砂浆封堵表层裂隙	1976年	渗水病害治理
5	窟顶铺设钢筋网水泥砂浆防渗层	1991年	渗水病害治理
6	建造敞开式仿唐窟檐	1991年	渗水病害治理

二、潜溪寺石窟水害状况及特点

潜溪寺石窟南壁面、北壁面、窟顶区域存在渗水病害，而且以窟顶裂隙渗水最为严重。潜溪寺石窟裂隙渗水状态：

（1）潜溪寺正壁（西壁面）：正壁共有3处渗水点，均位于主佛像头部的右上角。主佛像头部上方的2条层面裂隙中各有一个渗水点；南侧顶部卸荷裂隙分布有一处渗水点。

（2）潜溪寺背壁（东壁面）：背壁较干燥，未发现有渗水痕迹。

（3）潜溪寺南壁：南壁有3处渗水点，渗水病害比较严重。位于西侧佛像头顶至东侧佛像肩部的卸荷裂隙是一条主要的渗水控制裂隙，洞顶渗水沿该裂隙下渗。层面裂隙和卸荷裂隙渗水裂隙交切，造成了南壁东侧的大面积岩溶覆盖区窟门外发育1条大的卸荷裂隙，隙宽8~20厘米，雨季渗水严重。

图2-1　南壁渗水严重

图2-2　石窟南壁裂隙发育及渗水危害情况

（4）潜溪寺北壁：北壁有 3 处渗水点。顶部层面裂隙有 2 个渗水点，北壁卸荷裂隙是主要渗水裂隙。

（5）潜溪寺洞顶：洞顶渗水较为严重，发现有渗水点 9 处，卸荷裂隙是主要渗流通道。

（6）潜溪寺窟外保护建筑与窟壁之间脱离出现裂缝，降雨时雨水直接渗入倒灌窟内造成石窟窟门区域水的侵蚀损害。

以上渗水状态说明：潜溪寺石窟南壁面以层理裂隙面渗水为主，窟顶区域、北壁面以卸荷裂隙面渗水为主。

潜溪寺石窟裂隙渗水与大气降雨密切相关，降雨时石窟裂隙才渗水，渗水影响时间不同，顶板反应较快，南北两壁面反应相对较慢，但持续时间较长。一般是在降雨时间 24 小时后，裂隙出现渗水，首先是顶板裂隙出现渗水，尔后是南北壁面出现渗水。在雨季，遇到大暴雨，20 多分钟顶板裂隙就出现渗水。这个现象说明顶板裂隙渗水渗流途径畅通，渗水源不远。南北壁面裂隙渗水在降雨停止后仍持续一段时间，与山体较远处裂隙水提供水源有关。

除渗水时间比降雨时间滞后一段时间外，潜溪寺石窟裂隙渗水量和持续时间几乎与降雨量同步，即降雨量大，裂隙渗水量大，持续时间长；降雨量小，裂隙渗水量小，持续时间短。大气降雨是潜溪寺石窟裂隙渗水的唯一水源。

除了裂隙渗水病害外，在雨季，潜溪寺石窟还产生严重的凝结水病害。凝结水的生成与大气温度、湿度、气压、石窟通风等环境条件密切相关。关于凝结水形成机理还处在研究阶段，其治理也还处于探索试验阶段，所以潜溪寺石窟水害的治理重点应当是裂隙渗水病害。

三、潜溪寺渗水病害的勘察

为查明潜溪寺石窟裂隙渗水的渗流途径、水源影响区域，相继开展了潜溪寺石窟区域详细地质勘察、开挖探槽、模拟人工降雨试验、地质雷达勘察以及建立水文地质模型分析等勘察分析工作。

地质构造勘察：

潜溪寺北侧发育一条断层 F2，南侧发育一条延伸较长的 J1 构造裂隙，两条构造迹线分布在潜溪寺左右两侧，形成相对独立的构造单元。

潜溪寺石窟岩体发育裂隙面有四组：（1）层面裂隙倾向为 340°～10°，倾角为 20°～30°，延伸规模较大；（2）构造裂隙可按走向分为 2 组，以 NWW 向一组为主，另一组走向为 NE 向，倾角 50°～近直立。构造裂隙间距较大，且大多裂隙面平直，具张剪性。在潜溪寺石窟窟顶南侧冲沟区域，构造裂隙发育密集。（3）卸荷裂隙倾向为 60°～80°，倾角为 50°～近直立。通过水平钻孔勘查发现，潜溪寺崖壁岩体 0～15 米范围之内有 7 条卸荷裂隙发育。在靠近崖壁面的 2 米范围内卸荷裂隙分布较密集，共 3 条，间距 0.4～0.8 米；2～10 米范围内分布 3 条，间距 1.8～2.5 米；10～15 米范围内分布 1 条，间距 4.1 米。卸荷裂隙连通性好，贯穿地表，隙宽较大，裂隙面曲折不平。

潜溪寺石窟裂隙渗水主要受层面裂隙和卸荷裂隙组成渗流结构控制。开挖的地质探槽表明，2 组构造裂隙面陡峭，结构紧密，不能直接为潜溪寺裂隙渗水提供水源。其渗流模型参见图片 3-1。

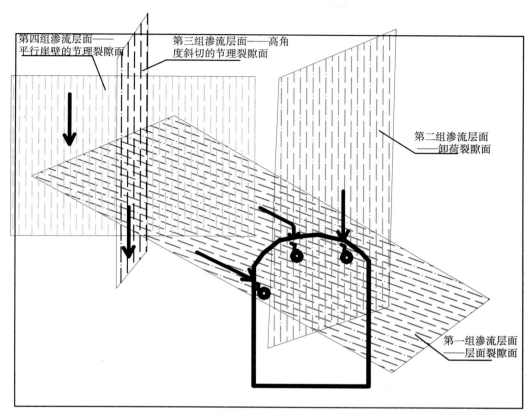

第四组渗流层面——平行崖壁的节理裂隙面

第三组渗流层面——高角度斜切的节理裂隙面

第二组渗流层面——卸荷裂隙面

第一组渗流层面——层面裂隙面

图 3-1　潜溪寺局部地质、地形特征

地貌特征——潜溪寺北侧沿 F2 断层发育比较大的冲沟，南侧沿 J1 构造裂隙发育小型 V 型冲沟，潜溪寺上方坡体凸起，形成相对独立的地貌单元。因而，潜溪寺石窟地表径流的排泄及岩体内部的裂隙渗流为一相对独立的地貌单元（图 3-2）。

潜溪寺上部坡体、南侧坡体区域及窟外崖壁等组成石窟的水源区域，受水面积大，渗水来源多，渗水途径长短共存，所以石窟裂隙渗水既表现为渗水反应快，又表现为延续一段时间。

人工模拟降雨试验：

为查明窟顶各个区域降雨对潜溪寺石窟裂隙渗水的影响，将窟顶划分为 3 个区域进行人工模拟降雨试验：南侧坡体小型石窟区域、窟顶坡体防渗层区域、南侧冲沟及冲沟南部区域。

人工模拟降雨试验检验成果。南侧坡体小型石窟区域，坡体陡峭，降雨时雨水能够及时排泄，不会形成积水，而且此区域的微裂隙经过封堵后，渗水量小，对潜溪寺石窟裂隙渗水影响较小。窟顶坡体防渗层区域，1991 年铺设的防渗层结构稳定，虽然部分区域起鼓，防渗层胶结物流失，防渗水的效果降低，但由于坡度较大，坡面光滑，降雨时渗水量很小，也不能形成积水，防渗层下为基岩，所以影响不大，在进行降雨试验时也未发现潜溪寺石窟裂隙渗水。但在南侧冲沟及冲沟南部区域（图 3-2 照片圆圈处）进行人工降雨试验时，时间滞后 1 天后，潜溪寺石窟所有的裂隙都出现渗水现象。

另外在南侧冲沟进行帷幕灌浆钻孔的注水试验时，有两个区段钻孔注水时，潜溪寺石窟产生裂隙渗水现象。

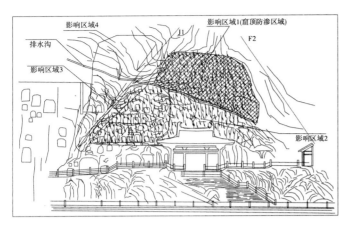

图 3-2　潜溪寺局部地质、地形特征

人工模拟降雨试验表明：南侧冲沟及冲沟南部区域基岩裸露，发育的覆盖层具有短时间储存的作用，水进入构造裂隙、卸荷裂隙、风化裂隙、层理裂隙面渗流网络，为石窟裂隙层理裂隙渗水来源之一，是影响潜溪寺石窟裂隙渗水的主要区域。

根据以上分析，提出潜溪寺石窟区域为一个相对独立水文地质模型理论，这为潜溪寺石窟水害治理提供了理论支持。

由此，根据文物保护的特殊需要——研究的对象更加微观、深入、具体，普通地质学的理论不能满足文物保护的要求，应该建立一个新的学科——文物精细地质学。

四、潜溪寺渗水病害的治理

4.1　水害治理的设计思想

（1）从解决裂隙渗水水源为目的，探索长久、有效治水的措施和方法。

（2）裂隙渗水的水源为大气降水后在表层岩体形成的临时性上层滞水。解决表层岩体上层滞水水源的措施有两个：措施1——地表铺设防渗排水设施，及时排泄掉大气降水，防止地表临时性积水或地表水下渗上层滞水形成的水源；措施2——由渗流途径解决水源。或截断渗流途径，防止水沿渗流通道渗流到石窟；或将渗流通道的渗水引流泄掉，达到治水的目的。

龙门石窟山体险峻，植被稀疏，而且存活的植被十分珍贵，有利于石窟环境的改善。大面积的铺设防渗排水层、开设排水沟对石窟植被、环境干扰、破坏太大，而且由于水源的受水面积较大，也很难达到有效解决水源的目的。从渗流途径上解决水源是潜溪寺石窟水害治理最有效的方向。

（3）潜溪寺石窟裂隙渗水病害治理的实施计划，分为两个阶段：首先采取开凿截水沟和帷幕灌浆相结合的措施，疏导、截断渗流途径中的水流，从而达到解决水源的目的；第二步措施是根据第一步实施后效果，如果没有达到目的，仍然渗水，对石窟渗水裂隙进行灌浆、封堵，作为最终防线防止裂隙水在窟内出露产生渗水病害。

此项目作为国际合作项目，在关键问题上不回避，进行攻关、探索，做一些对龙门石窟更具深刻影响的研究，虽然具有一定的风险和挑战，但更有意义。

针对潜溪寺石窟的渗水状况、历史治水的经验教训和水文地质条件，以解决水源为目的的设计思想应该是正确和恰当。

4.2 水害治理的措施及分析

2008年5月初，潜溪寺石窟水害治理工程完成第一阶段的部分工作——帷幕灌浆工程。工程完成后经过一个雨季的检验，帷幕灌浆没有起到封堵、截断渗流途径的作用，石窟渗水病害仍然很严重。

根据后期开挖地质探槽探查分析和研究，帷幕灌浆浆孔柱为光滑的水泥柱，与钻孔相交切的裂隙没有走浆的现象，没有形成防水帷幕。其原因有两个方面：（1）帷幕灌浆技术不适合灰岩微裂隙结构灌浆封堵，设计指标不能满足帷幕的形成；（2）施工的程序或控制性技术指标不合格，没有达到设计要求。其中施工中为赶工期，白天、黑夜的加班、连续工作，不严格执行工程规范，对出现的问题异常情况不进行研究、补充、完善等，施工管理及程序存在的问题应该值得深思。

但这并不能否定设计思想的合理性。本着对文化遗产保护负责的态度和科学精神，在总结帷幕灌浆的教训基础上，应该深入研究，科学合理的实施其他措施。

下一步重要的工作计划，严格按设计方案实施截水沟截流导水措施。对于由层理裂隙面、构造裂隙面、岩溶构成的复杂渗流途径，如果不能找到、截断渗流通道，治水工程的效果很难保障。开凿截水沟是最简单、最有效的治理措施。

由于潜溪寺石窟岩体地层倾向为340°～10°，倾角为20°～30°，即缓缓倾向山体，也不存在向山体外倾向裂隙面，石窟岩体是稳定的。开凿的排水沟垂直山体崖壁走向，规模小，对石窟岩体稳定没有影响，而且开凿的排水沟进行砾石填充覆盖或铺设盖板等特殊处理，维持原有地貌形态，不干扰、破坏景观，不改变原有地表排水状态，防止产生次生水害。

实施截水沟措施前，首先重点对异常部位、特殊部位开挖地质探槽进行详细勘察，详细查明异常部位岩体的构造特征、渗流的具体途径及与石窟渗水的关系，并进行渗水试验观察，为截水沟的实施提供技术支持。

截水沟措施实施后观察治水效果，根据治水效果，在决断石窟裂隙封堵措施的实施。

五、潜溪寺治水工程的一些认识

1. 潜溪寺石窟裂隙渗水病害治理工程的设计是在科学分析、广泛征求意见、深入研究，慎重认真思考，而且涉及石窟岩体稳定等方面进行了科学分析基础上提出的。潜溪寺治水设计思想是探讨从水源治理上解决水害的治理技术、措施，提出了将潜溪寺作为一个相对独立的水文地质单元进行治理的设计理念，分两个步骤实施，即首先探索治理水源，最终防线是窟内裂隙封堵，设计思想是正确的，技术路线合理。

2. 石窟水害治理是一项难度很大工程，在我国石窟水害治理过程中有许多成功和教训，勇敢面对，科学探索攻关文物保护面临的难点、关键技术问题，不回避矛盾，面对风险不退却，对文物保护是一项有意义的工作，它需要一种科学、负责任的精神，更需要科学的态度。

水害治理工作是循序渐进，逐步探索、逐步治理特殊保护工程，在遵守文物保护准则，遵守科学的前提下，需要科学的过程。

潜溪寺石窟很关键的设计思想是对发现问题科学分析评估基础上，分步实施，而且在实施工程需要不断的完善、修正。首先探索对环境干扰小，水利工程成熟的帷幕灌浆技术。这步措施的风险是渗水病害的水流很小，只是滴水或沿渗水裂隙形成的面流潮湿，而作为水利工程帷幕灌浆效果，这种现象是水利工程治水的理想效果。所以作为文物保护工程借鉴其他领域的技术需要更加深入的探索、试验。

3. 潜溪寺石窟治水工程现在只实施了第一步，还没有按设计完成。作为探索科研攻关的保护工程，刚刚出师不利就求全责备，对实施者既是压力，也是动力，但更需要的是科学的态度，支持，帮助。坚持项目建立的专家咨询工作模式，在总结历史经验教训的基础上，尊重科学，严格程序和规范，修改完善下一步的治理措施。

4. 作为文物保护工程采用建筑工程设计与施工脱离，教条工程招标的模式，是不适用于文物修复保护工程。文物保护工程特殊点—传统技术与工艺、隐蔽性工程、随时出现的不可预见的情况、随时必须修正的设计、在施工过程、细节需要表现的文物特色等需要设计指导贯彻整个实施过程。而施工单位按图施工，设计人员无法全程介入，不单是龙门石窟，许多工程都显现其管理严重的弊端。

5. 此项目管理模式和过程都存在一定问题，造成施工程序不符合要求。工程项目与业主脱离，管理单位与施工单位脱离，施工单位与设计单位脱离，监理单位不专业无法监督施工单位的程序、技术规范，保护工程为旅游让路或为旅游时间不顾技术程序白天晚上连续施工，根据资金确定工程量而不是根据保护工程需要确定资金等，都是未来文物保护工作需要规范的问题。

6. 作为国际合作项目目标不能太大，而且在启动初期应该明确目标，围绕目标开展必要、合理的调查、试验、勘察、研究等工作。本项目在龙门石窟选择了水害治理、附着物的清洗、风化岩石加固三个保护工作的目标。实际上这三个目标是石窟保护的三大难题，三个攻关的关键技术问题，通过此项目在这三个方面都取得突破是很不现实的，而且在项目实施过程中，采取的部分调查、勘察、试验等工作针对性不明确。比如对潜溪寺石窟渗水的勘察工作远远不能满足治水工程的需要。虽然对潜溪寺石窟构造条件、水文地质条件等有基本的模型分析，但具体的结构特征、具体的渗流途径并没有勘察清晰，还需要在实施工程过程中深入勘察、研究，但配合工程深入研究的计划、资金等并没有保障。

作为国际合作项目的目的并不是实施某项工程，更重要的是保护理念的学习、技术与方法的学习、技术程序、规范的培养及保护工程的示范指导作用。

A Study on a Weathered Stone Buddha Statue
at Longmen Grottoes

Tsuda Yutaka （Geolest CO. Ltd. ）

Introduction

As parts of the UNESCO/Japanese Funds-in-Trust Project on the Conservation and Restoration of the Longmen Grottoes, the current state of the site has been detailedly recorded and the enviromental mesurements have been undertaken at the site as the first step. On the basis of these results, a variety of conservation works are currently in progress.

The conservation project needs to consist of three parts: the pre-treatment environemnatal measurements, conservation treatments and post-treatment monitoring. As for the conservation treatments, treated parts should be reversible and discernible and should be recorded for the future conservation.

This report will discuss the deterioration factors causing damage to hands of the stone Buddha statue enshrined in the temple of Qianxisi. The information on the deterioration factors was mainly obtained from local researchers and short-term observation by the author. This report will give the basic directions for the future full-scale quantitative environmental measurements on the statue.

1. The Damage on the Hands of the Qianxisi Buddha Statue

The hands of the Qianxisi Buddha statue are thickened by the deterioration as shown in Figures 1 and 2. According to the local researchers, water often drops from the hands and hands are damaged by slaking. The author also observed that the hands became thickened and porous by gypsumization. The water traces are also observed by the author on the lower parts of the hands.

The temple and Buddha statue are hollowed out in a limestone hill. But there is no fissure in the body of the Buddha statue which leads water to the hands from the bedrock. In addition, given that the limestone is not pervious, it is unlikely that the groundwater penetrates the limestone Buddha statue. Actually the water table is much lower than the temple as shown in Figure 3.

Although the rainwater sometimes penetrates into the temple from a fissure in the ceiling, the amount of the water is limited. It is highly unlikely that the rainwater penetrated from the ceiling cause damage to the hands.

2. The Origin of Water Causing Damage to the Hands of the Buddha Statue

The short-tem observation by the author revealed that the water, which damages the hands, is probably due to the internal condensation.

The environmental measurements in the Longmen Grottoes have already revealed that the temperature in the limestone bedrock is stable and around 20℃ over the year. However, they also revealed that the surface of the bedrock is more affected by the outside air temperature and shows fluctuation of the temperature to a degree. Therefore it is likely that the hands of the Buddha statue are also affected by the air temperature fluctuation, which probably causes the internal condensation.

The heat conductivity of the limestone is 1.82 W/m · h · ℃ and higher than that of the concrete (1.60 W/m · h · ℃). This relatively high heat conductivity of the limestone also promotes the internal condensation in the limestone hands. The limestone is not permeable. The internal condensation usually yields large amount of water and they are pooled inside. Therefore the water continuously drops from the deteriorated hands.

In the hands of the Buddha Statue, the water vapor probably passes through gypsumized parts and builds up condensation on the surface of the original limestone part. The low heat conductivity of the gypsum (0.60) suggests that the water vapor rarely builds up on the surface of the gypsumized part.

3. Expected Mechanism of the Deterioration

The Longmen Grottoes are hollowed out in a vertical limestone cliff, which was deeply eroded by Yihe River. It is widely known that the limestone is composed of remains of marine organisms such as shells and corals. In Longmen, the limestone bedrock was uplifted and folded by the crustal movement.

The limestone bedrock is typically layered and has developed joints inside. The joints are also seen on the Buddha statues in the Longmen Grottoes. Longmen Grottoes were selectively hollowed out in unfissured areas of the cliff.

The release of the stress by digging temples and statues probably triggered the deterioration. Several types of deterioration are usually in progress simultaneously in temples and statues.

Although the topography and rocks become more stable by deterioration, the deterioration is harmful to artifacts. To reveal the mechanism of the deterioration is required in order to determine the proper conservation approach.

1. Type 1: Micro-cracks caused by the release of the stress by digging temples and statues: Micro-cracks usually occur in protruding parts such as hands and faces of statues as a result of the release of the stress. The micro-cracks are so minute that the air and water can not pass through them.

2. Type 2: Minute cracks in parts which are potentially weakened by the development of joints: The minute cracks usually occur in parts which were already weakened by the folding. The minute crack can hold a minute amount of water by capillary action.

3. Type 3: Cracks in the boundaries between the layers: Type 3 cracks usually occur in the boundaries between the layers, which were potentially weakened by the folding. The water and air can pass through the cracks.

4. Type 4: Faulting in the bedrock: Faulting occurs due to the different quality and different depositional age between the layers.

5. Type 5: Erosion by the rainwater and groundwater: The weakened parts of the bedrock are eroded and hollowed out by the rainwater and groundwater.

The deteriorations of types 1, 2 and 3 are in progress simultaneously in the temples and statues whereas the deteriorations of types 4 and 5 are not serious problems because the temples were intentionally hollowed out in unfaulted areas of the cliff above the water table.

Type 1 micro-cracks are so minute that they are not visible with the naked eye. Even the water and air cannot pass through them. However, the water vapor can pass through them. Once the molecules of the water vapor go in the limited space in the micro-crack, the molecules meet the reactants and reacts immediately.

The water vapor can pass through the micro-cracks due to the small size of the molecules. The water vapor consists of H_2O. But the air cannot pass through the micro-cracks because the air contain limited amount of H_2 and the minimum molecule in the air is O_2. The liquid water also cannot pass through the micro cracks because the liquid water has a surface tension. The fog cannot pass because the fog is liquid water contained in the air and cannot move without the air. The water vapor moves in the air from the high water vapor pressured area to low water vapor pressured area. Even the water vapor can exist without the air.

The limestone consists almost entirely of calcite ($CaCO_3$). In the micro cracks, the water vapor decomposes the calcite into CO_2 and slack lime, $Ca(OH)$. This process enlarges the type 1 micro cracks to the type 2 minute cracks.

Type 2 minute cracks are still less than 1mm but can hold a minute amount of water inside by capillary action.

The ground water in the Longmen Grottoes is hot spring water and contains sulfide ion (SO_4^{-2} ion). The water with sulfide ion causes the gymsumization of the limestone. The calcite, $CaCO_3$ and slack lime, $Ca(OH)^2$ of the limestone react with the water including sulfide ion, and become gypsum, $CaSO_4$. During this gypsumization, the limestone enlarges and becomes porous.

The water vapor passes through the gypsumized part and builds up condensation on the surface of the original limestone part. The dew condensation water is pooled in the gypsumized part. Because the dew condensation water is distilled water, it can be easily ionized. The ionized water is highly reactable with the limestone.

The type 3 cracks are large cracks occurred in the weakened boundaries between the layers of the limestone bedrock. The rainwater, groundwater and the dew condensation water run through these cracks. Because the water contains a number of impure substances, the substances would be deposited on floors and walls of temples when the water penetrates into the temples from the cracks. The substances would be deposited with dusts so that the floors and walls become dust-colored. Mural paintings in the caves are often damaged and covered by these substances.

As explained above, the deterioration of the hands of the Buddha Statue was first triggered by the release of the stress as a result of digging the cave and statue. Currently the deterioration of types 2 is mainly in progress in the hands of the statue.

4. Recommended Conservation Method

For the conservation of the Buddha Statue, filling the cracks is recommended. But filling the micro-cracks is practically impossible. Currently the Buddha Statue is reinforced with resins. If the vapor cannot pass through the resins, the reinforced parts with resins would be flaked. But in the Longmen Grottoes, liquid glass resins such as Wacker OH, Paraloid B72, NADIO and Colcoat SS101 have been used for the conservation. Given that the water vapor can pass through these resins, the reinforcements with the liquid glass resins can be said to be effective. The local researchers know the effectiveness of the liquid glass resins through experience.

The water vapor can pass through the cement type resins. Therefore the cement type resins are also effective. But acrylic resins cannot be recommended because the water vapor cannot pass through them. The use of acrylic resins for the reinforcement would cause the flaking in a short term.

In addition, the reinforcement needs to be undertaken considering the ultra-violet because the exposure to the ultra-violet would deteriorate the resin in five years. The exposure over 10 years would utterly disable the resins.

The refitting of the flakes using metal objects such as iron and stainless would also cause the internal condensation and promote the deterioration. The use of air permeable rocks such as sandstone is also not recommended.

The fluctuation in the air temperature causes the internal condensation. The internal condensation can occur even in an independent standing stone monument. The deterioration of the Buddha Statue is mainly due to the internal condensation and ultraviolet.

Currently we have no decisive approach against the deterioration. The monitoring on the treated parts and environmental measurements are necessary in order to determine the future conservation approach.

5. Monitoring and Environmental Measurements

Monitoring using photos and video cameras along with environmental measurements can effectively clarify the deterioration factors. The UNESCO/Japanese Funds-in-Trust Project has already revealed many aspects of the deterioration factors although the obtained information is still limited.

The short observation by the author and information obtained from local researchers revealed that the inner condensation is one of the main factors causing damage to hands of the Buddha Statue. The full-scale quantitative environmental measurements on the statue are desired to be undertaken in the near future.

References

Yamada, M., *The Internal Condensation in the Architecture: the Causes and Countermeasures* (in Japanese), Inoue Shoten.

July, W. and Horton, R., *The Soil Physics: the Basics and Applications of the Water, Heat, Gas and Chemical Substances in the Soil* (in Japanese), Tsukiji Shokan.

Takushoku, H. (ed.), *The Environments and Chemistry: Introduction to Green Chemistry* (in Japanese), Tokyo Kagaku Dojin.

Takeuchi, S., *The Chemistry and Absorption: A Key Technology in the Interface Control* (in Japanese), Sangyo Tosho.

The Riddles of the Weather and Climate (in Japanese), Shinsei Shuppansha.

Yamazaki, S., *The Microorganism* (in Japanese), Nihon Kikaku Kyokai.

龍門における石仏の風化に対する考察

津田　豊（プロジェクト専門家・株式会社ジオレスト）

はじめに

　ユネスコ日本信託基金による「龍門石窟保存事業」では、遺跡を詳細に記録し、また環境の計測を行って、その結果から対策を考え、実際の保存作業を実施しました。文化財の保存においては、環境計測とそのデータの分析を行って、文化財の劣化原因の予測をし、それに対応できる対策を実施して、その効果を計測する、この事の積み重ねが重要です。

　そして保存作業の実施に際しては、「可逆性」を重視する事と、修復した部分の判別が可能で、将来の修復時に過去の修復がどのような効果を発揮していたのか確認できるように、しっかりとした記録を残すことが必要です。

　本報告では、潜渓寺石仏の手の部分が劣化脱落した原因についての予測を述べたいと思います。この予測は、現場での短期の環境計測で得た結果と龍門石窟関係者からの聞き取り調査によって行いました。将来の修復対策を得る為の定量的な観測方針を示すことを、ここでの目標としています。

1. 潜渓寺石仏の手部分の現状

　潜渓寺の石仏の現状は、手が腫れたような状況で損傷しています。手の状況が不自然なのは、写真でもわかります。聴込みによると、手の部分から水が滴り落ちて、表面が少しずつ落下しているとの報告を受けています。手の周辺をみると石膏化が進んで膨潤して多孔質になっており、下部に水の落下した跡が確認できる状況でしたので、話と一致する事を確認しました。

　この石仏は石灰岩の山に石窟を掘り、その内部に磨崖仏を彫ったもので、表面上には水を石仏の手の先まで運搬するような亀裂は見当たりません。また、石仏自体は石灰岩であるので地下水が浸透する状況ではなく、背面の石灰岩体の水圧は、図3のように石窟面より下に位置する事が確認されています。

　この石窟では降雨時に天井の亀裂から雨水が流下するが、滞留して石仏の手に水を供給するほどの状況ではありません。

図1

図2

2. 石仏の手から発生する水の供給元

　この石仏の手から水が長年にわたり、水がしたたり落ちる原因を考えました。その結果、水の供給元は結露で、内部結露と呼ばれるものと見ると矛盾がないことに気付きました。

　龍門の石灰岩は、環境観測の結果によると、深部では温度が20度前後になりますが、石の表面は気温の変化に応じて変化する事を確認しています。石仏の手はさらに石の本体から離れているので、最も気温の変化を受ける状況にあります。

　ここでの石灰岩の熱伝導率1.82（W/m・h・℃）は、コンクリートが1.60であるのに比べて大きく、この熱伝導率の大きいことも結露が発生する原因の一つとなります。いっぽう、石灰岩自体はコンクリートのような透水性はないので、亀裂の中だけを水が通る状況です。結露した水がしたたり落ちる量は、通常の結露でも十分に確保できますが、内部結露により貯留帯（常時水が存在している場所）が（内部に）できますので、流出の連続性が維持できます。

　なお、ここで言う内部結露とは、石灰岩などに発生した亀裂などの内部で、石膏化して風化した部分を水蒸気が通過し、心材である石灰岩の面で結露する条件を言います。ちなみに、石膏の熱伝導率は0.60であるので、石灰岩と比較しても浙江表面での結露の可能性は少ないことがわかります。

3. 風化のメカニズムの予想

　龍門の石窟群は、伊川に浸食された石灰岩の崖面に分布する。周知の通り、石灰岩は海底で堆積した珊瑚や貝の遺骸からなっており、地盤の隆起により湾曲傾斜して地表に出現します。

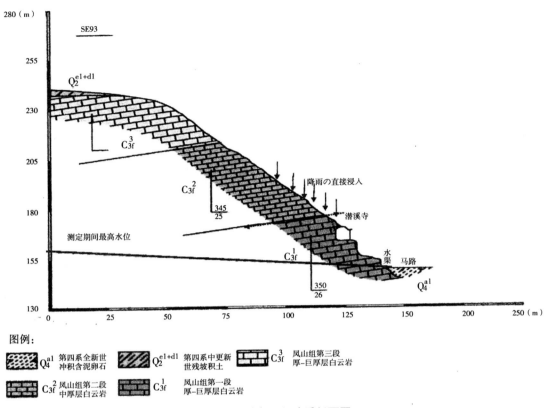

図例:

Q₄ᵃ¹ 第四系全新世冲积含泥卵石　　Q₂ᵉ¹⁺ᵈ¹ 第四系中更新世残坡积土　　C₃f³ 凤山组第三段厚-巨厚层白云岩

C₃f² 凤山组第二段中厚层白云岩　　C₃f¹ 凤山组第一段厚-巨厚层白云岩

図3　潜溪寺工程地质剖面図

　　石灰岩は堆積岩であるので走理や節理があり、それによって発生する亀裂は石の場所を選んで彫ったはずの龍門の磨崖仏でさえ像の表面に見られます。

　　磨崖仏の宿命として、彫りあがった時点から、岩盤が応力を開放されているので、劣化の方向に進む事になる。

　　石質の劣化の進行は、数種の状態が平行しています。

　　岩石の劣化や崩壊は、地形や岩石が危険な状態から安定に向かおうとする動きなのですが、それは一時的には破損や崩落という現象ですから、人間から見た場合は不都合な状況であり、このような状態に進むことを「風化」と定義しています。

　　したがって、この風化のメカニズムを解明しないと、むやみに保存処理をしても、石の性質に対しては逆効果になってしまう可能性があります。

　　①段階1：岩盤の応力開放と微細亀裂：岩体から彫り出した磨崖仏の中で、仏像の手や顔などの突出した部分で、応力開放により微細な亀裂を発生します。この亀裂は初期に水や空気を通さない程度のミクロの幅で発生します。

　　②段階2：潜在的な節理等の亀裂：岩体が褶曲した時に発生したごく狭い亀裂、水が毛細管現象で保水される程度の亀裂の状態です。

　　③段階3：潜在的な走理等の亀裂：岩体が堆積した面で、褶曲時に密度の変化している部分で亀裂

が発達したものです。水や空気が流れる状況にあります。

　④段階４：岩体に発生する断層：岩石の堆積年代や岩質の違い等により亀裂が発生するなどしたものです。

　⑤段階５：地下水や雨水などの浸食：岩体の弱線を浸食して空洞が発生します。

　磨崖仏が作られるときは、当然④⑤の亀裂条件は避けています。すなわち劣化としては①～③の段階が同時に進行する状況となります。

　段階１は、目に見えない微細な亀裂で、空気や水が入り込めないミクロの亀裂面内です。

　空気が入り込めなくても、水蒸気が入り込めます。マイクロ化学の反応状況になりますので、分子の動き回る空間が極めて小さいので、反応する物質が出会う確立が高くなり、反応速度が速くなります。

　蛇足ですが、空気の入り込めない空間に水蒸気が入る事が出来るのは、分子の大きさにあります。水蒸気はH_2Oですが、空気はO_2が最小でH_2はほとんど存在しません、水となるとクラスターを組み表面張力が発生しますので（空気の入り込めないような空間には）存在できません。また、霧はすでに水ですので、空気と一緒に移動しますが、水蒸気は空気中を水蒸気圧の高い所から低い所に移動します。また、水蒸気は空気がなくても存在できます。

　石灰岩は方解石（カルサイト）$CaCO_3$が主体ですので、ここに水蒸気が入るとCO_2と$Ca(OH)_2$に変化する可能性が大きくなります。二酸化炭素は亀裂内では結合出来ないので、消石灰化する石灰岩とともに亀裂を拡大します。この拡大によって段階２に順次移行する事になります。

　段階２は、空気も水も入る1mm以下の亀裂で、水の毛管水作用が発揮される状況です。

　龍門では地下水が温泉水でSO_4^{-2}イオンが確認されており、これが石灰岩の石膏化の要素となります。$CaCO_3$や$Ca(OH)_2$は、水中にSO_4^{-2}イオンが存在すると$CaSO_4$石膏化します。この時に石灰岩は膨潤して多孔質となります。

　石膏や消石灰の部分は、水蒸気が通りますので通過して、熱伝導率のより高い石灰岩の表面で結露します。この石膏中で石灰岩に面した部分に結露水を貯留する状態を内部結露と言います。

　結露水は蒸留水なので、多くの物質を溶解してイオン化しますので、化学反応がしやすい状況になります。石灰岩内部から変化を発生します。

　段階３は、本来石灰岩に存在した部分ですが、段階２の亀裂からの水や雨水および地下水が流下する範囲です。これらは、水の中に多くの物質をすでに溶解しており、石窟内に流出した時点で遺構の表面に沈着物を形成します。この沈着時に埃を巻き込みますので、埃の色に染まった形となります。遺構の表面に彩色があった場合に、その上部に沈着します。

　したがって、石仏の手の風化脱落は、応力の開放と応力負担が発生するので、段階１の条件が進行して、段階２の条件となった状態で起きました。

4. 保存修復の方法

　保存修復作業は、これらの微細な亀裂埋めて接着する事となります。現実には段階１の亀裂は作業不可能で、石膏化した部分も含めて樹脂で強化しているのが現状です。この場合には水蒸気の問題を処理できないと、強化をした石材の下の部分で玉ねぎの皮状に石が剥がれる危険があります。しかし、遺跡保存ではワッカOHやパラロイドB72・NADIO・コルコートSS101 等の水ガラス系の樹脂材が多用されており、これらは硬化するとき水蒸気を通過させる孔を発生させますので、経験的に有効であるとの認識があるようです。

　セメント系は水ガラス系樹脂と同様ですが、アクリル系等の樹脂は水蒸気を通しませんので、かなり短期間で危険な状況となります。また、紫外線にあたる部分では、樹脂材は5 年程度で劣化し10 年を経過すると機能しませんので、処理方法に十分注意しないと逆効果になります。

　さらに脱落した部分を、鉄やステンレス等の金属で接合した場合には、水蒸気が内部結露を発生して劣化させるので注意が必要です。岩石でも粗粒な砂岩等の透気性のあるものは危険です。

　これらの結露現象は、気温の変化がある限り発生し、独立した石のモニュメントでも発生します。

　石の表面の風化等の大きな原因は、紫外線と結露により発生すると言っても過言ではありません。

　したがって、現在は決定的な風化防止対策や抑止対策がない状況ですので、対処療法と日ごろのメンテナンスの効果がどの程度あったのかを、丹念に記録し、その具体的な状態を環境計測で確認する事、これが今後の保存計画を立案する上で重要と考えます。

5. 計測記録

　これらの風化現象の原因究明には、病害調査記録や写真やビデオが有効です。これらの方法を応用し、時間軸を揃えて環境計測と一緒に状況を把握する事が重要と考えます。龍門プロジェクトでは、発生した現象の検討が可能な必要最小限の資料が得られたので、多くの事が解明できました。その一つが結露で、かなり多くの現象に対して影響がある事を確認しました。今後は結露を定量的に捉える計測方法の開発が望まれます。

参考文献

1）建築の結露 その原因と対策 山田雅士 井上書院 1985 年1 月25 日1 刷発行・205 年10 月10 日4 刷発行

2）土壌物理学 土中の水・熱・ガス・化学物質移動の基礎と応用 ウイリアム・ジュリー＋ロバートホートン著 築地書館 2006 年3 月

3）環境と化学 グレーンケミストリー入門 柘植秀樹他 東京化学同人 2002 年4 月1 日1 刷・2004 年7 月1 日3 冊

4）吸着の化学 表面・界面制御のキーテクノロジー 竹内節 産業図書 1995 年5 月30 日初版・2003 年6 月20 日第5 刷

5）気象・天気のしくみ 新生出版社 2007 年

6）微生物のおはなし 山崎眞司 日本規格協会 1996 年3 月15 日第1 版1 刷・2002 年4 月第5 刷

龙门石窟渗水病害形成机制及治理对策

严绍军　方　云（中国地质大学）

李随森　陈建平　杨刚亮（龙门石窟研究院）

韩玉玲　王献本（洛阳市文物管理局）

1500 多年以来，龙门石窟除遭受人为破坏外，在自然营力作用下，产生了严重的环境地质病害。在各种病害中，渗水对三个石窟的影响尤为突出。因此，渗水病害的防治是龙门石窟保护修复工程的基础和前提。本文对龙门石窟的渗水机理及渗水对石窟的影响进行分析，并探讨治理方案。

1. 水文地质条件概述

1.1　地层概况

石窟区主要分布的地层为寒武系中上统（$\in_{2+3}$）的白云岩和灰岩。伊河下切形成陡峻的基岩崖壁，龙门石窟的窟群就雕凿在碳酸盐岩体之中。陡崖顶部覆盖着第四纪堆积层。

下表给出主要地层的渗透性。

表1　石窟区岩土体渗透指标表

编号	地层岩性	渗透系数（厘米/秒）	渗透性分级	试验方法
1	Q_3^{el+dl}含碎石粉质粘土	$2.59 \times 10^{-2} \sim 2.9 \times 10^{-3}$	强透水性	地表试坑渗水试验
2	Q_2^{el+dl}含碎石粉质粘土	1.3×10^{-3}	中等透水性	地表试坑渗水试验
3	Q_2^{el+dl}粉质粘土	$3.13 \times 10^{-5} \sim 6.37 \times 10^{-5}$	弱透水性	室内渗透试验
4	Q_3^{el+dl}粉质粘土	$1.16 \times 10^{-4} \sim 7.67 \times 10^{-5}$	弱透水性	室内渗透试验
5	$\in_{2zx}^3$灰岩	1.35×10^{-4}	中偏弱透水性	钻孔注水试验
6	$\in_{2zx}^2$灰岩	$1.44 \times 10^{-3} \sim 9.12 \times 10^{-5}$	中~弱透水性	钻孔注水试验
7	$\in_{2zx}^1$灰岩	$6.5 \times 10^{-3} \sim 2.08 \times 10^{-4}$	强~中等透水性	钻孔注水试验
8	$\in_{2x}^2$灰岩	$8.28 \times 10^{-3} \sim 1.67 \times 10^{-6}$	中~弱透水性	钻孔注水试验

1.2　主要渗水通道

根据钻孔和泉水调查可知，区内地下水的稳定最高水位低于石窟及雕刻艺术品，其波动对石窟没有影响。造成石窟渗水病害的是雨季赋存于包气带中的暂时性渗水。暂时性渗水的主要运移通道如下：

层面裂隙：产状 340~350°∠24°~26°。多为贯通性结构面，是岩体中近水平方向的主要渗透通道。

层面裂隙张开度较好，这为降水入渗地下创造了有利条件。层面中充填工程性质、水稳性质远弱于周围岩体的软弱成分，如泥质、铁锰质等成分，在渗水过程中容易溶解并形成良好的渗水通道。

卸荷裂隙：产状与立壁面近平行，为张性裂隙，结构面粗糙，张开度大，是岩体中近垂直方向的主要渗透通道。卸荷裂隙与石窟内壁相交时，形成主要的洞窟渗透点。

溶洞：石窟区内的灰岩、白云岩中发育有三层水平溶洞，其分布高程分别为：149～152米，170～175米和190～210米。形成时期分别为全新世、上更新世、中更新世。目前伊河以上的岩体中，溶蚀以垂直溶蚀为主。雨水沿构造裂隙和层面裂隙下渗，溶蚀加宽已有的溶洞、溶沟、溶槽等，破坏洞窟和雕刻艺术品。同时形成沉淀物，覆盖窟壁及雕刻品。

在上述三种渗水通道中，从数量上来说，以层面裂隙为主，在空间上为三种通道的有规律叠加。层面裂隙分布较密集，产状与崖壁斜交。卸荷裂隙的数量有限，产状与立壁面近平行。而岩溶通道主要在上述两种通道的基础上形成，空间上为线状分布。三种通道相互切割连通，形成三维的渗流网络，促进了包气带中水体的汇聚与流通。

1.3　石窟渗水的形成

由于龙门石窟一般位于地下稳定水位以上，可以认为石窟内壁渗水都为暂时性渗水，从渗水的时间和量上可以分为两大类：涌水及间歇性滴水。前者主要分布于张开度较大的卸荷裂隙附近，后者主要沿层面裂隙分布。

龙门石窟临伊河的基岩崖壁大部裸露，直接接受降水入渗，渗流途径短，同各石窟联系紧密。岩体表面的水体主要通过层面裂隙渗入岩体，通过卸荷裂隙和岩溶通道汇集，在石窟内渗出。通过该途径产生的渗水持续时间相对较短。

在山顶大部为第四纪堆积物覆盖。山顶大部分覆盖物厚度不大，且具中、强渗透性，加上山体缓倾，植被发育，利于水体的滞留。滞留水体垂直下渗进入岩体，其中大部分下渗补给地下水，以泉的形式向伊河排出。少部分通过卸荷裂隙及岩溶通道汇集在石窟内渗出。这种途径的渗水具有滞后性且持续时间相对较长。

2.　渗水对龙门石窟破坏分析

龙门石窟建成1500多年以来，除遭受人为破坏，如盗窃、战争、烟熏等外，在自然营力作用下，产生了严重的渗水病害。渗水在各种破坏作用中具有反复、持续的性质。

可以将渗水的破坏作用分为下列三种：力学作用、化学作用、生物作用。

2.1　力学作用

当石窟开凿之后，由于大的卸荷裂隙交切，在洞窟壁形成了排泄口。当雨季到来时，形成连续性涌水。个别石窟，如潜溪寺，开凿时就形成了连续性水流。这种连续性水流从力学上来看具有动力冲刷作用，造成石窟表层风化层脱离、流失，这种现象在潜溪寺比较明显。

另外一种力学作用是渗水在含水裂隙中形成垂直于裂隙面的静水压力。雕刻品突出于洞窟的四壁，同样存在卸荷作用与卸荷裂隙。当渗水在这种裂隙充填时，会形成静水压力，不利于石刻的稳定。

2.2　化学作用

由于石窟位于灰岩、白云岩内，从岩溶这一角度看，渗水在岩体内运动时主要表现为溶蚀作用。渗水流出岩体之后，由于物理化学条件的改变，则表现为堆积作用。溶蚀作用使洞窟岩体中形成大小不同的溶孔、溶隙或溶槽，造成立壁的空架结构，破坏岩体和雕刻品的完整性。碳酸钙淀积物堆积覆盖在洞窟雕刻品表面，使石窟艺术丧失价值。

由于在岩体内的层面中充填有较多的铁锰质，当渗水通过时，这些铁锰质溶于水中，并带至石窟表面，并在空气中发生各种化学反应，形成铁红、褐黄、黄褐各种颜色，严重污染文物。

渗水还加速了物理风化和化学风化的速度。物理风化是指岩体受温差作用和干湿变化的影响，在岩体表面产生大量的风化裂隙，使表层变得疏松，造成石雕呈薄片状或粉末状剥落，渗水病害加剧了石刻岩体的物理风化作用。化学风化主要是指水溶液在与石雕中的矿物进行化学反应的过程中，使石雕的结构构造遭到破坏，成分受到改造，并产生一些在地表条件下稳定的新矿物。

2.3　生物作用

石窟内部的潮湿环境，极适宜于苔藓等生长。从三个试验洞窟可以看出，苔藓生长对石窟表层具有一定的生物破坏作用，并在石窟表面形成粗糙的灰绿色或灰黑色的附着物。

上述作用中，三个试验洞窟都有表现，其中以化学作用最为明显。

3. 渗水病害治理方案

对龙门石窟渗水的治理，主要有两种方法："封堵"和"疏排"。

3.1　封堵

"封堵"又可分为封堵来源和封堵出口。

封堵来源主要是杜绝地表水体向岩体内的渗透。重点要做好地表出露张开度较大的卸荷裂隙和层面裂隙的封堵。在具有天然第四纪覆盖层区域，可以考虑采用地表防渗铺盖方法减少地表水体入渗。在采用该方法时，首先应调查清楚第四纪覆盖层的性质及厚度分布。通过模型试验及现场测试确定土层厚度、渗透性及地表水体穿过第四系覆盖层进入岩体的渗透量。处理材料应选用环保型材料。

对于临伊河的裸露岩体部分治理的关键在于对主要部位层面裂隙及卸荷裂隙的封堵。可以考虑垂直于层面沿层面走向进行线状表层注浆，阻止水体下渗（图1）。注浆孔主要布置于

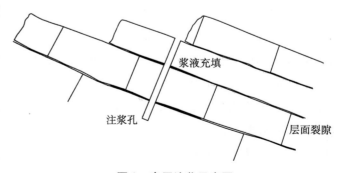

图1　表层注浆示意图

地势低洼积水处，如冲沟等处。注浆材料、压力、注浆孔布置也必须通过类似场地的实验研究确定。对于卸荷裂隙可以沿裂隙进行防渗注浆。

另一种封堵的方法是封堵出口，主要在洞窟内部对可见的裂隙，特别是渗水裂隙进行灌浆、封堵。90年代初期曾采用环氧树脂和岩屑的混合物对各洞窟围岩中的渗水裂隙进行过注浆处理，取得了一定的效果，一些洞窟已经基本不漏。但是，最近的调查发现，在三个实验洞窟的注浆裂隙中注浆体与原岩之间发生了张裂，形成新的渗水。注浆材料的有效使用期限、注浆季节和施工工艺都是值得探讨的问题。

3.2　疏排

"疏排"也可以分为岩体外部疏排和岩体内部疏排。

岩体外部疏排应根据不同部位采用不同方法。对于大部分山体，在不影响景观的前提下，可以考虑采用导水明渠和防渗硬化地面等措施将降水迅速疏导出去，减少积水时间。对于不能修建导水明渠的部位，如石窟分布区，可以结合地形，巧妙的设置导水暗道将局部积水区的积水导出石窟分布区，降低水体的下渗量。

岩体内部疏排措施就是布置泄水孔。在对石窟内渗水壁裂隙进行封堵时，应该在合适的部位留出渗水通道（如在卸荷裂隙窟底部位）。不应盲目采取见渗水点就堵的方法。

在龙门石窟中，卸荷裂隙起着渗水主通道的作用，将卸荷裂隙中的水体导出便可大大减少石窟内的渗水量。基于这一思路，可以考虑打向上倾斜的钻孔，横穿卸荷裂隙，将大部水体直接导出岩体，进行岩体内部疏排。由于岩壁上分布着大量石刻，这种钻孔的布设可以根据现状，进行巧妙的布置。如游览栈道的下面且无石刻的部位，这样一方面不影响观赏，另一方面不破坏文物。这种钻孔的布设必须在查明卸荷裂隙的发育情况后，根据对石窟内渗水裂隙的渗水量长期观测之后才能进行专门的设计。

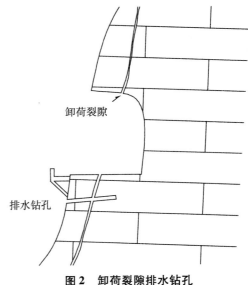

图2　卸荷裂隙排水钻孔

4.　结　论

在龙门石窟众多的洞窟中，渗水是主要矛盾。目前凡是渗水严重的窟，破坏速度就相对较快。这种渗水主要通过层面裂隙、卸荷裂隙及岩溶通道汇集下渗。部分水体在石窟内壁渗出，对石窟形成了力学破坏、化学破坏及生物破坏等作用。

龙门石窟的渗水治理必须将"封堵"和"疏排"两种措施结合起来，在未将窟内渗水量降低之前不宜采取内部堵死的办法。宜先采取外部封堵、外部疏导和内部疏导等措施，待渗水量明显降低之后再采取内部封堵的办法彻底解决问题。同时应该结合各洞窟具体情况具体分析，抓住矛盾的主要方面，系统的治理。

在治理的过程中必须进行严格的监测，以确保文物的安全，并验证处理的效果。

参考文献

1. 方云等，《河南洛阳龙门石窟溶蚀病害机理研究》，《现代地质》Vol. 17 No4，2003
2. 方云等，《国家重点文物安丙家族墓地遗址区环境地质病害研究》，《现代地质》Vol. 16 No2，2002
3. 方云等，《随洞排水法治理大足石刻渗水病害》，《现代地质》Vol. 15 No3，2001
4. 《大足北山石刻区渗水病害成因分析及防治对策》，《文物保护与环境地质》，中国地质大学出版社，1992

龙门石窟环境监测数据分析研究

马朝龙　陈建平　杨刚亮　李建厚（龙门石窟研究院）

Abstract：The main analysis study the collected variousdatas by the Longmen Grottoes environmental monitoring system，such temperature，humidity，wind，water etc. have summed up a few environmental factors change and the effect law to the cultural relic，and analyse the degree of different factor effect to the carvings. Based on the research have suggested that some protect ways to conserve and restore the leaking and weathering，have hoped that providing the data basis to conservation and restoration，give some ideas of how to improve the monitoring system and the further monitoring work.

第一章　前　言

龙门石窟位于中国历史文化名城——洛阳城南13公里处的伊河两岸的陡立崖壁上，地理坐标为东经112°28′，北纬34°33′。龙门石窟区地貌上处于伏牛山、嵩山山前地带，属构造剥蚀低山丘陵地貌，龙门山和伊河河谷是区内的主要地貌单元，龙门山又分东山和西山，东山最高海拔为303米，西山最高海拔为263米。石窟集中分布于伊河两岸的峭壁上，是古代佛教艺术的代表性石窟，也是公元5世纪末至8世纪中叶世界石窟艺术中最为辉煌壮美的绚丽篇章。龙门石窟开凿于北魏孝文帝迁都洛阳（公元493年）前后，历经东魏、齐、北周、隋、唐和北宋诸朝，前后达400余年。现存大小窟龛2300多个，佛像10万余尊，碑刻题记2800余块，石刻佛塔70余座。丰富多彩的龙门石窟艺术，为研究中国的佛教历史和古代雕刻艺术提供了重要的实物资料。1961年龙门石窟被国务院公布为第一批全国重点文物保护单位，2000年被列入《世界遗产名录》。

长期以来龙门石窟的保护工作在受到国家政府重视的同时也得到国际社会的广泛关注。2001年，中国政府、日本政府、联合国教科文组织选定在龙门石窟实施"联合国教科文组织龙门石窟保护修复工程"，共同合作进行龙门石窟的保护修复研究项目，并于2002年开始实施。"联合国教科文组织龙门石窟保护修复工程"项目选定龙门石窟西山三个洞窟潜溪寺、路洞、皇甫公窟作为实验洞窟，旨在对三个实验洞窟进行保护修复研究，将取得的成功经验推广到龙门石窟的众多石窟的治理中去。工程分两个阶段进行，第一阶段（2002年1月~2005年2月）主要是区域环境基础资料的收集和相关的技术试验工作；第二阶段（2005年3月~2008年12月）主要是对在第一阶段各种数据资料和试验工作的基础上研究制定科学方案，针对选择的三个实验洞窟的典型病害进行综合性治理，为龙门石窟的全面治理提供样板。

为了全面掌握龙门石窟的区域环境状况以及环境与石窟病害之间的关系，为龙门石窟病害治理提供科学依据。2003年，作为保护工程第一阶段的一项重要工作建立了龙门石窟环境监测系统，共设置仪器站点12处，监测项目达26项，分布于龙门西山区域及实验洞窟内外部，对龙门石窟区域气象环境、大气环境、洞窟内外环境、河水、泉水、地下水位、渗漏水等相关影响因素等开展了24小时自动化连续监测，建立了相对完善的龙门石窟环境与病害监测体系，使龙门石窟环境与病害的科学监测上了一个新台阶。

第二章　龙门石窟环境监测系统介绍

联合国教科文组织龙门石窟保护修复工程选定的三个实验洞窟潜溪寺、路洞、皇甫公窟分别位于龙门石窟西山北段和南段，洞窟的病害种类基本上包含了龙门石窟主要病害，具有很强的代表性。经过项目专家组充分考察后，选定了监测系统的监测项目，建立的监测系统在对石窟区域环境进行监测的同时，对三个洞窟的内部环境和病害等也开展了全面监测，系统于2003年4月开始安装实施运行，随着项目的进行，根据专家组的意见增加了部分项目，同时还利用红外照相机等设备不定期对雕刻表面温度等进行测定。图1为实验洞窟位置和气象站的分布图。

图1　实验洞窟及气象站场点等分布图

龙门石窟监测系统由石窟区域环境监测和洞窟内环境病害监测两部分组成，区域环境监测开展了包括大气温度、湿度、风向、风速、光强度、降雨量、土壤含水率、露天岩石温度、河水温度、泉水温度、地下水水位、水温、大气污染物等项目；洞窟内部环境和病害监测项目包括有洞窟内气温、湿度、岩石壁面温度、漏水量、漏水面积、岩体内部温度等。

监测系统计数指标说明

监测内容	单位	采样频次	仪器供电方式	数据备注
大气温度	℃	次/小时	太阳能	每 60 分钟的瞬时值
大气湿度	%	次/小时	太阳能	每 60 分钟的瞬时值
洞窟温度	℃	次/小时	直流电源	每 60 分钟的瞬时值
洞窟湿度	%	次/小时	直流电源	每 60 分钟的瞬时值
岩石温度	℃	次/小时	太阳能	每 60 分钟的瞬时值
水平孔内温度	℃	次/10 分钟	直流电源	每 10 分钟的瞬时值
风向	deg	次/小时	太阳能	每 60 分钟的瞬时值
风速	米/秒	次/小时	太阳能	每 60 分钟间的最大值
光强	千瓦/平方米	次/小时	太阳能	每 60 分钟的瞬时值
降水量	毫米/小时	次/小时	太阳能	每 60 分钟量的总合
土壤含水率	立方米/立方米	次/小时	太阳能	每 60 分钟的瞬时值
地下水位	米	次/30 分钟	直流电源	每 30 分钟的瞬时值
SO_2	ppb	次/10 分钟	交流电源	每 10 分钟的瞬时值
NOx	ppb	次/分钟	交流电源	每 10 分钟的瞬时值
渗漏水照片	张	次/10 分钟	交流电源	每 10 分钟拍摄一张照片

图 2 牡丹园内的气象观测点

第三章　环境监测数据的收集与分析研究

一、监测数据的归类整理

1. 监测数据的说明

气象站和洞窟内的观测仪器设置完成于 2003 年 4 月初，所以分析采用的数据时间区间 2003 年 4 月 ~ 2007 年 4 月，其中重点对 2003 年 4 月开始至 2004 年 3 月的数据进行了较为全面的分析，水平钻孔内的仪器设置于 2004 年 7 月，所以数据时段也为这个时间开始，项目过程中为了对照垂直钻孔水位与河水水位之间的关系，从 2004 年 7 月开始增加了观察河水水位的工作。因为监测设备前期工作状态良好，采集的数据完整率高，中后期由于探头损坏、仪器故障等原因，部分数据不完全，所以在分析数据时前期数据采用的较多，但对后期数据也进行了分析和整理，作为补充使用。

2. 监测系统资料的分类

监测系统的所有资料根据监测的目的来说主要分两大类，第一类为环境观测资料，主要包括大气环境、区域环境、洞窟小环境、水环境等的各项数据资料，具体指大气污染物、大气温湿度、洞窟温湿度、风向、风速、降水量、光强度、土壤含水率、地下水位、地下水温度、泉水温度等同环境因素密切相关的各项数据。第二类为病害监测资料，主要包括同洞窟的渗漏水、风化、生物病变、凝结水等因素关系密切的各项资料，在监测数据外还包括照片等大量图片资料，项目主要包括岩石壁面温度、洞窟渗漏水量、渗漏水变化照片、岩石水平孔内温度、雕刻红外线照片等。两类别资料的区分只是根据监测目的不同大致进行了分类，两类资料相互之间的联系密切，所以在处理和对比中，可以互相参照，尽可能分析各个数据间的规律性和关联性。

3. 环境监测数据的整理及对比分析

监测系统建立以来已经累积收集 200 多万个各类数据，观测数码照片 10 多万张，如何将这些种类繁多的数据归类整理是分析的第一步，因为 EXCEL 统计及制作图表使用简便，所以在数据整理中主要利用 EXCEL 软件进行数据的整理，同时根据数据情况还用了 KGraph 制作了部分图表。各项数据进行处理前，首先要将专用数据采集软件收集后的数据转化为 EXCEL 格式，然后利用 EXCEL 软件来制作数据变化曲线图，同时进行数据统计，便于我们的分析研究。洞窟渗漏水的数码观测照片全部转化为电脑中存贮，然后进行筛选，选出雨后渗漏水开始到结束一个渗漏周期的照片，归类后按照洞窟的不同分类按照时间整理存放供分析使用。

二、数据资料的分析研究

1. 大气温、湿度对石窟的影响分析

通过对温湿度数据的分析研究，一年间的平均气温为 15.48℃，夏季 7 月最热，月平均气温为 25.69℃，最高气温 38.09℃，出现于 2003 年 7 月 27 日 14 时，冬季 1 月最冷，平均气温 1.89℃，最低气温 -7.36℃，出现于 2004 年 1 月 25 日 8 时。一年中 6、7、8 三个月温度最高，1、12 月温度最低，7、8、

9 三个月湿度要高于其他月份，1、2 月湿度值要低于其他月份；通过观察一天之内的温度变化曲线，一般情况下每天温度的最低值出现在早上 6 时~7 时，最高值出现在下午 2 时~3 时，与之对应的相对湿度值正好相反，温度最低时湿度最高，温度最高时湿度最低。

通过对三个实验洞窟潜溪寺、路洞、皇甫公窟洞窟内温湿度和外界西山温湿度进行比较，洞窟内温度变化幅度要小于洞窟外的温度变化幅度，一般来说夏季最高温度低于外界最高温度，最低温度高于外界最低温度。冬季则相反，但整体温度变化趋势基本是一致的，洞窟温度最高值及最低值的时间晚于外界大约 1 个小时。但是随着季节不同，窟内外温度的变化有明显区别，如在夏季，洞窟温度明显低于洞窟外温度，冬季洞窟温度整体高于外界温度。洞窟内湿度一般随外界湿度的变化而变化，也有同温度变化类似的规律，变化幅度小于外界的幅度，但是在降雨过后的渗漏过程中洞窟内渗水的存在加大了洞窟湿度，造成洞窟湿度短时间内整体高于外界湿度，这在潜溪寺表现明显。

三个洞窟中平均温度为路洞最高，潜溪寺最低，平均湿度潜溪寺最高，皇甫公窟最低。这些应同洞窟的基本状况相关，因为路洞和皇甫公窟因为洞窟规模较小，进深浅，洞窟敞开度大，所以受外界温湿度变化影响大；潜溪寺洞外有木质窟檐，洞口敞开度小，不利于空气流通，因而窟内湿度最大，受外界影响较其他两个洞窟要小一些。

2. 河水、泉水对石窟的影响分析

穿过龙门石窟的伊河发源于熊耳山南麓的栾川县，流经嵩县、伊川，穿伊阙而入洛阳，东北至偃师注入洛水，全长 368 公里，流域面积 6100 多平方公里。其龙门石窟段水面 70 多万平方米，最宽处 300 余米，最深处接近 3 米，河水温度变化受外界温度影响明显，四季温度变化分明，变化趋势基本一致，但是河水温度变化幅度小于外界大气温度变化，河水温度最低为 0.88℃，接近 0℃，伊河冬季河面一般不结冰。

龙门东西两山有十余处泉水出露，是龙门石窟的亮丽风景，为古老的石窟艺术增色不少。这些泉水都具有流量和水温相对稳定的特点，其中观测点老龙窝泉水水温一年四季维持 22℃以上，25℃以下的温度，平均水温 23.5℃，远远高于 13.79℃的泉水面平均气温，所以冬季经常可以看到泉水蒸发时升起的白气。龙门石窟区域泉水分布较多，泉水四季恒温，流量稳定，出露高程低于主要洞窟底部，一般认为泉水对洞窟保存无不良影响。但是近期一些专家提出了洞窟部分裂隙水、壁面冷凝水的形成与温泉水蒸气移动、渗流有关的观点，认为泉水对洞窟的渗流有一定关系。根据对洞窟渗漏和冷凝现象的长期观察，我们认为泉水同洞窟渗漏关系很小，但在今后还要对该课题进行深入研究。

近年来受到天气及周边矿山开采、企事业单位用水等因素的影响，龙门石窟区的泉水断流现象明显，今后还要加强对景区内环境资源的保护，保持龙门的青山秀水。

3. 洞窟内外岩石温度变化对石窟影响分析

通过对三个洞窟壁面岩石温度同洞窟外岩石温度对比可以看到，洞窟内外岩石温度变化周期基本一致，洞窟外温度变化幅度大于洞窟内温度变化幅度。三个洞窟相比，路洞壁面温度变化同窟外岩石变化最为接近，其次为皇甫公窟，潜溪寺壁面温度变化幅度小且较慢，如 2003 年 7 月 27 日 15 点时，西山岩石表面温度达到最高值 49.2℃，路洞为 33.34℃，皇甫公窟为 30.72℃，潜溪寺为 27.2℃。2004 年 1 月 25 日 8 时，西山岩石表面温度最低值为 −2.9℃，路洞为 3.2℃，皇甫公窟为 3.7℃，潜溪寺为 6.6℃。西山岩石表面极端温差为 52.1℃，路洞为 30.14℃，皇甫公窟为 27.02℃，潜溪寺为 20.6℃。通过数据分析可以看到，潜溪寺夏季温度整体要低于外界和其他两个洞窟，冬季则明显高于外界和两个洞窟。总之，三个实验洞窟中潜溪寺壁面温度受外界影响最小。

通过温度数字变化可以看到，水平孔内的温度变化随着孔深的增长变化幅度逐步减小，距孔口 36、61、91 厘米的探头监测的岩石温度已经基本一致。所以温度变化对岩石表面至 21cm 以内深度的范围影响较大，越接近表层温度变化幅度越大，影响越明显。

在 2004 年 6 月 21 日，气温最高为 38℃，利用红外照相机记录到下午 3 时东山擂鼓台院内向阳壁面雕刻最高温度达 65.6℃，西山露天石刻表面温度值在 40℃ 以上，东山向阳面岩石表壳表面温度在 50℃ 以上，其中擂鼓台中洞外力士表面最高温度达 56.5℃，而冬季最低温度可以达到 −5.7 度。2005 年还在擂鼓台院内测到 69.8 度的壁面高温，同一地点的冬季红外照片显示壁面温度为 −2.9 度，温差达 72.7 度（图 3）。

冬季壁面温度最低 −2.9 度　　　　　　　　　夏季壁面温度最高 69.8 度

图 3　擂鼓台南洞外壁面冬夏红外线照片对比

所以露天的雕刻受外界温度变化影响明显，大的温差变化在岩石表面产生的温差应力大于岩石的抗压强度，造成石窟立壁岩体表面质地疏松，呈片状剥落，根据观察风化层厚度不超过 20 厘米，这同上面水平孔的观察数据是一致的。

阳光直射下，岩石温度升高过程中，表层温度的升高较快，引起体积增大，密度减小，而低层岩石温度相对恒定，造成上下间的膨胀差异，长期温差的应力变化使得暴露在外的雕刻风化现象明显比有洞窟内部严重，石窟中潮湿地方的风化现象也较干燥地方严重。所以为了防止雕刻的风化要注意降低雕刻表面的温差变化，采用窟檐、雨篷等措施可以有效遮挡阳光直射来和雨水的冲蚀，是有效的保护措施，在龙门石窟也取得了很好的保护效果，但是对整体外观有一定影响。另外洞窟的敞开度大小同洞窟温湿度变化等的关系还要在实践中注意土壤含水率的同降雨及渗漏间关系。

土壤含水率主要测定山体表面土层中水分所占的比例。降雨较为集中的 6、7 月，可以看到土壤含水率明显高于降雨量少的冬季1、2月份。一个降雨过程中，随着降雨的进行含水率明显上升，降雨停止后开始逐步降低，达到一定值后开始保持稳定，在随着下一个降雨过程开始变化。其中在2003年7月16日长时间持续降雨且雨量较大时，含水率达到最大值0.3788立方米/立方米，接近饱和。通过对每次降雨前后的土壤含水率观察发现，一场2个小时20mm左右的降雨，可使土壤含水率在1个小时内迅速由0.04立方米/立方米的干燥状态升高到0.2立方米/立方米以上。随着降雨的结束，土壤内水分通过蒸发和渗流等途径的流失，土壤含水率逐渐下降，根据雨量的不同约需2~7天时间含水率恢复到0.1立方米/立方米以下，完全恢复到干燥状态则需要10~15天的时间。

龙门西山土层以碎块石粉质黏土为主，土层为强、中等透水性土层，具有良好的渗透性。龙门山山体表面覆盖大量土层，同时植被茂盛，植物根系发达，十分有利于大气降水的保存和入渗。所以土壤内的含水随着山体的节理和裂隙向下渗漏，同时一部分水进入洞窟，这些渗漏水的水源充分而且渗流途径较长，是龙门石窟洞窟暂时性渗漏和长期渗漏的主要水源，对洞窟造成了很大危害。

土壤含水率的变化规律简单总结为：土壤中水分含量对降雨相当敏感，含水率随着降雨急剧上升，但是降低速度缓慢；另外还发现土壤含水率一个现象，白天日照下土壤含水率有一定程度增加，夜晚则降低，具体原因还待深入研究。光对文物影响的光化学反应十分复杂，开展如何降低光对文物的影响的研究也是必要的。

4. 地下水位变化规律

四个钻孔水位变化趋势基本一致，同涨同落，水位变化规律接近，基本不受降雨的直接影响。钻孔内水温长期稳定在23度左右，同泉水水温接近，同时钻孔内水位高程高于该区域的泉水出露高程，这应该是龙门石窟西山窟区泉水水温和流量稳定的原因。

钻孔水温、水位统计

孔号	水温最大值℃	水温最小值℃	水温平均值℃	水位最高值米	水位最低值米	水位平均值米
1号孔	23.17	23.12	23.14	152.211	149.804	150.993
2号孔	23.01	22.97	22.991	155.218	152.502	153.912
3号孔	23.85	23.57	23.75	153.75	151.33	152.63

根据对垂直钻孔水位数据的观察，降雨后垂直钻孔内水位没有明显的变化，平时观测的钻孔水位变化都在1米的范围内波动。2003年9月初的洪水到来时，可以看到钻孔内水位在短时间内升高2米以上，达到观测仪器设置以来的最高水位值。根据过去的研究结果，河水水位对洞窟的影响很小，所以以前我们只是对河水进行了简单观察，没有做过河水水位的详细记录。通过地下水位同降雨量的对比，发现地下水位变化随雨量变化较小，同预期有很大差别，所以增加河水水位的观测，将其同地下水位比较发现，地下水位高程变化直接受到河水水位影响。如前所提，2003年8月底一场暴雨造成9月2日河水上涨，河水水位最高151.40米，观测到钻孔内地下水位也相应达到最高值，如一号钻孔水位达到152.2米。

为了能同钻孔水位进行深入对比，在2004年7月开始了河水水位的详细记录，每天记录河水的水位变化。将7~9月的钻孔内水位数据图同河水的数据图比较可以看到，两者的变化趋势的一致性。我们可以初步得出结论：河水水位的变动是影响钻孔内水位变化的重要因素。

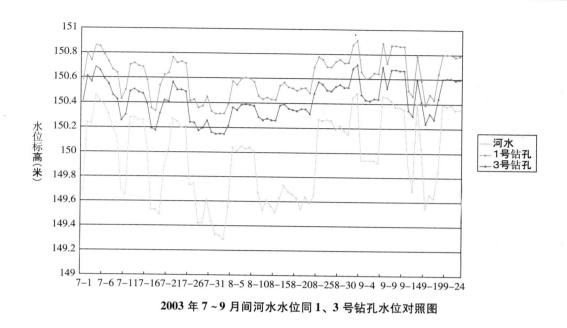

2003 年 7 ~ 9 月间河水水位同 1、3 号钻孔水位对照图

第四章　结论与建议

龙门石窟构建了较为完整的环境监测系统，有的方法和手段在石窟类文物上的监测还属创新，如渗漏水的 24 小时多手段监测和红外线照相等。系统建立以来取得很好的检测效果，收集了大量数据、照片等资料。

通过对监测系统收集的各项数据资料的研究和分析，解读数据资料所表达的信息后可以初步得出如下结论：

1. 龙门石窟区域大气环境治理后得到很大改善，石窟保存环境状况良好。

2. 温湿度在一年中的变化较大，温差变化是露天文物表层风化的主要因素之一，而湿度对洞窟内部雕刻风化关系较大。

3. 石窟西山区域的降水主要集中在夏季，洞窟的渗漏水同降雨直接相关，山体土壤含水率也随降雨而迅速增高，但降低缓慢，土壤含水率变化同洞窟的渗漏水也有一定关系。

4. 龙门石窟区域的泉水流量稳定，温度常年在 22 ~ 25 度之间，地下水位变化同降雨关系不密切，受河水水位影响明显。河水、泉水、地下水等对龙门石窟的影响较小，但要注意防范洪水的危害。

5. 渗漏水病害同风化等其他病害密切相关，所以渗漏水的治理是保护工作的重中之重。在洞窟的渗漏水治理中，要根据不同区段、不同洞窟的渗漏水特点应制定不同的渗漏水方案，保障取得好的治理效果。

6. 根据对温湿度、降雨以及游客数量等因素的综合分析，认为每年的 10 月下旬 ~ 11 月底是龙门石窟保护修复的合适季节。

7. 石窟渗漏水灌浆材料、防风化材料的研究要注意材料的耐久性，防风化材料要具有耐高温、不变色特点。

龙门石窟的保护工作还要在循序渐进基础上逐步深入开展，通过对各项时间资料的分析解读，我们认为一下三点需要在龙门石窟今后的保护治理工作充分考虑。

1. 防治洞窟渗漏水是龙门石窟病害治理的基础

龙门石窟的渗漏水病害伴随着洞窟的开凿就开始产生，渗漏水病害在对洞窟和雕刻造成溶蚀、溶解、沉积、变色等直接危害的同时，还造成苔藓等生物在雕刻表面的生长和繁殖，分泌的有机酸等物质破坏雕刻表面。再雕刻表面的风化过程中，无论是化学风化还是物理风化水的都离不开水的作用，渗漏水可以加大洞窟内部的湿度，对雕刻表面的风化可以起到促进作用。湿度的增大还有利于雕刻表面冷凝水的生成，加速冷凝现象对雕刻表面文物的破坏。伴随渗漏水而在雕刻表面形成的石灰岩凝浆，覆盖了文物本体，极大地降低了文物的艺术价值。露天雕刻而言，水的破坏作用更大，降雨直接冲刷文物表面，淋蚀文物。酸雨可以对雕刻表面造成严重腐蚀，雕刻逐渐变的模糊不清，丧失艺术价值。雕刻表面的水分冬季低温下结冰后体积增大9%，对雕刻表面形成冰劈作用，造成岩石龟裂，长期作用加速雕刻的破坏。对石刻危害严重的盐类病害中盐分的结晶析出和溶解作用也要在水的作用下才可以完成。

因而龙门石窟的雕刻防风化、防生物病害、表层覆盖物去除、雕刻脱盐等保护工作的展开都要以防水工作为基础，由于防水害治理的艰巨性，所以今后很长一段时期内都将是龙门石窟治理的重点工作。

2. 保护工程施工的工期选择

龙门石窟的渗漏水治理和防风化材料施工中大量使用树脂类化学物质，所以工期应该充分考虑到雨水的影响，避开雨季6、7、8、9月四个降水较为集中的月份。同时还要考虑避开高温和低温时期，所以冬季和夏季均不适合施工，所以1、2、12月温度较低的时期也不宜施工。另外考虑到龙门石窟3、4、5、10月份游客数量较多，施工时间应避开游客高峰期，根据数据等各项的综合分析10月中下旬～11月份是龙门石窟施工最合适的时间段。

3. 保护材料和施工工艺的选择

在对实验洞窟进行防渗漏时较大渗水裂隙进行灌浆的过程中，使用的灌浆材料在具备黏结强度和流动性的同时还要有一定的伸缩性，在对裂隙内部的凝浆和泥土等物质也要有黏结功能，才能保障防渗漏的长期效果。

洞窟内部较小的裂缝，可以考虑使用环氧树脂胶泥、硅橡胶等进行勾缝加固处理。更微小的裂隙，可以从硅胶类、环氧类、聚氨酯类、丙烯类树脂等中间进行筛选，选出的材料应该具有一定的强度和伸缩性，同时不易老化和变色，外观要同文物外观相协调。

洞窟外部因为暴露于空气中，阳光直射，所以在对外部的壁面进行裂隙封堵和基质强化时所用的材料要对岩石的热胀冷缩有很好的适应性，材料的膨胀系数要同岩石接近，因为岩体表层温度可能达到70度高温，所以材料还要对高温具有很好的耐久性，同时在阳光照射下不易老化和变色。

联合国教科文组织龙门石窟保护修复工程中建立的龙门石窟的环境监测系统建立后已经能够比较全面的收集各类环境数据，可以让我们更为准确的了解和掌握石窟文物所处环境的变化状况，为教科文组织龙门石窟保护修复工程第二阶段的保护修复工作提供了很好的基础资料。该系统目前已经工作五个年度，但是各项观测和监测工作还应当长期坚持，在现有基础上收集更长时间和周期的资料。同时在坚持观测的同时，结合目前数据的分析研究状况还存在一些需要添加监测的内容，所以为更加全面了解洞窟的各种影响因素和为洞窟治理提供翔实信息，在以前监测基础上应考虑增加以下观测内容和项目：

1. 由于目前监测项目主要针对龙门石窟西山和三个实验洞窟而展开，监测范围应在原有基础上增加龙门东山区域气象站和两山其他一些主要洞窟的内部环境观测。

2. 为了更准确掌握河水水位同垂直钻孔的水位以及泉水流量间的关系，应在现有监测基础上增加泉水流量的观测项目，观测 3 者之间的相互关系和影响因素。

3. 山体土壤含水率目前只有西山 0.5 米一个深度的观测，应该增加不同深度土壤层含水率的观测探头，进一步观测降雨过程中和平是不同深度的土壤含水率变化过程，研究植被生长的情况下植物根系对土壤含水率的影响，确定土壤含水量及其变化同洞窟渗漏的关系。

4. 在目前潜溪寺冷凝水监测的基础上，增加洞窟冷凝水的观测点，观测和分析洞窟内冷凝水的成分、生成条件、生成量和评价对洞窟的影响程度，为制定防治方案服务。

5. 增加洞窟渗漏水的分析和监测。对不同洞窟内不同种类（滴漏、渗漏）、不同时期（初期、中期、末期）的渗漏水进行分析和监测，同雨水、泉水等进行成分比较，掌握渗漏规律和对石刻的影响。

6. 观测洞窟内部空气流动同外界温度、风向等变化因素的关系，增加不同深度、高度的壁面温度和窟内湿度监测点位和窟内空气流动方向传感器，研究空气流动对洞窟不同位置的温湿度等的影响。

7. 对龙门石窟大量保存的雕刻表面彩绘颜料的变色和脱落进行监测和研究，调查和分析龙门石窟的彩色颜料的保存状况，开展表面颜料的保护措施和方法研究。

对龙门石窟环境及其病害进行监测是石窟保护应该长期坚持的一项基础工作，它可以使我们了解石窟文物本体的保存状况和变化情况，以及与这些变化相关的环境因素；同时，监测也成为一种研究手段，是用来探究石窟文物之所以发生病害变化原因的重要方法。因此，除了对石窟及其环境进行基础的监测外，针对石窟特种病害采取技术监测，了解病害发生发展的因素，进而提出保护修复措施，是龙门石窟监测工作进一步开展的一个方向。

参考文献：

1. 中国地质大学（武汉）：《龙门石窟保护修复工程补充地质调查报告》，2005 年；

2. 刘刚：《使用 MS Excel 做石窟环境气象监测的数据处理》，《敦煌研究》，1997 年第 4 期；

3. 闫宏彬：《云冈石窟温湿度变化规律及对石窟保存的影响》，《云冈国际学术研讨会论文集》，2005 年；

4. 陈建平：《龙门石窟连花洞清除溶蚀物新获》，《中原文物》，2003 年第 2 期；

凝结水病害形成机理和现场试验研究

方 云　万 力（中国地质大学）

李随森　陈建平　杨刚亮（龙门石窟研究院）

韩玉玲　王献本（洛阳市文物管理局）

1. 引 言

在过去两年里，作者对龙门石窟的凝结水病害进行了详细的观察、记录与拍照，改进和完善了中国地质大学（北京）研制的凝结水采集仪[①]，并在龙门石窟潜溪寺进行了现场凝结水采集试验。本文是在现场和室内研究的基础上完成。

2. 凝结水病害观测

2.1 时空分布规律与凝聚状况

从时间分布上，龙门石窟的凝结水病害发生集中在 5～10 月，5 月以前不明显，潮湿闷热的 7、8 月比较突出，10 月以后基本不再出现。在干燥寒冷的冬春两季基本没有凝结水现象，而湿润的夏秋两季则水分凝结现象明显。而一天当中上午 8～11 点钟之间，壁面凝结水分布最为丰富。

在时空动态变化上，凝结水持续出现的时间随天气状况不等，一般在降雨前 5 个小时内达到高峰。

调查表明，龙门石窟凝结水主要出现在潜溪寺、宾阳三洞等大型洞窟之中，且凝结水在窟内的分布范围主要是在窟壁的下部和地面。其中以洞窟最里面的正壁底部最为严重。在雕像之间的岩壁上比凸出来的雕像身上凝结水更为严重。由前室→中室→后室，凝结水浸润程度依次变大。主尊两侧的深凹处凝结水聚集最丰富。这与洞窟内部的空气流通不畅和洞窟湿度较大有密切的关系。在石窟外露天的雕刻上没有发现凝结水的存在。

凝结水的分布范围距地表有一定的高度，在窟壁上因吸附凝结水而潮湿的岩石与干燥岩石的交界处形成一条明显的水线。水线是凝结水分布的边界。随着洞窟进深的增大，洞窟壁面的水线明显升高，洞窟尽头的水线高度最大。潜溪寺内水线的最大高度可达 6.5 米（图 1）。

凝结水在壁面的悬挂附着状态通常呈现水珠状散布状态（图 2），水珠直径最大可达豆粒大小（3～5 毫米）。凝结水形成时，在窟壁的下部挂满水珠，并附有一层水膜。在局部地方凝结水呈面状潮痕状态。

附着在壁面上的土尘，由于吸附凝结水而粘结呈块状。当凝结水继续凝结时，水珠颗粒的逐渐增大，直至在重力作用下呈线状朝下流动，形成挂流现象。

图1　潜溪寺凝结水情况　　　　　　　　　图2　附着在岩壁上的凝结水珠

3. 凝结水对石窟的危害

（1）在流动和蒸发过程中，凝结水与洞壁岩体相互作用，在洞壁上以结晶形式保留其运动的轨迹，使洞壁留下明显的不规则片状或条状白色沉淀痕迹，对石窟造成污染。

（2）凝结水富集的部位孳生微生物病害。宾阳中洞和南洞主尊两侧的下部小龛表面孳生的大量苔藓霉菌微生物，与该处凝结水的聚集有密切的关系。

（3）水分在窟壁的反复凝聚和蒸发，降低了洞窟岩体表层的强度，加剧了岩体风化。

4. 凝结水病害的影响因素

4.1　窟檐、通风对凝结水的影响

潜溪寺洞窟即使在湿度小于70%、温差变化不大的情况下，在洞窟深处、雕像表面的拐弯和背风处，仍然常见凝结水的存在。这是由于窟檐的修建使洞窟内部的气流流动速度缓慢，不利于蒸发过程的进行。

蒸发和凝结是互逆的过程，此过程的控制因子主要取决于外部条件的动态平衡体系。当洞窟开敞、通风良好的时候，蒸发作用强烈，水汽凝结速率小于蒸发速率，要形成凝结水就变得十分困难。相反，则蒸发过程微弱，凝结作用增强，造成大量凝结水附着于雕刻品上。

4.2　岩性、风化壳表层特征对凝结水的影响

调查中发现，龙门石窟南段泥质条带灰岩的层面裂隙发育，渗透性和吸水率相对较高，附着于洞壁的水分可以被岩体吸收，不易在壁面形成凝结水的形态，洞窟内部很少发现大量凝结水存在；而在中北

段质纯的白云岩、灰岩致密，渗透性和吸水率极低，石窟中的凝结水则比较常见。

4.3　凝结核的影响

调查中发现，壁面粗糙的地方附着的尘粒较多，成为水汽凝结的场所。可以观察到大量以尘粒为核心的凝结水珠悬挂在洞壁之上。洞窟内大气中包含的微尘颗粒物质，吸附水汽，在合适的温度条件下就会凝结形成水珠，附着悬挂于壁面上。

4.4　石窟区人工水面的影响

在龙门石窟北面伊河下游砌筑橡皮坝，使石窟区形成一个人工湖，改变了小气候环境，增大了石窟区的湿度，加剧了洞窟的凝结水病害。

5. 凝结水病害形成机理

洞窟内外的温差是形成凝结水的主控外因。通过对监测数据的分析比较，可以确定，在夏秋季节洞窟内岩石表面的温度与窟外气温之间的温差可达到10℃以上。窟内岩石表面的温度低于窟外气温，在窟壁形成低温区，从而造成过饱和的水汽在窟壁的表面产生凝结。冬春季节窟内外温差较小，即使湿度很大也不会产生凝结水[②]。

洞窟内空气中存在过饱和的水汽是凝结水形成的控制内因和必要条件。根据温湿度监测数据，在凝结水丰富的 7～9 月，潜溪寺洞窟湿度都在85%以上，有时甚至达到过饱和。

上述表明：过大的湿度是凝结水形成的内因，而洞窟内外的温差变化、通风状况等是凝结水形成的外因。

水汽由气态变为液态的过程称为凝结，在大气中，水汽压只要达到或超过饱和水汽压，水汽就会发生凝结。

但是在纯净的空气中，即使水汽过饱和达到相对湿度为300%～400%，也不会发生凝结。这是因为纯净的空气中没有大量的吸湿性微粒物质，即缺少能促使水汽凝结的凝结核[③]。空气中的水汽要凝结就必须有凝结核。龙门石窟中粗糙不平的岩壁及大气中的灰尘提供了水汽凝结所需要的凝结核。

当空气中水汽含量一定、气压一定时，只要空气温度冷却至空气饱和时的温度，水汽就开始凝结，这个温度称为露点温度[④]。因此可以根据岩壁温度是否低于露点温度来判定水汽是否凝结。而露点温度可以根据饱和水汽压公式计算。

从 1947 年起，世界气象组织就推荐使用 Goff – Grattch 的水汽压方程。该方程是多年来世界公认的最准确的公式。对于高于冰点的饱和水汽压（用于液 – 汽平衡）：

$$\lg e = 10.79586(1 - T_0/T) - 5.02808 \lg(T_0/T) + 1.50475 \times 10^{-4}[1 - 10^{-8.2969(T_0/T-1)}]$$

$$+ 0.42873 \times 10^{-3}[10^{4.76955(1-T_0/T)}] + 0.78614 \tag{1}$$

式中，e 为饱和水汽压，T_0 为水三项点温度 273.16 K，T 为窟内大气温度 K。

上述的 Goff – Grattch 饱和水汽压公式比较繁杂。实际工程实践中多采用简化的饱和水汽压公式进行计算：

对于高于冰点的饱和水汽压：

$$e = \left[1.0007 + P \times 3.46 \times 10^{-6}\right] \times 6.1121 \times \exp\left[\frac{17.502 \times t}{240.9 + t}\right] \tag{2}$$

式中：e 为饱和水汽压 mbar（1mbar = 100Pa）；P 为综合压力 mbar；t 为窟内温度℃。

凝结水的露点温度在冰点以上，则首先用式（2）来计算饱和水汽压，再根据饱和水汽压与相对湿度计算水汽分压：

$$e_w = e \times E \tag{3}$$

式中：e_w 为水汽分压 mbar；E 为相对湿度。

露点温度可以根据水汽分压值按下述简化公式进行计算[5]：

$$t_d = \frac{243.12\ln(e_w/611.12)}{17.62 - \ln(e_w/611.12)} \tag{4}$$

龙门石窟凝结水的露点温度可以根据第（4）式来计算。

6. 凝结水定量试验研究

6.1 凝结水量的测定装置

龙门石窟洞壁上的凝结水量是治理工程的重要设计参数，目前这方面的研究成果甚少。本项研究改进了中国地质大学（北京）曹文炳教授研制的凝结水采集仪，对龙门石窟的凝结水进行了定量采集试验研究。

图3为改造后的凝结水定量测试仪示意图。仪器原理是利用一个封闭的循环系统，通过系统内空气不断的循环作用，将岩壁上的凝结水吸入封闭系统中的干燥剂管内，干燥剂的增重即为试验区岩壁上的凝结水质量。

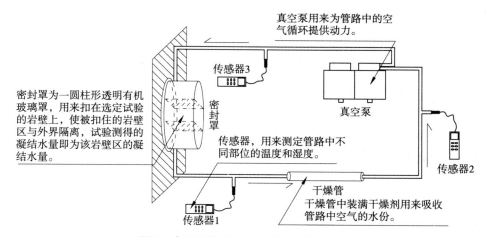

图3 龙门石窟凝结水定量测试仪示意图

6.2　试验成果分析

洞窟凝结水量测量结果见表1。

表1　2007年龙门石窟潜溪寺凝结水定量测量结果

时间段	凝结时间	凝结量 克/平方米	凝结速率 克/平方米·小时	平均凝结量 克/平方米	平均凝结速率 克/平方米·小时
上午	7/29 8：00～13：00	267.25	44.54	287.57	50.51
	8/06 8：00～13：00	232.93	46.59		
	8/26 8：00～14：00	362.52	60.42		
下午	8/08 13：00～19：00	371.22	61.87	244.80	40.8
	8/09 13：00～19：00	118.37	19.73		
夜晚	8/01 20：00～8/02 8：00	246.90	20.58	298.71	23.29
	8/06 19：00～8/07 8：00	242.53	18.66		
	8/07 19：00～8/08 8：00	292.03	22.46		
	8/21 19：00～8/22 8：00	340.11	26.16		
	8/24 20：00～8/25 8：00	371.96	28.61		

2007年7月18号～9月4号这段时间里，凝结水发生的频率相对2006年同期相比偏低，但凝结水的严重程度比2006年高。

7. 结　论

（1）根据凝结水定量采集试验的结果，潜溪寺单位面积的平均凝结速率为18.66～61.87克/平方米·小时，其量相当可观。根据凝结速率及观测的凝结水面积，算得2007年7月29日～8月28日，一个月的时间内潜溪寺凝结的水汽质量为345.369kg。

（2）24小时之内上午的凝结速率最大，为50.51克/平方米·小时；下午次之，为40.80克/平方米·小时；晚上凝结速率相对较小，仅有23.29克/平方米·小时。

（3）防治措施：在窟内安装空气除湿机，当产生凝结水时，开动空气除湿机。或者使窟内的空气充分流通，能有效的控制凝结水的凝结。

参考文献：

①曹文炳，万力，曾亦键，甘向明，蒋小伟等，《云冈石窟洞窟内凝结水形成机制与防治研究》，《2005年云冈国际学术研讨会论文集·保护卷》，2005年版。

②T. D. Drezner. An Analysis of Winter Temperature and Dew Point under the Canopy of a Common Sonoran Desert Nurse and the

Implications for Positive Plant Interactions［J］. Journal of Arid Environments 69（2007）554～568

③Daniel Beysens. Dew Nucleation and Growth［J］. C. R. Physique 7（2006）：1082～1100

④周淑贞，张如一，张超编，《气象学与气候学》，北京，高等教育出版社，2004 年 2 月版。

⑤盛裴轩，毛节泰，李建国等著，《大气物理学》，北京，北京大学出版社，2003 年 5 月版。

The Water Seepage Disease at Longmen Grottoes and the Solutions

Fang Yun　Wan Li（China University of Geosciences）

Li Suisen　Chen Jianping　Yang Gangliang（Luoyang Administration of Cultural Heritage）

HanYuling　Wang Xianben（Longmen Grottoes Academy）

Abstract　The hazard of condensation water to the Stone carvings is introduced in this paper, and the condensation water of the Longmen Grottoes has been observed and recorded in detail. The affecting factors and the forming mechanism of the damages associated with condensation water at Longmen Grottoes had been specially studied. The water capacity and rate of condensation had been measured by the special instrument made in the China University of Geosciences（in Beijing）. The distributive areas of the condensation water are recorded. Then the quantity of condensed water can be calculated according to the condensation rate and the condensation area. At last, the author proposed some measures for preventing the damages incunted by condensation water.

1. Preface

In the past two years, the damages caused by condensation water to the Longmen Grottoes have been observed, documented and photographed by various authors. The collection appliance of the condensation water[1] had been improved and perfected by authors, and the condensation water had been collected in the Qianxi Cave of the Longmen Grottoes by the special instrument. This paper was based on both field tests and laboratory research.

2. Observation on Hazard of Condensation Water

2.1　Distribution Law of Time and Space

Regarding the distribution of time, the hazard of condensation water of the Longmen Grottoes mainly occurred from May to October, especially in July and August when the weather was moistand muggy. It was not obvious before May. It couldn't be found after October hormally. In the cold and dry seasons of winter and spring, there almost had no condensation water. In the wet seasons of autumn and summer, the phenomenon of condensation was extremely obvious. Within a day, the condensation water on rock face was most abundant between 8：00am and 11：

00am.

Concerning the spatial and temporal change, the appearance of the condensation water was correlated to the weather situation. Normally, it reached the peak within 5 hours before the rainfall.

It states clearly by investigation that the condensation water was mainly appeared in large carves like Qianxisi Cave, Binyang Caves and so on. The districts where condensation water formed were mainly in the underside of the rock wall and the ground of grottoes. The most severe part of condensation was the bottom of the inner wall of grottoes. It's more serious on the rock wall between the Buddhas than on the raised statues.

From the front chamber, to the middle chamber and to the back chamber, the degree of infiltration increased gradualy. The condensation water in the concaves beside the Buddha is most abundant. This is closely related to weak circulation and high humidity of the inner caves. There was no condensation water on the open carving outside caves.

The distribution of the condensation water has a certain height limit from the ground. On the cave wall, there was an obvious water line between the wet rock adsorbed the condensation water and the dry rock of upper. The line is the distribution boundary of the condensation water. As the depth of cave in creases, the water line became higher and higher. The highest water line was on the inner wall at the end of the cave. Based on the observation, the location of the water line changed with the environment. The highest water line in the Qianxisi Cave could be 6.5m (Fig. 1).

Generally, the condensation water was present as dispersed water drops hung on the wall (Fig. 2). The greatest diameter can reach to about 3 to 5mm like the size of the soybean. When the condensation water formed, the water drops were hung on the lower of walls and a layer of water-film also attached on the walls. As the continuance of condensation, the water droplet gradually increased until it flowed down under gravity.

Fig. 1   Condensation Water in Qianxi Cave

Fig. 2   Condensation Water Drops on Rock Wall

3. The Hazard of Condensation Water to Grottoes

1) In the processing of flow and evaporation, there was the interaction between condensation water and the

rock. The motion track would be saved in the form of crystallization. An obvious anomalistic strip or sheet white sediment trace would be reserved. The stains had polluted caves.

2）Some biologic lives were breeding in the enriched part of the condensation water. Such as a large of the moss, the mildew and the microbe multiplied on the lower part of the Binyang Caves. It had a close connection with the aggregation of the condensation water.

3）Because the repeat of condensation and evaporation, the surface strength of rock mass was decreased, while the weathering of rock mass was aggravated.

4. Affecting Factors for the Formation of Condensation Water

4.1　Cave Eaves and Air Circulation

Even the humidity of the Qianxisi Cave was less than 70% and the temperature changed little, the phenomenon of the condensation water remains common in deep caves and the corner and the lee of statues. It showed that the airflow velocity within the cave was very slow. It was not helpful to the formation of the evaporation.

Evaporation and condensation were contrary processes. The dynamic equilibrium system of the external condition was the main control factor to the process. If the cave was open and draughty, the evaporation was more serious. The speed of the condensation is not so fast than that of the evaporation. So form to condensation water was very difficult. On the contrary, if it was a windless day, and the cave was sheltered by the eaves, the evaporation would be weak, the condensation would be serious. It will bring about plenty of the condensation water hanging on statues.

4.2　Lithology and Surface Characteristics of Weathering Crust

It was found in the investigation that little condensation water existed in the caves of the southern part of Longmen Grottoes with the stripped pelitic Limestones. Because the bedding fissures were developed in the rock, the penetrability and the water absorption were comparatively high in the rock, the water hung on the rock wall could be absorbed by the rock. So it's difficult to form condensation water on the wall.

The condensation water was always existed in the middle and northern part of Longmen Grottoes with pure Dolomites and Limestones. Because the penetrability and the water absorption ability of the rocks were very low, the water couldn't penetrate into the rocks or absorbed by them.

4.3　Condensation Stone

It was found in the investigation that many dust were accreted on the rough wall. It became the place for condensation. Many condensation water drops with dust in its core could be seen hanging on the wall. There are granular dust material exists in the atmosphere of the caves. It would adsorb vapor, and turned into water drops under suitable temperature condition.

4. 4   Artificial Water Surface in the Grotto Area

The rubber dams had been built in the northern of Yi River. It formed an artificial lake in the grotto area. It changed the microclimatic environment of the grotto area, increased the humidity of the grottoes, and aggravated the potential damages caused the condensation water.

5. Forming Mechanism of Condensation Water Damages

The main external external factor was the temperature difference inside and outside the caves. According to analysis and comparison of the monitoring data, it is sure that, in summer and autumn, the temperature difference between the rock surface inside the cave and the outside would get to above10℃. If the temperature of rock surface is less than that the outside temperature, the low temperature area would form on the cave wall. The supersaturate vapor would condensate on the cave surface. In winter and spring, the temperature difference was small, the condensation water was difficult to form even if the humidity was high[2].

The internal control factor and necessary condition of condensing was the supersaturated vapor in the air of caves. According to the data of humidity and temperature of the Qianxisi Cave, during July and September the humidity was often more than 85%. Sometimes it would be supersaturated, the condensation water was abundant.

It indicated from present results that oversize humidity was the internal factor for the formation of the condensation water. The change of difference in temperature and the ventilation situation were the external factors of condensation.

The process from gaseous state to liquid was called condensate. In the atmosphere, as long as the steam pressure reached to supersaturate steam pressure, it would condensate.

But in the pure atmosphere, even the relative humidity of the supersaturate steam reached 300%-400%, it would not condensate. because there lack of hygroscopic particles. That is lack of the condensation stone[3]. The stone is necessary for condensation of the saturate steam. The rough rock wall and dust in the air provided many condensation stones for condensate of the Longmen Grottoes.

When the vapor and the pressure were determined, as the atmosphere temperature decreased to supersaturate temperature, it began to condensate. This temperature was called the dew point temperature[4]. Therefore, it could be determinated that the steam would condensate if the rock wall temperature is lower than the dew point temperature. The dew point temperature could be calculated by the formula of the saturation water steam pressure.

From 1947, Goff-Grattch's formula of the water steam pressure was recommended by Would Meteorological Organization (WMO). It's the most accurate formula accepted by the world for many years. For the saturation water steam pressure above freezing point, used in vapor-liquid equilibrium:

$$\lg e = 10.79586(1 - T_0/T) - 5.02808 \lg(T_0/T) + 1.50475 \times 10^{-4}[1 - 10^{-8.2969(T_0/T-1)}]$$
$$+ 0.42873 \times 10^{-3}[10^{4.76955(1-T_0/T)}] + 0.78614 \tag{1}$$

In the formula, e refers to the saturation water steam pressure, T_0 refers to the triple point temperature of water 273. 16K, T refers to atmosphere temperature inside the cave K.

The formula above is very complicated. In practical engineering, a simplified formula was used for calculation.

For the saturation water steam pressure above freezing point:

$$e = [1.0007 + P \times 3.46 \times 10^{-6}] \times 6.1121 \times \exp\left[\frac{17.502 \times t}{240.9 + t}\right] \tag{2}$$

In the formula, e refers to the saturation water steam pressure, 1mbar = 100Pa; P refers to the synthetic pressure, mbar; t refers to the temperature of the inner cave, ℃.

The dew point temperature of the condensation water is higher than freezing point. First, the saturation water steam pressure is calculated by formula (2), then the partial pressure of water vapor is calculated based on the saturation water steam pressure and the relative humidity:

$$e_w = e \times E \tag{3}$$

In the formula, e_w refers to the partial pressure of water vapor, mbar; E refers to the relative humidity.

The dew point temperature can be calculated by the partial pressure of water vapor, the formula was as follows[5]:

$$t_d = \frac{243.12\ln(e_w/611.12)}{17.62 - \ln(e_w/611.12)} \tag{4}$$

The dew point temperature of condensation water in the Longmen Grottoes could be calculate by formula (4)

6. Quantitative Experimental Research on Condensation Water

6.1　Measuring Appliance for Condensation Water

The condensed quantity on the wall was the important design parameter for the control project.

At present, there were very few achievements in this area. This research improved the condensation water acquisition instrument developed by Professor Cao Wenbing of China University of Geosciences. The quantitative collect experiment of the condensation water had been completed in Longmen Grottoes.

Fig. 3 is a schematic diagram of the improved quantitative measuring appliance for condensation water. The principle of the appliance is making use of a closed circulatory system. With the circulation function of the air in the system, the condensation water could be inhale to the drying tube, the weight gain of the drying tube is the condensate quality on the rock wall.

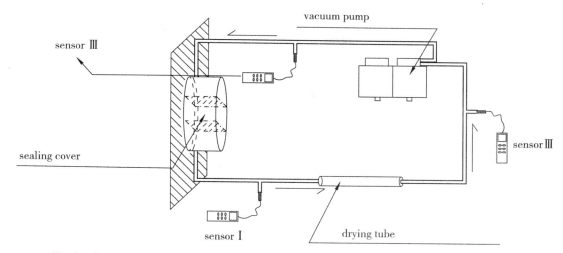

Fig. 3   Schematic Diagram of Quantitative Measuring Appliance for Condensation Water.

Table 1   Result of experiment on condensation water in Qianxisi Cave in 2007

Division of time	Condensate time	Water quantity of condensate g/m²	Condensate rate g/m² · h	Average wate quantity of condensate g/m²	Average rate of condensate g/m² · h
上午	7/29 8：00 ~ 13：00	267. 25	44. 54	287. 57	50. 51
	8/06 8：00 ~ 13：00	232. 93	46. 59		
	8/26 8：00 ~ 14：00	362. 52	60. 42		
下午	8/08 13：00 ~ 19：00	371. 22	61. 87	244. 80	40. 8
	8/09 13：00 ~ 19：00	118. 37	19. 73		
夜晚	8/01 20：00 ~ 8/02 8：00	246. 90	20. 58	298. 71	23. 29
	8/06 19：00 ~ 8/07 8：00	242. 53	18. 66		
	8/07 19：00 ~ 8/08 8：00	292. 03	22. 46		
	8/21 19：00 ~ 8/22 8：00	340. 11	26. 16		
	8/24 20：00 ~ 8/25 8：00	371. 96	28. 61		

6. 2   Result and Analysis of the Experiment

The experimental result on the condensation water of the grotto is in table 1.

From 18th July to 4th September in 2007, the occurrence frequency of the condensation water was lower than that in 2006. But the severity was more serious than 2006.

7. Conclusion

1) According to the results of the quantitative collection testing on the condensation water, the average con-

densate rate in unit area of the Qianxisi Cave is 18. 66 ~ 61. 87g/m^2 · h. This quantity was notable. Based on the condensate rate and the condensate area recorded, from 29th July to 28th August in 2007, the quantity of the condensation water in the Qianxisi Cave is 345. 369kg.

2）During 24 hours, in the morning the condensate quantity and the condensate rate are greatest, the condensate rate is50. 51g/m^2. h; the condensate rate in the afternoon is 40. 80g/m^2. h; In the night, the condensate quantity and condensate rate are smallest, the condensate rate is only 23. 29g/m^2. h.

3）Measures for preventing and facilitating the damages from condensation water: Install dehumidification machine in the caves. If the condensation water appeared, open the dehumidification machine. Or made the air in the cave fully circulated, it's an effective way to control the condensation.

Reference：

①曹文炳，万力，曾亦键，甘向明，蒋小伟等，《云冈石窟洞窟内凝结水形成机制与防治研究》，《2005 年云冈国际学术研讨会论文集·保护卷》，2005 年版。

②T. D. Drezner. An analysis of winter temperature and dew point under the canopy of a common SonoranDesert nurse and the implications for positive plant interactions ［J］. Journal of Arid Environments 69（2007）554 ~ 568.

③Daniel Beysens. Dew nucleation and growth ［J］. C. R. Physique 7（2006）：1082 ~ 1100.

④周淑贞，张如一，张超编，《气象学与气候学》，北京，高等教育出版社，2004 年 2 月版。

⑤盛裴轩，毛节泰，李建国等著，《大气物理学》，北京，北京大学出版社，2003 年 5 月版。

龙门石窟渗漏水监测模式的应用研究

马朝龙（龙门石窟研究院）

1. 引　言

龙门石窟自北魏开凿至今，已有 1500 多年的历史。长期以来龙门石窟除受到人为破坏外，由于自然因素和环境病害的不断作用，产生的风化、崩落、渗漏、溶蚀等病害严重威胁着石窟的长久保存。其中洞窟渗漏水病害是危害石窟安全的最主要病害之一，所以很长一段时期内对洞窟渗漏水的治理将是龙门石窟文物保护的基础和前提。龙门石窟保护机构针对洞窟的渗漏水状况进行了长期的跟踪观测，主要是利用人工记录洞窟渗漏水状况和拍摄渗漏照片等方式对洞窟的渗漏水状况进行定性观测，在对洞窟渗漏水变化的判断和渗漏治理效果评估中，一定程度上还要靠工作人员个人的经验来进行，存在很大的局限性，所以原有的渗漏水观测模式已经不能满足渗漏水治理研究工作的需要。

2002 年实施的联合国教科文组织龙门石窟保护修复工程中，根据龙门石窟的渗漏水状况建立了较为全面的环境和病害监测体系，在对石窟区域进行环境监测的同时利用新的渗漏水监测模式针对试验洞窟（潜溪寺、路洞、皇甫公窟）的渗漏水状况开展了全方位连续监测，积累了大量的监测资料，通过对这些资料的深入解读和分析研究，可以为洞窟渗漏水研究提供科学依据，在洞窟渗漏水治理工作中具有重要的参考价值。该监测模式还便于我们对防渗漏治理研究方案和施工进行经验总结，在洞窟进行渗漏水治理施工后，针对防渗漏效果长期开展较为准确的定性和定量检测，检验治理方案和施工的效果。

2. 龙门石窟渗漏水现状

2.1　渗漏水的现状

龙门石窟开凿在伊河两岸香山和龙门山的碳酸岩崖壁上，岩体主要由中、上寒武统白云岩和石灰岩地层组成，上寒武统为一套厚层、巨厚层的细晶、微晶和鲕粒白云岩，而中寒武统为一套薄层至厚层的泥质条带灰岩和鲕状灰岩。石窟和雕刻品大都开凿在上寒武统中、上部的厚层、巨厚层细晶、微晶白云岩和中寒武统的鲕状灰岩和条带状灰岩中。石窟所在岩体的岩石矿物成分单一，力学强度大，抗变性能好，但具有可溶性。虽然岩石本身不透水，但区域内发育有层面裂隙、卸荷裂隙、风化微裂隙和构造裂隙，这些裂隙相互交叉切割，形成空间格子状渗水网络，是良好的渗漏水通道，为降雨入渗提供了途径。龙门石窟几乎所有的大中型洞窟均存在不同程度的渗漏水状况，有的还十分严重，如潜溪寺、万佛洞、看经寺等洞窟。层面裂隙和卸荷裂隙是造成龙门石窟洞窟渗漏水的主要原因。

图1　万佛洞顶部渗水

图2　万佛洞地面积水现象

图3　沿路洞北壁裂隙流下的渗漏水

图4　药方洞顶部滴漏水在地面形成的生物病害

2.2　渗漏水的危害

石窟所在的碳酸盐岩体在渗漏水作用下易产生溶蚀，雨水沿着构造裂隙和层面裂隙下渗进入洞窟，溶蚀裂隙两侧的岩面，加大加宽已有的溶洞、溶沟、溶槽等，直接破坏雕刻品，同时可在洞窟的壁面和雕刻品表面产生沉积作用，形成的石灰岩凝浆沉淀物覆盖洞壁和雕刻，使得艺术品价值得不到体现。渗漏水进入洞窟后可引起洞窟小环境的湿度增加，夏季加剧洞窟冷凝水现象，雕刻内的盐类在干燥、潮湿环境变化下失水和结晶，多种危害一起加速了岩石表面颗粒间连接的破坏和裂隙的扩张，引起雕刻表面开裂、酥解、脱落等病害产生。渗漏水进入洞窟后与气态的二氧化碳、二氧化硫、氮氧化物等在雕刻表面发生水化、氧化、酸化等综合作用，可以造成雕刻表面解体、模糊。渗漏水流经雕刻为微生物类生长繁殖提供了条件，生物生长过程中和死亡后产生的酸类物质，加速了雕刻表面的疏松、模糊现象。根据对洞窟渗漏水的测量，微生物表面的渗漏水 Ph 值为 5.6～6.2

均偏酸性，对雕刻产生的腐蚀作用不容忽视。

3. 渗漏水监测体系的组成

2002 年实施的联合国教科文组织龙门石窟保护修复工程，为了全面掌握环境因素对龙门石窟文物的影响规律，建立了先进的龙门石窟区域环境监测体系，重点监测石窟保护区中心区域的温湿度、风向、风速、大气降水、光强度、大气污染物、河水、泉水、地下水、土壤含水率、岩石表面温度、岩石不同深度温度等的变化，同时监测潜溪寺、皇甫公窟、路洞三个实验洞窟内部的温湿度、渗漏水、壁面温度等相关项目的变化，共计监测项目 24 项[2]。

渗漏水的监测体系不是孤立于龙门石窟总监测体系之外的，是龙门石窟环境和病害监测体系的一个组成部分，主要分洞窟内部、外部监测两部分：

3.1 洞窟外部监测项目

渗漏水监测体系洞窟外监测项目主要包括：大气温、湿度、大气降水、洞窟渗漏水量、地下水位、河水水位、山体土壤含水率等因素，共计 7 项。

图 5 龙门石窟的气象观测站

3.2 洞窟内部监测项目

渗漏水监测体系洞窟内部监测项目主要包括：洞窟内温度、湿度、岩石表面温度、洞窟滴漏量、数码相机拍摄洞窟渗漏时间、面积等因素，共计 6 项。

图6　洞窟内的温湿度和滴漏水测量仪器

图7　拍摄洞窟渗漏水变化的摄像机

监测系统技术指标说明

监测内容	单位	采样频次	仪器供电方式	数据备注
大气温度	℃	次/小时	太阳能	每60分钟的瞬时值
大气湿度	%	次/小时	太阳能	每60分钟的瞬时值
大气降水量	毫米/小时	次/小时	太阳能	每60分钟量的总合
洞窟温度	℃	次/小时	直流电源	每60分钟的瞬时值
洞窟湿度	%	次/小时	直流电源	每60分钟的瞬时值
洞窟内岩石温度	℃	次/小时	直流电源	每60分钟的瞬时值
土壤含水率	立方米/立方米	次/小时	太阳能	每60分钟的瞬时值
渗漏水照片	张	次/10分	交流电源	每10分钟拍摄一张照片
地下水位	米	次/30分	直流电源	每30分钟的瞬时值

4. 渗漏水监测资料的分析及应用

　　监测系统建立以来已经累积收集大量各类数据和照片，如何将这些种类繁多的数据归类整理是分析研究的第一步。所有数据首先要按照监测项目进行归类，再进行数据统计、绘制图表和变化曲线，以便于我们进一步分析研究。洞窟渗漏水观测的数码照片要全部进行筛选，选出降雨前后洞窟渗漏水开始到结束一个渗漏周期的照片，再按照洞窟的不同归类、整理、存放供分析使用。

4.1 洞窟渗漏水同大气降水的关系分析

龙门石窟地处河南西部山区，河洛盆地南部边缘，属于暖温带大陆性季风气候，气候特征明显，四季分明，冬季寒冷雨雪少，夏季炎热，雨水较多。

根据 2003 年～2004 年一个观测年度的降雨量数据，西山区全年降雨量为 1061 毫米，根据图表可以看出降雨主要集中于 6、7、8、9 四个月，其总量为 800.5 毫米，占全年降雨量的 75.5%。结合洞窟渗漏水观测的资料表明，洞窟的渗漏水状况在 6～9 月中也是最为严重的，但是由于洞窟所处位置、岩体状况、裂隙发育等的不同，每个洞窟的渗漏水特征不尽相同，但是总体来说大气降水是龙门石窟渗漏水的主要来源。

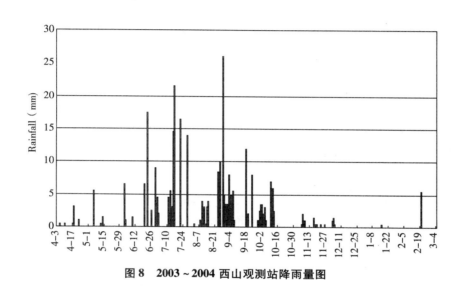

图 8　2003～2004 西山观测站降雨量图

以设置了观测仪器的三个实验洞窟中的潜溪寺、路洞为例，利用观测的资料分析掌握洞窟的渗漏水规律：

（1）潜溪寺渗漏水特征

潜溪寺洞窟顶壁较薄，随着降雨的进行，渗漏水现象是三个实验洞窟之中最为严重的。根据资料分析潜溪寺的渗漏水主要表现为：降雨量较小时产生的渗漏主要沿窟顶壁面向下渗流，沿南壁层面裂隙有多处出水点，降雨后次日出现渗漏点，渗漏时间短，1～2 天时间，渗漏量小，一般不会产生滴漏；降雨量较大时同样沿顶壁和南壁产生渗漏，但渗漏范围和渗漏量加大，持续时间延长至 5～10 天，同时产生滴漏现象，在窟门内侧沿洞窟顶壁卸荷裂隙分布带状滴漏区域，滴漏现象最严重时在不足 8 平方米的范围内分布滴水点 30 多处，滴水时间可在降雨停止后持续长达 1 周。潜溪寺一个洞窟内的渗漏状况就比较复杂，既有短时间的渗漏，又有较长时间的；顶部存在严重的滴漏，同时又有严重的洞窟顶部出露沿壁面渗流现象，侧壁沿壁面出水点出露明显，在雕刻身体上也有严重的出露现象。

渗漏水进入洞窟后汇集于洞窟地面，沿古代开凿的窟门门槛排水沟流出洞外，但是还有大量的水存于凸凹不平的地面上，造成洞窟湿度增加，同时潜溪寺进深较深达 5.6 米，窟门外有窟檐建筑，一定程度影响了洞窟的通风性，这也是潜溪寺洞窟平均湿度高于其他实验洞窟的原因。

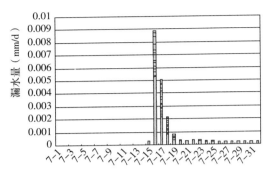

图9　2003 年 7 月潜溪寺漏水量图

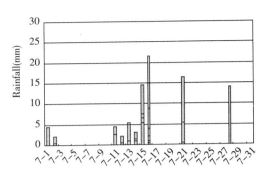

图10　2003 年 7 月西山降雨量图

　　潜溪寺石窟的渗漏水状况较为复杂，卸荷裂隙、构造裂隙和层面裂隙相互交错，地表径流水、裂隙渗流及岩体内部水均进入洞窟导致渗漏，针对潜溪寺受水面积大，裂隙水来源途径多，地质结构比较复杂的状况，单一的治理措施无法达到治水目的，必须采取综合的治理措施。

　　（2）路洞渗漏水特征

　　路洞渗漏水监测仪器观测了北壁的裂隙和窟顶东南方位的一处滴漏点，通过资料分析可以了解到北壁渗漏现象受降雨影响明显，5 处渗漏点出水时间快，通常降雨后 1~3 小时即产生渗漏，具有出水量大、渗流时间短的显著特点。图 11、12 表现的是路洞北壁在年度最大的一场降雨中的渗漏变化，该场降雨时间为 8 月 28 日 18 时~30 日 11 时，降雨时长 43 小时，降雨量为 139 毫米，是全年中最大的一场降雨。由图 11 渗漏面积变化图可以看到，在此次降雨过程中渗漏面积由 0 平方米快速增加到接近 8 平方米的最大值，然后逐渐缩小，在降雨停止后 1 天之内渗漏出水基本停止，渗漏开始至渗漏现象过程基本小时持续时间为 62 小时。

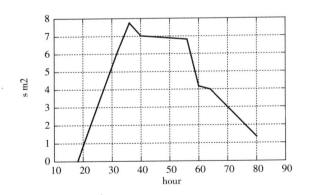

1　路洞北壁 2003 年 8 月 28 日~30 日渗漏面积变化图

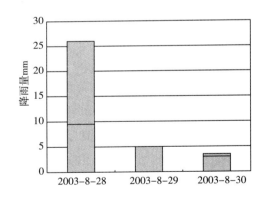

12　2003 年 8 月 28 日~30 日降雨量变化图

　　图 13 表现的是路洞窟顶东南方位 1 处长期滴漏出水点的渗漏量图，通过对路洞滴漏数据图表的分析可以看到：滴漏点出水量稳定，呈现规律性的滴水，冬夏季节均存在滴漏现象，受降雨变化不明显。出水点水源补给范围大，来源远，可能是山体内在降雨过程中的存水缓慢释放，沿裂隙流入洞内，出水量很小但很稳定。

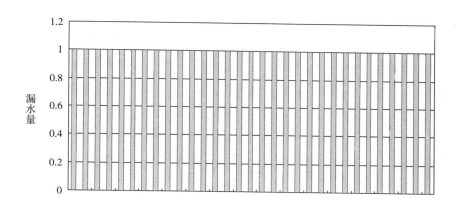

图13　2003年10月路洞滴漏水量图

　　路洞的渗水模式可以简单总结为：卸荷裂隙为路洞裂隙渗水主要的、控制性的渗流通道。卸荷裂隙直接切穿石窟岩体，水沿卸荷裂隙直接渗流到石窟内产生渗水病害。路洞有渗水点多处，均与卸荷的构造裂隙有关，洞窟上方有一小路为平缓台地，具有临时积水的条件，卸荷裂隙延展至小路，且裸露，为卸荷裂隙渗水水源之一。所以处理时要以石窟周边区域的卸荷裂隙的处理为主。

4.2　地下水、河水对洞窟的影响

　　通过对龙门石窟垂直钻孔内地下水位和河水水位的观测资料的统计，龙门石窟区域内地下水位在海拔149米~151米范围内变动，低于龙门石窟主体洞窟的洞底高度，另对比多年的观察经验，地下水位对石窟影响较小。

　　龙门石窟东西两山之间的伊河河水水位在海拔149米左右，低于石窟前的观光道路的150米的海拔高度，主要对石窟观光道路以下埋藏的少部分雕刻有一定影响。但是历史上伊河泛滥的记载很多，1982年的洪水就造成了严重的人员伤亡。虽然目前上游陆浑水库很大程度控制河水流量，但伊河河床同历史上相比呈逐年增高趋势，同历史上相比龙门峡谷口抵御洪水能力有所降低，在2003年、2004年、2005年均有河水漫过窟区路面现象，加之又近伊河30年洪水周期到来之际，龙门石窟还是要未雨绸缪，做好文物的防汛工作，将洪水对文物和人员的危害降到最低。

4.3　土壤含水率同降雨和洞窟渗漏间的关系

　　土壤含水率测定仪器埋设于西山半山腰的山体表面土壤覆盖层内，深度约为0.5米。降雨较为集中的6、7月，可以看到土壤含水率明显高于降雨量少的冬季1、2月份。一个降雨过程中，随着降雨的进行含水率明显上升，降雨停止后开始逐步降低，达到一定值后开始保持稳定，在随着下一个降雨过程开始变化。其中在2003年7月16日长时间持续降雨且雨量较大时，含水率达到最大值0.3788 m^3/m^3，接近饱和。通过对每次降雨前后的土壤含水率观察发现，一场2个小时20mm左右的降雨，可使土壤含水率在1个小时内迅速由0.04 m^3/m^3的干燥状态升高到0.2 m^3/m^3以上。随着降雨的结束，土壤内水分通过蒸发和渗流等途径的流失，土壤含水率逐渐下降，根据雨量的不同约需2~7天时间含水率恢复到0.1 m^3/m^3以下，完全恢复到干燥状态则需要 10 ~ 15 天的时间。

龙门西山土层以碎块石粉质黏土为主，土层为强、中等透水性土层，具有良好的渗透性。山体表面覆盖大量土层，同时植被茂盛，植物根系发达，十分有利于大气降水的保存和入渗。所以土壤内的含水随着山体的节理和裂隙向下渗漏，同时一部分水进入洞窟，这些渗漏水的水源充分而且渗流途径较长，是龙门石窟洞窟暂时性渗漏和长期渗漏的主要水源，对洞窟造成了很大危害。

土层的含水量的变化与一些洞窟渗漏现象变化规律一致，在一定程度上反映了洞窟渗漏水受山体堆积土层水量的影响。堆积土层中储水的缓慢释放，造成一些洞窟的中长期渗漏，所以中长期渗水现象具有持续时间长，出水量小的特点。

5. 结论及建议

龙门石窟构建了较为先进的洞窟渗漏水监测体系，监测项目种类和监测手段相对全面，如渗漏水的 24 小时数码拍摄和滴漏水收集装置等都具有一定的创新性，体系建立以来收集大量的监测资料，取得了很好的监测效果，对今后的洞窟渗漏水治理具有重要的参考价值。

今后还需要进一步提高监测功能和监测范围，注意以下几个方面：

1. 必须要充分认识到龙门石窟洞窟渗漏水病害的复杂性，防止洞窟渗漏水对文物的破坏是龙门石窟病害治理工作的基础，也将是文物保护工作者一个长期而艰巨的任务。

2. 由于目前监测项目主要针对龙门石窟西山和三个实验洞窟而展开，今后还要在原有基础上增加龙门东山洞窟和西山一些主要洞窟的渗漏水观测点。

3. 重视洞窟渗漏水的分析研究。对不同洞窟内不同种类（滴漏、渗漏）、不同渗漏时期（初期、中期、末期）的渗漏水进行分析和监测，同雨水、泉水等进行成分比较，分析研究渗漏水对石刻的影响。

4. 在今后的洞窟渗漏水治理中要充分利用和分析研究收集的各种资料，充分掌握洞窟的渗漏水特征，根据不同区段、不同洞窟的渗漏水特点制定不同的治理方案，保障渗漏水治理工作达到事半功倍的效果。

参考文献：

①《龙门石窟保护修复工程地质调查研究报告》［R］。方云，2002。

Research on the Application of Leaking Water Disease Monitoring Mode

Ma Chaolong (Longmen Grottoes Academy)

Abstract: Since the excavation, the Longmen Grottoes has been long affected by various kinds of stresses, which resulted in weathering denudation of sculptures. The main stress lomes from rain water, condensation water and underground water, etc. Leaking water is one of most severe factors endangering the safety of caves; however, monitoring on cave leaking water has been relatively difficult work. Until recent years, the new adopted equipment and methods have broken through limits of man-made observation, including taking many monitoring modes on qualitative monitoring on leaking water, such as 24-hour digital photographing. Large amount of monitoring results have been obtained, which provides full and accurate reference on treatment of leaking water. It is hoped that it can provide reference for other grottoes concerning monitoring and treatment on leaking water.

1. Foreword

The Longmen Grottoes has over 1500 years' history since it was excavated in Northern Wei Dynasty. Besides man-made destruction, it has been suffered from many damages, such as weathering, flaking-off, water erosion, dissolving corrosion due to natural factors and environment diseases, which severely endanger the long-term conservation of the Longmen Grottoes. Among them, leaking water is one of major damages, therefore, for a long run, treatment on leaking water is the foundation and precondition of relics conservation in the Longmen Grottoes. The Conservation Institute has made long-term tracking observation aiming at documenting leaking water status, which is mainly based on qualitative observation, such as employing people to record leaking water status and take related pictures; furthermore, in the analysis on changes of leaking water and evaluation on treatment performance, researchers' personal experience would play very important roles, which, to a certain extent, had big limits on objective analysis. Therefore, the previous leaking water observation mode cannot satisfy requirements for treatment and research on leaking water any more.

In the conservation and restoration program executed by the United Nations Educational, Scientific and Cultural Organization (UNESCO) in 2002, a relatively complete environment and damages monitoring system was established according to the leaking water status in the Longmen Grottoes, to carry out environment monitoring on cave areas, at the same time, take advantage of new leaking water monitoring mode to make comprehensive Monitoring on experimental caves (the Qianxi Temple Cave, the Ludong Cave, and the Huangpugong Cave), and a lot of monitoring information was gathered. By in-depth analysis on the information, our paper can provide scientific reference for research on cave leaking water, as well as for treatment of cave leaking water. This monitoring mode can also help to summarize experiences in treatment plan and construction, after treatment construction, it can carry out a long-term accurate qualitative and quantitative inspection on anti – leaking water achievements, and examine the results of treatment plan and construction.

2. Leaking water Statuses in the Longmen Grottoes

2.1　Leaking water status

The Longmen Grottoes was excavated on the carbonic acid rock cliffs on both the Xiangshan Mountain and the Longmenshan Mountain along the banks of the Yi River. Cave rocks are composed of dolostones of the Middle to Upper Cambrian and limestone stratum, the Upper Cambrian dolostones can be divided into a set of deep layer and massive layer of fine-crystalline, micro-crystalline and reef shoal dolostones, while the Middle Cambrian dolostones are divided into a thin-deep layer of soil zebra limestone and reef shoal limestone. Most of caves and sculptures were excavated on the middle and top part of deep layer and massive layer of fine-crystalline, micro-crystalline dolostones from the Upper Cambrian, as well as reef shoal limestone and soil zebra limestone of the Middle Cambrian. The mineral composition of rocks where the caves are located is single, with big mechanics intensity, good anti-denaturalization performance, but with dissolubity. Even though rocks themselves are impervious by water, a space lattice percolation network has been formed clue to many kinds of cracks, such as layer cracks, unloading cracks, weathering cracks and tectonic cracks, which are intersected and incised with each other. The seepage network became a good seepage tunnel and provided access for rainfall to seep in. Almost every big and medium caves in the Longmen Grottoes have the leaking water problems at different degrees, some are very severe, such as the Qianxi Temple Cave, the Wanfo Cave and the Kanjing Cave, etc. After careful research, it is

Picture 1　Leaking water on the roof of the Wanfo Cave

Picture 2　Water-storage on the ground of Wanfo Cave

confirmed that layer cracks and unloading cracks are the main causes responsible for cave leaking water in the Longmen Grottoes.

**Picture 3   Leaking water running through cracks
on the north walls inside the Ludong Cave**

**Picture 4   biological disease on the ground caused by
drip water from the roof of the Yaofang Cave**

2. 2   Damage Caused by Leaking water

The carbonate rocks where the caves are located is easy vulnerable erosion affected by leaking water. Rain seeps into caves through tectonic cracks and layer cracks, and corrodes rock surfaces along the sides of cracks, and then enlarges the existing caves, dykes and trough, etc. It directly destroys sculptures, meanwhile, it can also cause surface sediment on cave walls and sculptures, and the developed limestone coagulated slurry sediment covers cave walls and sculpture, so that the artistic value cannot be recognized. Percolating water can cause the increase of humidity inside mini-environment after entry into caves, in the summer the condensation water is accelerated, and the salt inside sculpture has dehydrated and crystilized in the change of dry and humid environment, and various problems together accelerate the break of rock surface granules connection and expansion of cracks, as a result, cause damages for sculptures, such as surface cracking, crispy separation and flaking off, etc. After entry into caves, percolating water, together with gaseous Carbon dioxide, Sulfur dioxide, nitrogen oxides cause hydration, oxidation and acidification on sculpture surface, and can result in surface disintegration and unrecognizing. Percolating water runs through sculptures and provides condition for the growth of microorganism, the acid items created during the growth and decease of microorganism, accelerate loosen and unrecognizing symptom on sculpture surface. According to the measurement of percolating water, the ph value of percolating water on microorganism surface varies from 5. 6 to 6. 2, which is acid. Its erosion on sculpture cannot be neglected.

3. Composition of Leaking Water Monitoring System

In the conservation and restoration program executed by UNESCO in 2002, an advanced environment Monitoring system was established inside caves areas, in order to comprehend the effect rules on artifects inside the Long-men Grottoes caused by environment, in particular, temperature and humidity, wind direction, wind speed, at-mospheric precipitation, light intensity, air pollutes, river water, spring water, underground water, soil water content, rock surface temperature, rock depth temperature changes, etc in caves conservation central areas, at the same time, to supervise the changes of temperature, humidity, percolating water and rock surface temperature in three experimental caves, which are the Qianxi Temple Cave, the Huangpugong Cave and the Ludong Cave, all together 24 Monitoring contents. [2]

Leaking water monitoring system is not independent from the general monitoring system of the Longmen Grot-toes, but a composition of the environment and damage monitoring system, which is divided into the outside caves and inside caves monitoring system:

3.1　Outside Caves Monitoring Programs

The leaking water Monitoring system, which is part of the outside cave monitoring system, includes seven i-tems: atmospheric temperature, atmospheric humidity, atmospheric precipitation, cave leaking water quantity, underground water level, and mountain soil water content.

Picture 5　Weather Observation Station in the Longmen Grottoes

3.2　Inside Caves Monitoring Programs

Inside caves monitoring system include six items: inside cave temperature, inside cave humidity, rock surface temperature, cave leaking water quantity, and leaking water time and area photographed by digital cameras.

Picture 6 Temperature and Humidity Meters and drip measuring apparatus inside caves

Picture 7 Vidicon for photographing changes of leaking water inside caves.

Technical Index Explanation for Monitoring System

Monitoring Content	Unit	Sampling Frequency	Power Supply Method	Remarks about data
Atmospheric Temperature	℃	time/h	Solar Energy	Instantaneous value every 60 minutes
Atmospheric Humidity	%	Time/h	Solar Energy	Instantaneous value every 60 minutes
Atmospheric Precipitation	mm/h	Time/h	Solar Energy	Total value for every 60 minutes
Cave Temperature	℃	Time/h	DC Power	Instantaneous value every 60 minutes
Cave Humidity	%	Time/h	DC Power	Instantaneous value every 60 minutes
Rock Temperature inside Caves	℃	Time/h	DC Power	Instantaneous value every 60 minutes
Soil Water Content	m^3/m^3	Time/h	Solar Energy	Instantaneous value every 60 minutes
Photos of Leaking water	piece	Time/10min	Alternating Current Power	Taking one photo every 10 minutes
Underground Water Level	m	Time/30min	DC Power	Instantaneous value every 30 minutes

4. Analysis and Application of Leaking water Monitoring Data

The monitoring system has collected many kinds of data and photos since its establishment, the first step for analysis is to classify and arrange those data. All data should be classified according to monitoring contents, and then for data summary, maps drawing and curves of changes, so that we can make further analysis. All digital photos about obse rving leaking water should be filtrated for a complete periodic photos before and after rainfall, and then be classified, arranged and stored for analysis according to difference caves.

4.1 Analysis on the Relationship between Cave Leaking Water and Atmospheric Precipitation

The Longmen Grottoes lie on the west mountainous part of Henan Province, on the southern edge of the Helou Basin, within the temperate continental monsoon climate. The climate has predicated characteristics, with distinct four seasons, cold and little rain and snow in the winter, hot and frequent rainfall in the summer.

According to the rainfall statistics in a whole observation year from 2003 to2004 in the Xishan Mountain Area, the total yearly rainfall is 1061 mm. From the chart one can see that rainfall gathered in June, July, August and September, with total quantity of 800.5mm, occupying 75.5% of yearly rainfall. Combining the documents about observing cave leaking water, it shows the most severe time is from June to September. However, each cave has its own leaking water characteristics due to the difference of cave location, rock status and crack development, while in general the atmospheric precipitation is the main source of leaking water in the Longmen Grottoes.

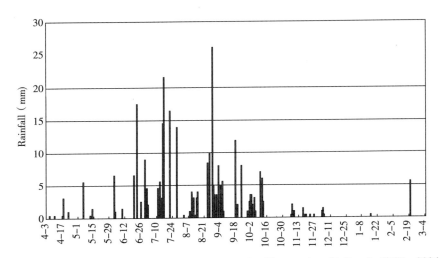

Picture 8   Rainfall Map from the Xishan Mountain Observation Station in 2003 – 2004

Here, we will take the Qianxi Temple Caves, the Ludong Cave of three experimental caves as examples, where the observation apparatus were set inside, and will use observation information to analyze leaking water rules:

(1) Leaking Water Characteristics in the Qianxi Temple Cave

The roof is very thin inside the Qianxi Temple Cave, so that, the leaking water in this cave is the most severe among three experimental caves during the rainfall. According to document analysis, the leaking water here is mainly shown as: when rainfall is small, the leaking water mainly starts from cave roof to flow downwards, there are many water-burst points on the layer cracks on the southern wall, the percolation points will appear on the next day after rain with duration of 2 to 3 days, the leaking water quantity is small and no drip will appear normally; when rain is big, the leaking water is also from roof and southern wall to seep downwards, but the percolation area and quantity is larger, with duration of 5 to 10 days, simultaneously the drip symptom will appear, there will be a dripping zone along the unloading cracks on the cave roofs inside cave gate, in the worst time, more than 30 dripping is distrusted within 8 square meters, and the duration time can last a week even after rain stops. The leaking water status is complicated inside the Qianxi Temple Cave, it has both short-time percolation, and long-time one; severe percolation on roofs, and severe seepage along walls from the roof, with obvious water-burst point along cave walls, as well as ones on sculptures.

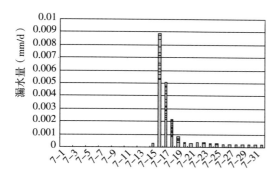

Picture 9   Leaking water Map of the Qianxi Temple Cave in July, 2003

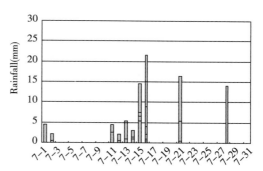

Picture 10   Rainfall Map of the Xishan Mountain in July, 2003

Percolating water gathers at the cave floors after entry into caves, and flows outside of cave through the ancient threshold drain, but still a lot of water exits on the uneven floor, which causes the increase of cave humidity, at the same time, the spatial depth is deep to 5.6 m, and there are cave brim architectures outside caves, to some degree, the ventilation is affected. This is also the reason why the average humidity inside the Qianxi Temple Cave is higher than the other two experimental caves.

The leaking water status here is complicated, with intersection of unloading cracks, tectonic cracks and layer cracks, runoff, crack seepage and rock inner water all flow into caves and causes leaking water. Dealing with the special status inside the Qianxi Temple Cave, such as big catchment area, multi-resource crack water, complicated geographic structure, no single treatment measure can fulfill treatment results, comprehensive treatment measures should be adopted here.

(2) Leaking Water Characteristics in the Ludong Cave

The monitoring apparatus inside the Ludong Cave observe one leaking water point on the northern wall cracks and southeast part of the roof, the analysis shows that the northern wall percolation is obviously affected by rain, in five percolation pints, water bursts out quickly, usually happens in 1 to 3 hours after rain, with prominent characteristics of big water-burst and short percolation. Picture 11 and 12 represent the changes of leaking water in the biggest rainfall on the northern wall, the rainfall time was from 18: 00 28th August to 11: 00 30th August, with duration of 43 hours and quantity of 139mm, the biggest rainfall of the year. From the picture 11 the percolation area changes map, we can see that the percolation area increase from 0 square meter to the maximum 8 square meters in very short time in this rainfall, and then gradually reduces, and finally stops one day after the rain stopped, the whole process from the starting of percolation to percolation symptom lasted 62 hours.

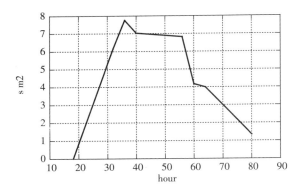

Picture 11　Map of Percolation Area Changes on the Northern Wall of the Ludong Cave in 28 – 30, August 2003

Picture 12　Map of Rainfall Change in 28 – 30, August 2003

Picture 13 shows the percolation quantity of a long-term water-burst point on the southeast cave roof. From the analysis of the drip data chart inside the Ludong Cave, we can see that: the drip water-burst is stable in a certain principle; the drip appears in both summer and winter time, not much affected by the rainfall. The resource of water-burst point is wide and far, maybe because of slow release of storage water inside mountain during rainfall, and water flows into the cave along cracks, and as a result, the water-burst is small but stable.

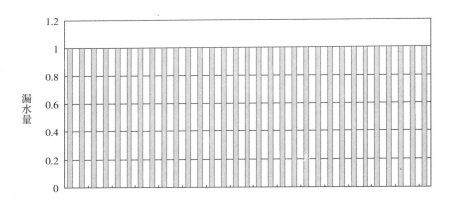

Picture 13　Map of Leaking water inside the Ludong Cave in October, 2003

The percolation mode inside the Ludong Cave can be simply summarized as follows: unloading cracks is the major percolation tunnel. Unloading cracks directly cut through rocks, water seeps into caves through uploading cracks and cause problems. There are many water-burst points inside, all related to unloading and tectonic cracks. On the roof there is a small road of even mesa, which is able to have temporary water-storage. Unloading cracks extend to the small road, bare. It becomes one of the water resources for the unloading cracks. Therefore, treatment should be focused on the surrounding unloading cracks.

4. 2　Affects Made by Underground Water and River Water on Grottoes

After summary of the observation data of underground water level and river water level through upright drills, the underground water level varies from 149 meters to 151 meters above sea level inside the Longmen Grottoes area, which is lower than the cave floor height of the major cave inside the Longmen Grottoes. In addition compared with previous observation experiences, the underground water has slight affects on the caves.

Between the east and west mountains of the Longmen Grottoes the water lever of the Yi River is about 149 meters above sea level, which is lower than the visiting route of 150 meters in front of the caves. It has some affects on the buried sculptures along the cave visiting routes. However there are many history records about the flood in the Yi River, in 1982 the flood caused severe damage. Even though the Luhun Reservoir on the upper reaches controls the river flow to a big extent, the riverbed increases annually compared with history records, what's more, the ability of Longmen valley mouth on resisting flood has been reduced compared with the past, in 2003, 2004, 2005, river water overflowed the roads inside cave areas. In addition, the 30 years period of the Yi River is coming soon, the Longmen Grottoes must make sufficient preparation for that, in order to reduce the damage on artefects and people to minimum degree.

4. 3　Relationship among Soil Water Content, Rainfall and Cave Leaking Water

The measure apparatus of soil water content is buried into the surface soil coverage layer on the half mountainside of the Xishan Mountain, with a depth of 0. 5 meter. In June and July with most rainfall im a year, it is obvious that the soil water content is much higher than that in January and February with little rainfall. In one rainfall process, the soil water content increases distinctly during the rainfall, and then decreases after rain stops to a certain value and become stable, and then changes again in the next rainfall. On a long and big rainfall of 16th July, 2003, the water content reached the maximum 0. 3788 m^3/m^3, almost close to saturation. Through every observation of water content after each rainfall, one 2 – hour 20mm rainfall can make the water content increase from 0. 04 m^3/m^3 dry status to 0. 2 m^3/m^3 within one hour. With the ending of rainfall, soil loses water by vaporization and seepage, and the water content gradually decreases. The water content will recover to below 0. 1 m^3/m^3 in 2 to 7 days according to different rainfall quantity, the total recovery to dry status will take 10 to 15 days.

The earth layer on the Xishan Mountain is composed of shiver mineral clay, with high to medium permeable soil with good percolation ability. The mountain is covered by a number of soils, meanwhile a lot of plants with well-developed root system, which benefits the storage and percolation of atmospheric precipitation. Therefore, the water content inside soil seeps down along the slopes and cracks, meanwhile, some water enters into the caves. The resource of the percolating water is full and long in seepage pass, and it's the major resource of temporary and long-term percolation inside caves, which causes severe problems in the caves.

The changes of the soil water content is accordance with the changes of some cave percolation, to some degree, it reflects that the cave leaking water has been affected by the water quantity of the mountain accumulation horizon. The slow release of storage water inside the accumulation horizon causes medium and long-term leaking water inside some caves. Therefore, the medium and long-term percolation symptom has the characteristics of long duration and small water-burst quantity.

5. Conclusion and Suggestions

The Longmen Grottoes has established an advanced monitoring system on cave leaking water, with relatively complete monitoring categories and monitoring methods, such as 24-hour digital shooting and collection equipment on leaking water, which has some innovation concepts. Since its establishment, it has collected large amount of monitoring documents, and made good monitoring results, and is provided with important reference value for the following treatment on cave leaking water.

In the future, monitoring functions and scopes need to be further improved, in particular in the following aspects,

1. The complexity of leaking water damages should be fully recognized in the Longmen Grottoes. To avoid the destruction of leaking water on artefects is the foundation of cave damage treatment work, and also a long-term and difficult task for conservators

2. Because currently the monitoring programs are carried out on the Xishan Mountain and three experiment caves, in the future, some other observation station should be added on the existing base, such as the Dongshan Cave and some major caves.

3. Importance should be attached to the analysis and research on cave leaking water. A sound analysis and monitoring should be made aiming at different cave type (drip, seepage), different percolation time (preliminary, medium and ending time), and compared with composition of rainfall and spring water, to analyze and research on the affect of leaking water on stone relics.

4. In future cave percolation treatment works, all collected document and information should be fully made use of and for analysis and research, to comprehend the characteristics of leaking water, and make different treatment plans according to different zone and percolation characteristics, to ensure the best results of leaking water treatment.

Reference:

① 《Geological Survey and Research Report on the Longmeng Grottoes Conservation and Restoration Program》 [R]。Fang Yun in 2002.

两处石窟病害的研究性监测

——龙门石窟潜溪寺和鎌倉百八やぐら群第38号洞窟的病害监测

陈建平（龙门石窟研究院）

一、前　言

石窟保护研究首要的是要了解石窟文物的保存环境、保存状态以及环境与病害之间的关系，而要了解这些情况，就必须对石窟进行监测。从监测的内容来看，可以分为石窟环境监测和石窟病害监测，从监测的目的和作用来看，又可以分为掌握石窟一般规律的常规性监测和针对某一病害或环境因素而进行的研究性监测。

2001至2008年实施的"联合国教科文组织龙门石窟保护修复工程"项目中，石窟监测是一项重要内容，持续在龙门石窟核心区域内开展了区域气象环境、洞窟微环境、水环境、大气污染物、凝结水、渗漏水、壁面温度、岩体稳定性等多项监测，共设置观测仪器12处，观测项目种类26项。其中有诸如大气温湿度、风速、风向、降雨量、土壤含水率等大量的常规性监测，也有针对洞窟渗漏水和凝结水进行的定性、定量的研究性监测，尤其是在潜溪寺洞窟开展了关于洞窟渗漏水和凝结水的较为深入的监测研究。2005年，作者在日本东京文化财研究所研修期间，鉴于教科文龙门项目对龙门石窟凝结水的高度关注，研修的主要课题选择了鎌倉百八やぐら群38号洞窟的凝结水的监测，本文即是对龙门石窟潜溪寺和鎌倉百八やぐら群第38号洞窟（十三塔洞窟）病害监测研究情况的回顾和总结。

二、十三塔洞窟监测的目的、方法和成果

日本神奈川县鎌仓市周边地区，从鎌仓时代开始有许多被用来作为坟墓使用而开凿的凝灰岩石质洞穴，称为"やぐら"，"やぐら"的一般形式呈矩形，壁面雕刻有石塔浮雕。本次研究的洞窟为百八やぐら群中编号第38号洞窟，《鎌仓市史》记载该洞窟正壁雕刻有五座五轮塔浮雕，右壁四座，左壁仅残留一座，推原来应该有十三座，因此称该洞窟为十三塔やぐら洞窟。十三塔洞窟宽2.2米，进深1.9米，高1.3米，属于较小规模的洞窟。根据观察，洞窟存在崩塌、裂隙、渗水、盐性风化、藻类生长等病害，凝结水现象明显。

为了调查洞窟壁面凝结水的发生变化规律，以及凝结水和石质文物表面保存状况的关系，对洞窟进行了多项监测。

十三塔洞窟位置图

十三塔洞窟外景

1. 温湿度监测：洞窟内外环境温湿度，洞窟壁面温度。除了在洞窟内外各设置一个代表洞窟内外环境的温湿度仪器之外，另设置多达 12 处的温湿度测试点，全面了解洞窟内部不同壁面、不同高度的情况。测量数据表明，即便是十三塔这样小型的洞窟，不同壁面之间，同一壁面的上、中、下测试点之间，温湿度仍然有差异，例如相对湿度的平均差值可以达到 10%，平均温度的差异也在 2℃ 以上。

洞窟温湿度监测

洞窟壁面温度监测

2. 壁面表面水分量，采用 JE－100 红外线水分计，利用测量物体对红外线的吸收换算出测量物表面水分的数值。选择洞窟内不同风化程度的区域，以及藻类生长区域等共 21 个点进行监测，左壁 6 个，正壁 6 个，右壁 9 个。根据当年度夏季 6 至 10 月份的观测，将所有测试点按照数值的变化趋势分类，变化剧烈的、变化平缓的、变化滞后的等，剔除藻类生长和盐性风化测试点，然后二次分类，经过比较分析，得出表面水分量的变化与测试点保存状况的相关性，即根据测试点的不同存在较大的差异性，且变化量大的测试点风化程度较为严重。

3. 岩石含水量，采用 TDA 水分测量计，可以近似表示长 17 厘米，宽 7 厘米，深 6 厘米范围内岩石平均含水量。在表面水分量的 21 个测点中选择具备测量条件的 15 个点测量。经过对测量数据的分析，没有得出具有一定规律性的结果。虽然本次试验没有得出很理想的成果，但是并不能认为岩石含水量和岩石保存状况之间没有关系，仍然应该在以后的研究中注意到这个问题的存在。

JE-100 红外线水分计

表面水分量现场测量

TDA 水分测量计

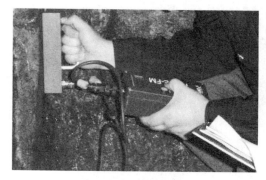

岩石含水量现场测量

4. 壁面水分蒸发量，利用一种特别设计的装置（温湿度センサTR-3310），即在贴近岩壁设置两个间隔了一定距离的温湿度计，计算出壁面绝对湿度的变化，来表示壁面水分蒸发或凝结的情况。这种试验方法曾经成功应用在其他实验研究当中，但在此次研究中，试验设备中途故障，未能连续测量，另外考虑到测试环境相对湿度接近 100%，在高湿环境下实验的效果能以保证，故蒸发量测试结果未能采用。

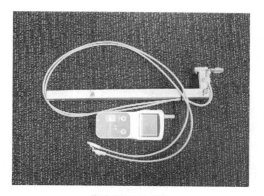

蒸发量测量装置

蒸发量现场测试

三、潜溪寺洞窟监测的目的、方法和成果

潜溪寺位于龙门石窟西山北端，唐代初期洞窟，窟高 9.95 米，南北宽 9.86 米，进深 7.15 米，洞内

造像为一佛、二弟子、二菩萨、二天王。主像阿弥陀佛居中而坐，身体各部比例匀称，面容丰满，胸部隆起，表情静穆慈祥。两侧观世音、大势至菩萨体躯比例适中，丰满敦厚，表情温雅文静，富于人情味，揭示了唐初雕刻艺术的长足发展，开启了盛唐丰腴、典雅造像风格的序曲。洞窟内岩体层面裂隙和卸荷裂隙极为发育，受这些裂隙切割，顶壁、南壁漏水严重，因此潜溪寺的病害主要是漏水和由于漏水引起的表面沉积、水锈、风化，尤其凝结水现象是龙门石窟最为严重的洞窟。

潜溪寺外景

潜溪寺西壁主佛

　　潜溪寺的病害中洞窟渗漏水和凝结水现象突出，因此对该洞窟的病害监测以洞窟渗漏水和凝结水的定量化研究为关注的焦点。

　　1. 洞窟渗漏水的监测：洞窟渗漏水监测主要是利用洞窟内数码照相机和漏水收集仪器两种方法来进行。渗漏水面积的量化监测：将数码摄像机设定为连续拍照模式，对渗漏区域进行 10 分钟 1 次每天 24 小时不间断拍摄，记录洞窟从一次降雨之后，洞窟渗漏水有发生到发展至最后消失全过程，把岩壁濡湿面积的连续数据作图，可以反映一次渗漏过程中渗漏水的量的变化；洞窟滴漏水量监测：采用渗漏水接收仪器收集洞窟顶部滴漏水量的数据，仪器同时记录渗漏水的时间和单位时间内的渗漏量。将两种监测数据结合外部气象站的降雨数据进行对比和分析，可以大致描述一次降雨过程对洞窟渗漏的量化的影响，有助于了解降雨过程洞窟渗漏的规律，为渗漏水的治理研究提供参考。

洞窟渗漏水收集设备

渗漏水监测用数码摄像机

2. 洞窟凝结水的监测：监测的方法有二，其一是用人工观察记录结合仪器监测、理论计算来考察洞窟凝结水的发生变化规律，首先是设置洞窟环境温湿度监测仪器，自动采集试验点的岩壁温度、洞窟大气温度和湿度；运用计算公式计算岩壁的露点温度，用露点温度与岩壁温度进行比较，当岩壁温度低于露点温度时，壁面上产生凝结水，反之则不产生凝结水。通过近三年的实际监测，计算出的凝结水规律和通过人工详细记录得出的洞窟凝结水的时空分布有很好的相关性。其二是凝结水的定量测定，窟潜溪寺凝结水测定试验采用了中国地质大学（北京）研制的凝结水定量测试仪，并在原设计的基础上对仪器进行了改进和完善。仪器采用密闭气流循环干燥的原理，将实验点置于一个密闭的循环环境里，利用动力是密闭环境里的空气循环流动，这样不断循环的空气将测试点岩石表面的凝结水带出，在经干燥吸收测定，就能定量地得出测试点凝结水的量值，进而推算出整个洞窟凝结水的总量。

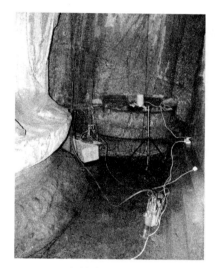

凝结水现场测试

凝结水在壁面形成的水滴

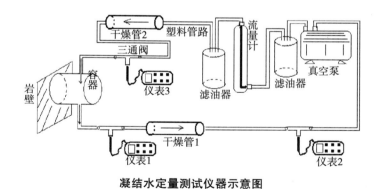

凝结水定量测试仪器示意图

四、潜溪寺和十三塔洞窟病害监测的讨论与思考

潜溪寺和十三塔洞窟的观测对象都是洞窟的水，渗漏水和凝结水，关注点则略有不同：潜溪寺希望通过监测得出洞窟渗漏水或凝结水的量值，解决观测定量化的问题。因为之前的病害描述往往停留在主

观判断上，有或没有，很难用一个客观的标准界定，比如风化问题，经常有人认为：随着社会工业发展，污染增加，石质文物的风化有明显加快的趋势，但是准确地说出加快的趋势到底有多少，是困难的。本次试验中用数码摄像照片体现的壁面濡湿近似地说明了洞窟渗漏水的程度，用洞窟滴漏水量监测方法对结果有很好的补充；凝结水的定量测定更是将结果量化成具体数值，得出洞窟凝结水的凝结速率、凝结面积、洞窟凝结总量等。十三塔洞窟的监测注重的是凝结水与环境及文物保存状况的关系，寻找病害发生的相关因素，诸如温湿度、壁面含水率、岩石含水率、岩石风化度、风速、微生物生长、盐性物等等都是应该考虑的。十三塔洞窟的实验结论并不复杂，但是用严谨的数值准确地说明现象，是实验研究应有的基本的方法和态度。

潜溪寺和十三塔洞窟监测的共性首先表现在，都是针对某一特征要素经过精心设计而实施的，有很强的针对性，区别于一般的常规监测；其次，都带有实验性、探索性，实验的过程有待完善，系统误差可能难以避免，但是，两处洞窟的监测都提出了病害监测新的方法，并且取得了良好的效果。潜溪寺利用数码照片观测洞窟渗漏水的方法，未见有其他相似的报告，凝结水的定量监测仪器属研发性成果，之前仅在云冈石窟砂岩地质条件下有应用的实验经验；十三塔洞窟试验中应用的表面水分计、岩石水分测量计、蒸发量测量装置在国内应用极少，大大丰富了研究的思路。同时，两处洞窟的监测内容构成了病害监测的一般方法，具有普遍的适用性；创新的监测手段，则具有可推广的价值。

潜溪寺和十三塔洞窟的监测在一定程度上是石窟病害监测的拓展和提升，即从常规性监测向特征性监测，基础性监测向研究性监测的拓展和提升。石窟监测不仅要解决石窟保存的环境、石窟的保存状态如何的问题，更要成为一种研究的手段，探究病害形成的机理，诊断病害发展的程度，进而介入到石窟保护的全过程，成为石窟保护真正意义上的最重要、最基础性的工作。

龙门石窟的彩绘装饰

马朝龙　李随森（龙门石窟研究所）

Abstract：Colorful pigment had been make use of to decorate on cave and statue when The Longmen Grottoes was excavating. The author studied painted decoration now still existing in the Longmen Grottoes and got some character and regular pattern of it in this article. At the same time，some proposals were tabled on further researching to the age and component of the Longmen Grottoes' polychromy decoration.

世界文化遗产龙门石窟始凿于北魏，历经隋、唐诸多朝代的营造，现存窟龛 2000 多个，雕刻 10 万余尊，是我国最大的石窟遗址之一。古人在完成石窟精美的雕刻之后，为了烘托佛国仙境的庄严与华丽，采用了大量彩绘艺术形式对洞窟和雕刻进行了装饰。经过 1000 多年的雨淋风吹、渗水冲蚀等环境变化和人为因素的影响，目前龙门石窟内大部分的彩绘已经褪色、变色乃至剥落消失，失去了往日的绚丽多彩。经过了岁月的长期洗礼，一些洞窟和雕刻表面仍然保存有一些彩绘装饰，它们色彩丰富，工艺多样，透过这些千年的彩色装饰我们依然可以想象洞窟当年的景象。

龙门石窟的彩绘相关的资料很少，据《刘敦桢文集》记载 20 世纪 30 年代，赵客师洞主佛表面尚可看到敷金痕迹，但几十年后的今天已经难觅踪迹。彩绘颜料长期处于露天环境中，受到温湿度变化、光照等环境因素的影响，病害发育明显，普遍存在褪色、脱落等现象，有的已经完全消失，开展龙门石窟的彩绘颜料的研究和保护工作十分必要。但是龙门石窟的彩绘保护研究是一个涉及面大、范围广泛的课题，本文主要对龙门石窟的彩绘装饰初步进行了调查研究，总结和探讨了龙门石窟的彩绘装饰相关的一些问题。

一、龙门石窟彩绘的保存现状

龙门石窟开凿于伊河两岸的东西两山的碳酸岩崖壁上，古人在营造石窟过程中，在完成窟龛雕刻之后，还要对雕刻和造像进行彩绘装饰，表达对佛像的膜拜和崇敬。经历了 1500 多年风雨的龙门石窟，饱经沧桑的众多雕刻大部分已经残缺不全，保存下来的窟龛造像也失去了往日的金碧辉煌和明亮的色彩，但是透过当前保留的装饰痕迹，我们依然还是可以想象当年龙门东西两山密如蜂巢的窟龛里栩栩如生的造像被绚丽夺目彩色装饰的盛况。

受到自然环境和人为因素的影响，其中雨水冲蚀、温湿度变化、光照等对彩绘保存影响最大，龙门石窟的彩绘装饰完全今非昔比，失去了往日的耀眼光彩。龙门石窟坐落于碳酸盐岩体上，层面裂隙、卸荷裂隙、构造裂隙相互交切，岩体内部裂隙贯通，大气降水沿裂隙进入洞窟，直接冲蚀彩绘层同时渗漏水还能造成洞窟湿度加大，对彩绘装饰保存形成威胁。露天的雕刻表面彩绘装饰长期暴露于空气中，受到阳光直射和降水影响，已经很难寻觅装饰痕迹。经过现场调查，笔者将龙门石窟窟龛的彩绘装饰保存状况分为较好、较差、差三个等级。

龙门石窟洞窟普遍存在渗漏水病害现象，受渗漏水的影响彩绘装饰保存较好的洞窟很少。宾阳中洞等洞窟岩体整体性好，渗漏水病害影响小，窟内干燥通风，所以彩色颜料保存良好，颜色依然鲜艳，属于保存较好的洞窟。丰富的色彩衬托出雕刻的精美和佛像的华丽庄严，增加了石窟艺术的表现力。

大部分洞窟因为洞窟渗漏水和温、湿度作用彩绘装饰保存较差，如宾阳南洞、宾阳北洞、敬善寺、莲花洞、老龙洞、赵客师洞、魏字洞、唐字洞、魏字洞、奉先寺、

图1　宾阳中洞的彩绘装饰

皇甫公窟、古阳洞、擂鼓台中洞、擂鼓台南洞、看经寺、二莲花洞等洞窟。这些洞窟大多数的装饰已经消失，有的被渗漏水形成的凝浆所覆盖，经过仔细观察局部还可以发现残留的彩绘颜料痕迹。

龙门石窟的小型窟龛和摩崖雕像处于露天状态，直接受到外界环境因素的影响，保存状况最差，其中的彩绘装饰已经消失，难觅痕迹，如摩崖三佛、西方净土变、千手千眼观音像龛和大部分小型窟龛造像等。

二、龙门石窟彩绘装饰的色彩

在龙门石窟中，古人在开窟凿龛进行造像活动之外，对窟龛进行了精美的装饰，部分装饰是满足洞窟建筑和雕像需要，根据洞窟性质和设计雕刻成成深浅不同的浮雕图案，构图精美纹样华丽，在整个石窟中起着分界、调和的装饰作用，如石窟中的窟额、窟顶、地面、龛楣、背光、头光、莲座、飞天、供养人等。在完成这些雕刻装饰后还要利用贴金和彩色颜料等对雕刻进行统一的彩绘装饰，这些彩绘的使用在装饰雕刻的同时一定程度上还起到了保护雕刻的作用。

龙门石窟彩绘装饰主要是利用不同色彩的颜料来对窟龛和造像表面进行精美的修饰，根据雕刻题材和位置不同用各种色彩的颜料装饰于雕刻表面，达到造像绚丽多彩的目的。目前龙门石窟仍然保存丰富多彩的彩绘，面积最大的为红色（朱红、土红）层，绿色、白色、黑色、黄色（米黄、藤黄）等也较为常见，蓝色、紫色颜料分布较少。部分造像在进行彩绘装饰的同时在造像身体、饰件和部分雕刻等部分利用了贴金工艺方法进行了精美的装饰。经过笔者调查目前龙门石窟很多洞窟还保留有贴金装饰，其中包括奉先寺卢舍那大佛身体表面、古阳洞造像、敬善寺、双窑、二莲花洞、擂鼓台南洞等洞窟的造像和

雕刻表面。

三、龙门石窟彩绘装饰的形式

古人在龙门石窟彩绘装饰上利用了多种色彩和贴金等方式来表现佛像的庄严和华丽，除了绚丽多彩的颜料之外，还根据龙门石窟不同区段的状况，因地制宜地利用了丰富多样的工艺和形式来进行彩绘装饰，起到了极好的装饰效果。

1. 表面添加底层后进行彩绘装饰

在雕刻造像完成后，对石像表面进行打磨处理，表面较为粗糙，然后利用石膏或白垩等类物质附着于雕刻表面，形成一层底层，一般较薄为 0.5~2 毫米，然后在白色底层表面利用颜料进行创作，不同的位置进行不同的彩绘装饰。这种彩绘装饰形式是龙门石窟利用最为普遍的装饰形式，绝大多数的彩绘装饰均采用了这种方式。

2. 在窟龛内石壁面涂抹地仗层后进行装饰

龙门石窟的一些区段岩体裂隙发育明显，岩石破碎，开窟后雕刻造像难度很大。为了突破岩体条件的局限，古人因地制宜的利用壁画的方式对洞窟进行装饰，在窟龛内表面利用石膏、石灰、方解石等白色物质对洞窟壁面进行涂抹处理，使得破碎和凸凹不平的壁面变得整齐光洁，这样处理后的壁面地仗层较厚，厚的可达 10 毫米左右。然后在壁面进行彩绘装饰，描绘彩色的背光、头光、飞天、藻井等装饰图案，然后再将他处雕刻好的活体佛像安置于窟龛内部。工匠巧妙地将壁画装饰和造像雕刻方法完美的结合，圆满地解决了窟龛开凿后岩体破碎不能雕像的问题。

图 2　洞窟中的壁画装饰

图 3　岩石表面的彩绘装饰

石窟造像和壁画装饰相结合的方式充分体现了古代劳动人民的聪明才智，但是目前在龙门石窟仅存 3 处，并且都破坏严重，仅存壁画的部分彩绘装饰，佛像已缺不可寻。

3. 石壁表面直接进行装饰

在石壁表面直接进行装饰的方式在龙门石窟使用和现存量稀少，笔者仅发现两处。窟龛雕凿完成后，一些位置没有进行雕刻只是留下了空白的壁面，壁面进行打磨光滑后对表面进行彩绘装饰，勾画人物、花纹等图案。宾阳南洞和莲花洞保留有这种装饰方式（图3）。另外一些洞窟保留有空白的壁面，笔者推断可能是古代进行过碑文的书写和图案勾描，随时间推移已经漫失，具体还需要进一步的发现和研究。

4. 后期对前期彩绘进行的重彩

石窟开凿和装饰完成后，后代对前代的窟龛和造像的维修和重新装饰是石窟普遍存在的现象，龙门石窟也不例外。龙门石窟历史上有过官方大规模对石窟进行保护维修的记载，各朝各代的善男信女们自发的维修活动更多，所以现在看到的很多雕像的装饰均应为后期重新进行的彩绘装饰。其中的装饰重彩活动有的实在原有彩绘脱落后重新进行的，有的是以当时的审美观点在覆盖了原有的彩绘后重新施彩。这些是石窟雕像表面彩绘层多层分布，色彩不一的原因（图4）。

5. 利用贴金工艺进行装饰

黄金作为贵金属在龙门石窟广泛使用于雕像的装饰中，除了资料记载外，目前已经发现多处保存有贴金痕迹的洞窟和雕像。具体工艺应该为雕像完成后对表面需要金箔装饰的部位进行打磨，处理光滑后，将金箔黏附于表面，用来营造佛像光彩夺目的庄严效果。

从龙门石窟现存的贴金痕迹来看，主要是用于佛像的面部、背光等部位，其次在造像的服饰上也使用较多（见图5），莲花茎部也发现有过贴金痕迹。

图4　雕刻表面不同时期的多层装饰　　　　　图5　敬善寺飞天表面的贴金装饰

四、龙门石窟彩绘装饰的时代

大的窟龛在最初开凿完成后进行了统一的装饰，就是该窟龛的原始彩绘装饰，所以最早的彩绘装饰应该同窟龛开凿时间相同即开始于北魏时期。随着时间的推移，很多造像存在被人为和自然因素破坏的现象，彩绘装饰也难以幸免。据史书和龙门题记记载宋代就有对龙门石窟造像进行修缮的记录，民间善男信女的自发性造像修复和彩色装饰更多，龙门石窟现存就有大量古代和近代对龙门石窟进行保护和修复的痕迹。如在莲花洞窟内北魏和唐代不同时期开凿的窟龛表面都统一采用了相同的彩绘装饰形式。另外一些造像表面彩绘涂层的断面上可以看到多重的彩绘结构，不同层面的色彩还有很大差异，应该为不同时期进行重彩后的结果，最内层当是原始彩绘层。所以我们推断彩绘装饰的时代时要充分考虑多种因素的影响，不能草率下结论。目前笔者根据长期调查研究收集的资料，初步判断莲花洞清除凝浆覆盖层后露出的北魏时期小龛造像表面的彩色颜料，为北魏时期的原始装饰。万佛洞顶唐高宗时期碑刻表面保留的红色彩绘涂层，笔者判断也为唐朝的原始遗留。最近龙门石窟东山擂鼓台考古工地宋代地层出土的石雕观音头像表面留存蓝色颜料，因为出土于宋代底层，所以可以初步判断为彩绘装饰的时代不晚于宋朝时期。该蓝色颜料历经千年仍然色彩鲜艳明亮，其成分或为珍贵的青金石，显得弥足珍贵。

擂鼓台出土唐代菩萨头部蓝色彩绘

如何对彩绘装饰和残存颜料等的时代进行判定是一个长期而复杂的工作，应该建立在充分的调查研究和分析基础上，对不同色彩颜料的组分和工艺进行研究，建立龙门石窟的彩绘颜料档案，同其他石窟和彩绘文物进行比对分析研究、验证，通过长期的资料积累和统计分析后，考虑多渠道利用同位素分析等其他一些分析手段和方法来对彩绘颜料的时代进行研究。

五、讨论与建议

龙门石窟作为珍贵的世界文化遗产，保存了包括考古、建筑、雕刻、装饰、绘画、书法、音乐、医药方面大量的历史信息。龙门石窟的彩绘装饰研究可以为我们了解古代中原地区彩绘颜料的使用和造像装饰提供重要参考，掌握彩绘颜料的组分、保存现状、病害状况，有助于开展对彩绘颜料的保护研究。

但是目前龙门石窟的彩绘装饰颜料的分析研究还很不足，只是对其中的部分红色颜料和白色底层进行过组分分析，分析资料显示，红色颜料主要有朱砂和铅丹等，白色地仗层主要组分为石膏和方解石类物质。鉴于龙门石窟彩绘装饰丰富的色彩，多样的种类，还需要开展详细的调查和分析研究，利用显微镜观察、XRF、XRF 等分析方法进行分析研究，确定不同颜料的种类和矿物组成，了解彩绘工艺分析不同颜料的成分和时代分布特征，全面掌握龙门石窟彩绘颜料的分布、色彩、类别和工艺等信息，在资料基础上建立龙门石窟的彩绘颜料档案。

全面掌握龙门彩绘颜料的各种信息后，探讨彩绘装饰的时代，逐步开展彩绘颜料保存环境因素的影响的研究，在充分研究基础上开展彩绘颜料的保护，逐步扩展对中原地区古代彩绘装饰颜料的调查和保护研究。

参考文献

1. 马朝龙：《龙门石窟雕刻表面彩绘颜料的初步分析》，《中原文物》增刊，2004 年。
2. 李文生：《龙门石窟装饰雕刻》，上海人民美术出版社，1991 年版。

后 记

联合国教科文组织文化遗产保护日本信托基金援助项目龙门石窟保护修复工程，于 2008 年完成了项目要求的主要任务后，2009 年 2 月在中国文化遗产研究院举行了成果汇报会，会议的成果就是这个报告的基础。本来，报告应该在项目结项时的 2009 年 9 月出版，但是由于各方面的原因，拖延至今才得以面世。在此，我谨代表本报告编委会向项目参与单位、个人以及专家们表示歉意，同时也为自己的懈怠而愧疚。

龙门石窟保护修复工程从 2000 年立项考察到 2009 年 9 月项目结束，经过了近九年的漫长历程。由于龙门立项初期在专家内部对项目的认识有一些不同的意见，对一些项目内容的取舍和增加进行了多次的讨论甚至争论，所以，项目的前期研究比计划延长了时间也增加了内容。许多预算外项目都是在龙门石窟研究院的支持下完成的。之后由于"非典"、第二期项目计划书的审定等原因，工程比立项之初所设定的时间延长了近三年。

在本书的编辑过程中，除了报告和论文的作者外，我们得到了国家文物局、河南省文物局、洛阳市文物局、日本国驻中华人民共和国大使馆、中国文化遗产研究院、中国地质大学（武汉）、龙门石窟研究院、东京文化财研究所等单位的大力支持。文物出版社总编辑葛承雍教授从报告的策划到编辑出版，自始至终给予了全力的支持，同时还容忍了我们编写进度的拖沓。联合国教科文组织驻华代表处文化官员卡贝丝小姐，项目助理耿雁女士，实习生刘先福先生、郑一真小姐等为报告的编辑以及英文校对尽力甚多。在此，向所有为本报告的出版做出贡献的单位与个人表示最诚挚的谢意。

联合国教科文组织文化遗产保护日本信托基金援助项目龙门石窟保护修复工程，与库木吐喇千佛洞保护修复工程一样，是 21 世纪初中国文化遗产领域国际合作项目中的重要工程之一。而龙门石窟作为中国重要的艺术宝库，其保护在 20 世纪 50 年代末就得到了国家的重视，六七十年代直至申报世界遗产成功前，基础调查、研究和保护都在持续不断的实施。因此，从今天的角度来看，与库木吐喇项目不同，龙门项目可能更多体现了中外保护理念与技术的交流与交锋，从另一个角度印证了世纪之交中国文化遗产保护的理念与技术发生的变化。因此，这本报告应该也反映了 21 世纪初中国文化遗产保护领域国际交流的一个侧面，希望读者能够从中体会到世纪交替初始，国际合作交流在中国文化遗产领域所发生的一些变化。

杜晓帆
2011 年 11 月